호텔 식음료 실습

신정화 · 이희천 · 조규태 공저

남두도서

남두(南斗) : 남두육성(南斗六星)

은하의 중심인 사수자리에 있는 국자모양의 여섯 개의 별로서, 인간의 탄생을 결정하는 별로 알려져 있다.

머리말

숙박을 하거나 식사를 하기 위하여 호텔을 방문하면 접객요원이 제공하는 각종 서비스를 경험할 수 있다. 옛날에는 부유층이나 특정한 계층의 사람만이 호텔을 출입할 수 있는 것으로 생각을 하였으나 풍요로운 현대사회를 맞이하여 일반 사람들도 호텔에서 사교활동 등을 할 수 있게 되었으며, 또한 빈번한 여행으로 인하여 호텔을 접할 기회가 상당히 많아지고 있다.

이러한 현상으로 인하여 호텔에서 서비스를 제공하는 데 있어서 전문적인 내용을 파악하지 못하면 고객을 대상으로 영업을 할 수 없는 시대가 되었다. 따라서, 호텔에 근무하면서 대고객 서비스를 제공하기 위해서 필요한 전문적인 지식을 습득하려면 서비스의 개발과 고객의 욕구를 분석할 수 있는 전문 시스템이 요구되고 있다.

호텔산업의 주요 구성요소는 객실, 식음료 및 연회, 관리 부문으로 크게 구분할 수 있으며, 최근에는 식음료 서비스에 대한 관심이 고조되면서 많은 호텔들이 대고객 서비스에 대한 독창적인 품질을 개발하고 있다.

이 책에서는 식음료 서비스에 대한 내용을 현장실무 중심으로 구성하여 호텔의 식음료 서비스에 대한 이해와 실습을 겸할 수 있도록 하였다. 대학의 호텔관련 전공자들이 식음료에 대한 전문적인 용어를 쉽게 파악하고 고객만족을 위한 서비스를 다양한 형태로 실습을 할 수 있도록 구성하였기 때문에 호텔에 입문하여 추가교육 없이 현장에서 식음료 서비스 업무를 담당할 수 있도록 배려하였다.

특히 이 책은 각 단원을 분야별로 나누어 모듈식 교재의 형태로 구성하였고, 현장에서 근무하는 전문가의 심의를 거쳐 수정·보완하였기 때문에 실습을 진행하는 데 많은 도움이 될 것으로 판단된다.

이 책의 특징은 다음과 같다.

첫째, 각 단원마다 식음료 실습에 대한 학습목표를 중심으로 관련이론을 설명하였다.

둘째, 모듈학습에 따른 예비과제를 제시하였다.

셋째, 이론에 대한 강의와 실습에 대한 평가항목을 제시하여 서비스에 대한 이해의 정도와 현장실무 능력을 평가할 수 있도록 하였다.

넷째, 현장감 있는 실습을 위해 실습 기자재의 활용에 대해 쉽게 설명하였다.

이 책이 출간되기까지 충고를 아끼지 않았던 심의위원 여러분과 남두도서의 편집부 여러분에게 진심으로 감사드린다. 끝으로 이 책을 집필하는데 물심양면으로 도움을 준 가족에게도 고마운 마음을 전한다.

공저자 씀

차 례

모듈 3 ■ 요 리 ■ 53

모듈 4 ■ 메뉴 관리 ■ 87

모듈 8 ■ 서 비 스 ■ 327

■ 표 차 례 ■

■ 그림차례 ■

모듈 1

호텔 식음료 부문의 이해

호텔 식음료 부문의 특성과 조직 및 기능, 호텔에서 제공하는 식음료 상품의 특징을 이해한다.

모듈 학습목표

1. 호텔 식음료의 중요성을 이해함으로써 서비스면으로서 자세를 확립할 수 있다.
2. 식음료 부문의 조직과 기능을 이해함으로써 조직구성원으로서 경영수익에 이바지할 수 있다.
3. 호텔 식음료 상품의 특징을 학습함으로써 원가에 대한 이해를 높인다.

모듈과제 안내

1. 호텔 식음료의 중요성을 이해할 수 있다.
2. 호텔 식음료 부문의 조직과 기능을 이해할 수 있다.
3. 호텔 식음료 상품의 특징을 이해할 수 있다.

산업체 현장 실무능력

호텔 식음료 상품의 중요성을 이해함으로써 원가의식을 가지고 주문과 서비스에 임할 수 있다.

••• 모듈과제 1-1 ··········· 호텔 식음료 부문의 이해

• 목 표

호텔 식음료 부문의 중요성과 식음료를 판매하는 식음료 상품의 특성을 이해한다.

• 관련이론

1. 호텔 식음료 부문의 중요성

우리나라에서도 가처분 소득(disposable income)의 증가와 여가시간의 증대 등으로 외식인구가 늘어남에 따라 호텔에서도 객실판매의 증가보다는 식음료 판매가 급속히 증가하고 있는 추세이다.

이러한 시장환경의 변화로 인하여 호텔에서 식음료 부문의 경영은 점차 중요한 역할을 담당하게 되었으며, 과거 객실영업 위주의 경영에서는 식음료 부문을 최소의 손실 혹은 손익분기점에 도달하는 것이 목표였으나 최근에는 식음료 부문의 수입증대와 경영의 탄력성 및 종업원의 인적자원 구성면에서도 큰 비중을 점유하고 있다. 따라서 식음료 부문의 조직을 확대하고, 독특하면서 다양한 메뉴를 개발하여 영업수입의 증대에 많은 노력을 기울이고 있다.

환언하면 현대 호텔경영에서 식음료 사업은 객실경영과 함께 양대 수익창출 부문으로 그 지위를 굳히고 있는데, 식음료 상품은 객실상품에 비하여 탄력성이 있고 부가가치가 상대적으로 높을 뿐만 아니라, 경영관리의 형태에 따라서는 이익증대의 여지가 비교적 큰 것으로 평가되고 있기 때문에 호텔산업에서 식음료의 중요성이 점차 커지고 있다.

우리나라의 호텔에서도 1970년대 이전에는 대부분의 호텔경영인들이 호텔경영에서 식음료 부문이 차지하는 매출의 비중에 대하여 그다지 관심을 두지 않았다. 따라서 호텔에서 식음료 부문이 차지하는 중요도는 매우 낮게 평가되었고, 식음료 부문의 경영목표를 손익분기점의 유지에 두었으며 호텔경영의 중심은 호텔수입의 근원인 객실 부문에 있었다.

객실영업을 활성화시킬 수 있는 한 식음료 부문에 대한 이익은 상대적으로 무시하는 경향이 있어 호텔의 규모에 걸맞은 최소한의 균형을 유지하기 위해 식음료업장을 운영하였다.

그러나 1970년대 이후 외국 체인호텔의 적극적인 시장침투로 인한 호텔의 성장과 확대로 말미암아 이러한 인식은 급속도로 변화하기 시작했으며, 최근 수년 동안 호텔산업도 많은 발전을 가져와 식음료가 주요상품의 면모를 갖추게 되었다. 또한, 앞으로도 호텔의 경영수지를 개선하는 중요한 경영활동으로서 큰 역할이 기대될 뿐만 아니라, 호텔의 수익에 있어서도 많은 공헌을 할 것으로 사료된다.

호텔의 식음료 상품은 호텔이 계속 기업으로서 존속할 수 있는 토대인 적정이윤의 확보에 크게 기여하고 있을 뿐만 아니라, 호텔 숙박객들의 호텔에 대한 전반적인 평가가 대체로 식음료 서비스를 중심으로 이루어지고 있고, 호텔에 대하여 느끼는 매력의 대부분이 레스토랑(restaurant), 라운지(lounge) 등의 실내장식, 분위기 및 서비스에 집중되어 있으며, 아울러 호텔의 전반적인 이미지에 미치는 영향이 매우 크다는 점 등에서 중요한 관리요소의 하나라 할 수 있다.

따라서 식음료 부문의 효율적 운영은 이익창조의 근원이 되며 타호텔과의 경쟁에 있어서도 타의 추종을 불허하는 유리한 입장을 명백히 해줄 뿐만 아니라 객실이용을 증대시키는 데에도 크게 기여하고 있는 것이다.

이러한 식음료 부문의 효과적인 운영으로 그 호텔은 자연히 성업을 이루게 될 것이며, 아울러 상당수의 종업원이 채용될 수 있기 때문에 그 지역사회에도 많은 혜택을 주게 될 것이다.

〈표 1-1〉 98년도 서울 특1급 호텔 경영실적 현황

단위 : 백만원

호텔	객실	식음료	연회	기타	총수입
인터컨	32,740	34,304	6,739	7,902	74,946
롯데	55,871	46,677	9,284	5,382	107,930
신라	29,172	34,734	10,557	7,107	71,013
워커힐	24,868	40,954	5,409	15,694	81,516
하얏트	34,020	37,473	5,917	9,347	80,840
힐튼	33,221	26,775	6,381	4,048	64,044
르네상스	19,125	17,903	2,978	2,990	40,018
롯데월드	18,982	20,564	5,501	2,969	42,515
조선	20,894	20,772	2,708	4,971	46,637
래디슨	16,685	13,657	1,616	4,587	34,929
스위스	17,636	12,972	1,830	2,704	33,312
리츠칼튼	18,899	22,640	2,502	4,932	46,471
합계	322,113	329,425	61,422	72,633	724,171

〈표 1-1〉의 서울소재 주요 특급호텔의 1998년도 영업실적에서 나타낸 바와 같이 대부분의 호텔에서 식음료 부문의 영업매출이 객실매출을 앞지르고 있다.

이와 같이 식음료 영업은 객실영업에 비하여 보다 신축적이고 개발의 여지가 많다고 할 수 있다.

2. 호텔 식음료 부문 경영상의 특징

(1) 생산성의 제약

오늘날과 같은 식음료의 대중소비 형태에 의한 대량수요를 충족시킬 수 있는 식음료 업자들의 노력으로 냉동식품(frozen foods)과 가공식품(convenience foods) 개발이 급속도로 진전되었다.

호텔의 식음료 서비스를 대중화하기 곤란한 문제는 식음료 서비스가 기본적으로 고객의 개별적인 주문생산에 의존하고 있기 때문에 일반적으로는 식료소비가 대중화되었음에도 불구하고 기성제품을 상품화할 수 없다는 것이다.

또한, 정확한 수요예측이 매우 어렵기 때문에 대부분 식당(outlets)의 방문객으로부터 주문을 받은 다음에 생산할 수 있어 단시간내에 완전한 제품으로 조리하여 고객에게 신속하게 제공할 수 없는 시간적인 제약이 있다.

그러나 아직도 호텔 식음료가 대중적이라기보다는 고급의 고객을 대상으로 하고 있고, 대중적인 인식도 아직 이에 미치지 못하고 있으며, 호텔경영진도 호텔 자체의 고급성 때문에 기존제품을 상품화할 수 없어 생산의 자동화를 정착시킬 수 없다는 한계점을 갖고 있다.

(2) 상품의 부패성

식사상품이 이미 판매하기 위하여 만들어졌다면 단시간내에 판매되지 않으면 안 되고, 식재료 또한 보관할 수 없는 것이다. 그러므로 가능한 한 정확한 수요예측에 의해서 적정한 식음료를 구입하여 상품생산을 하지 않으면 손해를 면하지 못한다.

(3) 수요예측의 곤란

계절, 지역, 기호, 일기 및 고객층별로 식당의 이용수요가 항시 변할 가능성이 농후하여 내객의 수를 예측하여 식재료를 구입하거나 상품을 제조할 수가 없다. 더욱이 소비자가 식당인 현장에 찾아와 주문을 하여야 비로소 생산이 가능하기 때문인 것이다.

(4) 인적 서비스에의 의존성

호텔의 전상품은 좋은 품질의 물품만으로는 완전하지 않다는 특징을 갖고 있다. 즉 양질의 제품 이외에도 양호한 서비스가 겸비되어질 때 비로소 완벽한 상품으로서의 기능을 다할 수 있게 되는 것이다. 식음료 상품도 물론 그 예외가 아니며, 식음료 외에도 인적 서비스의 제공이 필연적 조건으로서 강조되고 있으므로 숙련된 많은 인력이 소요됨으로써 이것은 결국 과대한 판매비로 나타나게 된다.

식음료 부문의 종업원들이 좀더 수준 높은 용역을 제공할 수 있도록 능력향상과 개발을 위해 투자되는 교육훈련비 등 관대한 판매비 지출이라는 어려운 과제를 안고 있다.

(5) 메뉴에 의한 판매

식음료는 영업장에서 대인적인 판매에 의존하는 경우도 있지만, 일종의 상품목록표(catalogue)인 차림표에 의하여 판매된다.

메뉴의 계획 및 작성, 관리는 일반 제조업체에서는 찾아볼 수 없는 식음료 영업의 한 특징이 될 뿐만 아니라, 이것을 활용함으로써 판매개시와 함께 즉흥적인 판매활동으로 많은 편의를 도모할 수 있는 이점을 안겨 주게 된다.

오늘날 각국에서 메뉴의 내용 못지 않게 그 형식이나 모양 등에 대해서도 연구를 게을리하지 않는 까닭은 바로 그 효과를 극대화하기 위한 일련의 노력인 것이며 메뉴에 대한 새로운 의식의 결과라고 하겠다.

이상에서 갖는 식음료 부문의 경영상 속성은 이로운 점보다는 제약이 훨씬 강함으로 해서 식음료의 경영관리를 더욱 복잡하고 곤란하게 하고 있다. 그러므로 호텔 식음료 부문의 경영은 경험과 이론에 바탕을 둔 합리적이고 과학적인 사고를 가진 훌륭한 경영자가 필요하며, 호텔경영의 성패도 객실 매출액보다는 식음료 매출액에 크게 영향을 받는다고 할 수 있겠다.

3. 호텔 식음료 상품의 개념

호텔 경영면에서 상품을 분류하여 보면 식음료 부문과 객실 부문을 호텔의 수익발생이 이루어지는 2대 상품[1)]이라 할 수 있고 여기에 부대시설을 포함하여 호텔의 3대 상품[2)]이라 할 수 있다. 또한 현대 호텔상품의 구성요소는 위치(location), 서비스(service), 이미지(image), 가격(price)으로 분류할 수

---

1) George W. Lattin, Modern hotel and management, 3rd ed. W.H. Freeman and Company, 1980, pp. 24～26.

2) 原勉 外3人, ホテル産業界, 教育社, 1993, p. 172.

있으며, 관리자의 경영능력과 자본시설을 바탕으로 객실, 식음료, 그리고 서비스를 상품으로 하여 하나의 기업으로 성장해 가고 있다고 할 수 있다.

호텔상품은 다양한 서비스의 조합에 의하여 상품으로서의 성격을 형성하게 되지만 호텔 식음료 상품은 메뉴와 서비스로 이루어져 있고 이 서비스를 통하여 비로소 식음료 상품으로서의 성격을 형성하게 된다.

이러한 호텔 식음료 상품은 호텔의 다른 상품보다 부가가치가 상대적으로 높을 뿐만 아니라 객단가를 최대로 높일 수 있는 장점을 지니고 있으므로 호텔 식음료 상품은 호텔경영에 있어 주경영의 목표가 되어야 할 것이다. 식음료 상품의 개념에 대하여 살펴보기 위하여 상품에 대한 개념을 검토해 보면 다음과 같다.

상품이라는 용어는 제품이라는 용어와 자주 혼동하는데, 코틀러(Philip Kotler)로 대표되는 대부분의 구미지역 마케팅학자들은 주로 제품이라는 용어를 사용하면서, 상품에 대하여는 고도로 표준화된 재화와 용역의 의미로서 수용하는 입장을 취하고 있다.

상품과 제품의 사전적 의미는 국어대사전[3]에서는 상품은 시장에서 판매할 목적으로 생산된 물건이라고 서술하고 있으며, 법률적으로는 동산과 같은 상거래를 목적으로 하는 물건이라고 서술하고 있다. 또한, 제품은 원료를 써서 만들어 낸 물품 즉 원료를 가지고 물건을 만드는 것을 의미하고 있다.

따라서 상품은 판매를 목적으로 생산된 재화이며, 상거래와 교환의 대상이 되는 것은 모두 상품이라고 하고 유효기간이 다 될 때까지도 유통, 상거래의 측면에서 받아들이는 개념이다.

그리고 제품은 협의와 광의로 해석할 수 있는데 협의로는 인간이 천연자원에 대해 어떤 작용을 가하여 그것을 변화, 조합 연결함으로써 만들어 낸, 즉 제조된 모든 것을 의미하는 반면, 광의로는 어떤 것이든 욕구나 욕망을 충족할 수 있는 것으로 시장에서 주의를 끌거나 획득, 사용, 소비될 수 있도록 제공하는 모든 것을 의미한다.

따라서 어떤 실질적인 가치를 가지는 물체가 유통과정상에 있는 것만을 말하며 생산된 그대로의 제품은 상품이라 할 수 없으며, 그것이 시장에 출하되어 교환될 수 있는 환경에 놓여졌을 때 비로소 상품이라고 할 수 있다.

상품과 제품의 개념을 종합하여 볼 때, 광의의 상품은 제품을 포함하고 있다고 볼 수 있으며 상품은 기본적 욕구 또는 욕망을 충족시켜 줄 수 있는 것으로 시장에 출하되어 주의나 획득, 사용 또는 소비의 대상이 될 수 있어야 하며 상품에는 물리적 대상물과 서비스, 사람, 장소, 조직, 아이디어 등이 포함된다.

3) 이희승, 국어대사전, 민중서림, 1991, p. 1858.

식음료 부문은 요리와 식료라는 제품을 생산하지만 이들이 곧 상품은 아니며, 호텔기업의 이미지, 종업원의 적절한 서비스, 분위기 등과 같은 속성이 조합되어 시스템적으로 또는 유기적으로 통합됨으로써 비로소 완전한 상품이 된다는 의미에서 개별단위 영업장에서 생산하는 요리와 식료를 제품으로 인식하고, 소비자에게 판매되는 시점에서의 통합제품을 단위영업장의 이미지와 결합된 상품으로 이해할 수 있다.

물론 단위영업장의 메뉴를 상품으로 착각하는 견해도 성립될 수 있지만 단위영업장을 상품으로 파악함으로써 단위영업장 중심의 포트폴리오 관리(portfolio management)가 가능해지며, 그 다음 단계에서 메뉴를 상품으로서 재차 규정할 수 있기 때문이다.

이러한 관점에서 볼 때, 식음료상품은 식당상품, 주장상품, 연회상품의 세 가지로 대별할 수 있으며, 이는 [그림 1-1]에서 보는 것처럼 각각 여러 종류의 단위상품으로 세분할 수 있다.

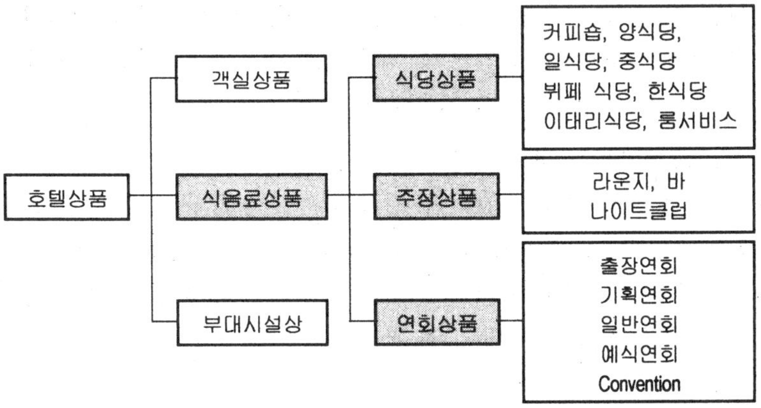

[그림 1-1] 호텔 식음료 상품의 유형4)

4. 호텔 식당의 수명주기

미국의 국제식당협회(NRA : National Restaurant Association)가 발행하고 있는 'NRA News'에서는 호텔 식음료 부문의 성장주기에 대하여 4단계의 주기로 분석하였다.

---

4) 손일락, 호텔기업 식음료 상품의 포지셔닝 전략에 관한 연구, 경기대학교 대학원 박사학위논문, 1992, p. 22.

호텔 식음료 부문의 성장주기에 대한 개념을 고려할 때에 10년 이상 가는 것은 별로 없다.[5] 호텔 식음료 부문의 실제 수명이 10년으로 제한된다고 말할 수는 없으나, 그렇다고 10년 이상이라고 말할 수도 없다.

따라서 이러한 수요량의 예측은 객관적으로 5년에서 10년으로 보는 것이 타당성이 있으며, 이로써 호텔 식음료 부문 투자의 장기적 평가를 고려할 수 있다.

호텔 식음료 부문 경영에 있어서 시장세분에 따른 수요량의 결정은 여러 가지 요인에 의해서 결정될 수 있으나 주로 다음과 같은 요인에 의해서 결정된다고 할 수 있다.

(1) 식음료 부문의 수요량 결정의 주요인

1) 식음료 부문의 시설과 분위기

호텔내의 식음료 영업은 매우 민감한 사안으로서 투숙고객이나 방문고객들은 식당의 선택시 가장 중요하게 고려하는 것이 바로 식당의 시설과 분위기일 것이다. 특히 인간의 미각은 식당시설의 합리적인 배치와 공간의 구성에 따라 달라질 수 있기 때문이다. 따라서 호텔의 식당은 건축 당시부터 이러한 점을 최우선적으로 고려해야 한다.

2) 고정고객의 확보

식당운영의 성공은 서비스 수준을 높여 충성고객을 가능하면 많이 확보하는 데 있다. 충성고객(loyal customer)이 많이 확보되면 그 충성고객은 다른 잠재고객에게 식당 서비스에 대해 긍정적으로 홍보를 하게 됨으로써 또 다른 고객을 유치할 수 있기 때문이다.

3) 수요의 균형

식당의 운영은 객실영업보다 신축성이 있다고 할 수 있으나, 공간과 시간적으로 제약을 받기 때문에 수요의 분산전략이 요구된다. 즉, 계절별 또는 주중이나 주말 등과 같이 수요의 변동폭이 클 경우에는 이익창출에 악영향을 끼치기 때문에 수요를 분산시켜 균형을 유지해야 한다. 따라서, 이러한 식당영업의 비수기(low season)와 성수기(high season)의 균형을 유지하기 위해 다양한 마케팅 전략을 수립해야만 한다.

---

5) Stephen Rushmore, The Valuation of Hotel Motels, 3rd. ed, Chicago, American Institute of Real Estate Appraiser of National Association of Retailers, 1980, p. 61.

4) 서비스의 수준

식당의 서비스 수준은 식당고객의 수준을 의미하는 것으로 고급스런 식당으로서의 면모를 갖추기 위해서는 식당에서 근무하는 종업원의 서비스 수준을 높여야 한다. 분위기나 서비스를 지향하는 고객은 식사 메뉴 자체의 가치보다는 서비스의 가치를 우선적으로 인정하려 하기 때문이다. 즉, 고객은 제공받은 서비스가 훌륭하다고 판단되면 메뉴 가격이 원재료에 비해 고가일지라도 아낌없이 지불하고 싶어할 것이다.

(2) 식음료 부문의 성장주기

일반적으로 호텔 식음료 부문의 성장주기는 다음과 같이 창업기 · 성장기 · 성숙기 · 쇠퇴기의 4단계로 구분할 수 있다.

1) 창업기

식당의 창업기는 호텔 식음료의 탄생시기로서 목표를 정한 시장(target market)에 적합한 개념을 확립하는 단계이다. 이 시기에는 영업전략상 다양한 방법의 조사와 연구가 실시된다.

식당의 수익성은 목표치에 미치지 못할 경우가 많지만, 영업에 대한 광고나 선전은 초기단계부터 이루어져야 한다. NRA의 연구에 의하면, 대개 보통 수준의 호텔 식음료 부문의 선전 및 광고비는 총매출액의 2~4%를 차지하지만 창업기에는 그 이상으로서 보통 5~6%를 투입할 필요가 있는 것으로 보고되고 있다.

2) 성장기

성장기에 돌입하게 되면 수익향상이 뚜렷하게 나타나고 호텔 식음료 부문 경영자들은 이 과정이 보다 장기적으로 계속되기를 바란다.

이 시기에는 능률적인 작업의 실시, 메뉴 개선, 가격의 재검토, 경쟁식당의 증가, 종업원에 대한 지속적인 교육 등으로 영업을 활성화시키고, 광고 및 선전은 시장상황을 고려하여 실시해야 한다.

3) 성숙기

호텔 식음료 부문이 성숙기에 접어들면, 시장에서 지위가 확고해지기 때문에 판매량과 수익성도 안정권에 돌입하게 된다. 그러나 이 시기에 식당의 경영을 잘못하게 되면, 일시에 쇠퇴기로 접어들 위험을 안고 있다.

위험한 요소의 예로서는 종업원의 타성화로 인한 서비스 수준의 저하, 아이디어 창출의 노쇠화로 인한 영업형태의 진부화, 판매량 저조로 인한 목표달성률의 미달성 등으로 이러한 경향에 신속하게 대처하여 안정권을 계속 유지해야 한다.

4) 쇠퇴기

이 시기에서 호텔 식음료 부문에 나타나는 현상은 매상이 감소하고 고객의 수가 현저하게 줄어들게 되어 경쟁하는 다른 호텔 식음료 부문에 고객을 빼앗길 수 있다.

성숙단계에서 적절한 전략으로 대처하지 못해 분위기가 진부해지고 판매목표가 떨어진 것을 지나쳐 버려서 호텔 식음료 부문은 쇠퇴기로 돌입하게 된다. 이 단계에서는 시장조사를 실시하여 고객의 욕구와 요구를 파악하고 새로운 아이템의 메뉴와 시설 등을 최신화 또는 재구성해야 한다.

이와 같은 4단계 성장주기의 국면을 하나의 도표로 구성해 보면 〈표 1-2〉로 함축시킬 수 있다.

〈표 1-2〉 식당 성장주기의 국면 그 전략발상[6]

전 략	창 업 기	성 장 기	성 장 기	쇠 퇴 기
종합전략	시장에서 자기 호텔 식음료 부문의 지위 확립	시장 분위기를 살려 판매량과 수익성 향상	시장점유율의 유지와 경쟁 점포의 추격을 막는다.	분위기를 완전히 재검토
목표실행 수단	관리자에 의한 지속적인 감독	목표의 중요성을 더욱 인식	지속적인 감독으로 더욱 철저히	부응하는 목표를 생각해 낸다.
가격전략	주변의 경쟁 점포보다 낮은 가격으로 설정	다른 경쟁 식당과 같은 수준에서 경합	시장 점유율을 유지하기 위하여 가격을 내려야 한다	경쟁대책을 위하여 더욱 가격을 내려야 한다.
광고전략	많은 비용을 들여 지명도를 높인다. 또한 처음으로 고객을 끌어들인다.	시장의 비율을 높이기 위해 전략을 세운다.	다른 호텔 식음료 부문에 비해 독특한 다른 점을 명백히 내세운다.	호텔 식음료 부문의 이미지 재건을 위하여 노력을 기울인다.

20세기 중반의 호텔경영에 있어서 식음료 부문은 대부분의 호텔경영자들에게 매우 낮게 인식되어 있었다. 그 이유는 객실영업으로부터 창출되는 수입이 주가 되었기 때문이었고, 식음료 경영의 목표는 단지 손익분기점 유지, 또는 손실을 최소화하는 데 있었기 때문에 식음료 상품은 상대적으로 덜 중요시되었으며, 아직도 호텔의 식음료 사업은 대중적이라기보다는 중산층 이상의 고객을 대상으로 하고 있다.

---

6) 원융희, 현대 호텔식당 경영론, 대왕사, p. 228.

이와 같은 이유는 현대 경영자의 노력에도 불구하고 대중적인 인식이 이에 미치지 못하는 점과 호텔의 품위 하락을 염려하는 대부분 호텔경영진의 편협된 사고, 즉 호텔의 고급성을 유지하려는 데에 기인된 것임을 부인할 수 없다.

호텔에서 식음료 부문이 차지하는 역할은 매우 크고 중요하다. 아무리 호텔의 시설과 설비가 훌륭하다 할지라도 식음료 부문에서 조리과정과 서비스가 최고급 수준을 유지하기 못할 때 그 호텔의 경영은 매우 어려울 것이다.

최근에 호텔영업은 그 수입원이 객실판매율보다 식음료 판매율이 점점 높아 가는 경향을 나타내고 있다. 따라서 식음료 서비스업의 많은 부문을 차지하는 식음료 부문 경영은 항상 고객과 종사원 사이에 인간적 요소가 포함되어 있다는 사실을 명심해야 할 것이다.[7)]

7) 원륭희, 현대호텔식당경영론, 대왕사, 1992, p. 44.

• • • 모듈과제 1-2 • • • • • 호텔 식음료 부문의 조직 및 기능

• 목 표

호텔 식음료 부문의 일반적인 조직과 식음료 상품의 판매 서비스를 담당하는 각 부문의 기능을 이해한다.

• 관련이론

1. 호텔 식음료 부문의 조직

조직은 경영의 각 구성원이 경영목적에 가장 적합하게 하기 위해 각 조직원이 수행할 역할과 범위를 규정하는 것으로, 이는 능률적인 관리를 위한 수단이다. 식음료 부문의 경영 역시 일반기업의 경영활동과 마찬가지로 전문화, 대규모화의 경향으로 인하여 조직의 긴밀한 협조 아래 일사불란하게 통제되어야 한다.

일반적으로 호텔의 식음료 조직에서는 서비스 부문과 조리 부문으로 구분하고, 식음료 부문은 잘 훈련된 종업원으로 구성되어 고객만족을 통하여 부서의 목표를 달성하는 조직체이기 때문에 상황에 알맞은 동기부여로 각자의 능력을 최대한으로 발휘할 수 있도록 해야 한다.

즉, 조직의 구성원 모두가 사명감을 갖고 호텔이 추구하고 있는 방향으로 서비스를 제공할 수 있도록 적극적으로 지원을 해주어야 한다. 또한 부서의 팀장은 조직의 목표를 바탕으로 가장 효과적이고 효율적인 방법으로 구성원을 통제하여 고객지향적인 서비스를 제공하도록 최선을 다해야 한다.

이와 같은 조직으로 원활한 영업을 하기 위해서는 다양한 시스템을 마련해서 경영진과 종업원의 의견이나 제안 및 정보 등의 의사소통이 원활하게 이루어져야 한다.

식음료 부문을 케이터링 부서(catering department)라고도 하며, 호텔에서의 식음료 부문은 음식(food), 음료(beverage) 및 서비스를 토대로 하여 영업이 이루어진다.

음식과 음료는 유형의 상품(tangible products)으로서 특성에 따른 기술과 적당한 통제가 요구되고, 서비스는 무형의 상품(intangible products)으로서 종업원의 자질에 따른 능력과 봉사정신(service spirits)이 요구된다.

식당의 조직도 경영조직과 마찬가지로 조직의 형태가 구성되기 때문에 종업원 각자가 업무를 분담하고, 그 업무에 대한 명확한 권한과 책임의 한계를 토대로 직무의 할당이 전제되어야 한다.

식음료 부문의 조직도 타조직과 같이 각 종업원의 직무를 분담·규정하고, 일정한 권한과 책임을 분담함으로써 각 직무의 상호관계를 정하여 업무를 능률화시키고 경영활동을 촉진시키는 데 그 목적이 있다.8)

식음료 부문의 조직은 호텔의 규모에 따라서 약간의 차이가 있을 수 있겠으나 일반적으로 3개 부문으로 나누어져 각 부서의 기능이 최대한으로 발휘될 수 있도록 하고 있다.

이러한 호텔 식음료 부문의 공통적인 조직도는 [그림 1-2]에서 나타낸 바와 같다.

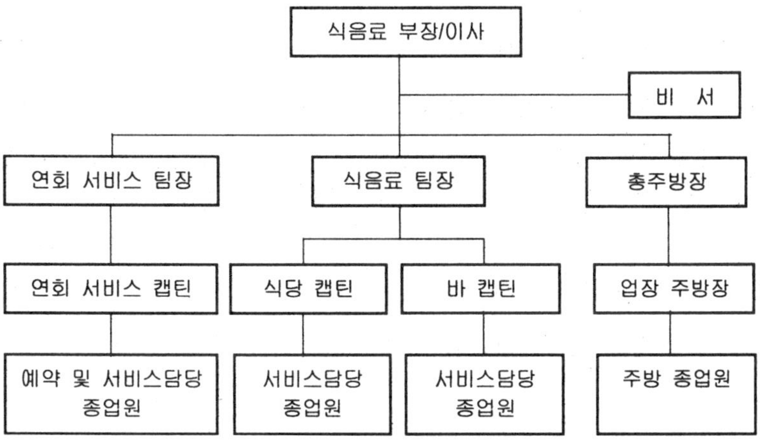

[그림 1-2] 호텔 식음료 부문의 일반적 조직(대규모 호텔의 경우)

[그림 1-2]와 같이 보통 식음료부는 연회 서비스팀(banquet service team), 식음료팀(F&B service team), 주방팀(kitchen team)으로 구분되고 있으나, 호텔의 경영형태에 따라서 약간의 차이가 있다.

또한, 호텔 식음료부서의 서비스편성은 식음료 부문의 특징이나 위치에 따라 조직이 달라지겠지만 일반적으로 다음과 같은 요인에 의해서 결정될 수 있다.

8) 김재민·신현주, 현대호텔경영론, 대왕사, 1980, pp. 98～99.

① 호텔의 분류에 따른(도심지 호텔, 휴양지 호텔) 호텔의 위치
② 호텔의 등급수준 및 식음료 부문의 종류
③ 계절성
④ 식음료 부문의 수용능력
⑤ 서비스의 형태

2. 호텔 식음료 부문의 기능

조직이란 일반적으로 어떤 목적을 달성하기 위해 다수의 사람이 맡은 바 업무를 유기적으로 활동하는 그룹을 의미하는 것으로 가장 합리적인 운영을 위해서는 효율적인 조직이 구성되어야 한다.

호텔 식음료의 조직은 식음료의 형태에 따른 경영목적의 달성에 필요한 종업원의 직무를 규정하는 일과 일정한 권한을 할당하고 직무의 상호관계를 규정하여 실무의 능률을 높이고 경영활동을 촉진시키는 데 의미를 가진다.

(1) 식당(restaurant)

1) 식당의 영업 및 고객관리

호텔내의 식당(양식, 일식, 중식, 한식 등)을 위한 필요한 설비와 집기를 가장 효율적으로 공간을 구성하고 내부의 투숙객과 외부고객을 유치하여 식당의 특성에 알맞은 서비스를 제공한다. 또한, 고정고객을 확보하기 위한 다양한 프로그램을 구성하여 안정적인 경영을 할 수 있도록 제도화한다.

2) 집기, 비품, 시설물의 보존, 유지 및 관리

식당을 구성하는 각종 시설물이나 집기 및 비품은 식당의 품격과 수준을 나타내는 척도의 일부분이므로 최상의 상태로 관리할 수 있는 시스템을 구축해야 한다. 또한 시설물이나 집기 및 비품의 효율적인 관리는 원가를 줄일 수 있는 방법이기도 하다.

3) 종업원의 인사관리 및 교육훈련

식당의 서비스 수준은 서비스를 제공하는 종업원이 많은 영향을 미치기 때문에 가장 공정하고 합리적인 업무를 부여하여 동기를 유발시킬 수 있는 제도적인 장치를 마련해야 한다.

그리고 호텔에서 목표하고 있는 수준의 서비스를 제공하기 위해서는 지속적인 정신교육과 현장교육(OJT : on the job training)이 요구된다. 따라서 식당의 책임자는 고객을 만족시키기 전에 종업원을 만족시켜 고객만족으로 연

결시킬 수 있는 내부 마케팅(internal marketing)을 바탕으로 종업원을 위한 특별한 제도를 마련해야 한다.

(2) 음료 서비스(beverage)

1) 영업 및 고객관리

음료 서비스 부서의 영업은 식음료 부서와 동일한 형태로서 로비라운지(lobby lounge), 나이트클럽(night club), 메인바(main bar) 등의 업장에서 고객의 요구를 적극적이고 긍정적인 측면에서 충족시킬 수 있는 서비스를 제공해야 한다. 음료 서비스는 방문객이나 투숙객의 개인적인 만남을 위해 마련된 공간으로서 편안하고 아늑한 분위기를 바탕으로 식사를 할 수 있어야 하는 장소이기 때문이다.

2) 집기, 비품, 시설물의 보존, 유지 및 관리

음료 서비스를 제공하는 호텔의 업장은 무엇보다 공간에 배치된 시설물이나 집기 및 비품이 전체의 분위기를 좌우하기 때문에 항상 최상의 상태를 유지해야 한다.

3) 합리적인 메뉴의 가격결정 및 정보의 제공

호텔이 추구하는 수준의 메뉴를 개발하고 합리적인 가격결정으로 특정인을 위한 업장이 아닌 대중에 초점을 맞추어 영업활동을 전개해야 한다.

4) 종업원 인사관리 및 교육훈련

식음료 서비스 부서와 마찬가지로 고객의 요구와 요구를 충족시키기 위해서는 끊임없는 교육훈련과 공정한 인사관리가 전제되어야 한다.

(3) 연회 서비스(banquet service)

1) 연회행사의 유치 및 판촉활동

상술한 바와 같이 최근의 영업추세가 객실 위주의 경영에서 탈피하여 식음료 관련부서 영업의 활성화로 호텔의 매출증대에 많은 노력을 투입하고 있기 때문에 비교적 신축적인 연회행사의 유치를 위한 판촉활동이 강화되고 있다. 따라서 대부분의 대규모 호텔에서는 연회 서비스에 대한 마케팅 전략(marketing strategy)이 다각적으로 수립되고 있다.

2) 연회행사 메뉴 및 가격결정 전략

연회행사는 행사의 성격이나 특성에 따라 그 형태가 매우 다양하기 때문에 그에 알맞은 메뉴의 선택이나 가격의 폭이 넓다고 할 수 있다. 따라서 행사의 성격에 어울리는 식음료의 선정이나 가격이 합리적인 수준에서 결정되어야 한다.

3) 연회 서비스 개선 및 품질관리

연회행사는 주최자의 목적에 알맞은 서비스를 제공해야 하므로 그에 따른 서비스의 개발은 물론이고 서비스의 수준을 높이기 위한 다각적인 노력이 요구된다고 할 수 있다.

4) 출장연회의 종합적 관리

연회행사는 대부분 호텔내에서 이루어지지만 때에 따라서는 주최측의 현장에서 행사가 이루어질 경우가 있기 때문에 호텔내에서 제공하는 서비스와 동일한 수준의 서비스를 호텔을 떠난 제3의 장소에서 이루어질 때에도 호텔의 이미지에 알맞은 서비스를 제공할 수 있도록 시스템을 구축해야 한다.

5) 연회종업원의 인사관리 및 교육훈련

연회행사는 마치 오케스트라 팀(orchestra team)이 하나의 주제를 바탕으로 일관성 있게 진행되어야 하는 것처럼 전체의 종업원이 동일한 내용의 서비스를 제공할 수 있도록 교육훈련이 강화되어야 한다.

한편, 식당 부문의 최고책임자인 식음료 팀장에서부터 접객수에 이르기까지 각 직무를 살펴보면 〈표 1-3〉과 같다.

3. 식당의 업무순서

(1) 영업을 위한 청소정리

① 의자 및 식탁의 정리
② 식당 왜건(wagon)의 청결상태 점검
③ 보조식탁(side table)의 청결상태 점검
④ 화분대의 청소
⑤ 바닥 카펫의 진공청소기의 청소
⑥ 흡・배기구의 확인
⑦ 조명기구의 확인
⑧ 실내온도의 점검

(2) 식당준비사항

① 리넨류(table cloth 등)의 준비
② 식탁기물(fork, knife, spoon 등)의 준비

〈표 1-3〉 식음료 부문의 직무분석

직 책	내 용
식음료 팀장 F&B Director	식음료부 전체 최고책임자로서 영업에 따른 정책수립 및 계획, 관리, 인사 등 전반적인 운영형태에 대한 책임을 진다.
식당 과장/차장 Ass't Director	식음료부 전업장 서비스 강화교육 및 이에 따른 업장간 적절한 인원배치 및 운영형태, 문제점 파악 등 전반적인 관리책임을 진다.
식당지배인 Outlet MGR	영업장의 최고책임자로서 고객관리 및 업장운영 관리에 따른 전반적 책임을 진다.
부지배인 Ass't MGR	지배인을 보좌하며 업장운영 관리 특히 고객 서비스 관리를 주업무로 한다.
접객조장 Captain	영업장내의 한 구역의 책임자로서 식음료 서비스에 있어서 정확한 주문과 서비스를 직접 취급한다.
접객원 Waiter/Waitress	접객수장을 보좌하며 식음료를 직접 고객에게 제공하며 각 책임구역의 청소 및 준비정돈
소믈리에 Sommelier	고객에게 와인을 추천하고, 와인의 판매현황 및 잔량, 주문, 와인에 대한 교육 등을 담당한다.
접객보조원 Bus boy	접객원을 보좌하며 테이블 세팅과 주위 청소, 각 책임구역의 준비, 정돈과 모든 기물 준비, 서비스 보조 등
안내원 Gretress	지배인, 부지배인의 업무를 보좌하며, 고객을 영접하고 테이블의 적절한 안내역할을 수행한다.
회계원 Cashier	고객의 식음료 가격을 계산하여 요금을 수수하고, 그날의 영업실적을 지배인에게 보고한다.

③ 양념그릇 보충(소금, 후추, 소스, 마스터 등)
④ 잼, 버터의 준비
⑤ 냅킨(napkin)의 준비
⑥ 워터피처(water pitcher)의 준비
⑦ 서비스 트레이(service tray) 준비
⑧ 컵 및 유리잔, 재떨이 준비
⑨ wine cooler & stand 준비
⑩ 메뉴 및 메모지 준비
⑪ 식탁청소용 기물 준비

(3) 식닥기물의 준비

① 은기류(silver ware)의 준비

② 필요한 접시류 준비
③ 냅킨(napkin)의 배치
④ 식탁의 꽃 및 초 준비
⑤ 식탁용 포도주 준비
⑥ 차림표 및 주문서 준비

(4) 접객원의 준비점검

① 손, 얼굴, 두발
② 제복(uniform)의 청결상태 점검
③ 메뉴 설명(특별요리, 품귀품목 사전 확인)
④ 예약고객의 수와 현황설명
⑤ 접객원의 원만한 의사소통(communication)

(5) 접객 서비스

① 고객의 영접
② 식탁으로 좌석 안내
③ 메뉴제공
④ 생수제공
⑤ 음료주문
⑥ 음식주문
⑦ 주문한 음료와 음식 서비스
⑧ 계산서 작성
⑨ 지불
⑩ 환송

(6) 식당의 마감정리

① 식탁정돈
② 의자 밑에 떨어진 오물 청소
③ 보조식탁(side table)의 제거
④ 식당내 점검
⑤ 창의 커튼 정리

이상의 사항들은 식당에서 종사하는 접객원이 고객을 대상으로 서비스를 제공하기 위한 사무절차라고 할 수 있다. 그러므로 매일같이 반복훈련을 통해서 접객 서비스로 한층 더 품위를 높일 수 있는 식당으로 만들어야 한다.

• 예비과제

1. 호텔 식음료 상품과 제조상품의 특징을 비교 설명하여라.

2. 호텔 식음료 상품과 객실 서비스 상품의 매출규모를 비교 설명하여라.

• 평 가

영 역	평 가 사 항	평				가
		A	B	C	D	E
이 해 (10)	1. 호텔 식음료 부문의 중요성을 이해하고 있다. 2. 호텔 식음료 부문의 조직과 기능을 이해하고 있다. 3. 식음료 상품의 특징을 제조상품과 비교 설명할 수 있다.					
태 도 (10)	1. 예비학습을 통한 필요기물이 준비되었다. 2. 깨끗하고 정리정돈된 실습 분위기가 조성되었다. 3. 모듈학습을 위한 준비물의 준비상태가 양호하다.					
실무능력 (20)	1. 식음료 부문의 직무 내용을 이해하였다. 2. 식당의 업무순서를 이해하였다.					

모듈 2

식당 서비스의 형태

식음료 상품 제공장소인 식당의 기원과 정의 및 다양한 식음료 업장의 종류 및 식사의 내용에 대하여 학습한다.

모듈 학습목표

1. 식당의 발생과 개념을 정의한다.
2. 호텔 식음료 업장의 종류를 이해한다.
3. 시간대 및 내용물에 따른 식사의 종류를 학습한다.

모듈과제 안내

1. 식당의 개념 : 동서양 식당의 발생과 정의를 학습한다.
2. 호텔 식음료 업장의 분류 : 서비스 형식, 제공되는 요리, 식사내용 및 경영형태에 따른 식당을 분류해 본다.
3. 식사의 종류 : 식사시간대 및 제공되는 내용물에 따른 식사의 종류를 이해한다.

산업체 현장 실무능력

모듈 2의 과제들을 학습하여 식당의 개념을 확립하고 식음료 판매업장의 종류 및 식당별로 제공되는 식음료 내용을 정확하게 숙지하여 고객주문시 적용할 수 있다.

• • • 모듈과제 2-1 • 식당의 개념

• 목 표

1. 식당의 발생과정을 이해한다.
2. 식당의 개념을 정리한다.

• 관련이론

1. 식당의 발생

사람이 정상적인 삶을 영위하기 위해서 기본적으로 필요한 요소는 의식주(衣食住)이며, 그 중에서 가장 기초가 되는 요소가 식이라 할 수 있다. 식당은 사람들이 집을 떠나서 활동을 하기 위해서는 우선적으로 음식을 섭취할 수 있는 장소가 필요하기 때문에 인간생활과 함께 자연스럽게 발생되었다. 즉, 인간의 기본적인 생리욕구를 충족시키기 위해 일정한 형태의 장소가 갖추어진 상태에서 고객을 환대하며 음식을 제공하고, 먹고 휴식을 취할 수 있는 장소가 제공되었다고 할 수 있다.

문헌에 의한 서양의 식당발생 기원을 살펴보면 B.C. 4000년경 고대 바빌로니아의 수메르(Sumerian)족이 무역거래와 화폐의 편리성을 인지하였으며 상거래와 교통수단, 숙박시설 등에 화폐나 물물교환 형태가 사용되었기 때문에 숙박시설은 여행과 밀접한 관계가 있었다는 것을 짐작할 수 있다.

B.C. 512년경 고대 이집트(Egypt)에 식당의 기원이라 할 수 있는 음식점이 발견되었다 한다. 이곳에서는 곡물, 들새고기, 양파요리 등 매우 단조로운 요리가 제공되었으며, 소년들은 부모를 동반해야 출입을 할 수 있었고 소녀들은 결혼할 때까지 출입이 금지되어 있었다.

A.D. 79년경 로마시대에는 나폴리의 "Vesuvius" 산줄기의 휴양지에 "식사하는 곳(eaters out)"이 많이 있었으며, 유명한 카라 카라(Kala Kala)라는 대중목욕탕의 유적에서도 식당의 흔적을 찾아볼 수가 있다.

이 목욕탕은 A.D. 216년 카라 카라 제왕 때 사용되었던 것으로 한 변의 길이가 330cm나 되며, 수용인원이 무려 1,600명이었다. 이 대규모 건물내에는 증기탕, 온수탕, 냉수탕 등 여러 가지 욕실과 체련장, 경기장, 도서실, 강의실, 학습실, 미트라교의 예배당까지 갖추어져 사교장 겸 스포츠장으로 사용되면서 음식물을 제공하는 식당이 있었으며, 사원에서도 여행자를 위해 식사와 숙소를 제공했다.

12세기경 영국에서는 선술집(public house)이 번창하였고, 1650년에는 영국 최초의 커피 하우스(coffee house)가 옥스퍼드에서 개업되었으며, 일정한 가격으로 점심이나 저녁식사를 제공하는 "오디너리(ordinary)"란 간이식당도 있었다.

프랑스에서는 1765년 "몽블랑거(Mon Boulanger)"라는 사람이 '블랑거는 신비의 스테미너 요리(stamina food)를 판매중(boulanger sells magical restouatives)'이라는 슬로건을 내걸고, 우리나라의 우족탕과 유사한 양의 다리와 흰 소스(white sauce)를 끓여 만든 레스트러티브(restoratives) 수프를 판매하였다. 이 수프는 이름이 전래되어 오늘날의 식당, 즉 레스토랑(restaurant)이란 단어가 파생되었다.

중국에서도 6세기경 "식경(食經)"이라는 요리전문서적이 발간되어 식당이 발전할 수 있는 기틀을 마련하였으며, 7세기에서 13세기에 걸친 당·송시대에는 중국요리가 발달되어 당시성 등의 문 중에서 이백, 두보, 백낙천 등의 시인이 술과 먹는 것에 대하여 읊은 시구를 발견할 수 있다. 청조시대에는 회관(會館)이란 식당이 출현하여 장원(壯元), 진사(進士)라는 간판을 내걸고 영업을 하였다.

우리나라의 식당발생 배경을 살펴보면 고대부족 사회에서 더 발전된 하나의 국가형태를 갖추면서 신앙적 요소와 관계없이 단지 물물교환만을 목적으로 시장이 형성되었으며, 당연히 시장 안에서는 각지에서 모인 상인 또는 장꾼을 대상으로 음식을 판매하는 장소가 탄생되었다.

한편, 고려사에 의하면 고려시대 983년에는 개성에 성례(成禮), 약빈(樂賓), 영액(靈液), 옥장(玉獎), 연령(延齡), 희빈(喜賓) 등의 이름을 가진 식당이 있었다는 기록이 있다. 또한 1103년에는 지방의 각 고을에도 술과 음식을 판매하고 숙박도 겸하게 하는 상설식당이 있었으며, 이것이 후일의 물상객주, 보행객주 등의 시초가 되었고 전주에서 시작된 주막과 목로집은 오늘날의 식당에 숙박을 겸하는 형태로 발전하였다.

조선왕조 1398년(태조 7년) 이태조는 숭교방(지금의 명륜동)에 국립대학인 성균관을 두었는데, 이 안에는 공자를 모신 사당 문묘(文廟)와 유생들이 강의를 듣던 명륜당이 있었으며 명륜당 앞 좌우에는 재(齋)가 있었다. 이 동서의 양재(兩齋)는 모두 28개의 방이 있어 2백 명 가까운 유생들이 거처했고, 이곳에 선비들이 식사를 하는 식당이 있었다. 이때부터 처음으로 "식당"이라는 말이 기록으로 남아 있으며, 음식을 날라다 주는 사람을 칭하는 "식당지기"라는 말이 파생되었다.

그 후 1900년에는 독일의 손탁이 건립한 손탁호텔(Sontag hotel)에 프랑스식 식당이 처음으로 문을 열어 우리나라 최초의 서양식 식당이 되었으며, 1925년에는 철도호텔의 등장과 함께 서울역의 구내에서 서양식 식당(grill)이 탄생하였다.

2. 식당의 정의

초기의 식당은 여행객들을 위한 숙소에서 숙박객들에게 식사와 음료를 제공하는 단순한 기능으로 시작되었는데, 현대의 식당은 도시와 마을로 인구가 증가함에 따라서 고객의 생리적 욕구에서 탈피하여 다양한 고객의 욕구를 충족시키는 공공의 장소와 문화, 사교의 장소로 변모하고 있다.

국제관광호텔법에서는 호텔업이란 호텔을 방문하는 사람에게 숙박 및 음식을 제공하는 영업으로 정의하고 있다. 프랑스의 대백과사전 "Larouse Duxxe Secle"에 의하면 'restaurant'의 어원은 'de restaurer'란 단어로 시작되었다고 전해지고 있다. 이 'restaurer'의 본래 의미는 "수복하다", "재흥하다", "기력을 회복시키다"라는 의미이다.

이 사전에 의하면 'restaurant'란 'etablisement public ou I'on peut manger; restaurant a prix fixe ; restaurant a la carte.'라고 설명되어 있다. 즉 사람들에게 음식물을 제공하는 공공시설, 정기판매점, 일품요리점이라고 표현하고 있듯이 식당이란 음식물과 휴식장소를 제공하고 원기를 회복시키는 장소라는 것이다.

또한 영국의 고전적 사전인 옥스퍼드 사전(oxford dictionary)에는 'an establishment where refreshments or meals may be obtained'라고 되어 있으며, 미국의 웹스터 사전(webster dictionary)에도 'an establishment where refreshments or meals may be produced by the public ; a public eating house'라고 기록되어 있어 '대중들이 가벼운 음식물이나 식사를 할 수 있는 시설'로 설명되어 있다. 식당의 정의를 국어사전에서 살펴보면 '식사하기 편리하도록 갖추어 놓은 방' 또는 '음식요리 등 식사를 주로 만들어 고객에게 판매하는 집'이라고 설명하고 있다.

최근에는 식당의 개념을 "EATS" 상품을 판매하는 곳으로 그 의미를 확대하고 있는데, 'EATS'란 접대(인적 서비스 : entertainment), 분위기(물적 서비스 : atmosphere), 맛(요리 : taste), 위생(청결 : sanitation)을 의미한다. 즉, 식당은 먹는다는 단순한 의미의 장소가 아니라 서비스와 분위기, 음식의 맛 등이 조합되어 총체적인 가치(total value)로서의 종합적인 상품(total products)을 판매하는 장소라는 것이다.

• 예비과제

호텔 식음료의 중요성과 식음료 상품의 특징을 설명하여라.

• • • 모듈과제 2-2 • • • • • • • • • • • 호텔 식음료 업장의 분류

• 목 표

서비스 형식에 따른 식당의 종류, 제공되는 요리에 따른 식당의 종류, 제공되는 식사내용에 따른 식당의 종류 및 경영형태에 따른 식당의 종류에 대하여 학습한다.

• 관련이론

1. 서비스 형식에 의한 분류

호텔의 식당은 투숙하고 있는 고객과 외부 고객에게 음식과 함께 다양한 서비스를 제공하면서 영업을 하는 곳이기 때문에 음식을 제공하는 서비스의 종류는 식당마다 독특한 형태가 있다고 할 수 있다.

이러한 독특한 서비스 형식의 식당은 〈표 2-1〉과 같이 테이블 서비스 식당(table service restaurant), 카운터 서비스 식당(counter service restaurant), 셀프서비스 식당(self-service restaurant)으로 구분할 수 있다.

그러나 아직까지 우리나라에서는 카운터 서비스 형태의 식당이 외국에 비해 현실적으로 그 숫자가 적은 편이기 때문에 호텔의 대중화 유도를 위해서는 이와 같은 형태의 개발이 활발히 이루어져야 하겠다. 그리고 특별한 식당으로는 급식식당(feeding), 자동판매기 서비스 식당(vending machine), 자동차 식당(auto restaurant) 등이 있다.

(1) 테이블 서비스 식당(table service restaurant)

일반적으로 고객이 인식하고 있는 형태의 식당으로서 일정한 장소에 식탁과 의자를 갖추어 놓고 식당에서 제공 가능한 음식의 메뉴(menu)를 고객의 주문에 의해서 웨이터(waiter) 또는 웨이트리스(waitress)가 음식을 제공하는 식당으로서 고급 음식과 정중한 서비스가 제공되는 식당을 말한다. 호텔내의 대부분 식당이 이에 해당이 되고 식사중에는 식사를 위한 식탁매너(table manner)가 요구된다.

(2) 카운터 서비스 식당(counter service restaurant)

식당의 주방을 개방(open kitchen)하여 고객이 조리과정을 직접 지켜볼 수 있고, 그 앞에 카운터를 테이블로 하여 음식을 신속하게 먹을 수 있으며, 또한 직접 고객이 조리과정을 지켜볼 수 있기 때문에 고객의 불평을 줄일 수 있다.

이러한 식당은 서비스 인원이 많이 필요하지 않고, 고객이 지켜보는 앞에서 요리를 만들어 제공하므로 테이블 서비스 식당보다도 서비스가 신속하게 제공되고, 비교적 위생적인 환경에서 식사를 즐길 수 있다는 장점이 있다.

이러한 종류의 식당에는 소다 파운틴(soda fountain), 런천니트(luncheonette), 리프레시먼트 스탠드(refreshment stand), 커피 스탠드(coffee stand : sandwich, hot dog, juice, milk, ice-cream 등의 간단한 음식을 제공하는 곳) 등이 있다.

(3) 셀프서비스 식당(self-service restaurant)

셀프서비스 식당은 고객 자신이 기호에 알맞은 음식을 직접 선택하여 식사하는 형식의 식당으로서 셀프서비스 식당은 고객이 직접 식음료를 선택하여 먹기 때문에 고급스런 분위기의 서비스는 창출할 없으나, 소수의 종업원이 서비스를 제공할 수 있어 상대적으로 인건비를 절감할 수 있다는 특징이 있다.

〈표 2-1〉 서비스 형태에 따른 식당의 특징

종류 구분	table service 식당	counter service 식당	self service 식당
가격대	비싸다.	저렴하다.	저렴하다.
서비스	웨이터/웨이트레스	주방종업원	고객
장 점	• 식당의 우아한 분위기와 함께 최고급의 서비스를 받을 수 있다. • 식사를 하면서 간단한 회의를 진행할 수 있다.	• 주문한 식사의 조리과정을 직접 볼 수 있기 때문에 신뢰성을 바탕으로 위생적 식사를 할 수 있다. • 조리사가 직접 서비스를 제공하기 때문에 인건비를 절감할 수 있다.	• 특별한 테이블 매너가 필요 없다. • 테이블 회전이 빠르다 • 고객의 기호에 맞는 음식을 선택할 수 있다. • 인건비를 절감할 수 있다.
단 점	• 식사시간이 길다. • 식사를 위한 테이블 매너가 필요하다.	• 공식적인 만찬에는 어울리지 않는다. • 주방이 개방된다.	• 요리를 직접 선택해야 하기 때문에 번거롭다.
식당의 예	• 호텔내외 식당	• 일식당 카운터 • 커피 스탠드	• 뷔페(buffet) 식당

이러한 이유 때문에 경제적인 측면을 고려하는 고객을 목표로 하는 식당에서 성행하고 있다. 또한 식사를 신속하게 할 수 있으며 기호에 알맞은 식사를 선택하여 먹을 수 있는 특징이 있다.

(4) 급식식당(feeding)

급식식당은 비영리 목적으로 운영되는 셀프서비스 형태의 식당으로서 학교의 기숙사에서 제공하는 급식(school feeding), 회사의 종업원을 위한 급식(industrial feeding), 병원에서 환자에게 제공하는 급식(hospital feeding), 항공사에서 승무원이 제공하는 고객을 위한 급식(flight kitchen feeding), 군대급식 등을 들 수 있다.

이러한 식당은 반드시 비영리적인 목적의 사업으로 일정한 메뉴에 의해 식사를 해야 하기 때문에 자기의 기호에 알맞은 음식을 선택하여 먹을 수가 없는 단점이 있다.

(5) 자동차 식당(auto restaurant)

이동형 식당(movable restaurant)의 형태로서 자동차 트레일러(trailer)에 음식물을 싣고 수요가 있는 장소로 옮겨 다니면서 판매하는 식당을 말한다. 자동차 식당은 선진국에서 많이 볼 수 있는 것으로 출장 파티(outside catering)나 학교 또는 공원(park)같이 유동인구가 많은 곳에서 흔히 볼 수가 있다.

(6) 자동판매기(vending machine) 서비스 식당

인건비의 비율이 높은 선진국가들은 자동판매기에 의한 식당의 인기가 점점 높아지고 있다. 따라서 자동판매기에서 판매되는 매출이 점점 증가하고 있는 추세이다. 이 기계는 주로 카페테리아(cafeteria), 대규모 회사, 호텔 등에서 많이 사용되며, 스낵(snacks), 병 또는 깡통에 담긴 음료, 밀크(milk), 아이스크림(ice cream), 페이스트리(pastry), 통조림(canned goods), 담배 등 다양한 품목을 갖추고 있다.

2. 제공되는 요리에 의한 분류

음식은 나라와 지방마다의 풍습과 특색을 나타내고 있으며, 제공되는 요리의 조리기술에 따라서 음식의 맛이 다양하다. 조리기술로 만들어지는 제공품에 의한 식당을 대별하면 다음과 같다.[9]

---

9) 오정환, 호텔케이터링원론, 기문사, 1993, pp. 19~20.

(1) 양식당(western style restaurant)

1) 이탈리아식 식당(Italian restaurant)

이탈리아는 북부와 중부 그리고 남부로 구분하여 요리를 분류할 수 있는데, 특히 시칠리아를 중심으로 한 남부지방에서 생산되는 경질 밀은 파스타의 좋은 원료로 사용되며, 옥수수를 이용한 폴렌타(polenta)와 쌀을 이용한 리소토(risotto)는 북부지역의 대표적인 요리이다.

또한, 북부지방은 요리소재가 풍부하여 강과 바다에서 생산되는 각종 어물과 갑각류 등으로 만든 생선요리를 비롯하여 포도주와 양념류를 이용하여 만든 육류요리가 다양한 반면, 캄파니아(Campania)에서 사르디니아(Sardinia) 지역까지 포함한 남부지방은 밀을 이용하여 만든 파스타 요리가 유명하다.

중부지방은 토스카나 지역을 중심으로 한 요리로 남부와 북부의 중간형태를 띠는 것으로 남부에서 북부로 올라갈수록 기온의 차이로 인한 음식의 수분이 많다.

이탈리아 요리는 일찍이 기원 14세기 초엽에 탐험가 마르코 폴로가 중국 원나라에 가서 배워 온 면류가 고유한 스파게티(spaghetti)와 마카로니(macaroni)로 정착하여 이탈리아 요리의 원조가 된 것이다. 이탈리아에서는 이 면류를 총칭하여 파스타(pasta)라고 해서 수프를 대신으로 하여 식사 전에 먹는 것이다. 이탈리아 요리의 주요 코스는 다음과 같다.

① 아페리티보(aperitvo : 식사 전에 먹는 술)
② 안티파스토(antipasto : 전채에 해당)
③ 추퍼(zuppa : 스프)
④ 파스타(pasta)
⑤ 페세(pesce : 생선요리)
⑥ 카르니(carni : 고기요리)
⑦ 인살라타(insalata : 야채)
⑧ 돌체(dolci)
⑨ 카페(coffe)

2) 스페인식 식당(Spanish restaurant)

스페인(Spain) 요리의 특색은 올리브(olive) 기름과 포도주를 재료로 많이 사용한다. 이 나라는 생선요리, 새우, 가재(cigala), 돼지새끼 요리 등이 유명하고, 일반적으로 토르티야(tortilla), 세고비아나(segoviana), 안다루시옹(andalusion), 가스파초(gaspacho), 코시도 마드릴레노(cocido madrileno) 등을 즐겨 먹고 있다.

3) 프랑스식 식당(French restaurant)

프랑스 요리는 서양요리를 대표하는 요리로 세계적으로 유명하다. 그 이유는 프랑스가 지형적으로 유럽의 중심부에 위치하여 문화교류가 활발하게 이루어진 정치, 문화의 중심지였으며, 풍부한 식음료 재료와 포도주 양조기술의 발달로 요리의 발전요소가 충족되었고, 요리를 즐기는 프랑스 국민의 낭만적인 성격과 요리에 대한 남다른 애착 때문이라 할 수 있겠다.

역시 프랑스의 요리는 이탈리아에서 유래되었다. 프랑스 요리의 특징으로는 다른 나라의 요리에 비하여 뛰어난 소스(sauce)를 들 수 있으며, 와인과 리큐어(liquer) 등을 사용하여 만든다.

우리에게 익숙해 있는 샤토 브리앙(chateau briand)을 비롯하여, 바닷가재요리, 생굴요리 및 오르 되브르 요리(hors d'oeuvre), 그리고 각종 소스(sauce)만도 500여 가지가 넘는다고 한다.

4) 미국식 식당(American restaurant)

서양요리가 각국마다 그 특색이 유일하지만 특히 이탈리아의 파스타(pasta), 영국의 로스트 비프(roast beef)와 함께, 미국인이 즐겨 먹는 것은 우선 비프 스테이크(beef steak)를 예로 들 수가 있다. 그밖에도 바비큐(barbecue ; 통고기 구이), 햄버거(hamburger) 등을 대표적인 요리라 할 수 있다. 이들은 대개 재료로서 빵과 곡물, 고기와 계란, 낙농식품, 과일 및 야채 등을 이용하는데 미국인들의 식사는 대개 간소한 메뉴와 경제적인 재료 및 영양을 고려한 실질적인 식생활을 하고 있는 것이 특징이다.

(2) 한식 식당(Korean style restaurant)

우리나라의 고유한 요리로는 무엇보다도 옛 궁중에서의 궁중요리를 비롯하여 불고기, 신선로, 김치 및 전골요리 등을 들 수 있다. 시대의 변천에 따라 전파된 종교의 영향, 외세의 침입에 따른 새로운 문물도입에 영향을 받으면서 향토음식, 궁중음식, 민간신앙음식, 관혼상제음식, 사찰음식, 계절음식, 떡, 과자 등 분야별로 변화의 과정을 거치면서 독특한 조리기술 개발과 상차림 및 독창적인 식기문화의 변천과 더불어 우리의 식문화가 발전되었다고 할 수 있다.

그러나 오랜 세월 동안 이루어진 독특한 형태의 다양한 음식들이 사회구조와 외래문화의 영향으로 본래의 음식 맛을 잃어가고 있다. 또한 아직 호텔식당이 개발되지 않아 호텔마다 양식요리는 충분히 제공되고 있으면서도 한식요리는 자랑스럽게 제공하지 못하고 있는 실정이다.

(3) 중식 식당(Chinese style restaurant)

중국에서는 벌써 2,000년 전에 요리의 전문서적이 출판되었고 6세기경의 "식경"이라는 책이 지금도 남아 있을 정도로 중국의 요리는 그 맛과 전통을 증명하고 있다. 광대한 지역의 중국은 음식의 맛과 질도 다양하여 요리의 수준은 세계 제일의 것임은 두말할 나위가 없다. 특히 가축, 가금류, 생선, 해조류, 야채, 과실, 계란, 콩류 등의 다양한 재료가 동원되고 있는 중국요리 중에도 북경요리를 비롯하여 산동요리, 산천요리 등을 대표로 들 수 있다.

(4) 일본식 식당(Japanese style restaurant)

일본의 음식은 국토의 사방이 바다로 둘러싸인 해양국가이기 때문에 바닷고기를 주요리로 한 음식이 사람들의 미각을 돋우고 있다. 호텔의 일식당은 깔끔한 분위기와 정갈한 맛과 색과 향기 등을 고려하여 제공된다. 음식의 종류로는 다도의 전통과 함께 생선요리 사시미 요리를 비롯하여 초밥, 튀김요리, 스끼야끼 등의 생선요리만도 200여 가지가 넘는다. 특히 바다고기를 재료로 하는 사시미 요리의 맛과 형태는 예술적이다.

3. 식사내용에 의한 분류

(1) 정식 식당(table d'hote restaurant)

풀코스(full course)의 음식을 제공하는 식당으로서 애피타이저(appetizer), 수프(soup), 주요리(main dish)-생선요리(fish), 육고기(meat), 찜구이(roast), 야채요리(salad), 후식(dessert), 음료(beverage) 등의 세트 메뉴(set menu)가 제공되나, 차림표의 항목에 의한 고객의 주문에 따라 일부분이 생략될 수도 있다. 일반적으로 호텔의 식당에서는 고객의 주문에 의해 정해진 시간에 음식이 제공된다.

(2) 일품요리 식당(a la carte restaurant)

일품요리는 메뉴를 중심으로 고객의 주문에 의해서 주방장이 특별히 조리하여 제공되는 특별요리 식당으로서 계절과 조리기술에 따라서 식사의 내용이 달라질 수도 있다.

호텔에서는 계절에 따라 고객들의 미각을 고려하여 독특한 요리를 개발함으로써 차별화 전략을 구사하기도 한다. 호텔의 그릴(grill)과 같은 식당에서는 일반요리와 일품요리의 식사가 제공되기 때문에 고객의 선택에 따라 비교적 짧은 시간에 음식이 제공된다. 또한, 이 요리는 주요리를 중심으로 해서 준 테이블 도트(semi-table d'hote)의 주문으로 제공되기도 한다.

(3) 뷔페 식당(buffet restaurant)

뷔페 식당은 일정한 장소에서 정해진 요금을 지불하고 다양하게 준비해 놓은 요리를 고객이 선택하여 먹는 식당으로서 식당의 등급이 높을수록 요리의 종류가 다양하다. 특히, 뷔페 식당은 고객이 음식을 선택하여 날라다 먹기(self service) 때문에 봉사료를 지불하지 않아도 된다.

뷔페 식당이 대중에게 인기가 있는 것은 식사를 할 경우 특별한 식사예절이 요구되지 않아 부담 없이 식사를 할 수 있다는 장점이 있기 때문이다. 내국인 고객이나 가족 단위의 식사에 적합하여 이용률이 매우 높은 편이나, 이용률이 낮을 경우 미리 준비된 음식을 버려야 하므로 원가의 폭이 크다는 단점이 있다. 그러나 고급스런 분위기에서 일정한 형식을 갖춘 식사로서는 부적합하다.

4. 식당의 경영형태에 따른 분류

(1) 독립형태의 식당(independent restaurant)

식당경영의 주체가 직접 투자하여 직영점을 개설하고 영업활동을 하는 식당을 말하는 것으로 소유직영 방식이라고도 한다.

1) 장 점

① 통제가 용이하며 수익성이 높다.
② 직영점 운영을 위한 시장조사, 전산화 및 중앙회계와 같은 시스템 등을 효과적으로 구축할 수 있으며, 그에 따른 비용이 비교적 적게 투입된다.
③ 일관성 있는 영업전략을 전개할 수 있다.
④ 통합 체인은 법률적인 제한에 크게 저촉되지 않는다.

2) 단 점

① 직접적인 투자로 인한 재무적 위험을 내포하고 있다.
② 체인점을 개설할 경우 막대한 자금과 인력이 요구되기 때문에 전개속도가 느리다.

(2) 체인 식당(chain restaurant)

대형식당이 지점을 개설해 놓고 운영하는 경영방식으로 미국에서 1827년에 처음으로 로렌조 델모니코(Lorenzo Delmonico)라는 사람이 연쇄식당을 경영하였다.

연쇄경영형태의 식당은 강력한 중앙통제로 통일된 서비스의 제공, 통일된 시설, 상품의 표준화, 공동선전 및 공동구매 등으로 규모의 경제를 실현시킬 수 있어 원가를 절감할 수 있다는 장점이 있다. 즉, 식당이 기업화되고 효율적인 통제와 관리, 원가절감에 기여할 수 있는 운영 시스템이 체인화 시스템 또는 프랜차이즈 시스템(franchise system) 형태의 운영방식이다.

(3) 전문식당(speciality restaurant)

다양화되고 고객들의 욕구를 충족시키면서 목표시장을 집중적으로 공략하기 위해 식당의 메뉴를 전문화하고 세분화하여 운영하는 식당을 말한다. 예를 들면, 샐러드 전문식당, 생선요리 전문식당, 게요리 전문식당 등이다.

(4) 실비식당(budget restaurant)

저렴한 가격의 음식을 선호하는 계층의 고객을 위해 최소한의 서비스로 음식을 제공하는 식당으로 주로 가벼운 식사를 위한 메뉴로 셀프서비스 형태를 취하고 있다.

• 예비과제

1. 식당의 발생과정을 설명하여라.

2. 식당의 개념을 간단히 정리하여라.

• • • 모듈과제 2-3 • • • • • • • • • • • • • • • • • • 식사의 분류

• 목 표

고객에게 제공되는 식사를 시간대별, 제공되는 내용물에 따라 분류하고 그 내용을 간단하게 학습한다.

• 관련이론

식사는 여러 가지로 분류할 수 있고 그 분류방법은 시간대나 요리의 내용물에 따라 다르다. 우리나라의 음식은 주식이 쌀이기 때문에 음식의 종류가 단순하다고 생각할 수 있으나 서양요리의 종류는 고객의 욕구를 충족시키기 위해 매우 다양하게 제공되고 있다.

일반적으로 요리는 다음과 같이 분류한다.

1. 시간대에 따른 식사의 분류

일반적으로 호텔에서는 식사시간대에 따라 아침식사(breakfast), 브런치(brunch), 점심(lunch), 애프터눈 티(afternoon tea), 저녁(dinner), 야식(supper) 등으로 분류할 수 있다.

(1) 아침식사(breakfast)

아침에 먹는 조식은 계란요리를 포함한 미국식 아침식사(American breakfast)와 유럽인들이 즐겨 먹는 계란요리가 포함되지 않은 콘티넨털 아침식사(continental breakfast)로 구분된다.

유럽식 아침식사는 커피, 밀크, 코코아, 홍차, 또는 과즙류와 빵, 스위트롤(sweet roll), 대니시(danish), 버터 잼(butter jam) 등으로 간단하게 식사를 한다.

아침식사는 식당에서 판매하는 정식 메뉴이다. 영어의 브렉퍼스트(breakfast) 어원을 살펴보면 'break(깨다)'와 'fast(금식)'의 의미를 함축하고 있으므로 브렉퍼스트는 '금식을 깨다'의 의미가 있다.

Choice of Juice(Orange, Tomato, Pineapple) 신선한 과일주스의 선택 Cornflakes or Oatmeal 콘플레이크 또는 오트밀 Two Eggs any Style with Ham, Bacon or Sausage 2개의 계란요리와 햄 또는 베이컨 소시지 Toast with Jam & Butter 토스트와 잼, 버터 Coffee or Tea 커피 또는 홍차

[그림 2-1] American breakfast

Choice of Juice(Orange, Tomato, Pineapple) 신선한 과일주스의 선택 Toast with Jam & Butter 토스트와 잼, 버터 Coffee of Tea 커피 또는 홍차

[그림 2-2] Continental breakfast

Choice of Chilled Juice 신선한 과일주스 선택 Cereal or Porridge 시리얼이나 죽 Two Eggs any with Ham, Bacon, Sausage 2개의 계란요리와 햄, 베이컨 또는 소시지 Fillet of Sole Meuniere or Kippered Herring 버터구이 혀넙치나 훈제한 청어 Morning Roll or Toast 신선한 롤이나 토스트 Coffee or Tea 커피 또는 홍차

[그림 2-3] English breakfast

Croissant(Sweet Roll)
크로와상

Melange(1/2 Coffee, 1/2 Milk) 2 Cups
메란게

Soft Boiled Eggs
삶은 계란

[그림 2-4] Vienna breakfast

Freshly Squeezed Juice
신선한 과일주스

Plain Yogurt
저지방 요구르트

Seasonal Fresh Fruit Platter
신선한 계절과일

Basket of Rolls and Toast
갓 구운 롤과 토스트

Coffee or Tea
커피 또는 홍차

[그림 2-5] Stamina breakfast

(2) 브런치(brunch)

브런치는 아침식사와 점심의 사이에 먹는 아침겸 점심식사를 말한다. 즉, 간밤에 늦게까지 일을 하였거나 특별한 이유로 인하여 늦게 일어난 경우 조식을 먹지 못하고 점심과 아침을 겸하여 먹는 음식을 의미한다. 미국이나 영국에서 많은 사람들이 브런치를 즐겨왔으나 최근에는 내국인도 브런치를 애용하는 사람이 점점 늘어나고 있다. 따라서 호텔에서도 이러한 틈새시장(niche market)을 겨냥하여 주말이나 휴일에 브런치 메뉴를 제공하기도 한다. 특히 직장인들의 경우 휴일아침은 늦잠을 자고 브런치를 먹는 경향이 있다.

(3) 점심(lunch)

점심은 아침과 저녁 사이에(보통 정오 12시에서 오후 2시) 먹는 음식을 말하는 것으로 영국에서는 티핀(tiffin : 간단한 점심)이라 한다. 메뉴에는 점심의 정찬식사이지만 내용적으로는 정찬보다는 간단한 요리로 구성된 식사이다.

(4) 애프터눈 티(afternoon tea)

애프터눈 티는 전통적인 영국의 식사습관으로 밀크 티(milk tea)와 시나몬 토스트(cinnamon toast)로 간단하게 식사하는 것을 말하며 요즘에는 전세계적으로 모닝 티(morning)와 애프터눈 티가 유행되고 있다.

(5) 저녁(dinner)

저녁은 충분한 시간을 가지고 영양이 풍부한 식재료를 이용하여 다양한 형태의 요리를 만들어 즐길 수 있는 식사이다. 고객의 기분에 따라 식사분위기를 조성하고, 고객의 요구에 따라 제공되는 요리의 코스를 다양하게 조절할 수도 있어 공식적인 식사로 많이 애용된다. 또한 고객의 기호에 따라 여러 가지 알코올이나 비알코올성(non-alcoholic) 음료도 곁들여지기도 한다.

(6) 서퍼(supper)

서퍼란 원래 정식만찬이었으나 점차 그 의미가 변질되어 최근에는 가벼운 소야식으로 불리고 있다. 소야식은 일반적으로 저녁 10시에서 11시 사이에 먹는 음식을 말하는 것으로 특히 음악회, 연극관람 등으로 인하여 저녁식사 시간을 지나친 경우 간단하게 먹는 늦은 저녁을 의미한다.

2. 메뉴에 따른 식사의 분류

(1) 정식 메뉴(table d'hote)

식당의 특징에 따른 특별한 요리나 일반적인 요리를 중심으로 코스별로 메뉴를 구성한 정찬의 차림표를 의미하는 것으로 고객의 주문에 의해서 서비스를 담당하는 접객원이 순서대로 제공한다. 일반적으로 제공되는 서비스의 순서는 다음과 같다.

① 전채요리(hors d'oeuvre/appetizer)
② 수프(soup)
③ 생선(fish)
④ 주요리(entree/main dish)
⑤ 로스트 및 샐러드(roast and vegetable)
⑥ 디저트(dessert)
⑦ 음료(beverage)

보통 메뉴는 주방장에 의해서 호텔의 특성이나 시기에 따라 적절하게 구성되고 고객이 선택하는 요리를 제공하는 것이다. 특히, 오늘의 특별 메뉴(today's special menu)는 주방장의 추천요리로서 계절별, 월별, 요일별, 조석별 및 명절 등의 특별한 날을 위해 요리재료의 재고 유・무와 조달 가능성을 검토하여 메뉴를 구성한다.

따라서 메뉴의 구성은 사람이 음식을 섭취하는 데 적합한 재료를 선택하고 가장 합리적인 방법으로 조리해야 한다.

한편, 메뉴는 즉흥적인 판단보다 과학적이고 인체의 생리에 알맞도록 코스별 음식이 정해지며 최근에는 고객의 미각을 돋우기 위해 음식의 색깔이나 요리의 모양을 다양하게 하기도 한다. 정찬의 코스는 제5장에서 자세히 설명하였다.

(2) 뷔페(buffet) 음식

뷔페 식당은 일정한 장소에 음식을 준비해 놓고 일정한 요금을 지불하면 기호에 맞는 음식을 선택하여 마음껏 먹을 수 있으며, 준비내용에 있어서도 찬 음식(cool meal)과 더운 음식(hot meal)으로 나누며, 지불방법에 의한 분류로는 먹는 대로 요금을 지불하는 오픈 뷔페(open buffet), 일정한 고객의 숫자에 따라 정해진 양의 음식이 제공되는 크로스 뷔페(closed buffet)가 있다.

이러한 뷔페 식당은 각종 육류를 비롯하여 야채, 수프, 빵, 후식, 음료 등을 다양하게 진열해 놓고 소비되는 음식을 계속적으로 공급(refill)한다.

(3) 스낵(snack)

스낵은 주로 간식으로 이용되는 것으로 반가공식품을 적당히 조리하여 제공되며 고객의 선택에 의해서 간편하게 먹을 수 있는 음식이다. 스낵은 주로 샌드위치(sandwich)나 햄버거(hamburger) 등을 말하는 것으로 아무런 격식 없이 먹을 수 있는 간이식사이다.

• 예비과제

1. 제공되는 요리에 따른 식당의 종류를 설명하여라.
2. 서비스 형식에 따른 식당의 종류를 설명하여라.

• 평 가

영 역	평 가 사 항	평				가
		A	B	C	D	E
이 해 (10)	1. 식당의 개념을 이해하고 있다. 2. 호텔 식음료 업장의 종류를 이해하고 있다. 3. 고객에게 제공되는 식사의 내용을 이해하고 있다.					
태 도 (10)	1. 예비학습을 통해 호텔식당 서비스 형태에 대해 이해하고 있다.					
실무능력 (20)	1. 식사내용에 따른 식당의 종류를 이해하였다. 2. 식사시간대에 따른 식사의 내용을 알고 있었다.					

모듈 3

요리

식음료부에서 제공하는 한식요리, 양식요리, 중국요리, 일식요리에 대한 특징, 종류, 서비스 방법을 습득한다.

모듈 학습목표

1. 한식요리의 개념과 종류를 이해한다.
2. 양식요리의 개념과 코스별 요리의 특징을 이해한다.
3. 중국요리의 개념과 지역적 특성을 이해한다.
4. 일본요리의 개념과 특성을 이해한다.

모듈과제 안내

1. 한식요리 : 한식요리의 개요, 특징, 상차림 종류에 대하여 학습한다.
2. 양식요리 : 양식요리의 개요, 특징, 상차림 종류에 대하여 학습한다.
3. 중국요리 : 중국요리의 개요, 특징, 상차림 종류에 대하여 학습한다.
4. 일본요리 : 일본요리의 개요, 특징, 상차림 종류에 대하여 학습한다.

산업체 현장 실무능력

모듈 3의 과제들을 학습하여 익힘으로써 식음료 관련업체에서 요리에 대한 재교육 없이 현장실무에 적용시킨 수 있다.

••• 모듈과제 3-1 •••••••••••••••••••• 한식요리

• 목 표

한식요리의 개요, 특징, 조미료, 상차림을 학습한다.

• 관련이론

1. 한식요리의 개요

한식요리(Korean foods)는 지리적 여건과 기후 등의 영향을 받으며 유구한 역사 속에서 발전되어 왔다. 일찍이 다양한 농수산물, 사냥 및 가축의 사육을 주축으로 이루어져 왔다. 또한 시대에 따라 전파된 종교의 영향, 외세의 침입에 따른 새로운 문물도입에 영향을 받아 우리나라의 식문화가 발달되어 왔다. 일반적으로 식문화는 인간의 3대 욕구 중 가장 중요한 식(食)에 관한 문화라고 할 수 있으며 가문, 지역, 민족에 따라 각각 고유한 전통을 가진다.

우리나라의 음식은 관념적으로 육류를 고급반찬으로 여겼으며 야채를 이용한 나물과 같은 것들을 소반으로 인식하여 귀한 손님이 올 경우 육류를 이용한 찬을 준비하였다.

우리나라의 전통음식은 가정에서 할머니가 어머니에게, 어머니가 며느리에게로 전수되는 독특한 형태로 계승되어 왔으나 요즘 들어 개화의 물결을 타고 서양의 문화가 여과 없이 유입됨으로 해서 우리의 음식이 서구의 음식에 섞여 국적 없는 식문화가 우리의 식탁을 장식하고 있는 실정이다.

그러나 최근에 와서는 외국의 외식업체들로부터 한국의 음식이 훌륭한 조리법을 갖고 있다고 하여 연구의 대상이 되고 있다.

2. 한식요리의 특징

전통 한국음식은 궁중의 상궁들에 의해서 전승되었고 현재 전해지는 궁중음식은 조선말기의 주방 상궁들에 의해서 전수된 것들이다. 복잡한 사회구조와 다양한 외래문화의 영향을 받아 오랜 세월 동안 개발되어 온 독특한 형태의 다양한 전통음식들이 오늘날에 와서는 국민 미각의 전통성을 잃어버린 것도 있고, 잊혀진 것들이 너무 많아 식탁에는 전통적이고 한국적인 요리와 서양의 요리가 혼합되어 가고 있는 실정이다.

그러나 분명한 것은 끈질긴 민족의 보수성으로 오늘날까지 쌀을 주식으로 김치, 김치찌개, 된장찌개, 불고기 등과 독특한 매운 맛을 내는 각종 조미료가 함께 유지되어 온 것이 우리나라 음식의 특징이라 할 수 있다. 특히 지역에 따라 음식의 맛이 독특하여 명확히 구분되는 향토음식이 지역을 대표하기도 한다. 우리나라의 음식의 일반적인 특징을 구체적으로 살펴보면 다음과 같다.

① 주식과 부식이 분명하게 구분된다.
② 고춧가루, 파, 마늘, 겨자 등과 같은 자극적이고 강한 양념을 부식의 요리에 사용한다.
③ 곡물의 가공조리법이 다양하다.
④ 부식의 종류가 다양하여 푸짐한 느낌을 준다.
⑤ 야채류 및 전 요리가 발달하였다.
⑥ 부식을 이용한 각종 찌개가 발달하였다.
⑦ 그릇과 밥상은 독상차림으로 발달되었다.
⑧ 식후에 숭늉을 마신다.

3. 한식의 상차림

(1) 궁중의 상차림

① 어상 : 임금이 나라에 경사가 있는 날 받는 상차림
② 수라상 : 임금과 대비가 평소에 받는 진지상
③ 진연상 : 궁중에 잔치를 할 때 차리는 상을 총칭하여 진연상이라 한다.
④ 수렵상 : 사냥터에서 받는 상차림으로 야생류 선골을 납평선골이라 한다.

(2) 반 상

반상(飯床)은 밥을 먹기 위해 차리는 상으로서 밥상, 진지상, 수라상으로 구분하여 쓰이는데 받는 사람의 신분에 따라 이름이 달라진다. 아랫사람에게는 밥상, 어른에게는 진지상, 임금에게는 수라상이 된다.

이 상들은 밥과 찬품을 차리는 형식이고, 규모는 정해져 있으나 형편에 따라 찬품 수는 최하 3품으로부터 12품으로 하여 3첩, 5첩, 7첩, 9첩, 반상 등 홀수로 나간다. 5첩은 평일식사이고, 7첩은 여염집에서 신랑, 색시 상을 차릴 때이고, 9첩은 반가집에서, 12첩은 궁에서 차리는 격식이다. 반상은 본래 양반집의 상차림을 말하는 것으로 다음과 같은 종류가 있다.

① 12첩 반상 : 임금 수라상차림의 형태를 말하는 것으로 오직 임금만 받을 수 있는 상차림이다.
② 9첩 반상 : 양반가 대갓집의 상차림이다.
③ 7, 5첩 반상 : 양반가의 평소 상차림이다.
④ 3첩 반상 : 양반가의 간식 상차림으로 이용되었다.

(3) 주안상

주안상(酒案床)은 약주에 안주를 곁들이는 것으로 술에 따라 안주도 달라지나 기본적인 것은 전유어, 편육, 탕 등의 안주와 마른안주를 곁들인다. 특히 전골 등 따끈한 음식이 나갈 때에는 매우 잘 차린 주안상이 되고 생률, 생과일, 정과 등 후식까지 내면 더욱 잘 차린 주안상이 된다.

(4) 면 상

면상(麪床)은 점심으로 국수나 만두가 주식이 되는 것으로 차리는 상으로 보통 더운 국수가 제공되며 여름철에는 냉면도 제공된다. 온면, 냉면, 만두 등이 주식이 되므로 마른반찬, 짠 반찬 등은 사용하지 않으며 큰 자극 없이 먹을 수 있는 요리로 준비한다.

국수상 차림은 국수장국과 묽은 장, 겨울에는 배추김치, 봄과 가을에는 나박김치, 전유화, 편육, 잡채 누름적, 초장, 과일, 약과, 화채, 식혜 등을 차린다.

(5) 교자상

교자상(交子床)은 특별한 날에 여러 명의 손님을 초대하여 음식을 대접할 때 4~6명의 손님이 한 상에서 먹을 수 있도록 차린 상을 말한다. 식사시간이 저녁이면 밥을 내고 그밖의 경우는 면류로 차린다. 주식이 밥인 경우는 국을 올리는데 맑은 장국이 어울리고 요리로는 신선로나 전골, 찜, 전, 회, 편육, 나물, 마른반찬, 한과류, 화채류 등을 계절과 손님들의 식성을 고려하여 차린다.

(6) 뷔페식 상차림

뷔페식의 음식은 손님이 원하는 음식을 마음대로 선택하여 먹게 하고, 주목을 끌기 위해서 보통 식당의 중앙에 준비를 하는데 계절 과일, 계절 야채와 함께 꽃들로 장식하고 한국 고유 풍속에 맞는 장식품 및 도자기류를 장식하여 요리를 손님이 쉽게 볼 수 있고 미각을 돋울 수 있는 분위기의 연출이 필요하다.

과거에는 한식에 뷔페라는 개념이 거의 없었으나 최근에는 한식의 종류가 다양해지고 음식을 즐기는 고객의 미각이 민감해졌기 때문에 뷔페식이 자주 이용되고 있다.

4. 의례음식

인간이 살아가면서 치러야 하는 의식에 그 특성을 상징하는 음식을 차리는 것을 말한다. 의례는 보통 출생(出生), 관혼(冠婚), 혼례(婚禮), 상례(喪禮), 제례(祭禮), 회갑(回甲), 회혼례(回婚禮) 등이 있으며, 음식을 갖추어 차리고 기원(祈願), 기복(祈福), 경복(慶福)의 의미를 나타낸다.

(1) 출산, 백일, 첫돌, 관혼

미역국을 끓여 삼신께 감사하고 산미로 흰밥을 지으며, 삼칠일에는 흰밥, 미역국, 나물을 준비한 다음 친척을 불러 아기의 첫선을 보인다. 백일날에는 흰무리를 쪄서 이웃에 돌린다. 돌상에는 보통 쌀(食福), 명주실(壽命長壽), 국수(壽命), 종이, 붓, 책(學識), 대추(子孫繁榮), 자(바느질), 활(武術) 등을 올려놓아 아기가 선택하도록 하여 나름대로의 의미를 부여하기도 한다.

(2) 혼 인

신랑이 신부집을 방문하여 교배상을 차린 곳에서 상견례를 하고 청주나 정화수를 3잔씩 교환한다. 이때 차리는 음식은 지방마다 다르나 대개 팥, 콩, 쌀, 떡, 밤, 대추, 곶감을 놓고 숭어 한 쌍으로 장식하거나 닭 한 쌍을 보에 싸서 놓는다. 교배가 끝나면 신랑상을 과실, 과자, 떡 등으로 차려준다.

(3) 회갑, 회혼례

회갑은 자손이 부모에게 헌수를 하고 축복하며 혼례 때와 같이 망상을 차리는 것으로 부모가 만 60세 때의 생신날 치러진다. 회혼례는 신랑, 신부가 60년을 함께 살고 나면, 그 자녀들이 부모의 회혼을 기념하여 베풀어 주는 잔치를 의미한다.

(4) 상례, 제례

부모가 운명을 하면 출상 때까지 여러 가지 절차를 거치는데, 주, 과, 포, 탕, 적, 혜, 채소, 침채, 청장, 편 등을 차려 제기에 담고 가신 분을 기린다. 제기는 다른 그릇과 달리 굽이 높다. 음식의 재료도 썰지 않고 통으로 하며 양념도 많이 쓰지 않는다.

• 예비과제

1. 한식요리의 세팅을 설명하여라.
2. 한식 메뉴를 준비한다.

• 평 가

영 역	평 가 사 항	평 가				
		A	B	C	D	E
이 해 (10)	1. 한식요리의 특징을 이해하고 있다. 2. 한식요리의 상차림을 이해하고 있다.					
태 도 (10)	1. 과제물을 준비하였다. 2. 예비학습을 통해 한식세팅을 알고 있었다.					
실무능력 (20)	1. 한식 메뉴를 설명할 수 있다.					

••• 모듈과제 3-2 •••••••••••••••••••• 양식요리

• 목 표

1. 양식요리의 개요, 역사를 이해한다.
2. 양식요리의 코스별 요리를 익힌다.
3. 각 코스별 요리의 특징, 종류, 서비스 방법을 익힌다.

• 관련이론

1. 프랑스 요리의 개요

프랑스 요리(French foods)에 대한 개요를 한마디로 요약하기란 매우 어렵지만, 일반적으로 프랑스 요리는 지리적 조건, 역사, 국민성 등을 통하여 이해를 해야 한다. 대부분의 사람들은 프랑스를 예술의 나라라고 이야기하고 있다. 특히 요리에 대해서는 세계의 음식예술의 본고장이라고 할 정도로 자부심이 대단하다. 이와 같이 한 나라의 지리적 성격은 그곳의 자연환경과 오랜 역사문화를 기초로 하여 만들어진 것으로 국민의 생활양식 특징에서 잘 나타난다.

전세계에는 다양한 요리가 있으나 그 중에서도 프랑스 요리는 마치 서양요리의 대명사처럼 여겨진다. 이것은 어느 특정한 이유가 있는 것이 아니라 프랑스인은 살기 위해서 먹지 않고, 잘먹기 위해서 산다는 철학을 갖고 있기 때문이다. 또한 프랑스 요리의 발진요인을 보면, 풍부한 식재료와 수많은 양념, 향신료와 소스의 사용, 세련된 기술(전통 요리법)로 만들어지는 세심한 맛에 있다고 해도 지나친 표현이 아니다.

프랑스 역사를 보면, 먹는 요리에 대한 집착과 탐닉하는 생활태도가 기술되어 있다. 18세기 여러 차례에 걸친 한파로 인한 고통, 프랑스 혁명을 전후한 국토의 황폐로 인한 잇따른 기근, 1870년의 보불전쟁으로 겪은 식량난 등 그들은 전쟁과 자연재해로 인하여 여러 번 식량난을 겪은 바 있었다.

지리적으로는 유럽에서 소연방 국가 다음으로 넓은 국토와 풍부한 자연조건으로 주변국가의 각기 다른 문화권을 접하고 있기 때문에 요리의 조리법이 풍부하고 다양함은 당연하다고 할 수 있다.

이와 같이 여러 가지 지리적 조건이나 문화적인 결합은 다양한 종류의 요리를 만드는 방법과 습성을 몸에 익혔던 것으로 알려지고 있다.

2. 프랑스 요리의 역사

서양요리의 기본은 프랑스 요리에 있다고 할 수 있으며, 이 프랑스 요리는 고대 로마요리에서 전래되었다고 한다.

12세기 이전만 하여도 끓여 익히는 조리법이 그다지 발달되지 않았기 때문에 로스트한 고기와 삶은 야채를 곁들인 요리였다. 그 당시의 조리장에는 불을 지펴놓고 긴 쇠꼬챙이를 사용하여 굽는 장치와 냄비를 올려놓을 수 있는 화로가 고작이었다고 한다.

13세기에 건축가들은 조리장 안에 부뚜막 같은 형식의 구조물과 식탁에 내기 전에 요리를 담고 준비하는 조리대 구실을 하는 테이블을 설치하기 시작하였다.

14세기 이후에는 소스(sauce)의 사용이 조리기술 중의 으뜸으로 평가되어 이 시대의 대연회에는 화려한 요리를 제공하였는데, 이때부터 조리장은 조리시에 필요한 시설 및 설비의 확충으로 발전을 거듭하게 되었으며 조리기구 역시 매우 다양하게 개발되기 시작했다.

15세기경에는 요리의 다양화가 이루어지는 시대였으며 타일바앙의 저서 'Viander' 중에 이 시대 요리의 실제와 식생활 습관에 대한 모든 것이 서술되어 있으며 몇 가지 소개해 보면 다음과 같다.

포타지(potage)는 보통 우유를 끓여 꿀과 사프랑(saffran)의 맛에 와인을 가하여 여기에 계란 노른자와 버터(butter)를 첨가하였다.

또한 쌀로 만든 포타지와 여러 가지의 퓨레(puree)가 만들어졌으며, 이것들은 갈브레(garbures)[10]와 같은 것으로 그 속에 슈페라고 불렀던 빵을 넣었다.

16세기까지 프랑스 요리는 다른 나라와 별 차이가 없었으나 1550년 'Catherine de Medici'라는 이탈리아 Medici가의 공주가 프랑스 헨리 II(Henri II)세에게 시집오면서 함께 온 궁중요리사들에 의해서 이탈리아 요리가 프랑스에 전파되었으며, 이를 계기로 프랑스 요리사들은 이들 이탈리아 요리사들로부터 조리기술을 배웠다. 그후 프랑스 요리는 그들의 예술적 감각과 뛰어난 품질의 포도주와 식재료 등을 이용, 계승 발전되었으며 17세기 말엽까지 고전요리를 통해서 세계에 널리 알려졌다.[11]

10) Garbures : 프랑스 서남부 베라른 지방 특유의 수프.
11) 조리직무교재, 롯데호텔, 1990, P. 65.

16세기에는 프랑스와 1세 치하에서 요리기술이 더욱 번창하여 갔으며 르네상스의 세련미가 요리 부문까지 파급되어 예술의 경지에 이르기 시작하였다.

앙리 4세 때에는 라바랭(LAVarenne)이라는 훌륭한 요리사가 있었는데 그는 죽셀(D'uxelles) 후작의 조리장으로 탁월한 직업 조리인일 뿐만 아니라 말년에는 정치가와 같은 일을 하여 대신과 같은 입장이 되기도 하였다.

루이 14세와 루이 15세 때부터 프랑스 요리는 한층 더 발전하였는데, 이 시대에는 요리에 이름을 붙이는 것이 유행하였다.

루이 16세 초기에는 조리방법을 개량하여 대연회장용 메뉴를 보다 좋게 만들어 더욱 더 우아함을 갖게 되었다.

19세기 초에 조리장은 거의 완벽할 정도로 모든 것을 구비하고 있었다. 따라서 "조리실은 하나의 세계이며, 스토브는 태양이다"라고 빅토르 위고는 말했다고 한다.

20세기에 들어서면서 에스코피에(Auguste Escoffier)가 지금까지 프랑스 요리를 체계적으로 정리하여 현대의 기본의 되는 프랑스 요리 이론을 완성시켰다.

이와 같이 프랑스 요리는 역사가 길고 또 많은 사람들의 노력으로 현재의 프랑스 요리가 있게 된 것이다.

프랑스 요리의 특징은 다른 나라 요리에 비하여 뛰어난 소스를 들 수 있는데, 한 가지의 소스를 1주일에서 10일간씩 농축시켜 만드는 조리법은 다른 어떤 나라의 요리에서 찾아볼 수 없다. 더욱이 수백 종 포도주(wine)와 리큐어(liqueur) 등을 사용하여 파생되는 소스 종류는 헤아릴 수 없이 많다.

또한, 따뜻한 기후와 광대한 국토에서 생산되는 유제품의 다양함과 향신료의 다양성은 매우 뛰어나기 때문에 이를 기반으로 하여 다양한 요리와 조리법이 발전하게 되었다.

프랑스 요리의 코스별 요리에 대한 내용은 모듈 4에서 구체적으로 설명하였다.

• 예비과제

1. 양식요리의 세팅을 설명하여라.

2. 기물의 명칭을 알고 있어야 한다.

3. 양식요리의 코스별 메뉴를 준비한다.

• 평 가

영 역	평 가 사 항	평				가
		A	B	C	D	E
이 해 (10)	1. 양식요리의 개요를 이해하였다. 2. 양식요리의 구성을 이해하였다. 3. 각 코스별 특징을 숙지하고 있다.					
태 도 (10)	1. 예비학습을 통한 과제물을 준비하였다. 2. 세팅에 필요한 기물을 준비하였다.					
실무능력 (20)	1. 각 코스별 서비스 방법 및 세팅을 이해하였다. (appetizer, soup, fish, sherbet, entree, salad, dessert) 2. 양식 메뉴를 설명할 수 있었다.					

••• 모듈과제 3-3 ••••••••••••••••••••••••중국요리

• 목 표

1. 중국요리의 역사와 지역적 특징을 이해한다.
2. 중국요리의 종류를 학습한다.
3. 중국요리의 서비스 특징 및 요령을 익힌다.

• 관련이론

1. 중국요리의 역사와 특징

(1) 중국요리 개요

중국요리는 중국 대륙에서 널리 이용된 요리의 총칭으로 일명 청요리라고도 불린다. 4천년의 유구한 역사와 광대한 대륙 동서남북에 따라서 상이한 기후풍토와 생산물을 가진 중국은 각 지방에 따라서 각각 특징이 있는 요리가 발달되어 왔다.

중국은 긴 세월을 두고 넓은 영토와 영해에서 다양한 생산물과 풍부한 해산물을 얻을 수 있었기 때문에 이러한 풍부한 식품재료를 이용한 요리는 불로장수를 목표로 오랜 기간의 경험을 토대로 꾸준히 연구 개발되어 현재는 세계적인 요리로 손꼽히게 되었다. 즉, 폭넓은 재료의 이용, 풍부한 영양, 맛의 다양성, 합리적인 조리법, 풍성한 외양 등이 중국요리로 하여금 세계 어느 곳에서나 편리하게 이용될 수 있었다.

또한 중국요리는 색채의 배합을 일본요리나 서양요리처럼 중요시하지 않아서 겉으로는 화려하지 못하지만 미각의 만족에 그 초점을 두고 있어서 五味(오미 : 甘味, 酸味, 辛味, 苦味, 鹽味)의 배합이 발달되어 조화를 이루어 백미향이라고 했으며 농후한 요리나 담백한 요리나 각각 복잡 미묘한 맛을 지니고 있다.

한 나라의 요리가 그 나라의 역사와 전통, 기후, 풍토의 소산인 동시에 국민슬기의 총화라고 한다면 세계적인 요리로 발전하게 된 것은 다종 다양한 산물을 바탕으로 수천년 역시 속에서 문화의 한 분야로 꾸준히 다듬고, 지방색이 두드러진 요리의 특성을 살릴 수 있는 맛을 낼 수 있는 요리로 발전시켰기 때문이다.

(2) 지역적 특성

유구한 역사를 자랑하며 광대한 대륙의 특성을 잘 살린 중국요리는 각 지역별로 기후와 특산물에 따라 각각 특징을 달리하는 요리가 발달되었다.

중국요리를 지역적으로 구분하면 북경요리, 남경요리(上海料理), 광동요리, 사천요리의 4 지역 요리로 구분한다.

1) 북경요리(北京料理)

북경요리는 일명 징차이(京采)라고 하며 북경을 중심으로 남쪽으로는 산동성과 타이완섬, 서쪽으로는 태원까지의 북방지역의 요리이다. 특히, 한랭한 기후로 인해 추위에 견디기 위한 음식이 발달되었다.

북경요리의 특징으로는 북경이 오랫동안 중국의 수도로서 정치, 경제, 문화의 중심지였고, 고급요리 문화를 이룩한 곳이며 지리적으로는 북방이기 때문에 육류를 중심으로 강한 화력을 이용한 볶음요리가 특징이다.

북경요리의 재료로는 화북 평야의 광대한 농경지에서 생산되는 농산물로서 소맥, 과물 등의 풍부한 각종 농산물이 주재료였는데 정치 및 군사력의 중심지로서 각 지역의 희귀한 재료들이 집합되었다. 대표적인 요리로는 베이짱야쯔라고 하는 북경오리 통구이와 카오양러우라고 불리며 양고기 징기스칸구이가 특히 유명하다. 이밖에도 소맥을 재료로 한 각종 밀가루를 이용한 찐빵, 국수, 가루반죽 푸딩, 팬 케이크는 기본적인 음식이다.

2) 남경요리(南京料理)

중국 중심부의 대표적인 요리인 남경요리는 텐징, 상하이, 양조우 등 양자강 하구지역의 요리를 총칭으로 일명 상하이 요리(上海料理)라고도 불린다. 조리의 특징은 옛날부터 남경을 중심으로 풍부한 해산물과 미곡을 바탕으로 한 요리가 다양하게 발달되었으나, 19세기부터 유럽의 대륙침입의 영향을 받아 상하이가 중심이 되자 남경요리는 구미풍(歐美風)으로 발전한 것으로서 동서양 사람들의 입에 맞도록 발전되어 상하이 요리로 유명해졌다.

요리의 재료는 비교적 바다가 가깝고, 양쯔지앙하구(楊子江) 난징(南京)을 중심으로 하였기 때문에 해산물과 미곡이 풍부하여 이를 바탕으로 한 요리가 중심이 된다.

상해요리의 조리방법은 남경, 상해지역의 온대성 기후에 영향을 받아 이 지방의 특산물인 장유를 이용하여 달콤하고 기름기가 많은 요리가 발달되었으며 요리의 색상이 진하고 화려한 것이 특징이다.

특히, 유명한 상해요리로는 홍샤오러우라고 하는 진간장을 써서 구운 돼지고기 요리와 푸룽칭시에라고 하는 바닷게요리가 특징적이며, 이외에도 두부요리로 스인사꿔또우푸화 호젠이라고 하는 꽃 모양의 빵이 있다.

3) 광동요리(廣東料理)

중국 남부의 요리를 대표하는 광동요리는 광주(廣州)를 중심으로 복건성, 호주, 동강지역 요리의 총칭이며 일명 난차이라고 불린다. 광주요리의 특징은 더운 열대성 기후의 영향을 받아 재료가 갖고 있는 자연의 맛을 잘살려 담백한 맛이 특징이며, 일찍부터 구미의 영향으로 쇠고기, 서양야채, 우유, 식빵 등 서양요리의 재료를 받아들이고, 기존의 요리와 조화시켜 다채로운 연회요리와 함께 국제적인 요리관이 정착하여 독특하게 발전시켰다.

남쪽에 위치하고 있는 광주의 요리는 더운 지방의 특성을 살려 재료가 가지고 있는 자연의 맛을 잘 살려낸 담백함이 특징이며, 조리방법은 재료가 지니고 있는 자연의 맛을 살리기 위해 살짝 익히고 싱겁게 요리하며 기름도 적게 사용하였다.

서유럽 요리의 영향을 받아 쇠고기, 서양채소, 토마토 케첩, 우스터 소스 등 서양요리의 재료와 조미료를 받아들인 요리도 있다. 이러한 재료는 전통요리의 맛에 변화를 가져온 것이 사실이었고 그것을 소화하고 중국화하는 데에 능한 그들은 서유럽풍이 섞인 다채로운 맛의 요리로까지 발전시켰다.

유명한 요리로는 차사오라고 하는 구운 돼지고기와 꾸라오러우라고 하는 광동식 탕수육 그리고 체엔 랴우리(개고기요리)가 특히 유명하다. 또한, 스어랴우리라는 뱀요리도 유명하다

4) 사천요리(四川料理)

사천요리는 중국 서방에 위치한 양쯔강(陽子江) 상류의 산악지방과 사천(四川)을 중심으로 한 윈난(雲南), 운남, 꾸에이쏘우(貴州) 지방, 즉 사천지대의 요리를 총칭하는 말이며 일명 촨차이라고 부른다.

사천지방은 바다와 멀리 떨어져 있는 내륙에 위치하고 있어 여름에는 덥고 겨울에는 추우며 낮과 밤의 기온차가 많은 지방으로서 옛날부터 악천후를 이겨내기 위해 매운 향신료를 많이 쓴 요리가 발달해 왔기 때문에 매운 요리와 마늘, 파, 고추를 사용하는 요리가 많다.

또한, 오지이기 때문에 소금절이, 건물 등의 보존식품이 발달하여 채소를 이용한 짜차이 같은 특산물을 낳기도 했으며 신맛과 매운맛, 톡 쏘는 맛과 향기가 기본을 이루었다. 두부와 다진 고기를 이용한 마포또우후, 회교도들의 양고기 요리인 양로우꿔쯔, 새우고추장 볶음인 깐사오밍시아 등이 유명하다.

사천요리의 조리방법은 주로 자극적인 조미료를 사용하며 강한 향기와 신맛, 톡 쏘는 매운맛을 낸다. 특히, 바다가 멀어 소금에 절인 생선류, 말린 저장식품의 조리법이 발달하였으며 채소를 이용한 김치류, 두부 등의 요리가 유명하고, 대표적인 유명한 요리로는 챠이라는 김치와 마파뚜우푸, 양러우꿔즈라고 하는 양고기 냄비요리, 또한 새우요리로서 깐샤오밍샤 등이 유명하다.

5) 5대 차와 8대 명주

중국음식이 그 종류와 맛에 있어서 세계적이라고 하지만, 중국전통의 차와 술 또한 이미 세계적으로 정평이 나 있다.

〈표 3-1〉 중국의 전통 5대차와 8대 명주

구 분	종 류	특 징
5대 차	녹 차	가장 오래된 역사, 가장 많은 양과 종류를 가진 것으로 서호의 용정차, 군산의 은계차, 노산의 운문차 등이 유명하다.
	청 차	녹차의 향과 특유의 감미로운 맛을 내는 것으로 중국의 복건, 대만, 광동 일대가 주요산지
	백 차	맛이 단아하고 군자의 기품을 지닌 차로서 백미화, 유자, 옥란, 주란 등이 이용됨.
	화 차	자스민으로 알려진 화차의 대명사로 장미, 매화, 유자, 옥란, 주란 등이 이용됨.
	홍 차	영국의 것으로 알려져 있으나 엽홍차는 중국이 산지, 안휘성 기무늬 홍차와 우암성 맹행의 진홍이 유명
8대명주	마오타이	아향이라는 독특한 향기로 유명하며, 주산지는 귀주성 인계향의 아대진이다.
	소홍주	우리나라의 청주와 비슷하고, 주산지는 절강성 소홍이다.
	화조주	소홍주를 10년 정도 숙성하여 만들고, 독특한 향기와 술독의 꽃무늬가 유명하다.
	분 주	원료는 고량이며 자극적이지 않고 향기가 일품, 주산지는 산서성 분향면 행화촌이다.
	죽엽청	소홍주의 일종으로 연한 대나무 잎을 넣고 빚은 술, 명산지는 산서성 행화촌이다.
	대국주	밀이나 보리, 완두 등을 이용해 만든 누룩으로 빚은 술, 주산지는 사천성 성도 일원
	청도맥주	수질 좋은 중국의 동해(한국의 서해)의 청도에서 빚은 술, 1903년 중국 최초의 맥주공장이 세워진 것으로 유명하다.
	오가피주	오가피주란 나무와 껍질이 주원료로 독특한 한약맛이 나며 광동성 광주가 주산지이다.

특히, 차와 술은 한방의 약으로서도 효과가 크며 특유의 향과 맛은 더욱 유명하다. 중국의 차는 고대로부터 사원에서 참선을 하며 선문선답을 하는 선사, 학자, 승려들에게 크게 애용되었던 것으로 사람들의 머리를 맑게 하는 역할을 해왔으며 이것이 민간에 전해져 중국인들은 일상생활에서 차는 기본적인 음료가 되었다.

또한, 술은 그 제조과정이 광대한 대륙의 각 지방에 따라 각각 특별하여 지역의 개성을 나타내는 상징이 될 정도로 유명해졌다. 이러한 중국의 차와 술은 유명한 5대 차와 8대 명주를 낳았는데 앞의 〈표 3-1〉에서 나타낸 바와 같다.

이외에도 수많은 이름으로 다종다양한 차와 술이 오늘날 중국인은 물론 세계인의 입을 즐겁게 하고 있다.

(3) 일반적 특징

중국요리의 지역적인 특색과 함께 중국요리의 이해를 돕기 위해 일반적인 특징을 간략하게 정리하면 다음과 같다.

1) 재료선택

재료의 선택은 자유롭고 광범위하여 지상에 있는 모든 것이 재료로 활용될 수 있을 뿐 아니라, 제비집이나 상어지느러미 같은 특수식품도 일품요리의 재료로 이용되고 있다.

2) 맛

맛은 다양하고 광범위하여 오미를 복잡미묘하게 배합하여 창출해 내는 맛의 다양성은 세계적으로 유명하다. 오미, 즉 단맛, 짠맛, 신맛, 매운맛, 쓴맛의 배합이 발달되어 조화가 이루어짐을 백미향이라고도 한다.

3) 튀 김

튀김은 보통 두 번에 걸쳐 튀기고, 첫번째 튀길 때는 재료 표면의 수분을 제거하기 위해 70% 정도 익히고 다시 한 번 튀기면 표면이 바싹해지고 속뼈까지 연해진다. 부서지지 않는 재료라면 국자로 저어서 재료를 기름에 담갔다 내었다 하면 두 번 튀기는 효과를 얻을 수 있다.

4) 조리기구의 사용

다양한 요리 종류에 비해 요리기구는 가짓수가 적고 사용법도 간단하다. 후오꿔(중국냄비), 사꿔(볶음튀김냄비), 도우사오(그물조리), 쩡룽(찜통) 외에 식칼, 뒤지개, 국자 등이 조리기구의 전부라 할 만큼 기구는 간단하다.

5) 조리법

조리법에서 우리나라는 찌는 것, 굽는 것, 튀기는 것, 데치는 것, 삶는 것 등 단 한번의 조리과정을 거치는 데 비해 중국은 이상의 조리과정을 여러 번 거치는 것이 특색이다.

6) 기름의 합리적 사용

중국요리는 대부분 기름에 튀기거나, 조리고, 볶아내기 때문에 기름이 많이 사용되며 적은 재료로 칼로리가 많고 영양분, 특히 비타민의 파괴가 오히려 적은 편이다.

7) 조미료와 향신료

중국요리의 풍부한 맛은 다양한 종류의 조미료와 향신료를 사용하기 때문이다. 특히, 볶음요리의 경우 끓는 기름에 먼저 소량의 파, 마늘, 생강 등을 넣어 이들이 가지는 자극성으로 특수한 향미를 가진 기름으로 만들어 여기에 재료를 넣어 볶는다. 이때 넣는 순서를 바꾸어 재료를 넣은 다음 생강, 파, 마늘을 넣으면 그 효과가 없어진다.

8) 외 양

중국음식은 풍요롭고 화려한 것이 특징이다. 중국요리는 인원수에 관계없이 한 그릇에다 요리 전부를 담아내어 덜어서 먹는다. 그러나 사람의 수에 의해 양과 요리 수를 조절하고 요리의 장식이 매우 훌륭하다.

9) 재료의 수분 제거

중국음식은 재료에 있는 수분을 제거하기 위해 파오(炮)의 방법을 이용하는데 조리의 한 과정으로 파오라는 중국요리 특유의 방법이 있다. 이것은 가열한 기름 속에 재료를 재빨리 넣었다가 꺼내는 것으로 재료에 있는 수분을 증발시켜 제거하는 방법이다. 이러한 방법은 재료의 본래 맛을 살릴 수 있고 표면이 기름으로 처리되어 있기 때문에 다음 조리과정에 볶거나 삶거나 해도 재료 속에서 수분이 유출되지 않아 전분으로 농도를 붙이는 데 좋다.

중국요리의 특징 중 특히 조리법이 다양한 반면에 조리기구가 간단한 까닭은 현실을 중시하는 실용성과 합리성에 기인하는 것이라고 할 수 있다. 중국인은 식생활 역시 무조건 겉모양이 아름답고 맛이 섬세한 것에 주목하기보다 그 지방에서 생산되는 재료에 따라 조리법을 다양하게 개발하고, 가능한 한 요리의 영양뿐만 아니라 양에서도 실속 있는 요리를 선호한다.

이때 조리하는 기구는 서양처럼 화려하거나 다양하지 않고 오직 조리에 불편하지 않을 정도면 된다.

2. 중국요리의 종류

(1) 치엔차이(前菜)

탁자요리인 경우, 최초에 술안주로서 권하는 요리이다. 치엔차이는 피이딴(皮蛋)을 제외하고 거의가 조리사가 손으로 직접 조리한다. 그리고 치엔차이는 메뉴의 맨 처음에 나오는 음식이기 때문에 다음에 제공되는 음식의 맛을 가늠할 수 있어 매우 중요하다.

1) 냉채(冷菜)

렁후언(冷暈), 량차이(凉菜), 링펀(冷盆)이라고도 불리는 것으로 차가운 요리를 가리킨다. 여름철의 주요한 요리 중에 들어 있는 차가운 요리도 포함되지만 메뉴의 최초에 적혀 있는 것은 냉채(冷菜)라는 의미이다. 보통 냉채는 식탁 위에 차려 놓고 난 다음 고객을 모신다. 한 접시에 한 종류만을 담은 것을 단반(單盤), 한 접시에 두 종류를 담는 것을 스왕판(双盤), 큰 접시에 여러 종류를 담은 것을 삥판(倂盤)이라 한다.

2) 온채(熱菜)

리차이(熱菜), 리펀(熱盆)이라고도 하는 것으로 호화스런 메뉴일 때 차가운 전채 다음에 낸다. 그릇은 냉채보다 조금 크고 다채(大菜)보다는 작고 낮은 중접시에 반드시 한 종류만 담는다.

(2) 팅차이(湯菜)

팅차이는 우리나라 요리의 국, 서양요리의 수프에 해당하는 것으로 보통 탁자요리(卓子料理)인 경우 전채(前菜)가 끝나고 주요요리인 다채(大菜)의 과정에 들어갈 때 먼저 입을 적시고 식욕을 돋우기 위해 제공되는 것이다. 중국요리에 있어서 팅차이는 서양요리처럼 식탁에 나가는 순서에 일정한 규칙이 있는 것이 아니라 그때의 식단에 따라서 팅차이를 생략하거나 요리의 중간에 제공되기도 하며 옌워(燕窩) 같은 특수한 국을 제외하고는 일정치 않다.

1) 칭탕(맑은 국 : 淸湯)

서양요리의 콩소메(consomme)와 같은 것으로 팅차이 중에서 가장 용도가 넓은 국이며 반드시 맑은 재료를 사용하고 소금으로 조미한다.

2) 녹말 국

농도가 짙을수록 잘 식지 않으므로 추위에 따라 농도도 짙어지고 자연히 조미나 재료도 농후하게 된다. 후에탕(燴湯)과 껑탕은 재료를 기름에 볶거나 또는 튀겨내어 국물을 붓는 경우가 많은데, 이 방법은 재료의 표면을 기름으로 처리하였기 때문에 국물을 부어도 재료의 맛이 국물에 옮겨지지 않아서 재료의 맛을 살릴 수 있고, 또한 기름과 국물을 녹말의 점성으로 융화시킨 중국요리 본래의 맛을 가진 국이다.

① 후에이탕(燴湯)

주로 소금이나 간장으로 조미하는 데 칭탕보다 맛이 농후하며, 재료도 다양하게 이용할 수 있다.

② 껑탕

주로 소금으로 조미하는 것으로 후에이탕보다 녹말을 짙게 풀어서 걸쭉하게 만든 국이다.

3) 불투명한 국

① 나이탕(奶湯)

칭탕에 사용되는 재료와 조리법이 동일하나 국물이 농후하므로 재료도 농후한 것을 사용하며 조금 짙게 하는 것이 좋다.

② 나이요우탕(奶油湯)

蕩債의 일종으로서 나이탕에 우유를 넣어 국물을 흰 색깔이 되게 함과 동시에 우유의 향기를 곁들인 국이다. 특히 홍콩 등지에서 구미인들의 기호를 반영하여 만들어진 것이다.

③ 꿔쯔(鍋子)

추운 계절에 인기가 있는 요리로 여러 가지 요리에 잠길 정도의 국물을 붓고 끓이면서 먹는 냄비요리이다. 꿔쯔요리는 식단에 들어갈 경우 보통 맨 나중에 제공된다.

(3) 차오차이(炒菜)

재료를 기름으로 볶아서 소량의 탕과 조미료를 넣어 조린 것으로 차오차이의 대부분이 탕에 녹말로 농도를 붙인 것이 많다. 재료는 한정된 것이 없어 각종 식재료를 이용하여 간단히 조리할 수 있기 때문에 고급요리에서 일상식의 반찬에 이르기까지 폭 넓은 요리이다.

1) 칭차오(淸炒)

일반적으로 재료에 조미하지 않고 바로 기름에 볶는 것으로 재료를 같은 크기와 모양으로 썰어서 소량의 기름으로 볶은 다음 조미료와 탕을 끓여 마지막에 녹말로 농도를 붙인다.

2) 깐차오(乾炒)

소금, 후춧가루, 술, 간장 등으로 주요리를 조미하고 소량의 녹말을 물에 푼 것을 씌워서 기름을 넉넉히 가열하여 신속하게 튀겨낸다. 그리고 야채류를 기름으로 볶아서 조미하고 주재료가 큰 것이면 야채와 함께 볶은 후 녹말로 붙인다.

3) 징차오(京炒)

재료에 조미를 하여 난백을 섞고 녹말을 넣어 손가락으로 비벼서 혼합한 후 기름 속에 붙지 않게 집어넣어 색깔이 희고 깨끗하게 튀겨서 다시 볶는다. 이 과정에서 조미는 색깔이 깨끗하도록 하기 위해 주로 간장을 사용하지 않고 소금으로 한다.

(4) 지엔차이(煎菜)

지엔차이는 기름에 볶거나 지진 물기 없는 요리라는 의미로 프라이 팬(frying fan)에 소량의 기름을 넣고 6부 정도 뜨거워졌을 때 음식물을 넣고 약한 불로 천천히 익힌 요리이다.

1) 볶음요리

동일한 모양으로 썬 재료들을 센 불에서 소량의 기름으로 볶아서 조미한 요리이다.

2) 지짐요리

양식요리의 소테(saute)요리와 같은 것으로 소량의 기름에 지져내는 요리를 말한다. 이것으로 완성된 요리가 되기도 하지만 다시 찌거나 삶기 때문에 기초 요리법이 되기도 한다. 보통 싱겁게 조미하여 지지는데 기호에 따라 겨자간장이나 후아지아오옌에 찍어 먹도록 한다.

3) 광택이 나게 구운 요리

재료를 기름으로 양면을 지진 다음 조미료와 극소량의 설탕을 넣어 센 불에 조려서 윤기가 나게 한 요리를 말한다.

(5) 짜차이(炸菜)

차오차이나 지엔차이와 마찬가지로 기름을 많이 사용한 튀김요리로 중국의 대표적인 요리이다. 기름에 튀긴 것을 그대로 완성된 요리로서 취급할 뿐 아니라 조리법의 한 단계로서도 취급한다.

1) 칭짜(淸炸)

녹말을 씌우지 않고 재료를 튀기는 것으로 재료 특유의 향이 나는 것, 고기완자나 생선완자 같은 것, 또한 아름다운 모양을 그대로 나타내고 싶은 것 등에 이 방법을 사용한다.

2) 깐짜(乾炸)

조미한 재료에 녹말을 묻혀 튀기는 방법으로 녹말을 따로 만들어 적시지 않고 마른 녹말가루를 그대로 재료에 묻히기 때문에 녹말이 남거나 모자라는 경우가 없어 간편하다.

3) 가오리(高麗)

거품을 이룬 가루를 섞은 것을 씌워서 튀긴 것을 말한다. 원래는 난백거품에 쌀가루를 혼합했으나 최근에는 밀가루, 갈분 또는 밀가루와 갈분을 혼합한 것을 사용하고 있다.

(6) 쩡차이(蒸菜)

찜롱이라고 하는 독특한 그릇에 증기열을 잘 이용하여 만드는 요리로서 찜만 하는 요리도 있지만 일단 쪄서 다시 다른 조리법을 사용하거나 다른 조리법으로 익힌 것을 찌거나 하는 경우도 많다. 또한 중국 특유의 건조식품을 불릴 때 이 방법을 많이 사용하고 있다.

1) 찡(蒸)

칭쩡(淸蒸)이라 불리는 요리로서 재료를 그대로 찐 것인데 대표적인 것이 디엔신(點心)의 사오마이나 만두(饅頭) 등이다.

2) 뚜 언

재료가 잠길 정도로 물을 부은 다음 찐 것으로 장시간 걸려서 간이 잘 배게 하면서 연해지게 찌는 요리법이다.

(7) 리오우차이(溜菜)

요리를 보다 맛있고 아름답게 하는 조리법의 하나로 튀김요리, 삶은 요리, 찜요리 등에 농도를 붙인 국물을 끼얹은 요리이다.

1) 탕추/추리오우

간장, 설탕, 초가 들어 있는 리오우의 요리로서 초가 들어가기 때문에 식욕을 돋울 수 있어 누구나 즐길 수 있는 맛을 낸다. 기초가 되는 요리는 간장으로 간을 하여 튀기거나 굽거나 한 것이 많아 맛이 농후한 조리법을 사용했기 때문에 리오우에는 원칙적으로 탕을 쓰지 않고 물을 사용한다. 파란 채소는 초로 인하여 변색되지 않도록 뒤에 넣는다.

2) 지앙쯔

간장으로 조미한 리오우이다. 초가 들어가지 않기 때문에 설탕도 적게 넣는다. 설탕과 간장으로 농후한 맛으로 조미한 것을 후아리오우(滑溜)라 한다.

3) 뽀오리/쇄징(水晶)

투명한 리오우를 말하는 것으로 대개 소금만을 사용하고 간장을 넣지 않는다. 탕도 맑은 것을 사용하는데 너무 강하게 끓이면 국물이 탁해지므로 불을 잘 조절하여 요리한다.

4) 지[illegible](鷄粥)/시아[illegible]

투명한 리오우에 닭고기나 새우 다진 것을 죽처럼 이겨서 넣은 요리이다. 여기에 단단히 거품 이룬 난백을 섞어 희고 가벼운 감이 나게 한 것을 지룽(鷄蓉), 시아룽이라 한다. 어패류나 야채를 사용한 찜요리나 끓이는 요리같이 담백한 맛의 요리에 사용한다.

5) 나이요우(奶油)/나이리오우(奶油)

닭고기, 새우 굴, 카리플라워 등과 맛이 잘 조화되는 것으로 우유를 넣어 색깔을 희게 한 것을 말한다.

6) 신로/신루(露)

흰살 생선, 새우, 야채 등 담백한 재료에 어울리는 것으로 행인의 독특한 맛과 향기를 살린 리오우이다.

(8) 웨이차이

웨이는 은근한 불에 굽는다는 의미인데, 일반적으로 아주 약한 불에 오래 걸러서 끓인 것을 말한다. 재료를 일단 기름에 처리하거나 찌거나 해서 여분의 수분을 제거하고 그 재료가 가진 맛을 살린 다음 끓이기 때문에 중국요리의 독특한 맛을 낸다.

(9) 카오차이

화통 속에 매달아 놓고 약한 불로 익히는 것으로 대부분 돼지새끼, 오리, 닭 등 큰 것을 통째로 조리한다. 다른 조리법에 비하여 요리의 수가 적으며, 특히 불고기인 키오양로우(羊肉 : 징기스칸 냄비)가 있다.

1) 차사오로우

① 뜨거운 화통 속에서 재료 전체에 천천히 열이 가해지므로 재료의 맛을 그대로 살릴 수 있으며, 통구이를 할 때는 껍질과 살 사이에 있는 지방분이 화통 속에서 쪄지고 구워지는 동안에 완전히 분리해 버리기 때문에 껍질과 살이 분리되게 굽히는 것이 특징이다.

② 재료에서 떨어지는 지방분이 불에 떨어져서 향기로운 연기를 내므로 일종의 훈제상태가 되어 독특한 향기가 난다.

2) 징기스칸 구이(羊肉 : 카오양로우)

양고기는 우리나라의 불고기와 같이 썬 다음 파, 시금치, 배추, 표고, 피망 등 계절의 야채류를 사용한다. 불고기 냄비에 먼저 기름을 얹어 두면 기름이 녹아 전체에 흘러내리는데, 이때 밑에 야채를 놓고 위에 고기를 얹어 굽고 고기가 완전히 구워지면 양념간장을 찍어 먹는다.

(10) 디엔신(點心)

중국요리는 대개 차이(菜)와 디엔신(點心)으로 대별되는데 차이는 찬 또는 술안주 같은 것이고 디엔신은 가벼운 식사대용이 될 수 있는 것을 말한다. 디엔신의 어원은 본래 1일 2식의 풍습이 있었던 중국에서 식간에 먹는 가벼운 식사를 의미하는 것으로 전해지고 있으나 요즘에는 식사대용이 되는 것 외에 구와쯔, 과자, 음료까지를 말하고 있다.

디엔신은 식탁에 앉기 전 별실에서 기다리는 시간 또는 식사의 중간, 식사 후에 제공되는데 식사 중간에 제공되는 경우는 대규모 연회행사 때이다.

1) 만두류(饅頭 : 만토우)

① 이스트를 사용한 만두 : 체에 친 밀가루에 이스트, 설탕, 우유, 물을 넣고 귓불 정도의 묽기로 반죽하여 만든다.

② 베이킹 파우더(baking powder)를 사용한 만두 : 밀가루에 베이킹 파우더를 혼합하여 만두피를 만든다.

기타 만두의 속재료에 따라 팥만두, 고기만두, 깨만두 등 다양하다.

3. 중식당 서비스의 특징

일반적으로 중식당의 서비스는 러시안 서비스 형태를 기준으로 하고 경우에 따라서 고객의 요구에 의하여 요리 전부를 동시에 식탁에 올려놓는 서비스를 하기도 하며 주문방법과 서비스 제공방법에 의한 특성은 다음과 같다.

(1) 주문 받는 방법

1) 주문량

중국요리는 고객 수에 알맞은 분량을 적당하게 준비하여 요리가 남지 않게 하기 위해 1인분의 주문방법이 아니고 접시의 양에 따라 보통 대·중·소로 나누어 분류한다(대 : 7~8인분, 중 : 4~5인분, 소 : 2~3인분).

2) 요리의 중복 금지

조리법이 같은 요리는 되도록 중복되지 않도록 한다. 예를 들면, 닭튀김과 소고기 튀김, 팔보채와 전기복 등으로 이것은 중국요리 주문법의 정수라고도 한다.

3) 메뉴의 추천

식사중에 술을 즐기는 고객에게는 튀김요리, 구운요리, 절임요리 등을 추천하도록 한다.

4) 요리의 주문

고객의 사정으로 인하여 요리의 주문을 받는 시간이 지체되어야 할 경우 우선 전채의 주문만을 받아 주방에 통보하고 다음 요리의 주문을 받도록 하며, 고객에게 가능하면 충분한 시간을 주도록 한다. 또한, 고객이 요리의 주문을 망설일 경우에는 특별요리 또는 고객의 기호를 문의한 후 그에 알맞은 요리를 추천하도록 한다. 단, 시간을 요하는 고객에게는 조리시간이 짧은 볶음요리를 추천하도록 한다.

5) 요리의 내용설명

인원수에 비하여 요리의 양이 너무 많지 않도록 주문을 받아야 한다. 특히, 외국인의 경우는 양식과 같이 생각하고 양의 요리를 주문할 경우가 있으므로 주문량을 잘 설명해야 한다.

6) 조리시간의 통보

시간이 오래 걸리는 탕류, 찜류 등의 요리는 사전에 고객에게 알려야 하며, 조리시간이 오래 걸리는 요리를 한꺼번에 많이 주문받지 않도록 해야 한다.

7) 술 다음의 요리의 주문

술 다음의 요리를 주문받을 때는 기름진 것을 피하고 산뜻한 죽 종류나 면 종류 등을 권하도록 한다.

(2) 요리 서비스 요령

1) 냉 채

냉채를 서브할 때는 초청된 고객, 초청자의 순으로 서브한다. 음식이 남았을 경우는 상황에 따라 요리를 분배해 주거나 테이블에 올려놓고 회전판(lazy suzan)인 경우에는 중앙에 올려놓는다.

2) 새로운 요리의 제공

새로운 요리를 제공할 때에는 먼저 사용했던 접시와 새로운 접시로 교환하도록 한다.

3) 수프(soup)

수프 요리는 고객에게 의향을 물어 보고 수프 튜린(soup tureen)을 사용해서 국자로 수프 볼(soup bowl)에 덜어 고객의 옷에 흘리지 않도록 신중하게 서브한다.

4) 맑은 수프

맑은 수프는 고객의 특별한 요구가 없으면 요리의 마지막 코스나 끝날 무렵 식사와 함께 제공하도록 한다.

5) 보조 테이블

요리는 대개 테이블에서 제공해야 하지만 테이블이 복잡한 경우 보조 테이블에서 접시에 덜어서 제공한다.

6) 생선요리

생선요리는 배 부분이 고객을 향하고 머리 부분이 왼쪽을 향하도록 해서 서브한다. 만약 회전판이 있을 때는 올려놓아 한바퀴 돌려 고객에게 보여드린 다음 서브하도록 한다.

7) 차

테이블에 제공된 주전자의 차는 항상 뜨거운 상태를 유지할 수 있도록 하고, 차의 양을 확인하여 보충하도록 한다.

8) 서비스 예절

요리를 제공할 경우에는 고객과 서비스에 관련되지 않은 내용은 가능하면 삼가는 것이 좋다. 다만 고객의 요구가 있을 경우에는 정중하게 답변을 하고 고객이 식사를 하는 도중에는 항상 고객의 식사상황을 살피도록 해야 한다.

9) 기 타

식사가 끝나면 추가 서비스의 요청이 있을 것에 대비하여 상황을 면밀히 살피고, 담배를 피우는 고객을 위해 재떨이를 준비하도록 한다.

(3) 북경식 오리요리 서비스 요령

북경식 오리요리는 성인병의 염려가 없고, 소고기보다 단백질이 많고 닭고기보다는 열량이 높으며 고혈압, 중풍, 신경통에 좋기 때문에 중식을 좋아하는 고객으로부터 많은 사랑을 받는 요리이다.

① 보조 테이블에 파, 오리, 오리 떡, 서비스 접시, 젓가락, 오리 장 소스를 준비한다.
② 오리요리를 고객에게 보여드린다.
③ 오리요리를 약 3㎝×10㎝ 정도로 껍질을 벗긴다.
④ 서비스 접시에 오리 떡을 펼쳐놓는다.
⑤ 오리 떡 위에 오리껍질을 2~3조각 올려놓는다.
⑥ 오리껍질 위에 오리 장 소스를 적당량 바른다.
⑦ 그 위에 오이와 파를 6 : 4의 비율로 올려놓는다.
⑧ 둥글게 말아서 고객에게 제공한다.

● 예비과제

1. 중국요리의 세팅을 설명하여라.
2. 중국요리의 메뉴를 준비한다.
3. 중국요리의 서비스 특징을 설명하여라.

● 평 가

영 역	평 가 사 항	평 가				
		A	B	C	D	E
이 해 (10)	1. 중국요리의 개요를 이해하였다. 2. 중국요리의 종류를 이해하였다.					
태 도 (10)	1. 과제물은 준비하였다. 2. 세팅방법을 습득하였다.					
실무능력 (20)	1. 중국요리 서비스를 할 수 있다. 2. 중국 메뉴를 설명할 수 있다.					

••• 모듈과제 3-4 •••••••••••••••••••••• 일본요리

• 목 표

1. 일본요리의 특징을 이해한다.
2. 일본요리의 기본 조리법을 익힌다.
3. 일본요리의 분류방법을 학습한다.

• 관련이론

1. 일본요리의 특징

일본요리는 일본의 풍토에서 독특하게 발달하여 일본인들이 통상적으로 먹는 요리의 총칭이다. 일본요리는 눈으로 먹는 요리라고 할만큼 시각적인 아름다움을 중요시하고 자연으로부터 얻은 식품 고유의 맛과 멋을 최대한 살리는 조리법을 택하며, 어패류를 이용한 요리가 많기 때문에 신선도와 위생을 제일 중요시하고, 요리의 양이 비교적 적으며 섬세하고 계절감이 뚜렷하다.

일본의 영토는 동경 130°~145°, 북위 30°~45°에 걸쳐 남서에서 북동으로 사선형태로 비스듬하게 길게 뻗어 있고 사면이 바다에 둘러싸여 있어 지형과 기후의 변화가 많다. 따라서, 4계절에 생산되는 재료가 다양하고 해산물이 매우 풍부하다.

조미료는 된장·간장·설탕·술·식초·소금을 주로 사용하며, 음식을 담는 그릇도 요리와의 조화를 중요시하여 계절감을 살리며 도자기·칠기그릇·대나무그릇·유리제품 등을 다양하게 사용한다.

또 종래의 일본요리에는 육류가 적은 것이 특징이었으나,[12] 1571년에 장기항이 개항된 이후에도 외국의 영향을 받고, 2차 대전 이후 미군이 일본에 주둔하면서 미국의 영향을 받고 1964년 동경올림픽을 계기로 외국인과의 접촉이 빈번해지면서 스끼야끼(すき焼き)·샤부샤부(しゃぶしゃぶ)·돈까스·스테이크·철판구이 등의 육류요리가 발전하여 전통적인 식습관과 식문화에 많은 변화를 가져왔다.

이상에서 살펴본 일본요리의 특징을 구체적으로 나열하면 다음과 같다.[13]

---

12) 최경주·강신주 공저, 일본요리, 수학사, 1994, p. 3.

① 생선회, 생선초밥 등 가열하지 않고 신선한 식품을 생식하는 조리법이 발달하였다.

② 계절감각을 매우 중요시한다. 서양요리에 비해 냉동식품이나 통조림 등의 장기저장 식재료보다 제철에 나는 신선한 식재료를 이용하여 계절감을 살린다.

③ 사면이 바다로 된 섬나라이기 때문에 어패류 요리가 발달하였다.

④ 요리를 담는 데에도 동양철학을 담고 있다. 공간과 색상의 조화를 중히 여긴다.

⑤ 자연소재의 기물을 다양하고 예술적으로 활용한다(나뭇잎, 대나무, 죽공예품, 대바구니, 칠기그릇, 종이, 나무열매, 나무껍질, 도기, 자기, 금속, 유리 등).

⑥ 자연으로부터 얻은 재료의 고유한 맛과 멋을 최대한 살리며 대체로 담백한 맛을 추구한다.

⑦ 비교적 양이 적으며 미적 감각을 중요시한다.

⑧ 근래에는 외국의 요리를 받아들여 일본의 풍토에 맞게 개량하여 정착된 요리가 발달하였다(돈까스, 비후까스, 스끼야끼, 샤부샤부, 철판구이 요리 등)

⑨ 식품산업이나 요식업에 있어서 미래의 컨셉(concept)으로서 자연지향적 · 친환경적인 요리이다. 조리법에 있어서도 가열을 하지 않는 생식법이 발달하였고, 조리법에 있어서 열을 가하지 않는 생식법이 발달하였고, 조리를 하더라도 재료 자체의 맛과 특성을 잘 살리며, 음식을 담을 때에도 자연소재의 기물을 이용하여 자연과의 조화를 추구한다.

2. 일본요리의 기본조리법과 분류

(1) 일본요리의 기본조리법

조리란 식품에 조미료를 첨가하여 가열하거나 또는 다른 수단으로 음식물을 만드는 과정, 즉 식품에 물리적 · 화학적 방법을 가하여 합리적인 음식물로 만드는 과정[14]이라고 할 수 있다.

조리의 목적은 위생상 안전하게 하면서 소화가 잘되게 하며, 향미를 좋게 하고 외관을 아름답게 하여 식욕을 돋우는 데 있다.

---

13) 송청락, 일식 메뉴구성에 관한 연구, 한국조리학회 논문집 창간호, pp. 135~159.
14) 진양호, 새조리기능사, 지구문화사, 1995, p. 10.

일본요리의 기본이 되는 조리법에는 生(생것을 그대로 처리하여 식용하는 것), 煮る(끓임 · 조림), 燒く(구이), 蒸す(찜), 揚げる(튀김) 등 5가지가 기본 조리법이다.[15]

1) 나마(生 ; 날것을 그대로 이용하는 조리법)

일본요리의 특징적인 조리법으로 생선회와 초밥을 들 수 있다.

생선회를 관서지방에서는 쯔꾸리(造り 또는 作り)라고 하고, 관동지방에서는 사시미(刺身)라고 한다. 과일이나 야채 등 아무런 가공 없이 신선한 재료를 그대로 식용하는 방법, 젓갈을 담아 먹는 방법(鹽辛), 소금이나 식초 · 된장 등에 절여서 먹는 방법(漬け物) 등이 있다.

2) 니루(煮る ; 찜 · 조림, 삶거나 조리는 것)

조림요리는 많은 국물 속에서 장시간 조리는 방법과 적은 국물로 단시간에 조리는 방법이 있다.

3) 야꾸(燒く ; 구이 · 굽기)

열원에 직접 재료가 닿는지 여부에 따라서 직접구이(석쇠구이 · 꼬치구이 등)와 간접구이(팬구이 · 철판구이 · 조개껍질구이 · 알루미늄 호일구이 · 나베야끼 · 오븐구이 등)로 나눌 수 있고, 사용된 조리기구에 따라 석쇠구이 · 꼬치구이 · 냄비구이 · 조개껍질구이 · 철판구이 · 오븐구이 등으로 나눌 수도 있다.

또 조미방법에 따라 시오야끼(鹽燒き : 소금구이), 미소야끼(味贈燒き : 된장구이), 데리야끼(照り燒き : 윤기 나게 조림), 끼노메야끼(木の芽燒き : 산초잎구이), 가바야끼(薄燒き : 부들구이), 기미야끼(黃身燒き : 계란노른자구이), 뎅가꾸야끼(田樂燒き : 두부구이), 가부또야끼(かぶと燒き : 돔머리구이) 등이 있고, 굽는 형태에 따라 스즈메야끼(すずめ燒き : 참새구이), 마쓰가사(松かさ : 솔방울구이) 등으로 나눌 수 있다.

4) 무수(蒸す : 찜, 찌기)

조미방법에 따라 사까무시(酒蒸し : 술찜), 시오무시(鹽蒸し : 소금구이), 미소무시(味贈燒し : 된장찜) 등으로 나누고, 재료에 따라 가부라무시(かぶら蒸し : 무청찜), 오끼나무시(おきな蒸し : 백발머리찜), 신슈무시(信州蒸し : 모밀을 곁들여 찜), 기미무시(黃身燒し : 계란노란자찜) 등으로 구분할 수 있다.

또 재료를 담는 용기나 부재료에 따라서 도빙무시(土瓶蒸し : 질주전자찜), 호네무시(骨蒸し : 뼈찜), 시바무시(紫蒸し : 섶나무찜), 가시와무시(栢蒸し : 떡갈나무찜) 등으로 나누기도 한다.

---

15) 김종금, 현대일본요리, 홍익제, 1991, p. 446.

5) 아게루(揚げる : 튀김)

튀김의 첫번째 포인트는 기름의 온도를 적온으로 하는 것이다. 튀김에 사용하는 기름의 온도는 저온 · 중온 · 고온의 3종인데, 저온(150°C~160°C)에서는 야채의 素湯げ를, 중온(170°C~180°C)에서는 생선의 가라아게 · 돈까스 등을, 고온(180°C 이상)에서는 생선덴뿌라와 후라이 · 고로케 등을 조리하는데 적합하다.[16] 재료를 그대로 튀기는 것(素湯げ), 양념하여 튀기는 것(から揚げ), 밀가루옷을 입혀서 튀기는 것(衣揚げ), 그리고 응용튀김(變り揚げ) 등이 있다.

(2) 일본요리의 분류

일본요리는 지역에 따라서 동경을 중심으로 한 관동요리와 오사카 · 교토지방을 중심으로 한 관서요리로 나누어지며, 형식에 따라서 본선(本膳)요리 · 회석(會席)요리 · 양석(懷石)요리 · 정진(精進)요리 · 보차(普茶)요리 · 장기(長崎)요리로 나눌 수 있으며, 조리방법에 따라 생선회 · 초밥 · 구이 · 조림 · 찜 · 무침 · 튀김 · 절임 · 초회 등으로 나눌 수 있고, 요리에 사용한 주재료에 따라 복요리(ふぐりょうり) · 송이요리(まつたけりょうり) · 자라요리(すっぽんりょうり) 등으로 구분할 수 있다.

1) 지역적 분류

명치유신(明治維新) 이전의 일본은 쇄국정책이었으며 봉건사회였기 때문에 각 지방의 독특한 문화가 형성되고 잘 보전되어 왔으나, 오늘날 교통 · 통신수단의 비약적인 발전과 빈번하고 다양한 교류로 지역적 특징이 많이 희석되었다.

① 관동요리

관동요리는 동경을 중심으로 발달한 요리이며, 에도시대에 형성되었기 때문에 에도요리라고도 한다. 관동요리는 무가 및 사회적 지위가 높은 사람들에게 제공하기 위한 의례요리가 발달하였다. 또한, 관동지방은 외해(外海)에 접해 있어서 깊은 바다에서 나는 단단하고 살이 많은 양질의 생선이 풍부한 반면 토양과 수질이 거칠어 간을 진하게 하는 농후한 맛을 이루게 되었다. 그 결과 맛이 진하고, 달고, 짜고, 국물이 적은 것이 관동요리의 특징이 되었다.

② 관서요리

오사카(Osaka), 교토(Kyoto)를 중심으로 발달하였기 때문에 가미가다(上方;

---

16) お料理の基本大百科, 集英社, 1992, pp. 18~19.

교토 부근의 지방) 요리라고도 하며, 관동요리에 비해 그 역사가 길다. 재료의 천연적 맛을 최대한 살리기 위해 간을 연하게 하며, 색상 · 형태도 그대로 살리고 국물이 다소 많은 담백하고 아름다운 것이 관서요리의 특징이라고 할 수 있다.

교토와 오사카가 관서요리의 주요 요충지인데, 교토 요리는 공가(종정에 출사하는 관리의 집안)의 요리로서 양질의 두부 · 야채 · 밀기울 · 말린 청어 · 대구포 등을 사용한 요리가 많으며, 오사카 요리는 상가의 요리로서 양질의 어패류를 이용한 요리가 많다. 최근의 관서요리는 거의가 약식이며, 회석요리가 중심이 되고 있다.

③ 향토요리

일본의 각 지방에는 그 지방 고유의 독특한 향토요리들이 다양하게 존재하는데, 이들 향토요리는 재료 · 모양 · 맛 · 담는 용기 · 먹는 방법 등에 있어서 상당한 개성을 갖추고 있다. 일본의 주요 향토음식은 다음과 같다[17].

ⓐ 동경도 : 아게다시 도후(녹말가루를 입혀 튀긴 두부) 오뎅 · 에도마에즈시(생선초밥 · 유부초밥 · 김초밥 등) 덴뿌라 등

ⓑ 홋까이도 : 오징어요리(오징어반(飯) · 오징어소면 · 젓갈 · 오징어구이 · 오징어치즈 · 훈제품 등), 삿뽀로라면 · 사샤모 · 징기스칸 · 관자요리 등

ⓒ 오사카후 : 오시즈시(어패류 · 야채를 얹어 누른 초밥), 어스끼, 다이메시, 스즈메, 초밥, 문어요리(된장무침, 토란무침), 다꼬야끼, 우동스끼, 사이꾜즈께(미림, 유자, 된장에 넣어 절인 삼치) 등

ⓓ 나가사키켄 : 삼겹살조림, 평냄비요리, 복어요리, 성게요리, 굴요리, 히까도, 짬뽕, 산동배추절임, 장기요리(코스의 일종)

2) 형식에 의한 분류

정식으로 준비한 정찬요리인 본선요리, 그리고 우리가 가장 접하기 쉬운 회석요리, 차도에 따라 합리적이고 간소하게 만드는 것이 특징인 양석요리, 선종의 사원에서 일반적인 불교의 행사에 식물성 식품만을 사용하는 정진요리, 강호시대 전기에 중국과 남방에서 강한 영향을 받아 확립되어 현대까지 전해지는 보차요리, 장기요리 등이 있다.[18]

① 혼젠료리(本膳料理 ; ほんぜんりょうり)

아시까가(1338~1543년)에 뿌리를 둔 조리방법이 에도시대(1603~1866년)로 내려오면서 형식이 갖추어진 전통적인 일본요리로서 현재에도 관혼상제

17) 한국관광공사, 향토음식관광상품화방안, 1993, p. 168.
18) 박병학, 기초일본요리, 형설출판사, 1992, p. 30.

등의 예식요리로 쓰이고 있다.[19]

본선요리의 기본구성은 1즙 3채, 2즙 5채, 3즙 7채이며, 이를 응용하여 적용하기도 한다.

각 상(膳)에 오르는 3즙 7채를 예로 들면 다음과 같다.

ⓐ 첫번째 상(本膳) : ご飯(밥), 吸物(국물 ; 된장국), 坪(야채조림), 向う(생선회), 香の物(일본김치) 등
ⓑ 두번째 상(この膳) : 吸物(국물 ; 된장국 또는 맑은 국), 平(조림요리), 猪口(무침요리나 초회)
ⓒ 세번째 상(三の膳) : 吸物(국물 ; 된장국 또는 맑은 국), 刺身(생선회), 焚合(조림이나 튀김)
ⓓ 네번째 상(四の膳 또는 與の膳) : 燒物(도미 통구이 등)
ⓔ 다섯번째 상(五の膳) : 臺引(긴똥, 어묵 등 선물로 가져갈 수 있는 음식)

네번째 상과 다섯번째 상에 오른 음식은 선물로 가져가는 관습이 있으며 식사가 끝나면 다과를 제공한다.[20]

② 가이세끼료리(會席料理 ; かいせきりょうり)

이 요리는 연회용 요리로서 에도시대부터 이용되었으며, 본선요리를 약식으로 개선해서 이용하였다고 한다.

회석요리의 구성은 고스께(小附), 맑은 국(吸物), 사시미(刺身), 조림요리(炊き合ほせ), 구이요리(燒き物), 튀김(揚げ物) 등으로 구성된다. 같은 재료를 반복해서 사용하지 않으며 같은 조리법이나 같은 맛이 중복되지 않도록 배려한다.

③ 가이세끼료리(懷石料理 ; かいせきりょうり)

차도에 제공하는 요리로서 차를 들기 전에 내는 아주 간단하고 양이 적은 요리이다. 일즙삼채가 보통이며, 밥 · 국 · 向付(회종류) · 조림 · 구이 등으로 구성된다.

④ 쇼우진료리(精進料理 ; しょうじんりょうり)

불교식으로 동물성 식품을 피하고, 채소류 · 버섯류 · 두부 · 해조류 등 식물성 식품만을 재료로 하여 사찰을 중심으로 발달된 요리이다. 요리에 정진이란 용어가 포함된 것은 식물성 재료만을 사용한 것을 의미한다.

---

19) 유철성, 호텔식음료경영과 실무, 백산출판사, 1994, p. 192.
20) 박병학, 상게서, p. 32.

⑤ 후짜요리(普茶料理 ; ふちゃりょうり)

황벽산 만복사의 법주였던 중이 중국에서 찾아오는 선종승들을 대접할 때 정진요리를 중국식으로 조리했던 것으로, 자연의 색과 형태를 잘 살린 아름다운 요리로 4인상이 기본이다. 일명 오오바꾸요리(黃檗料理)라고도 하며 음식명에 중국식 명칭이 아직도 잔존하고 있다.

⑥ 나가사끼요리(長崎料理 ; ながさきりょうり)

중국식 요리가 일본화된 것을 말하는데 나가사끼(長崎)에서 정착되고 전파되었기 때문에 나가사끼요리라고 한다. 나가사끼 짬뽕이 대표적이며 몇 사람이 식탁을 중심으로 둘러앉아 큰 그릇에 담긴 음식을 자기 앞의 작은 그릇에 옮겨 먹는다.

3) 조리방법에 의한 분류

① 생선회(刺身)

관서지방에서는 쓰꾸리(造り 또는 作り)라고 하며 관동지방에서는 사시미(刺身)라고 한다. 생선회는 생선초밥과 더불어 국제적으로 널리 알려진 일본요리 중 대표적인 음식이다. 신선한 재료 자체를 인공적인 가공이나 조미를 하지 않고 재료 본래의 풍미를 음미하면서 먹는 일본요리의 특색을 가장 잘 대변해 주는 멋이 있고 품격 있는 화려한 요리이다.

생선회는 칼로 자르는 방법에 따라서 보통 다음과 같이 구분할 수 있다.

ⓐ 히라쓰꾸리(平作り : 평 썰기)
ⓑ 히끼스꾸리(引り作り : 당겨 썰기)
ⓒ 가꾸쯔꾸리(角作り : 각 썰기)
ⓓ 호소쯔꾸리(細作り : 가늘게 썰기)
ⓔ 소기쯔꾸리(そぎ作り : 깎아 썰기)
ⓕ 우스쯔꾸리(薄作り : 얇게 썰기)
ⓖ 사자나미쯔꾸리(さざなみつくり : 잔물결 썰기)

② 생선초밥(壽司)

초밥을 뜻하는 한자인 자(鮓)와 지(鮨)란 글자는 2천년 이상 된 고어로 모두 스시(すし)로 발음한다. 요즘 들어와서 그 사용권이 자는 관서(일본 대판지방), 지는 관동(일본 동경지방)으로 자연스럽게 구분된 듯하다. 현재 누구나 스시(すし)로 읽을 수 있는 한자는 수사(壽司)라고 본다. 이 단어는 도쿠가와시대에 만들어진 제조음(적당히 음을 따서 만든 글자)이라고 한다.

여러 문헌에서 스시의 어원과 이유에 관해 고찰해 보면, 처음에는 생선의 저장법으로 시작하여 일본에 건너와서 일본의 풍토에 맞는 음식형태(생선초밥)로 변천되었다고 볼 수 있다.

일본에서 가장 오래된 초밥은 붕어초밥(すなずし)을 들 수 있다[21].

스시의 종류도 동경의 에도마에즈시(江戸前ずし;にぎりずし), 오사카의 하꼬즈시(箱ずし), 교토의 마끼즈시(巻ずし) 그리고 각 지방마다 특색을 살린 스시가 많이 발달하였으나, 한국에서는 동경식 초밥(즉, にぎりずし; 생선초밥)이 주종을 이루고 있다.

③ 맑은 국(吸物)

흰살생선 맑은 국, 계란 맑은 국, 흰된장국, 대합 맑은 국, 도미 맑은 국, 자라 맑은 국, 바닷가재 맑은 국 등이 있다.

④ 구이요리(焼き物)

조미방법에 따라 소금구이, 데리야끼, 미소야끼 등으로 나누며, 사용하는 조리기구에 따라 석쇠구이(鹽焼き)·쇠꼬챙이구이(照焼き)·오븐구이(味贈焼き) 등으로 나누기도 한다.

⑤ 조림요리(煮物)

아라다끼(粗焚き)·데리니(照り煮)·니스께(煮つけ)·미소니(味贈煮)·시로니(白煮)·아오니(青煮)·니시메(煮しめ)·지까니(直煮)·후꾸메니(含め煮) 등이 있다.

⑥ 튀김요리

재료를 그대로 튀기는 스아게(素あげ), 재료에 밀가루 옷을 입혀서 튀기는 고로모아제(衣揚げ, 이것을 흔히 덴뿌라라고 한다). 소금·후추 등 양념을 해서 튀기는 가라아게(からあげ) 등이 있다.

⑦ 냄비우동(鍋物)

육류·어패류 등을 신선한 야채와 맑은 국물로 냄비에 끓여낸 요리로 응용 범위가 넓다. 쇠고기 전골냄비(すきやき)·샤부샤부(しゃぶしゃぶ)·대구냄비요리(たらちり)·게냄비요리(かにちり), 특히 겨울철의 복냄비요리(ふぐちり)는 일미이다.

⑧ 죽류(粥·雑炊)

밥으로 죽을 쑨 잡취와 쌀을 물에 불려서 죽을 쑨 죽으로 구분된다. 잡취에는 새우죽·자라죽·굴죽·버섯죽·닭백숙죽 등이 있고, 죽에는 야채죽, 팥죽, 해초죽, 차죽 등이 있나.

---

21) 김원일, 정통초밥요리, 형설출판사, 1995, p. 95.

⑨ 면류(麵)

예로부터 메밀국수는 관동지방에서, 우동은 관서지방에서 발달하였다. 소멘 · 기시멘 · 교멘 · 삼색소멘 · 가께소멘 · 가께소바 · 자루소바 · 차소바 · 튀김소바 · 야마가께소바 · 씻보꾸우동 · 다마우동 · 기쯔네우동 · 나베야우동 등이 있다.

• 예비과제

1. 일본요리의 세팅을 설명하여라.
2. 일본요리의 메뉴를 준비한다.

• 평 가

영 역	평 가 사 항	평				가
		A	B	C	D	E
이 해 (10)	1. 일본요리의 개요를 이해하였다. 2. 일본요리의 조리법을 이해하였다.					
태 도 (10)	1. 과제물은 준비하였다. 2. 세팅방법을 습득하였다.					
실무능력 (20)	1. 일본요리를 분류에 따라 알고 있다. 2. 일본 메뉴를 설명할 수 있다.					

모듈 4

메뉴 관리

식음료 영업에 있어 가장 중요한 상품의 수단인 메뉴의 의의, 기능, 중요성 및 형태와 종류를 알아보고 가격결정 및 디자인하는 방법을 학습한다.

모듈 학습목표

1. 메뉴의 의의, 기능, 중요성을 이해한다.
2. 메뉴의 형태 및 종류를 이해한다.
3. 메뉴를 계획하는 방법을 학습한다.

모듈과제 안내

1. 메뉴의 개요 : 메뉴의 의의, 기능, 중요성을 이해한다.
2. 메뉴의 형태 및 종류 : 다양한 메뉴의 형태와 종류를 비교한다.
3. 코스별 메뉴 : 풀코스에 대한 종류와 구성방법을 익힌다.
4. 메뉴의 계획 : 메뉴를 계획, 디자인, 개발하는 방법을 익힌다.

산업체 현장 실무능력

모듈 4의 과제들을 학습하여 익힘으로써 호텔 식음료, 외식 관련업체에서 실제로 사용하는 메뉴에 대한 이해를 높인다.

••• 모둘과제 4-1 •••••••••••••••••• 메뉴의 개요

• 목 표

1. 메뉴의 의의를 이해한다.
2. 메뉴의 기능에 대해 이해한다.
3. 메뉴의 중요성 6가지를 이해한다.

• 관련이론

1. 메뉴의 의의

메뉴(menu)의 어원은 라틴어의 "minutus"에서 유래하여 영어의 "mnute"에 해당하는 말로서 "상세하게 기록한다"라는 의미이다. 즉, 판매하고자 하는 식음료 상품의 품목을 기록한 목록표(catalog)이다.

메뉴의 역사는 서기 1498년경 프랑스 어느 귀족의 아이디어라고 전해지고 있으며 그 후 서기 1541년 프랑스 헨리 8세 때 브룬스윅 공작의 연회행사에 있어서 요리에 관한 내용과 순서 등을 메모하여 식탁 위에 놓고 그 순서대로 요리를 제공함으로써 번거로움과 불편함이 없이 편리함을 안 후부터 사용하게 되었다고 한다.22)

이때부터 연회행사에 요리에 관한 순서의 메모가 유행하게 되었고, 유럽 각국에 전파되어 정식 차림표로서 사용되었으며, 19세기에 이르러 프랑스 파리 대부분의 식당에서 사용되면서부터 일반화되어, 오늘날 일반대중에게 제공할 수 있는 요리의 명칭을 기재한 목록표가 된 것이다.

메뉴를 우리나라에서는 차림표 또는 식단이라 하며, 프랑스에서는 까르트 드 주르(carte de jour), 영국에서는 빌 오브 페어(bill of fare), 일본에서는 곤다데효(獻立表), 독일에서는 슈파이제 카르테(supeise karte), 중국에서는 차이딴(菜單)으로 불리고 있다.

현재 호텔의 식당에서 사용하고 있는 메뉴는 단순히 품목과 가격을 기록한 목록이 아니라 고객과 식당의 경영조직간의 교량역할을 하는 판매촉진의 매체로서 판매원의 역할뿐만 아니라 고객에게 식음료의 구체적인 설명을 제

22) 김충호, 현대조리학, 진명출판사, 1978, p. 15.

공하는 설명서의 역할과 고객과 호텔간의 식음료 제공을 위한 무언의 계약서의 역할도 겸한다. 따라서, 식음료 경영에 있어서 메뉴는 매우 중요한 역할을 한다.

메뉴의 의미에 대해서는 학자에 따라서 다양하게 정의를 하고 있다. 웹스터 사전(webster's dictionary)에 의하면 메뉴란 "A detailed list of the foods served at a meal"이라 설명하고 있고, 옥스퍼드 사전(the oxford dictionary)에서는 "A detailed list of the dishes to be served at a banquet or meal"로 설명하고 있다.

따라서 다양한 정의를 종합해 보면 메뉴는 식당경영의 관리를 위한 지침이면서 고객을 대상으로 판매촉진을 위한 도구이고, 식당에서 제공 가능한 음식의 품목과 가격 · 분량 · 형태 등의 정보를 체계적으로 기록한 목록으로서 정의할 수 있다.

2. 메뉴의 기능

과거의 식당관리는 메뉴가 단순히 음식의 종류를 기록, 나열하는 기능수행에 불과했던 때도 있었으나 현대 식당사업에 있어서는 판매와 관련하여 가장 중요한 상품화의 수단(merchandising tools)으로 그 역할이 증진되어 왔다.[23)]

메뉴는 식음료 판매업자이기도 한 경영자와 수요자인 고객을 연결시켜 주는 역할을 수행함으로써 식음료 서비스업의 수익성 있는 경영성과를 위한 전제조건이 되고 있다.

그러므로 성공적인 메뉴란 경영조직체에 대해 이윤을 창출시킬 수 있는 방향으로 고객의 욕구를 충족시킬 수 있을 만한 내용과 외양을 갖춘 것이라고 할 수 있다.[24)]

성공적인 메뉴가 구성되기 위해서는 적정한 가격수준(price level), 데코레이션(decor), 기술(skills), 설비 및 배치(layout & equipment), 행사(occasion), 계절성 상품의 공급능력(availability of supply) 등과 투입요소를 제시하고 있는데 이러한 제요소를 고객의 욕구충족과 호텔의 수익성 추구라는 양측면에서 고려하여 그 결과를 하나의 메뉴에 함축시킴으로써 비로소 훌륭한 메뉴가 계획될 수 있는 것이다.

수익성 있는 식음료 서비스업이란 종업원, 자본, 입지여건, 전문적인 지식이나 경영능력, 시장 및 공급상황에 대한 정보 등 여건의 종합적 개념으로

---

23) 이정자, 호텔식음료 원가관리, 형설출판사, 1991, p. 168.
24) Lother A. Kreck, Menus-analysis and planning, CBI, 1980, pp. 151～152.

파악될 수 있는데 그 중에도 정보기능은 특히 점차 강조되고 있는 측면으로서 코프만 교수도 그의 저서에서 그 중요성을 강조하고 있다.25)

메뉴의 기능으로 식음료의 품목과 그 가격을 기록, 표시하는 기능 이외에 다음과 같은 기능이 있다.26)

① 메뉴는 무언의 서비스맨이고 판매기능을 수행한다.
② 메뉴에는 식당의 경영방침이 집약되어 있다. 메뉴가 기본이 되어서 주방의 설비, 종업원 수, 재료의 선택 및 매입 등이 결정된다.
③ 메뉴는 식당의 특성을 나타내고 이미지를 형성한다.
④ 메뉴는 고객과 종업원의 마음을 연결하는 일을 한다.
⑤ 메뉴는 식음료 연구의 자료가 되며 식당이용객의 기호를 가르쳐 준다.

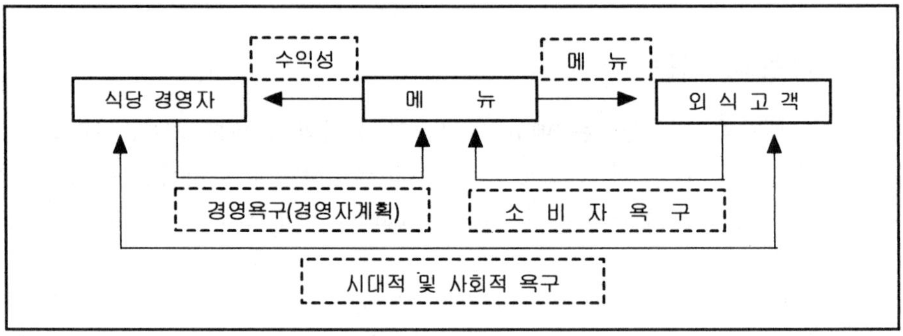

[그림 4-1] 메뉴의 기능27)

3. 메뉴의 중요성

오늘날 식당에서 사용되고 있는 메뉴는 고객에게 식사를 제공하는 음식에 대한 취급 일람표이기보다는 음식품목의 안내자이며, 메뉴 그 자체가 요금표인 것이다.28)

또한 식음료 부문을 주된 사업의 대상으로 삼고 있는 영업장에서 고객에게 제시하기 위해 준비한 각종 상품의 이름과 가격, 그리고 고객이 상품을 구입하는 데 필요한 각종의 안내와 조건을 기록한 목록표라고 할 수 있다.

---

25) C. D. Coffman, Marketing for Full House, Cornell University, 1979,
26) 임경인, 식당경영원론, 대왕사, 1994, p. 302.
27) 이정자, 메뉴관리, 기문사, 1997, p.14.
28) 김재민 · 신현주, 현대호텔경영론, 대왕사, 1990, p. 210.

메뉴란 고객이 알기 쉽고 식음료의 품목과 가격을 작성 기록하여 고객이 식음료를 주문하는 데 필요한 정보를 제공하여 고객과 호텔간의 식음료 제공을 약속하는 차림표이다.29)

메뉴가 가지고 있는 최대의 매력은 고객으로 하여금 식욕의 감정을 직접 불러일으켜 판매의 효과를 주고 있기 때문에 이에 대한 메뉴는 고객이 무엇을 어떻게 원하는가를 소구하여 구입욕구를 충족시켜 주지 않으면 안 된다.

또한, 메뉴는 그 식당의 개성과 무드(mood)를 만들어 내는 도구이며, 식당의 실내장식과 큰 조화를 이룬다. 그리하여 색의 선택과 그림 및 문자구성에 균형이 이루어지지 않으면 안 된다.

현대 호텔경영에 있어서 메뉴는 단순한 가격과 품목, 그리고 구매조건의 제시만에 그치는 것이 아니라 고객과 기업체를 연결하는 친근감을 주는 판매촉진의 모체로서 판매원의 역할을 할 뿐만 아니라 식음료를 판매하는 데 있어서 자세한 설명을 제공하는 설명서의 역할도 하고 있으며, 식당기업의 이윤과 직결되어 고객의 육체적, 정신적 만족을 증대시켜 주기 위해서 제공되는 품목과 형태를 체계적으로 짜놓은 차림표이다.30) 따라서 호텔 식음료 부문의 경영에 있어 메뉴의 중요한 역할은 다음과 같다.

(1) 무언의 약속

식당의 메뉴는 경영자 측면과 고객 측면의 양면성을 갖기 때문에 고객과 식당간의 말없는 약속인 것이다. 고객이 음식을 주문할 때에는 식당의 경영자가 제안한 음식을 선택하고, 경영자는 선택한 음식을 메뉴에 표시된 가격으로 제공한다는 의미인 것이다.

따라서 고객에게 메뉴에 제시된 내용대로 제공하지 않으면 고객은 이의를 제기할 수 있고, 고객이 음식을 먹고 돈을 지불하지 않은 채로 도망가 버리면 법률상 범죄에 해당된다. 만약 식재료의 수급이 잘 안 되거나 사정이 있어서 제공될 수 없는 품목 등은 미리 고객에게 알리고 양해를 구해야 한다.

(2) 판매수단

메뉴는 고객이 상품을 결정하는 데 결정적인 단서를 제공하는 역할을 하기 때문에 식당의 이익달성, 영업목표, 식당경영의 목표수립을 위해 절대적인 마케팅 도구이다. 그러므로 메뉴의 계획과 도안, 특정품목의 배치방법, 컬러사진의 첨부 여부 등은 고객을 유인하는 데 중요한 역할을 한다. 또한

29) 정인태, 현대호텔식음료실무론, 성인문화사, 1987, p. 81.
30) 원융희, 현대호텔식당경영론, 대왕사, 1990, pp. 130～131.

식욕을 자극할 수 있는 메뉴 문안의 활용 여부에 따라서 판매에 크게 영향을 미치게 된다. 따라서, 메뉴에 대해 많은 지식을 가진 전문가에 의해 계획되고 도안·작성되어야 한다.

(3) 레스토랑의 상징

식당을 찾는 고객은 식당에서 제공되고 있는 메뉴를 신중하게 검토하는 경향이 있기 때문에 메뉴는 호텔 식당의 제공되는 음식의 종류에 따라 특성에 알맞은 분위기를 풍길 수 있는 형태로 준비되어야 한다. 메뉴는 그 식당의 주요 고객층의 수준이나 실내장식·분위기 등과 잘 조화되어 식당 전체의 이미지를 형성하게 된다.

(4) 경영정보의 제공

식당에서 제공되는 메뉴를 체계적으로 정리해 두면 식사항목마다 고객의 선호도, 식재료의 수급현황, 물가 등의 추이를 분석하여 합리적인 식당경영의 자료로 활용할 수 있다.

(5) 매뉴얼(manual)

메뉴가 결정됨으로써 조리 및 서비스 제공의 표준화와 능률적인 업무수행이 가능하도록 방향설정을 해주는 내부통제의 수단이 될 수 있다.

매뉴얼화의 장점은 식사의 품질관리를 용이하게 하며, 아울러 품질을 향상시킬 수 있다. 또한 경험이 없는 종업원을 대상으로 교육을 체계적으로 실시할 수 있다.

(6) 종업원과 주방기기의 종류 및 수량의 결정

식당 메뉴의 형태에 따라서 고객당 종업원의 수가 결정될 수 있으며, 식재료 형태에 따라서 필요한 주방기기도 결정된다. 이와 같은 현상은 메뉴의 형태가 고객층을 결정하는 데 많은 영향을 미치듯이 식당을 이용하는 고객층도 종업원과 주방기기의 종류와 수량결정에 많은 영향을 미친다.

셀프서비스(self service)와 고급식당에서 요구되는 종업원 수와 패스트푸드(fast food)와 가공식품을 많이 사용하는 주방과 처음부터 신선한 원재료를 사용하여 음식을 만드는 식당의 기계설비는 많은 차이가 있다.

• 예비과제

1. 메뉴가 식음료 영업에 있어서의 역할에 관해 Brain storming한다.

• 평 가

영 역	평 가 사 항	평				가
		A	B	C	D	E
이 해 (10)	1. 메뉴의 의의를 이해하였다. 2. 메뉴의 중요성을 이해하였다.					
태 도 (10)	1. 예비학습을 통해 메뉴에 대해 이해하고 있었다.					
실무능력 (20)	1. 메뉴의 기능을 이해하였다.					

• • • 모듈과제 4-2 • • • • • • • • • • • • • 메뉴의 형태 및 종류

• 목 표

1. 메뉴의 형태를 이해한다.
2. 메뉴의 종류를 익힌다.

• 관련이론

1. 차림표상의 분류

(1) 정식 메뉴(table d'hote menu)

중세시대 식당에는 "table master"라고 하는 대형식탁이 있어 주인이 고객과 함께 식사를 하는데 이처럼 주인과 고객이 같은 식탁에서 식사하던 것을 "table d'hote"라고 하였다.

정식 메뉴란 풀코스 메뉴(full course menu)로서 한끼 분으로 구성되어 있으며 대개 다음과 같은 순서로 제공된다.

① 찬 전채(cold appetizer-hors d'oeuvre froid)
② 수프(soup-potage)
③ 온 전채(warm appetizer-hors d'oeuvre chaud)
④ 생선(fish-poisson)
⑤ 주요리(main dish-releve)
⑥ 더운 주요리(warm main dish-entr'ee chaud)
⑦ 찬 주요리(cold main dish-entr'ee froid)
⑧ 가름류 요리(roast-rotis)
⑨ 더운 야채요리(warm vegetables-legume)
⑩ 찬 야채(salad-salade)
⑪ 더운 후식(warm dessert-entremets de douceur chaud)
⑫ 찬 후식(cold dessert-entremets de douceur froid)
⑬ 생 및 조림 과일(fresh or stewed fruit - fruit or compote)
⑭ 치즈(cheese-fromage)
⑮ 식후 음료(beverage-boisson)

⑯ 식후 생과자(pralines-friandises)

최근에는 상기 순서가 다음과 같은 순서로 구성되어 가고 있는 추세이다.

① 5-course(전채 → 수프 → 주요리 → 후식 → 음료)
② 7-course(전채 → 수프 → 생선 → 주요리 → 샐러드 → 후식 → 음료)
③ 9-course(전채 → 수프 → 생선 → 주요리 → 샐러드 → 후식 → 음료 → 식후 생과자)

현재 정식 메뉴로서는 고객에게 만족을 줄 수 없으며, 정식 메뉴만 제공하는 식당은 거의 없는 실정이다. 정식 메뉴와 비슷한 데일리 스페셜 메뉴(daily special menu)가 있는데, 이 메뉴는 매일 주방장이 구성하는 메뉴로서 고객의 기호에 맞추어 양질의 재료, 저렴한 가격, 때와 장소, 계절 등에 알맞은 내용으로 고객에게 매일 변화 있는 메뉴를 제공하는 것이다.

(2) 일품요리 메뉴(a la carte menu)

일품요리 메뉴란 식성대로 한 가지씩 선택하여 먹을 수 있는 요리의 차림표를 말하는데 이것을 표준차림표(standard menu)라고도 한다. 구체적인 내용은 제2장 2절에서 설명하였다.

(3) 연회 메뉴(banquet menu)

연회 메뉴란 정식 메뉴와 일품요리 메뉴의 성격을 겸한 메뉴로서 연회행사를 접수하기 전에는 가격과 질에 따라 다양한 일품요리 메뉴를 연회행사의 주관자와 상담하여 고객이 원하는 요리를 선택하여 정식 메뉴나 뷔페 메뉴로 구성한 메뉴이다.

(4) 뷔페 메뉴(buffet menu)

뷔페 메뉴란 각 순서마다 메뉴가 다양하게 구성되어진 메뉴로서 어느 일정액을 지불하면 원하는 여러 가지 요리를 선택하여 먹을 수가 있는 식사이다. 여기에는 샌드위치류나 샐러드류 등만으로 뷔페를 하는 경우가 있는 반면 한식, 양식, 중식, 일식 등의 뷔페식과 이들을 조합한 뷔페 메뉴도 있다.

일반적으로 뷔페 요리에는 오픈 형태와 클로스 형태 두 가지 종류가 있다.

1) 오픈 뷔페(open buffet)

오픈 뷔페는 일정한 인원이 정하여져 있지 않고 불특정다수를 위한 것으로서 일정액의 요금을 지불하면 마음껏 먹을 수 있도록 하는 것을 말하는 것으로 호텔의 뷔페 식당이 그 한 예이다.

2) 클로스 뷔페(closed buffet)

클로스 뷔페는 정해진 금액과 정해진 인원에 맞추어 제공되는 것으로서 연회장에서 연회시에 사용하는 뷔페가 그 예이다.

2. 시간대별 분류

(1) 아침식사 메뉴(breakfast menu)

아침에 들 수 있는 요리로서 계란요리로부터 주스류, 빵, 과일, 조정식 등 여러 가지로 꾸밀 수 있으며 다음과 같은 종류가 있다(제2장 2절 참조).

1) 미국식 아침식사(American breakfast)

juice → egg with(ham, sausage, bacon) → pastry → coffee or tea

2) 대륙식 아침식사(Continental breakfast)

juice → toast bread → coffee or tea

3) 비엔나식 아침식사(Vienna breakfast)

sweet roll or Danish pastry → soft boiled egg → coffee or tea

4) 영국식 아침식사(English breakfast)

juice → fish → egg → pastry → coffee or tea

(2) 브런치 메뉴(brunch menu)

브런치는 아침과 점심의 합성어인데 공휴일이나 일요일에 늦게 일어난 사람들에게 아침겸 점심을 먹는 습관에서 출발하여 생긴 메뉴로서 아침 메뉴와 점심 메뉴가 혼합되어 있는데 여기에는 세트 뷔페 메뉴(set buffet menu)가 대부분이다. 또한 일부 브런치 메뉴는 전통적으로 아침식사로서 인기 있는 음식으로 마련되지만 다른 메뉴에서는 과일, 빵, 계란, 육류 등 다양하게 차려지기도 한다.

(3) 점심 메뉴(lunch menu)

점심에 먹는 식사로서 저녁식사보다 간단하고 코스도 적을 뿐만 아니라 가벼운 식사가 주요순서로 되어 있으며 주로 과일주스, 샐러드, 샌드위치, 빵 등으로 구성되기도 한다.

(4) 저녁 메뉴(dinner menu)

저녁 메뉴는 다양할 뿐만 아니라 가격면에서도 점심 메뉴보다 더 비싸다. 특히, 뷔페 메뉴에서는 저녁 메뉴가 종류도 더 다양하고 더 고급요리이다.

(5) 스낵 메뉴(snack menu)

아침과 점심, 점심과 저녁 사이의 시간에 간단히 먹는 메뉴로서 샐러드(salad), 요구르트(yogurt), 아이스크림(ice cream), 치즈(cheese), 케이크(cake)류에서부터 소시지(sausage), 샌드위치(sandwich), 커피(coffee), 차(tea) 등이 포함되어 있다.

(6) 심야정찬 메뉴(midnight supper menu)

보통 축제행사가 있는 늦은 저녁에 보통 4~6가지 순서로 짜여진 메뉴이다. 여기서의 음식은 항상 질이 우수하고 소화가 쉽게 되며 주의 깊게 짜여지는 게 보통이다.

3. 일자별 분류

(1) 축제 메뉴(gala & festival menu)

축제일이나, 어느 지방, 어느 나라의 특별한 날짜를 기념하기 위하여 구성된 메뉴로서 특별한 경우이기 때문에 메뉴 작성시 주의를 기울여야 한다. 예를 들면, 추수감사절이나 성탄절의 메뉴에는 칠면조요리나 호박파이 등을 반드시 포함시켜야 한다.

(2) 오늘의 특별 메뉴(daily special menu)

주방장이나 당일에 고객의 취향도 맞추고 매일 신선한 재료를 사용함으로써 변화 있는 메뉴를 구성하여 고객의 기호를 살릴 수 있는 메뉴를 말한다.

(3) 계절 메뉴(seasonal menu)

성수기인 계절의 재료를 선정하여 1주에서 길게는 2~3개월까지 사용되는 메뉴로서 일반적으로 딸기(strawberry), 버섯(mushroom), 사과(apple), 아이스크림(ice cream), 연어(salmon), 샐러드(salad) 등을 선정하여 만든 메뉴를 말한다.

4. 고객의 취향별 분류

(1) 경식 메뉴(light menu)

단식을 하는 사람들이나, 비만증인 사람들을 위해서 만든 메뉴로서 생선, 계란, 우유, 치즈, 샐러드, 과일, 주스 등을 사용하여 만든 메뉴로 일반적으로 육류는 사용하지 않는다.

(2) 건강식 메뉴(health food menu)

환자나 건강을 필요로 하는 사람들을 대상으로 해서 만든 스태미나 식품(stamina food)의 요리로 구성된 메뉴로서 육류, 생선, 아스파라거스(asparagus) 등 특히 고단백 식품을 사용한다.

(3) 채식 메뉴(vegetarian menu)

육류나 생선류를 제외한 야채를 주재료로 하며, 계란과 우유 등은 특별한 경우에 사용된다. 현재 채식성을 원하는 고객들이 증가하고 있기 때문에 일부 호텔에는 일품요리의 메뉴에 포함시키기도 한다.

5. 식당별 분류

(1) 프랑스 식당 메뉴(French restaurant menu)

프랑스 요리만을 메뉴로 해서 만든 것으로 가격도 비싸고 질도 우수하며 전통이 있다. 거의 메뉴를 프랑스어로 표기하고 있으며, 메뉴도 다양하게 준비된다.

(2) 커피숍 메뉴(coffee shop menu)

주로 가벼운 식사와 아이스크림, 주스, 커피, 차, 케이크, 파이, 과일 등을 주재료로 하여 만든 메뉴로서 호텔의 운영형태에 따라 조금씩 차이가 있다.

(3) 객실 고객을 위한 메뉴(room service menu)

객실내에서 식사할 수 있는 메뉴로서 아주 다양하게 짜여 있으며 아침요리 메뉴부터 고급요리 메뉴까지 다양하게 구성되어 있다. 가격면에서 일반 식당보다 10%~15% 정도 비싸다.

(4) 기 타

한식 메뉴(Korean menu), 일본식 메뉴(Japanese menu), 중국식 메뉴(Chinese menu), 뷔페 (buffet) 등 무한히 많다.

• 예비과제

1. 다양한 종류의 메뉴를 수집한다.

• 평 가

영 역	평 가 사 항	평 가				
		A	B	C	D	E
이 해 (10)	1. 메뉴의 형태를 이해하고 있다. 2. 메뉴의 종류를 습득하고 있다.					
태 도 (10)	1. 준비물이 준비되었다.					
실무능력 (20)	1. 메뉴의 형태별, 종류별 메뉴를 영업형태에 따라 적용할 수 있다.					

••• 모듈과제 4-3 •••••••••••••••••••• 코스별 메뉴

• 목 표

정식 풀코스 메뉴 — 전채요리, 스프, 생선, 앙트레, 로스트, 샐러드, 디저트, 음료에 대하여 학습한다.

• 관련이론

1. 전채요리

(1) 전채요리의 개념

전채요리는 식욕을 촉진시키기 위한 목적으로 식사 전에 가볍게 먹는 요리로서 〈표 4-1〉과 같이 각국의 명칭은 다양하다. 특히, 전채요리는 프랑스 요리에서 중요하게 취급되고 있는 요리로 그 유래가 정확하게 밝혀진 바는 없으나, 러시아의 자쿠스카(zakuska)가 오르 되브르가 되었다는 설과 13세기 마르코 폴로가 중국의 원나라에 가서 냉채요리를 이탈리아로 들여온 후 프랑스 요리가 되었다는 설이 전해지고 있다.

우리나라에서도 식사를 하기 전에 식욕촉진을 위한 각종 전채요리가 개발되고 있는 추세에 있다.

〈표 4-1〉 각국의 전채요리 명칭

국 가	우리말 표기	전채요리 명칭
한 국	전 채 요 리	
미 국	애피타이저	appetizer
북부유럽	스모가스보드	smogasbord
스 페 인	아트라다스	antradas
프 랑 스	오 드 볼	hors d'oeuvers
러 시 아	자 쿠 스 카	zakiska
중 국	링 분	冷分
일 본	젠 사 이	前采

(2) 전채요리의 특징 및 서비스

1) 전채요리의 특징

전채요리는 주요리의 미각을 돋우기 위해 주요리와 균형을 이루어야 하고 식욕을 돋우기 위해 타액의 분비를 촉진할 수 있도록 신맛, 짠맛을 곁들여야 하며, 한입에 먹을 수 있는 소량이어야 한다. 또한, 맛과 풍미를 갖추고 주요리에 알맞은 내용물로 조합을 이루어야 하며 계절감과 지방색이 고려되어야 한다.

2) 서비스 방법

서비스 방법은 주문한 식사의 맨 처음 제공되는 것으로 식사에 따라서 세팅이 달라지는데, 캐비어(caviar), 전복, 훈제연어, 새우튀김 등은 애피타이저 나이프와 포크(appetizer knife & fork)가 세팅된다. 과일의 경우는 프루츠 나이프와 포크(fruits knife & fork)를 세팅하고, 새우(shrimp), 바닷가재(lobster), 크랩미트(crab meat) 등을 재료로 하는 각종 칵테일의 경우는 디저트 스푼(dessert spoon) 혹은 티스푼(tea spoon)을 세팅한다.

보통 오르 되브르는 오른손으로 오른쪽에서 제공하고 칵테일 종류는 언더라인(under line)에 놓아서 서브한다. 주로 음료를 곁들이게 되는데 애피타이저에 잘 어울리는 음료는 드라이 셰리(dry sherry), 캄파리(campari), 벌무스(vermouth) 등이 있다.

(3) 전채요리의 종류

오르 되브르는 조리사에 의해 가공되어 모양이나 형태가 바뀐 가공된 전채(dressed appetizer)와 가공하지 않고 재료 그대로 만들어 모양과 형태, 그리고 맛이 유지되는 생 전채(plain appetizer)로 구분할 수 있다. 또한 찬 오르 되브르(froid : cold appetizer)와 더운 오르 되브르(chaud : hot appetizer)같이 온도에 따라서도 구분할 수 있다.

다양한 전채요리 중에서 세계 3대 애피타이저는 철갑상어알(caviar), 거위간(foie gras), 송로버섯(truffle)이다.

1) 가공형태에 의한 분류

① 가공되지 않은 전채요리(plain appetizer)

햄(ham), 소시지(sausage), 시리얼(cereal), 생굴(oyster), 올리브(olive), 치즈(cheese), 살라미(salami), 과일(fruits) 등이 있다.

② 가공된 전채요리(dressed appetizer)

고기완자(meat ball), 카나페(canape), 게살요리(crab meat), 과일주스(fruit juice), 스네일(snail) 등이 있다.

2) 조리형태에 의한 분류

① 칵테일(cocktail)

칵테일을 만드는 데 쓰이는 재료의 종류는 매우 다양하지만, 주로 많이 사용하는 것에는 여러 종류의 과일을 잘게 썰어서 섞어 제공하거나, 슈림프(shrimp), 바닷가재(lobster), 게맛살(crab meat), 조갯살(shellfish) 등에 매운 소스를 곁들여 칵테일 글라스(cocktail glass)에 담고 분위기에 맞는 특별한 장식을 하여 산뜻하고 매력 있게 만드는 전채요리이다.

② 카나페(canape)

카나페는 빵을 주재료로 하여 다양한 모양으로 얇게 잘라 튀기거나 토스트(toast)하여 버터를 바른 다음 그 위에 생선알, 앤초비, 야채, 치즈, 살라미, 소시지, 굴, 캐비어, 훈제연어 등 여러 가지 재료를 얹어 작게 만든 요리이다.

③ 바게트(barquette)

밀가루를 반죽하여 길쭉하고 작은 배 모양을 만들어 그 안에 생선알이나 고기를 갈아 채워서 만든 것이다.

④ 부셰(bouchee)

밀가루 반죽을 얇게 하여 치즈나 계란을 넣어 주사위나 만두같이 만든 요리이다.

⑤ 칼로리노(calolines)

밀가루 반죽을 술통같이 소형으로 만들어 여러 가지 재료를 넣고 익힌 것이다.

⑥ 브로체(brochet)

육류, 야채, 생선 등을 꼬치에 끼워서 익혀낸 요리를 말한다.

⑦ 레리시(relish)

레리시는 '맛을 즐긴다', '풍미가 있다'라는 의미로서 '애피타이저'란 의미도 포함되어 있다. 일반적으로 약간 깊은 유리 볼(bowl)이나 글라스에 분쇄한 얼음을 채우고 그 사이에 무, 샐러리, 당근, 오이 같은 각종 야채들을 꽂아 내놓는다.

⑧ 애피타이저 샐러드(appetizer salads)

절인 청어(pickled herring), 훈제생선(smoked fish) 등을 소량의 야채와 양념을 곁들인 것이다.

⑨ 그리게 알라(greque a la)

그리스식으로 살, 피망, 건포도를 기름에 튀겨 토마토에 채워서 부드럽게 만든 것이다.

⑩ 스트라스 보우그(stras bourgeoise)

거위간을 갈아서 파테(pate)형으로 만든 것이다.

3) 온도에 의한 분류

① 찬 전채요리(cold appetizer)

전채요리를 요리의 특성에 따라서 차게 한 후 고객에게 제공하여 식욕을 촉진시키는 것이다. 철갑상어알 요리(caviar), 거위간 요리(goose), 훈제연어(smoked salmon), 훈제송어(smoked trout), 오리고기 파테(duck rout), 생굴요리(fresh oyster), 말린 햄과 참외(raw ham with melon), 새우 칵테일(shrimp cocktail), 게살요리(crab meat), 신선한 과일(fresh fruits) 등이 있다.

② 더운 전채요리(hot appetizer)

전채요리를 일정한 온도로 유지하여 제공하는 것으로 달팽이 요리(snail; escargot), 구운 굴요리(baked oyster), 튀긴 양송이 요리(fried mushroom), 허넙치 요리, 튀긴 새우요리, 구운 바닷가재, 식용 개구리 다리 등이 있다.

(4) 브레드 서비스(bread & butter service)

빵은 고객의 일행이 좌석에 도착하여 식사를 주문한 후에 브레드 바스켓(bread basket)에 담아서 제공하거나 또는 트레이(tray)나 브레드 카트(bread cart)를 이용하여 제공할 때는 고객의 좌측에서 정중하게 보여주면서 브레드 텅(bread tung)이나 서버(server)를 이용하여 위생적으로 취급하고 신선한 상태의 브레드와 버터를 동시에 제공한다. 이때 버터는 냉동고나 얼음과 함께 항상 차게 보관하였다가 필요한 양을 꺼내어 브레드 플레이트(bread plate) 위쪽에 고객이 들기 쉽게 놓는다.

2. 수 프

수프는 주요리를 먹기 전에 먹는 국물요리로 영양가가 높을 뿐만 아니라 위에 부담을 주지 않고 가볍게 들 수 있는 요리이다.

수프는 스톡(stock)에 각종 재료를 첨가하여 만드는 요리로서 일반적으로 육류, 생선, 닭 등의 고기나 뼈를 야채와 향료를 섞어서 장시간 동안 끓인 국물이다.

수프의 어원을 살펴보면 프랑스어로 포타지(portage)로 발음하고 포트(port)

에서 익혀 먹는다는 의미를 포함하고 있었고, 수페는 뷔용이나 포타지를 얇게 썬 빵 위에 부어 먹었다는 것을 의미했다.

17세기까지 프랑스에서는 포타지와 수페가 구분되어 사용되었으나 18세기 경부터는 영어의 수프와 불어의 수페로 공통적으로 불리기 시작하였다.

(1) 수프의 종류

수프는 스톡으로부터 다양한 종류의 수프가 만들어지므로 수프를 이해하기 전에 스톡에 대한 특성이나 종류를 파악하고 있어야 한다.

1) 농도에 의한 수프 종류

수프는 온도에 따라서 뜨거운 수프와 차가운 수프로 나누며, 농도에 따라서 맑은 수프와 농도가 진한 수프로 나눈다.

① 맑은 수프(clear soup : portage claire)

맑은 수프는 전분을 사용하지 않은 수프로서 보통 부용(bouillon)에다 고기, 야채, 향신료 등을 넣고 천천히 끓이면서 계란 흰자를 넣고 저으며 고운 천으로 걸러서 만든 수프이다.

대표적인 수프로는 콩소메 수프(consome soup)로서 콩소메는 부용이 맑으면서 풍미를 간직하기 위해 지방분이 제거된 고기를 썰거나 갈아서 사용하며, 양파, 당근, 백리향, 파슬리 등과 함께 서서히 끓이면서 계란 흰자를 넣고 빠르게 젓는다. 부용을 느린 속도로 1~2시간 끓인 다음 백포도주나 셰리 와인(sherry wine)을 첨가하여 완성시킨 후 고운 천으로 거르고 식지 않도록 하기 위해 보온성 용기에 넣는다.

조리된 콩소메는 매우 다양하여 그 종류가 400여 종류가 있는데 재료에 따라 명칭을 달리하며, 대표적인 콩소메는 다음과 같다.

ⓐ 콩소메 셀레스티네(consomm celestine) : 토피오카를 조금 넣은 콩소메로서 밀가루, 우유, 계란, 소금 및 후추로 만든 크레이프를 살짝 구워 좁게 잘라 콩소메에 띄운 것이다.

ⓑ 콩소메 브로노와즈(consomm brunoise) : 무, 당근, 파, 샐러리를 조그마한 주사위 모양으로 잘라 버터를 넣고 살짝 볶아서 소고기 콩소메에 띄운 것이다.

ⓒ 콩소메 주리엔느(consomm julienne) : 당근, 무, 양파, 파, 샐러리, 양배추, 등을 썰어서 버터로 볶은 것을 콩소메에 띄운다.

ⓓ 콩소메 쁘렝따니에르(consomm printainier) : 콩소메에 신선한 야채 여섯가지 이상을 작은 주사위 모양으로 만들어 띄운 것이다. 여기에 살짝 익힌 계란을 넣으면 콩소메 쁘랑따니에르 콜레브떼가 되고, 계란과 두

부를 넣으면 콩소메 쁘랑따니에르 로열이 된다.

ⓔ 콩소메 페이잔느(consomm paysanne) : '페이잔느'란 시골처녀의 티가 난다는 의미이며, 야채를 은행잎 모양으로 잘라 버터를 넣고 볶아 띄운 것이다.

ⓕ 콩소메 알라 로열(consomm a la royale) : 로열을 다이아몬드형으로 잘라 계란의 노른자와 흰자를 3 : 1의 비율로 배합하여 버터를 발라 15~20분 정도 오븐으로 구운 다음 콩소메에 띄운 것이다.

ⓖ 콩소메 버리셀리(consomm vericelli) : 콩소메에 이탈리아 파스타인 버리셀리를 넣은 것이다.

ⓗ 콩소메 라이스(consomm rice) : 콩소메에 쌀을 넣은 것이다.

ⓘ 콩소메 엥 따세(consomm en tasse) : 콩소메를 찻잔에 담아 제공하는 것을 말한다.

② 진한 수프(thick soup : potage lié)

진한 수프는 스톡에 주재료를 넣어 끓인 다음 리에종(liaison)[31]을 넣어 탁하고 농도가 진하게 만든 수프이다. 일반적으로 진한 수프는 크게 3가지의 기본수프가 있다.

ⓐ 크림 수프(cream soup : potage créme) : 크림 수프는 부용에 루(roux)를 진하게 넣고 끓인 다음 우유나 크림을 타서 묽게 만든 수프이다. 즉 크림 수프는 베샤멜 소스(bechamel sauce)를 기본으로 하여 만든 수프이다. 크림 수프의 종류는 주재료에 따라서 토마토를 사용하면 토마토 크림 수프(tomato cream soup), 야채를 사용하면 야채 크림 수프(vegetable cream soup), 치킨을 사용하면 치킨 크림 수프(chicken cream soup)가 된다.

ⓑ 벨루떼 수프(velout soup : potage veloute) : 벨루떼 수프는 스톡에 루를 혼합하여 넣고 계란과 야채를 함께 넣어 끓여서 만든 수프이다. 대표적인 벨루떼 수프로는 당근을 사용한 당근 크림 수프(carrot cream soup), 버섯을 이용한 버섯 크림 수프(mushroom cream soup), 아스파라거스를 이용한 아스파라거스 크림 수프(asparagus cream soup) 등이 있다.

ⓒ 퓌레 수프(purée soup : potage purée) : '퓌레'라는 의미는 잘게 분쇄한 것을 의미하는데 퓌레 수프는 잘게 분쇄한 재료를 넣고 익혀서 걸러내고 진하게 만드는 수프이다. 대표적인 것은 야채 수프로서 완두콩, 토마토, 감자, 야채 등을 재료로 하여 만든다.

---

31) 리에종은 맛, 색깔, 농도를 조절하는 목적으로 사용하며, 두 개의 별개의 물질을 결합시켜 새로운 하나의 물질을 만드는 역할을 하는 것으로서 버터, 루(roux), 크림(cream), 스타치(starch) 등의 종류가 있다.

2) 온도에 의한 수프의 종류

대부분 수프는 더운 것을 의미하지만, 수프는 온도에 따라서 더운 수프와 찬 수프로 구별한다. 특히, 여름 식단을 중심으로 찬 수프가 애용되고 있기 때문에 찬 수프를 살펴보면 다음과 같다.

① 찬 감자 수프(cold potato soup : vichyssoise)

감자, 양파, 부추 등의 재료를 버터로 볶아 스톡에 넣어 크림을 첨가하여 만든 수프이다.

② 찬 콩소메 수프(cold conomm soup)

뜨거운 콩소메에 가벼운 젤라틴을 첨가시켜 엉기게 한 후에 젤리상태가 될 때까지 식힌 후 셰리 와인과 피망, 토마토 콩까세 등으로 장식한 수프이다.

③ 가스파쵸(andalusian gazpacho)

콩소메 수프에 토마토, 양파, 마늘, 식초, 샐러드유 등을 이용하여 만든 수프이다.

④ 찬 배와 수박 수프(cold pear and watercress soup)

배, 퓌레, 치킨 브로스, 레몬 주스, 휘핑 크림, 워터크레스(watercress) 잎을 이용하여 만든 수프이다.

⑤ 찬 오이 수프(cold cucumber soup)

양파와 마늘 등을 볶아서 오이와 함께 갈아서 요구르트, 생크림 등으로 맛을 낸 찬 수프이다.

3) 기타 수프

3가지 종류의 기본적인 수프에서 개발된 진한 수프는 오늘날 세계적으로 수백 종에 달하며, 나라마다 대표적인 수프를 살펴보면 다음과 같다.

① 특별 수프

ⓐ 비스큐 수프(bisque soup) : 갑각류 생선인 새우, 게, 가재 등을 사용하여 만든 진하고 진하게 만든 어패류 수프이다. 비스큐 수프의 종류는 새우 비스큐 수프(shrimp bisque soup), 바닷가재 비스큐 수프(lobster bisque soup) 등이 있다.

ⓑ 차우더 수프(chowder soup) : 대표적인 차우더 수프의 종류는 조개 차우더 수프(crab chowder soup), 옥수수 차우더 수프(corn chowder soup) 등이 있는데, 조개, 새우, 게, 생선류 등과 감자를 이용하여 만든 크림 수프의 일종이다.

ⓒ 치킨 브로tm(chicken broth) : 닭과 야채 쌀을 육수에 넣고 끓인 수프이다.

ⓓ 목 터틀 수프(mock turtle soup) : 바다거북의 살 대신 송아지 머리 부분의 고기 등을 이용하여 만든 수프이다.

ⓔ 브로시치(brosch) : 소고기와 무와 같은 야채로 만든 러시아 수프이다.

② 국가별 대표적인 수프

각 국가가 대표하는 수프의 명칭은 생성기원이나 오랜 전통과 식생활에서 즐겨 먹으면서 자연적으로 발생한 것을 그대로 표기하고 있다.

ⓐ 스카치 브로스 수프(Scotch broth soup) : 램 스톡(lamb stock)에 양고기를 넣어 만든 스프를 말하는 것으로 스코틀랜드의 대표적인 수프로 알려져 있다.

ⓑ 크림 차우더 수프(clam chowder soup) : 정통 영국식 수프로 크림 수프의 일종이다. 영국의 이주민들이 조개를 넣은 이 수프를 먹고 추위를 무사하게 넘길 수 있어 더욱 유명해졌다고 한다.

ⓒ 오니언 수프(onion soup) : 양파를 볶아 국물로 끓이고 치즈를 가미해 조리해 낸 수프로서 프랑스의 대표적인 수프이다.

ⓓ 맨해튼 크림 차우더 수프(clam chowder soup) : 조개를 넣어 끓인 수프로 미국의 대표적인 수프이다.

ⓔ 헝가리안 굴라시 수프(Hungarian goulash soup) : 헝가리의 소고기, 감자, 토마토, 파프리카를 주재료로 만든 수프이다.

ⓕ 머릴거 토우니 수프(mungalian goulash soup) : 카레와 치킨을 넣고 끓인 인도의 대표적인 수프이다.

ⓖ 미네스트로네 수프(minestrone soup) : 이탈리아 전통수프로서 야채와 베이컨 파스타를 넣어 만든 것이다.

(2) 수프의 서비스

수프는 일반적으로 더운 것을 의미하기 때문에 특별히 제공되는 찬 수프를 제외하고는 수프를 항상 따뜻한 상태로 제공해야 한다. 수프의 서브는 두 가지 형태로 나누어지는데 수프 튀린(soup tureen)과 수프 레이들(soup ladle)을 사용하여 고객의 왼쪽에서 서브하며, 수프 볼(soup bowl)로 서브할 경우에는 트레이를 이용하여 오른쪽에서 서비스한다.

수프 튀린에 담아서 제공할 때에는 준비된 수프 볼을 고객의 우측에서 중앙에 놓은 후, 암 타월(arm towel)을 알맞게 접어서 왼손으로 수프 튀린 밑받침을 감싸쥔 후 고객의 좌측에서 수프 볼에 수프 튀린을 가까이 대고 오른손으로 수프 레이들을 사용하여 테이블에 흘리지 않도록 조심하면서 수프 볼에 서브한다.

3. 생선요리

생선은 육류보다 지방성분이 적고, 섬유질이 연하고 맛이 담백하며 열량이 적다. 또한, 소화가 잘되고 단백질, 지방, 칼슘, 비타민 등이 풍부하여 건강식으로 육류에 비해 선호도가 높아가는 추세이다. 그러나 부패하기 쉬운 결점이 있어 신선도를 유지하는 데 특별한 주의가 요구된다.

생선요리는 정찬요리에서 수프 다음에 제공되는 것으로 주요리인 육류요리의 전에 먹는데, 경우에 따라서는 생략하거나 육류요리 대신에 주요리가 되기도 한다.

신선한 생선요리의 조건은 생선 모양이 좋고 표면의 색깔이 아름다우며 비늘에 광택이 있어야 하고, 눈알이 맑고 빛나며 살을 손가락으로 눌러서 자국이 나지 않아야 하며, 아가미 색에 아름다운 핏빛이 있고, 선명한 냄새가 나고 썩은 냄새가 없어야 한다.

(1) 생선의 종류

일반적으로 생선을 분류하면 민물고기와 바다생선으로 대별할 수 있는데, 다시 세분화하면 조개류, 갑각류, 연체류, 식용개구리, 달팽이 등을 들 수가 있다. 이들의 저장방법에 따라 신선한 생선, 얼린 생선, 절인 생선, 통조림 등으로 나누어진다.

1) 민물고기 및 민물재료

① 잉어(carp) ② 개구리(Frog) ③ 연어(salmon)
④ 달팽이(snail) ⑤ 은어(sweet fish) ⑥ 송어(trout)
⑦ 자라(turtle) ⑧ 뱀장어(eel)

2) 바다 고기

① 멸치(anchovy) ② 대구(cod) ③ 민어(cracker)
④ 바다장어(sea eel) ⑤ 청어(herring) ⑥ 고등어(mackerel)
⑦ 농어(sea bass) ⑧ 넙치(sole) ⑨ 정어리(sardine)
⑩ 참치(tuna) ⑪ 도미(red snapper/sea bream)

3) 조개류

① 전복(abalone) ② 대합(clam large) ③ 홍합(mussel)

④ 굴(oyster) ⑤ 가리비(scallop)

4) 갑각류

① 게(crab) ② 바닷가재(lobster) ③ 왕새우(prawn)
④ 새우(shrimp) ⑤ 성게(sea urchin) ⑥ 해삼(sea cucumber)

5) 연체류

① 오징어(cuttle fish) ② 문어(octopus) ③ 낙지(octopus small)

(2) 생선조리법

생선의 영양가를 유지하면서 안전하고 맛있게 먹기 위하여 식품에 열을 가하여 익히는 것을 조리라고 한다. 이러한 조리는 단순히 생선을 익히는 것이 아니고 요리를 만드는 능력, 즉 음식의 색, 형태, 모양, 장식, 영양을 조절할 수 있는 예술적 감각이 필요하다. 일반 조리법은 생선, 육류, 야채의 종류 및 조직에 의해서 달라지는데 생선의 경우는 지방함유량에 의하여 조리방법이 결정된다.

생선요리 방법을 살펴보면 물이나 스톡, 식용류 등을 이용하여 조리하거나 직화를 이용한 조리법 등이 있는데 구체적으로 보면 다음과 같다.

1) 베이킹(baking)

생선에 있는 물기를 제거한 후 버터를 발라 팬에 올려놓고 350~450°F 정도의 열로서 10~15분 정도 팬과 함께 오븐에 넣고 조리하는 방법이다.

2) 스튜잉(stewing)

뚜껑이 있는 스튜잉 포트(stewing pot)를 이용하여 브레이징할 때보다 낮은 온도로 천천히 생선을 조리하는 방법이다.

3) 보일링(boiling)

지방이 많은 연어, 송어, 고등어, 새우, 뱀장어 등과 같은 생선을 물이나 스톡에다 식초, 소금, 향신료, 백포도주 등을 혼합하여 약한 불로 삶는 요리이다.

4) 브레이징(brasing)

뚜껑이 달린 용기에 야채와 향료를 깔고 그 위에 생선을 놓아 스톡이나 물을 180°C~200°C에서 장시간 조리는 것이다. 이때 생선을 스톡이나 물에 완전히 잠기지 않은 상태에서 열을 가하여 익히고 생선 표면이 마르지 않도록 자주 국물이나 스톡을 발라 준다.

5) 브로일링(broiling)

기름이나 물을 이용하지 않고 생선을 직접열로 조리하는 방법으로 생선을 석쇠, 철판, 팬에서 약간 익힌 다음 버터를 바른 후에 위에서 직접열이 닿을 수 있는 거리만큼 두고서 익히는 방법으로서 석쇠구이와 같은 하방가열 방법, 살라맨더(salamander)와 같은 상방가열 방법과 토스터기(toaster)와 같은 쌍방가열 방법이 있다.

6) 프라잉(flying)

프라잉은 조리용 팬에 기름을 붓거나 용기에 식용류를 담아서 생선이 완전히 잠기도록 하여 생선을 조리하는 것으로 디프 프라잉(deep flying)과 팬 프라잉(fan flying : sauting)이 있다.

① 디프 프라잉

기름을 이용하여 생선을 기름에 완전히 잠기게 하여 튀기는 방법으로 140℃~190℃의 온도에서 조리한다. 육류, 가금류, 야채, 생선의 식재료를 조리에 이용하는데 디프 프라잉은 영국식, 프랑스식, 이탈리아식 등이 있다.

ⓐ 영국식 : 생선과 밀가루, 계란, 빵가루 등을 반죽하여 바른 다음 조리한다.
ⓑ 프랑스식 : 생선에 밀가루, 우유 등을 발라 조리한다.
ⓒ 이탈리아식 : 생선에 밀가루를 발라 조리한다.

② 팬 프라잉

생선의 표면조직을 수축시켜 내부의 영양분과 고기즙이 밖으로 흘러나오지 않도록 조리하기 위해 깊이가 얕은 팬을 사용하여 팬을 뜨겁게 한 후 기름과 버터를 넣어 생선을 급히 익혀내는 방법이다.

③ 뫼니에르(meunere)

'뫼니에르'는 버터구이라고도 하며, 본래는 '밀가루집 여주인'이라는 의미를 나타내는 것으로 팬 플라이의 일종으로 생선요리에 적합한 조리방법이며, 생선에 소금과 후추를 뿌리고 밀가루를 입히고 레몬즙을 쳐서 버터로 구워낸 것이다.

④ 브로쉐터(brochette)

생선을 쇠꼬챙이에 꽂아 프라잉 팬(flying fan)에서 소테(saute)한 것이다.

⑤ 에스콜로프(escolopes)

이탈리아식 조리방법으로 생선을 얇게 썰어서 밀가루, 계란, 빵가루 등을 입혀서 굽는 방법이다.

⑥ **스티밍(steaming)**

스티밍은 식품의 조리에 자주 사용되는 조리방법으로서 생선, 갑각류, 육류, 야채, 후식 등의 요리에 주로 사용되며, 식품의 영양가를 보존하면서 고유의 맛을 유지할 수 있다.

스티밍은 생선을 증기압을 이용하는 방법과 순수한 증기만을 이용하는 법이 있다. 증기압을 통한 조리방법은 높은 신선도를 유지시켜야 할 식품에 이용되며, 사용온도는 200°C~250°C 정도이다.

⑦ **그라티닝(gratining)**

그라티닝은 용기의 바닥에 버터를 바른 다음 생선을 위에 놓고 맨 위에는 베샤멜 소스나 치즈를 덮어 오븐이나 살라맨더의 윗열로 굽는 방식이다.

⑧ **스모킹(smoking)**

스모킹은 연하고 기름기가 많은 연어, 뱀장어, 송어 등과 같은 생선에 적합하며, 양념을 한 생선에다 각종의 야채와 향미초 등을 섞어 기름에 양념하여 25°C 정도의 온도를 유지하면서 1~2주 정도 훈제실에 저장한 다음 다시 1주간 정도 서서히 말려서 조리하는 방법이다.

⑨ **로스팅(roasting)**

조리법 중에서 가장 힘들면서 뛰어난 방법으로서 생선을 약 140°C~210°C의 오븐 속에 넣고 뚜껑이 있는 팬을 이용하여 직접열로서 조리하는 방법이다. 조리과정에서 흘러내린 기름을 표면에 계속 뿌려서 식품의 가치와 맛을 완전히 보존한다.

⑩ **포칭(poaching)**

생선이나 계란을 요리할 때 이용되는 방법으로 생선 스톡이나 백포도주를 사용하여 비등점(100°C)이하로 삶아내는 조리방법이다. 특히 계란을 조리할 때에는 끓는 물에 식초를 넣어서 계란이 풀어지지 않도록 한다.

⑪ **블란칭(blanching)**

블란칭은 생선조리방법의 하나로 끓는 물과 식용유에 순간적으로 넣었다가 꺼내어 흐르는 찬물에 헹구어 조리하는 방법이다.

ⓐ 워터 블란칭(water blanching) : 물을 이용하여 데치는 방법으로 뜨거운 물에 데칠 경우에는 세포막이 열리지 않아서 맛을 보존할 수 있으나 찬물에 넣어 끓일 경우 야채나 고기 세포막이 열려서 영양분이 손실될 수 있다.

ⓑ 오일 블란칭(oil blanching) : 물 대신 기름을 이용한 블란칭으로 팬 플라잉의 과정과 동일하며 생선은 130°C에서 데친 후 식힌다.

(3) 생선요리 서비스 방법

일반적으로 생선요리와 잘 어울리는 음료는 백포도주로 와인을 먼저 제공한 다음 생선요리를 오른쪽에서 서브한다. 생선요리를 제공할 때 생선의 머리와 꼬리 부분을 구분할 수 있을 때에는 고객의 정면에서 머리는 왼쪽으로, 꼬리 부분은 오른쪽으로 향하게 하고 배 부분이 앞쪽으로 오도록 놓는다.

생선요리를 제공할 경우에는 사이드 디시(side dish)로 신선한 레몬을 레몬 스퀴저(lemon squeezer)와 함께 제공한다. 또한 생선에는 소스가 요리와 함께 제공될 때는 식사 인원수에 알맞은 소스 볼(sauce bowl)과 레이들(ladle)을 준비해야 한다.

4. 샤베트(sherbet : sherbet)

샤베트는 1640년 프랑스의 앙리 2세 때 이탈리아의 메디치가 공주가 프랑스로 시집올 때 데리고 온 요리사가 왕비가 된 공주에게 천연얼음을 이용한 리큐어를 앙트레 다음에 서브하여 귀족들을 놀라게 했는데, 이것이 샤베트의 시초라고 전해지고 있다.

샤베트는 생선에서 풍기는 냄새의 잔 맛을 없애 주고 다음 코스의 요리맛을 즐기기 위한 얼음과자이다.

샤베트는 아이스크림처럼 우유나 계란을 사용하지 않고 과즙, 물, 설탕, 향신료, 술 등을 재료로 만들기 때문에 상쾌한 맛을 내면서 영양가가 낮고 깨끗하다.

(1) 샤베트의 종류

샤베트는 과일을 주재료로 사용하기 때문에 과즙에 따라서 종류가 다양하며, 많이 애용되는 샤베트는 다음과 같다.

① 오렌지 샤베트(orange sherbet)
② 레몬 샤베트(lemon sherbet)
③ 키위 샤베트(kiwi sherbet)
④ 딸기 샤베트(strawberry sherbet)
⑤ 무화과 샤베트(fig sherbet)
⑥ 수박 샤베트(watermelon sherbet)
⑦ 메론 샤베트(melon sherbet)
⑧ 인삼 샤베트(ginseng sherbet)
⑨ 포도 샤베트(grapes sherbet)

⑩ 체리 샤베트(cherry sherbet)
⑪ 샴페인 샤베트(champagne sherbet)
⑫ 와인 샤베트(wine sherbet)

(2) 샤베트 서비스

샤베트는 정식차림에서 생선코스 다음이나 혹은 후식으로 제공되는데 서비스할 때 주의할 사항은 찬 음식이므로 보온을 위해 샤베트 글라스를 차게 하고, 샤베트 글라스 밑에 언더라인을 하고 고객의 오른쪽에서 주문한 샤베트의 이름과 함께 정중하게 제공한다.

5. 앙트레(entrée)

앙트레는 영어의 'entrance'란 의미로 주요리 코스로 들어간다는 뜻이다. 즉, 앙트레는 식사의 코스 중에서 가장 중심이 되는 육류요리를 의미한다. 그러나 최근에 와서는 앙트레 개념이 주요리로 제공되는 모든 요리를 의미한다. 주요리는 보통 육류를 많이 사용하는데 육류에는 칼로리, 단백질, 지방, 무기질, 비타민이 풍부한 음식으로 조리하는 방법에 따라 독특한 맛을 낸다.

육류에는 주로 소, 송아지, 돼지고기, 양고기 등이 사용되고 그밖에 닭, 칠면조 등의 가금류, 메추라기, 꿩, 들오리 등의 엽조류, 사슴, 멧돼지, 토끼 등의 엽수류 등이 있다.

(1) 육류요리의 종류

1) 소고기(beef)

소고기는 호텔식당에서 제공하는 정식요리에 가장 많이 사용된다. 즉 맛과 질, 상품 등 여러 측면에서 대표적인 것은 스테이크(steak)로 스테이크는 뼈를 발라낸 후 두껍게 자른 살덩어리를 저민 것을 의미하며, 비프 스테이크(beef steak)는 소고기를 두껍게 잘라 요리한 것이다.

식용으로 가장 좋은 질의 소고기는 밝은 선홍색을 띠고, 고기결은 단단하고 매끄러워야 하며, 소는 거세한 수소나 새끼를 낳지 않은 암소가 좋다. 스테이크나 로스트용으로는 2~3년 자란 어린 소가 많이 이용된다.

비프 스테이크는 소고기를 두껍게 잘라서 구운 것으로 고기의 부위와 자르는 방법에 따라 [그림 4-2]와 같이 명칭이 달라진다.

① Head ② Neck ③ Chuck ④ Ribs ⑤ Porterhouse
⑥ Sirloin ⑦ Tenderloin ⑧ Rump ⑨ Aitchbone ⑩ Round
⑪ Shank ⑫ Shin ⑬ Flank ⑭ Short Plate ⑮ Brisket

[그림 4-2] 소고기의 부위별 명칭

① 안심 스테이크(tenderloin steak)

안심 스테이크는 소고기 요리 중에서 가장 연한 부분으로 그 부위는 다음과 같이 분류된다.

ⓐ 샤토브리앙 스테이크(chateaubriand steak) : 샤토브리앙은 19세기 프랑스 귀족인 샤토브리앙 남작이 즐겨 먹었다고 하여 붙여진 것으로 알려지고 있으며, 소의 등뼈 양쪽에 붙어 있는 가장 연한 안심의 머리 부분을 말한다. 소의 안심부위 중 가운데 부분을 두껍게 4~5cm로 잘라서 굽는 스테이크로 최고급 스테이크이다.

ⓑ 투르느도 스테이크(tournedos steak) : 투르느도 스테이크는 1855년 파리에서 처음 시작된 것으로 그 의미는 '눈 깜짝할 사이에 다된다'이고 안심부위의 중간 뒤쪽 부분의 스테이크로 베이컨을 감아서 구워내는 요리이다.

ⓒ 필레미뇽 스테이크(fillet mignon steak) : 필레미뇽 스테이크는 안심부위의 뒷부분으로 만든 '소형의 아주 예쁜 스테이크'라는 의미이다. 보통 스테이크의 꼬리에 해당하는 세모형태 부분을 베이컨으로 감아서 구워낸다.

② 등심 스테이크(sirloin steak)

등심 스테이크는 안심보다 조금 질긴 것으로 영국의 왕이었던 찰스 2세가 등심 스테이크를 즐겨 먹었으며, 스테이크에 남작의 지위를 수여할 만큼 훌륭하다고 하여 로인에 썰을 붙여 썰로인이라 하였다고 전해지고 있다.

③ 포터 하우스 스테이크(porter house steak)

소 허리 부분 위쪽부위의 스테이크로서 안심과 뼈를 함께 자른 크기가 큰 스테이크이다.

④ T-본 스테이크(T-bone steak)

T-본 스테이크는 안심과 등심이 같이 붙어 있어서 안심과 등심을 동시에 맛볼 수 있는 것으로 포터하우스 스테이크를 잘라낸 다음 그 앞부분을 자른 것이다. 즉 포터하우스 스테이크보다 안심 부분이 작고 뼈를 T자 모양으로 자른 것이다.

⑤ 립 스테이크(rib steak)

소의 등쪽에 있는 갈비등심 스테이크로 지방분이 많으며, 립 아이 스테이크(rib eye steak), 로스트 비프(roast beef), 프라임 립(prime rib) 등이 있다.

⑥ 라운드 스테이크(round steak)

소의 허벅지에서 추출한 스테이크이나 상품으로서 질이 떨어지는 스테이크이다.

2) 송아지 고기(veal : veau)

송아지는 어미소 젖으로만 기른 생후 12주 미만의 것으로 적은 지방층과 많은 수분을 지니고 있어 고기가 연하고 부드러우며 밝은 회색의 핑크빛을 띤다.

① 스칼로삐네(scaloppne)

이탈리아의 대표적인 전통 송아지 요리로서 요리방법은 송아지 다리 부분에서 잘라낸 얇고 작은 고기를 소금, 후추로 양념한 다음 밀가루를 입혀 와인으로 맛을 내고 소테하여 소스와 함께 제공한다.

② 스위트 브레드(sweet bread)

송아지의 목젖살로 만든 요리로서 스위트 브레드는 송아지에게만 있는 것으로 송아지가 성장하면 없어진다.

③ 빌 커틀렛(veal cutlet)

송아지 고기를 얇게 썰어 저민 후 소금, 후추 등을 뿌리고 밀가루를 바른 다음 계란, 빵가루를 입힌 후에 버터에 소테하여 소스와 함께 서브된다.

3) 돼지고기(pork)

돼지고기는 햄(ham), 베이컨(bacon), 소시지(sausage) 등의 가공식품뿐만 아니라 특히 중국식당, 뷔페식당에서 많이 제공되는 것으로 소고기 다음으로 호텔식당에서 많이 소비되는 고기이다.

① 폭찹(pork chop)

돼지갈비 부분을 뼈가 붙어 있는 상태로 1~1.5cm의 두께로 자른 후 소금, 후추를 뿌린 다음 밀가루로 버무려서 만든 요리로 바비큐(barbecue) 소스와 함께 제공한다.

② 햄 스테이크(ham steak)

햄을 적당한 두께로 자른 후 뜨거운 버터를 녹이고 양쪽을 살짝 익힌 후 백포도주를 뿌린다.

③ 폭 커틀렛(pork cutlet)

돼지고기를 얇게 저민 후 소금, 후추를 뿌린 후 밀가루, 계란, 빵가루 등을 발라 튀겨낸 요리이다.

[그림 4-3] 돼지고기의 부위별 명칭

4) 양고기(lamb : agneau)

양고기는 섬유조직이 가늘고 연하기 때문에 소화가 잘되고, 특유한 향이 있어서 레몬 주스나 식초, 박하, 로즈마리(rosemary) 등을 많이 사용하여 먹는다. 양고기는 우리나라 사람들에게 친숙하지는 못하지만 유태인이나 중동지방의 사람들이 많이 먹는 요리이다. 양은 생후 1년 이내의 어린양을 램(lamb)이라고 하고 1년 이상의 성숙한 양을 머튼(mutton)이라 하는데, 가장 질이 좋은 양고기는 생후 8~15주가 된 어린양이며, 그 다음은 3~6개월 된 양이다. 일반적으로 사용하는 양고기는 생후 1~2년 미만의 것으로 검붉은 색을 띤다.

① 랙 오브 램(rack of lamb)

양의 허리 부분 중 뼈가 달린 부분을 잘라서 양념을 뿌려 소테한 다음 다시 양념하여 살라맨더로 요리한 것이다.

② 램 찹(lamb chop)

생후 1년 이하의 양고기 갈비를 뼈가 붙어 있는 채로 잘라서 적포도주, 양파 샐러드, 올리브 오일 등으로 절인 후 고기를 소테하여 백포도주로 조리한 요리이다.

③ 케밥(shish kebab)

양고기를 작게 자른 다음 양념에 절여 긴 꼬챙이에 야채와 함께 끼워서 조리하여 밥과 같이 먹는 요리이다.

④ 램 커리(lamb curry)

양고기를 잘게 잘라서 카레에 넣고 조리한 요리이다.

⑤ 새들 어브 램(saddle of lamb)

생후 1년 미만의 어린양을 통째로 구이한 요리를 말한다.

5) 가금류(poultry : volaille)

가금류는 집에서 사육하는 날짐승을 말하는 것으로 주로 닭, 거위, 칠면조, 오리, 비둘기 등이다. 가금류도 고객의 주문에 따라 육류나 생선처럼 주요리로 제공되기도 하는데, 영양이 풍부하고 지방이 많을 뿐만 아니라 철분과 인도 풍부하다.

또한 식당의 특성에 따라 앙트레 코스의 메뉴로 오리, 거위, 칠면조 등을 통째로 조리해서 제공되기도 한다. 요리방법에는 단백질 등이 유실되지 않도록 적당한 온도에서 조리해야 하며, 브로일링(broiling), 로스팅(roasting), 프라잉(flying) 등의 방법이 있다. 로스트 요리는 조리할 때 발생되는 육즙 즉, 내추럴 소스(natural sauce)를 그대로 사용한다. 미국이나 유럽에서는 칠면조 고기는 크리스마스나 추수감사절 같은 명절에 축하음식으로 즐겨 먹는다.

① 가금류의 종류

가금류의 종류는 크게 검은색 살코기와 흰색 살코기를 가진 가금으로 분류할 수 있다. 일반적으로 검은색 살코기는 오리, 비둘기, 거위, 뿔닭 등이 있고, 흰색 살코기에는 닭, 칠면조 등이 있다.

ⓐ 흰색 살코기 가금

- 새끼 병아리(chicken : poussin) : 생후 6주 정도 된 것
- 병아리(cockerel : cog vierge) : 병아리와 스프링 치킨의 중간 것
- 스프링 치킨(spring chicken : poulet de grain) : 생후 10주 정도 성장한 닭
- 닭(chicken : poulet reine) : 특수 사료로 키운 닭
- 프라드(poularde) : 난소를 제거한 식용 암탉
- 케이펀(capon : chapon) : 거세된 8개월 정도 성숙된 수탉
- 헨(hen : poule) : 성숙한 10개월 된 암탉
- 어린 칠면조(young turkey : dindonneau) : 프라드보다 육질이 건조하다.
- 칠면조(turkey : dindom) : 북미가 원산지로 인디언에 의하여 사육되기 시작하였다.

ⓑ 검은색 살코기 가금

- 새끼 거위(duckling : caneton)
- 거위(goose : oie) : 거위간과 고기를 화그라나 테린, 로프 파이 등으로 이용한다.
- 새끼 비둘기(young pigeon : pigenneau) : 희고 연하며, 성숙되면서 검은색으로 변한다.
- 오리(duck : canard)
- 뿔닭(guinea : pintade)

② 가금류의 특성

ⓐ 흰색 가금류의 고기 : 흰색의 가금은 대개 성질이 온순하고, 강한 발과 날카로운 발톱, 밝고 붉은색의 벼슬과 매끄러운 다리의 껍질이 있으며 가슴에 뼈가 있다.

ⓑ 검은색 고기의 가금 : 몸통의 아랫부분은 딱딱하고 두꺼운 지방층으로 둘러싸여 있으며 목이 부드럽고 우연하다.

6) 엽수류(game animals) 및 엽조류(game birds)

대개 사냥을 통해 잡은 들짐승으로 육질은 사육한 동물과 유사하나 사육고기에 비해 지방성분이 적고 영양가가 매우 높다.

① 멧돼지(wild boar)

② 사슴(deer)

③ 산토끼(hare)

④ 비둘기(pigeon)

⑤ 꿩(pheasant)
⑥ 메추리(quail)

(2) 스테이크 굽는 정도

스테이크는 굽는 정도에 따라서 맛과 영양이 달라지기 때문에 고객의 주문에 의해 굽는 정도에 세심한 주의를 하여 조리해야 한다. 스테이크를 익히는 정도는 가열하는 불의 온도와 시간에 따라서 다르지만 일반적으로 다음과 같다.

1) 레어(rare : blue)

고기의 영양분을 파괴하지 않고 연하게 먹을 수 있도록 굽는 스테이크를 말하는 것으로 조리방법은 스테이크 내부의 온도를 50℃~22℃에서 2~3분 정도 익히면 속에서 붉은 피가 보일 정도로 겉 부분만 살짝 굽는다. 우리나라 사람들은 이러한 상태의 고기를 먹는 데 익숙해 있지 않다.

2) 미디엄 레어(medium rare : saignant)

미디엄 레어는 고기를 레어와 미디엄의 중간 정도로 익힌 것으로 자르면 피가 보이도록 굽는다. 조리방법은 고기 내부의 온도를 55℃ 정도로 유지하고 조리시간은 3~4분 정도 익힌다.

3) 미디엄(medium : a point)

미디엄은 스테이크 내부의 온도는 60℃ 정도, 조리시간은 5~6분 정도로 약 60% 정도 익히는 것으로 자르면 고기의 단면이 붉은 색이다.

4) 미디엄 웰던(medium weldone : cuit)

스테이크 내부의 온도를 65℃로 유지하여 8~9분 정도 조리하여 약 80%를 익힌 상태를 말하는데, 자르면 고기의 단면의 가운데 부분만 조금 붉은 색이 있어야 한다.

5) 웰던(weldone : bien cuit)

우리나라 사람들이 잘 먹는 스테이크의 형태로서 내부의 온도는 70℃ 정도에서 조리시간 10~12분 정도 익히면 속까지 완전히 익는다.

(3) 앙트레 서비스

앙트레 서비스에서 가장 기본이 되는 서비스 방법은 더운 요리는 뜨거운 접시에, 차가운 요리는 차가운 접시에 담아서 고객의 우측에서 서비스하는 것이다. 더운 요리를 서브할 때는 고객에게 더운 요리라는 것을 알려 주의를 환기시킬 필요가 있다.

또한 고객이 주요리를 먹기 시작한 다음 만족한 수준임을 확인하고 식사가 끝나기 전에 이쑤시개를 접시에 담아 테이블에 놓는다.

1) 앙트레 서비스의 주의사항

① 서비스 자세

식사를 제공할 때 양발의 자세는 발의 간격을 25~30cm 정도 벌리고 오른쪽 발을 반 보 정도 앞으로 디디고 무릎을 구부려 높낮이를 조절하면서 서브한다.

② 기물 세팅

요리를 서브하기 전에 고객의 주문내용에 따라 요리에 맞는 기물로 테이블 세팅을 준비하고 기물을 다룰 때는 절대 소음이 나지 않도록 취급해야 한다.

③ 접시와 트레이

접시를 쥘 때에는 엄지손가락이 접시의 테 안쪽으로 들어가지 않도록 쥔다. 요리를 서브할 때와 치울 때는 트레이 또는 접시가 절대로 고객의 머리 위를 지나가서는 안 되며, 특별한 경우에 머리 위로 서브할 때는 사전에 반드시 고객에게 양해를 구하도록 해야 한다.

무늬나 마크가 들어 있는 접시 또는 그릇은 무늬나 마크가 고객의 정면으로 오도록 하고, 접시를 놓을 때는 테이블 끝에서 약 2cm 정도 안쪽으로 살며시 놓는다.

④ 요리의 서브

주문한 요리를 제공할 때에는 고객의 우측에서 오른손으로 제공하며 샐러드, 빵, 요리에 따른 소스(sauce), 샐러드 드레싱(salad dressing)을 곁들여 제공할 때와 플래터 서비스(platter service)시에는 고객의 좌측에서 보여준 다음에 서비스하는 것이 원칙이다.

고객이 주문한 요리를 확인시키고 서비스시 주의를 환기시키기 위해서 반드시 "실례하겠습니다. 주문하신 ○○ 또는 ○○요리 올려 드리겠습니다. 맛있게 드십시오" 등의 말을 건넨다. 또한 다음에 제공될 음식이 남아 있는 경우 다음 코스의 음식을 구체적으로 알려서 음식의 양과 식사시간을 조절하는 데 도움이 될 수 있다.

⑤ 즉석요리

종업원이 고객의 테이블 앞에서 직접 요리해야 하는 요리일 때는 고객의 취향을 문의한 후 고객의 기호에 알맞게 조리한다.

2) 사이드 디시(side dish)

앙트레를 서비스할 때는 요리에 곁들인 장식, 맛, 영양, 조화를 위해 야채를 비롯하여 주요리와 같이 제공되는 멜바 토스트(melba toast), 갈릭 브레드(garlic bread), 크래커(cracker), 멸치(anchovy), 레몬(lemon) 등의 사이드 디시는 브레드 플레이트(bread plate) 위쪽에 놓고 테이블의 상황에 따라 적당한 시기에 치운다.

한편, 핑거볼(finger bowl), 주요리와 따로 제공되는 더운 야채 등은 주요리와 함께 제공한다. 여기에서 더운 야채는 주요리가 생선이거나 고기일 경우 식품의 성분이 산성이기 때문에 알칼리성인 야채를 곁들여서 영양의 균형을 조절하는 역할을 한다.

이와 같이 더운 야채는 건강을 위한 식이요법으로 많이 사용되는데 그 이유는 영양분이나 단백질의 함유량은 미약하지만 수분, 비타민, 무기질을 많이 함유하고 있기 때문이다.

① 더운 야채의 종류

ⓐ 잎 : 시금치(spinach), 양배추(cabbage), 양상추(lettuce), 엔다이브(endive), 치커리(green chicory) 등
ⓑ 줄기 : 셀러리(celery), 아스파라거스(asparagus), 죽순(bamboo shoot) 등
ⓒ 열매 : 호박(squash), 토마토(tomato), 가지(egg plant), 옥수수(baby corn), 강낭콩(green bins) 등
ⓓ 꽃 : 컬리플라워(cauliflower), 브로커리(broccoli), 엉겅퀴(artichoke) 등
ⓔ 뿌리 : 감자(potato), 당근(carrot), 레디시(radish), 양파(onion) 등

② 감자 종류

감자요리는 맛이 담백하고 주성분이 알카리성 식품이기 때문에 생선이나 육류의 주요리에 거의 빠짐없이 곁들이며, 특히 산성인 고기와 함께 먹으면 맛의 조화를 이룰 수 있다. 또한 감자는 철분, 칼슘, 마그네슘과 같은 중요한 무기질 성분과 비타민 B와 비타민 C를 포함하고 있는 영양식품이다. 감자는 필수 아미노산을 골고루 갖추고 있어서 우유나 치즈를 곁들이면 영양효율이 더욱 높다.

감자를 이용한 요리방법은 대단히 많으나 대표적인 조리방법은 다음과 같다.

ⓐ 프렌치 프라이드 포테이토(french fried potato) : 감자요리 중에서 대부분의 사람이 즐겨 먹는 요리로 감자를 1~2cm 정도의 두께로 일정하게 썰어 기름에 튀긴 후 소금을 뿌린 요리이다.

ⓑ 보일드 포테이토(boiled potato) : 감자의 껍질을 벗긴 다음 반으로 잘라 소금을 탄 물에 삶은 요리이다.

ⓒ 베이크드 포테이토(baked potato) : 감자를 쿠킹호일(cooking foil)에 감싸고 구운 요리로서 윗부분을 (+)자로 크게 홈을 내어 제공할 때에는 사워 크림(sour cream)이나 파 등을 곁들인다.

ⓓ 해시드 브라운 포테이토(hashed brown potato) : 감자를 삶아 으깬 후 일정한 모양으로 빚어서 팬에 구운 감자요리로서 주로 아침식사에 많이 제공된다.

ⓔ 포테이토 그라탱(potato gratin) : 감자를 1~2mm 정도의 두께로 반달 모양으로 잘라 용기의 바닥에 버터를 바르고 크림, 우유를 붓고 소금 등으로 양념한 다음 그 위에 치즈를 넣어 살라맨더나 오븐에서 요리 한 것이다.

ⓕ 베니 감자(berny potato) : 감자 크로켓(croquette) 반죽을 지름 3cm 정도로 둥글게 만들어 계란과 아몬드(almond)를 발라 기름에 튀긴 감자를 말한다.

ⓖ 동전 모양 감자(anna potato) : 감자를 병마개 모양으로 썰어 소금, 후추, 버터로 섞은 다음 오븐에서 요리한 감자이다.

6. 샐러드

샐러드(salad)의 어원은 라틴어의 허바 살라테(herba salate : 소금을 뿌린 향초)로서, 신선한 야채를 주재료로 하여 소금을 가미하여 먹던 것에서 유래한다. 샐러드는 프랑스식 정찬 서비스에서 주요리 코스 다음에 제공되고, 미국식 서비스 형식을 선호하는 식당에서는 주요리 전에 제공되기도 한다. 샐러드는 비타민 A와 C가 풍부하기 때문에 건강의 균형을 유지해 주며, 영양 측면을 고려할 때 주요리와 함께 제공되어 지방분이 많은 주요리의 소화를 촉진시킨다.

(1) 샐러드의 분류

샐러드의 재료는 약초, 식물의 뿌리, 야채와 과실, 생선, 육류, 조류 등을 이용하여 다양하게 만들어지고 계절에 따라서 맛과 영양을 배가시키기 위하여 여러 가지의 드레싱과 함께 제공되기도 한다.

샐러드는 대개 정찬요리에서 애피타이저로 많이 이용되었으나 최근에는 식사문화가 바뀌고 있어 주요리 역할을 하기도 한다. 즉 샐러드는 메뉴의 성격이나 형태에 따라서 차이가 있으나 애피타이저나 주요리, 또는 술안주로서 먹을 수 있기 때문에 샐러드가 차지하는 비중이 점차 커지고 있는 추세이다. 또한 샐러드는 계절에 따라 생산되는 채소와 풍부한 풍미를 가미할 수 있는 드레싱과 조화를 이루어 최근에는 허브, 향신료, 닭고기, 해산물, 라이스, 파스타 등과도 잘 어울리는 등 아주 다양한 재료와 함께 조리방법이 개발되고 있다.

일반적으로 샐러드를 크게 분류하면 순수 샐러드(simple salad)와 혼성 샐러드(combined salad)로 나누어진다. 순수 샐러드는 다시 푸른잎 샐러드(green salad), 립 샐러드(leaf salad), 야채 샐러드(vegetable salad)로 나누어지며, 혼성 샐러드는 과일 샐러드(fruits salad), 생선(fish salad), 육류(meat salad), 가금류 샐러드(poultry salad) 등으로 세분화시킬 수 있다.

1) 순수 샐러드

① 푸른잎 샐러드 : 순수한 그린 샐러드로 만든 야채
② 립 샐러드 : 야채의 먹을 수 있는 잎으로 구성된 야채 샐러드
③ 야채 샐러드 : 여러 가지 야채를 혼합하여 만든 샐러드

2) 혼성 샐러드

① 과일 샐러드 : 과일이나 과일과 야채가 함께 제공되는 샐러드
② 생선 샐러드 : 생선과 야채가 함께 제공되는 야채
③ 미트 샐러드 : 육류와 함께 야채가 제공되는 샐러드
④ 가금류 샐러드 : 가금류 요리와 함께 야채가 제공되는 샐러드

(2) 야채의 종류

1) 양상추

양상추는 샐러드를 대표할 만큼 세계 어느 곳에서나 많이 사용되는 필수적인 재료로 시원하고 특유의 촉감이 있다. 이와 같은 양상추의 특징을 살리기 위해서는 3~10°C의 온도에서 보관하고 식탁에 제공하기 직전에 잠깐 시원한 물에 담갔다가 꺼내면 더욱 신선하고 바삭거리는 맛을 살릴 수 있다.

2) 시금치

시금치는 양상추와 같이 샐러드의 재료로 많이 사용되는데, 그 이유는 시금치가 다량의 철분을 함유하고 있는 야채이기 때문이다.

3) 치커리

치커리는 쌉쌀한 맛을 내어 독특한 향미로 식욕을 촉진시킬 수 있는 야채이다. 치커리가 쓴맛을 내는 이유에 관한 일화에 의하면, 독일의 한 소녀가

날마다 길가에 앉아서 돌아오지 않는 연인을 기다리며 울다가 그만 그 자리에 꽃이 되고 말았는데, 파란 꽃이 바로 이 소녀의 파란 눈의 눈물빛이기 때문에 쓰다는 전설이 전해지고 있다.

4) 샐러리

샐러리는 양식조리에 많이 쓰이는 것으로 수프나 소스, 샐러드, 스톡, 애피타이저, 레리시 등을 조리하는 데 이용된다. 또한 샐러리의 씨는 요리의 향을 내는 데 이용된다.

5) 청경채

청경채는 겨자과에 속하는 채소로서 중국에서 오래 전부터 건강요리로 전해지고 있다. 청경채는 위를 튼튼하게 하고, 녹즙으로 마시면 변비와 종기에 효과가 있다고 알려져 있다. 또한, 기름에 볶아 먹으면 향미를 즐길 수 있고, 생으로 샐러드에 한 잎씩 곁들이면 독특한 맛을 내기 때문에 양질의 샐러드가 된다.

6) 그린 비타민

그린 비타민의 채소는 잎의 색이 진해서 샐러드나 애피타이저 등의 장식용으로 많이 이용된다. 또한 시금치 대신 김밥에 넣으면 독특한 맛을 느낄 수 있다.

7) 적 채

적채는 빨간 자색의 아름다움을 이용해 샐러드 및 피클(pickle)용으로 많이 이용되는데, 비타민 C가 많은 적채는 샐러드에 가늘게 썰어 넣어 오일과 식초 드레싱을 이용하면 산뜻한 맛을 느낄 수 있다.

8) 레드치커리

레드치커리(red chicory)는 약간 쓴맛이 나는 것으로 간장질환이나 당뇨병 치료에 좋고 변비, 담즙 분비의 증강에도 좋은 것으로 알려지고 있으며 생채, 쌈 등으로 먹는다.

9) 애플민트

애플민트(apple mint)는 고기, 생선 요리의 향료로 사용되는 것으로 사과와 민트를 섞은 듯한 순한 향기가 나며 잎이 계란형으로 둥글고 흰털이 나 있는 것이 특징이다.

10) 레디시 레드

레디시 레드(radish red)는 비타민 C, 칼슘, 철분 등이 들어 있으며, 겉은

빨갛지만 속은 하얗기 때문에 칼로 여러 가지 모양을 낼 수 있다.

11) 엔다이브

엔다이브(endive)는 잎이 톱날처럼 결각이 심한 것과 상추처럼 둥근 것이 있는데, 한 잎씩 떼어 그 위에 샐러드나 고기를 얹어 먹는다.

12) 다 임

다임(dyme)향은 채소, 육류, 어패류, 계란 등 어느 것이나 잘 어울리므로 요리의 부향제로 이용하며 방부 살균력이 있어 햄, 소시지, 수프를 만들 때도 쓰인다.

13) 차이브

차이브(chive)는 에센셜 오일에 유황이 함유되어 있어 독특한 향미를 내는데 식욕을 증진시키고 강장작용도 한다.

14) 알팔파

실처럼 가는 알팔파의 주성분은 비타민 C이며, 샐러드나 요리의 장식에 주로 사용되며 녹즙을 낼 때 섞으면 당뇨와 탈모방지에 좋다.

〈표 4-2〉 야채의 이름

영 어	한 글	영 어	한 글
artichoke	엉겅퀴	leek	부추
asparagus	아스파라거스	lettuce	양상추
bamboo shots	죽순	mushroom	송이버섯
beet roots	사탕무 뿌리	onion	양파
broccoli	모란 채	parsley	파슬리
brussels sprouts	작은 배추	red pimento	둥근형 붉은 고추
cabbage	양배추	green pimento	둥근형 푸른 고추
carrots	당근	potatoes	감자
cauliflower	꽃양배추	pumpkin	호박
celery	샐러리	radish	무
cherry tomato	체리 토마토	red pepper	붉은 고추
chicory	치커리	sesame leaf	깻잎
chives	실파	spinach	시금치
corn	옥수수	squash	애호박
cucumber	오이	string bean	강낭콩
eggplant	가지	sweet potato	고구마
garlic	마늘	tomato	토마토
ginger	생강	truffle	송로
green peas	완두콩	turnip	순무
horseradish	양겨자	dropwort	미나리

(3) 드레싱(dressing)

1) 드레싱의 개념

드레싱의 어원은 '옷치장', '마무리'의 의미를 포함하고 있는데, 그 이유는 샐러드 위에 드레싱을 뿌리면 샐러드 위에 흘러내리는 모양이 여성이 옷을 입었을 때와 유사하여 드레싱이란 말이 인용되었다 한다.

정찬식에서 샐러드 코스의 요리에는 반드시 드레싱을 곁들여야 제맛을 낼 수 있기 때문에 많은 종류의 드레싱이 개발되고 있다. 드레싱은 일반적으로 샐러드에 혼합하거나 곁들여 제공되는데, 샐러드의 맛을 조절하고 풍미와 맛을 더하고 가치를 돋보이게 하며, 소화를 돕는 소화촉진제의 역할을 한다. 따라서 좋은 샐러드에는 좋은 재료를 사용하여 만들어진 최상의 드레싱을 곁들여야 샐러드 맛을 한층 즐길 수 있다.

2) 드레싱의 종류

드레싱은 사용되는 재료에 따라서 종류가 다양한데, 질이 좋은 드레싱은 최고급의 오일과 비네가(oil & vinaigrette)의 사용이 필수적이다. 대부분 드레싱은 기본적으로 소금, 후추, 오일, 비네가로 만드는데, 여기에 부재료가 가미되어 여러 종류의 드레싱이 만들어진다.

① 프렌치 드레싱(French dressing : vinaigrette)

프렌치 드레싱은 보통 식초(vinegar), 겨자(mustard), 보일드 에그(boiled egg), 올리브 오일(olive oil), 레몬주스(lemon juice), 소금, 향료 등을 섞어서 만든다. 식초의 종류에 따라 여러 가지 파생된 소스가 많으며, 풍미를 위해서 더 많은 부재료를 가감할 수 있다.

② 아메리칸 프렌치 드레싱(American French dressing : emulsified)

미국식 드레싱으로서 파프리카, 식초, 소금, 후추, 오일, 샐러드유, 설탕, 마늘, 겨자, 레몬주스, 계란 노른자, 우스터 소스(worcestershire sauce) 등을 재료로 한 드레싱이다.

③ 이탈리안 드레싱(Italian dressing : sauce Italiene)

적포도주, 파프리카, 소금, 후추, 식초, 올리브유, 마늘, 레몬주스, 오레가노(oregano), 바질(basil), 딜(dill) 등을 재료로 하여 만든 드레싱이다.

④ 다우전드 아일랜드 드레싱(thousand island dressing)

마요네즈, 토마토 케첩, 올리브유, 토마토 페이스트(tomato paste), 양파, 피클, 샐러리, 레몬주스, 백포도주, 파프리카, 파슬리, 소금, 후추 등을 혼합한 드레싱으로 양파와 피클 등의 많은 섬처럼 보인다 하여 천 개의 섬을 가진 소스라 불린다.

⑤ 러시안 드레싱(Russian dressing : mayonnaise russe)

다우전드 아일랜드 드레싱과 유사한 것으로 마요네즈에 토마토 케첩을 넣고 캐비어(caviar) 또는 연어알(salmon roe), 삶은 계란, 양파, 피클, 레몬주스, 피망, 올리브유, 소금, 후추 등을 혼합한 드레싱이다.

⑥ 블루치즈 드레싱(blue cheese dressing)

블루치즈, 마요네즈, 사워 크림, 마늘, 소금, 후추, 양파 등으로 만든 드레싱이다. 특히, 프랑스 남부 로크포트(Requefort) 마을의 양치기에 의해 우연히 만들어져 유래된 로크포트 치즈를 이용한 것을 고유의 이름을 인용하여 로크포트 드레싱이라 한다.

(4) 샐러드의 서비스

샐러드는 식당에서 준비된 드레싱을 제시하면서 간단한 설명을 곁들여 고객이 원하는 드레싱을 고객의 왼쪽에서 제공한다. 이때 드레싱 서비스는 드레싱을 오른손으로 정확하게 느낄 수 없기 때문에 알맞게 적당량을 제공해야 한다.

또한 샐러드를 서브할 때에는 드레싱 볼이나 트레이는 항상 깨끗이 하여 고객이 보기에 청결히 하고, 샐러드 볼(salad bowl)은 항상 차가운 상태로 제공해야 하며 드레싱를 제공할 때에는 테이블이나 고객의 옷에 떨어지지 않도록 특별히 주의를 해야 한다.

샐러드의 서비스는 정식의 특성이나 고객의 주문에 따라서 앞의 코스를 생략하고 첫번째로 제공될 수도 있으며, 경우에 따라서 주방장의 특선 샐러드는 주요리로 대용되기도 한다. 만약 고객이 시저 샐러드(ceasar salad)를 주문하였을 때에는 해당 양념을 빠짐없이 넣고 서비스 시간에 맞추어 제공해야 한다.

7. 디저트(dessert)

디저트는 우리말의 후식에 해당하는 것으로 다른 요리 코스에 비하여 간단하지만 현대 식당에서는 간식으로 겸하고 있어서 그 종류는 매우 다양하다. 정식 코스에서는 일반적으로 식사를 거의 마치는 단계의 감미로운 요리로서 화려하게 장식하여 제공되기도 하나 지나치게 달거나 기름지지 않아야 한다. 애피타이저가 식욕을 촉진시키는 역할을 한다면 후식은 산뜻한 입맛과 단 것을 먹음으로써 식욕을 감소시키는 역할을 한다.

(1) 디저트의 종류

디저트의 종류로는 감미로운 후식, 과일 종류, 치즈 종류로 분류되고 감미로운 후식은 다시 찬 후식(cold dessert)과 더운 후식(hot dessert)으로 분류된다.

1) 찬 후식

① 아이스크림(ice cream)

일반적인 찬 후식은 우유, 크림, 젤라틴, 향료, 연유, 물엿, 분유, 무염 버터 등을 섞은 다음 냉동시켜 만든 것이다.

② 샤베트(sherbet)

샤베트는 유지방이 들어가지 않은 저칼로리의 후식으로서 주재료는 과즙, 설탕, 물, 리큐어를 사용하고 과즙에 따라서 레몬 샤베트(lemon sherbet), 오렌지 샤베트(orange sherbet), 키스트로베리 샤베트(strawberry sherbet), 키위 샤베트(kiwi sherbet), 샴페인 샤베트(champagne sherbet), 그레이프 샤베트(grape sherbet), 인삼 샤베트(ginseng sherbet) 등이 있다.

③ 젤리(jelly)

젤리는 계란 흰자, 레몬, 백포도주, 젤라틴, 설탕, 물 등을 섞어서 가열한 후 차갑게 응고시킨 것으로서 각종 과일 또는 향신료를 첨가하여 만들기도 한다. 젤리는 주재료의 사용에 따라서 키위 젤리(kiwi jelly), 페어 젤리(pear jelly), 파인애플 젤리(pine apple jelly), 플럼 젤리(plum jelly), 민트 젤리(mint jelly) 등 매우 다양하다.

④ 파르페(parfait)

파르페는 계란 노른자, 생크림, 럼, 설탕, 뜨거운 물을 주재료로 하여 기포 상태가 된 것을 냉동시켜서 만든 것으로서 커피 파르페(coffee parfait), 바닐라 파르페(vanilla parfait), 초콜릿 파르페(chocolate parfait), 페퍼민트 파르페(peppermint parfait) 등이 있다.

⑤ 푸딩(pudding)

푸딩을 만드는 방법은 여러 가지가 있는데, 계란, 우유, 바닐라향, 설탕, 소금 등을 재료로 하여 증기에 찌는 방법, 오븐에 익히는 방법, 차게 굳히는 방법 등이 있으며 형태는 연두부 모양으로 주로 어린이와 노약자에게 인기가 있다.

⑥ 무스(mousse)

무스는 계란, 설탕, 럼 등의 주재료를 혼합하여 글라스에 담아서 차갑게 한 것으로서 첨가되는 부재료에 따라서 다양한 종류의 무스가 만들어진다. 종류로는 바닐라 무스(vanilla mousse), 요구르트 무스(yogurt mousse), 초콜릿 무스(chocolate mousse), 캐러멜 무스(caramel mousse), 프루츠 무스(fruits mousse) 등이 있다.

2) 더운 후식

더운 후식을 만드는 방법은 뜨거운 물이나 우유에 삶거나 기름에 튀기거나 알코올을 이용하여 주방에서 만든 후 제공하는 방법과 고객이 테이블에서 직접 플람베(flambee)하는 방법 등이 있다.

① 크렙(creps : pan cake)

전세계적으로 유명한 정통 프랑스식 후식으로 계란, 밀가루, 우유, 소금, 설탕 등을 혼합한 다음 프라이 팬을 이용하여 얇게 익혀서 만든 팬 케이크(pan cakes)와 비슷한 것으로 과일, 브랜디, 리큐어 등으로 만든 내용물과 소스를 곁들여 만든다.

② 수플레(souffle)

수플레는 푸딩류에 속하는 일종의 고급 케이크로서 계란, 우유, 버터, 그랑마니아, 설탕 등을 재료로 오븐에 익혀 만든 후식이다. 수플레가 만들어진 후에는 보통 분말설탕을 뿌리고 바닐라 소스로 장식하여 제공하는데, 그 종류로는 아몬드 수플레(almond souffle), 바닐라 수플레(vanilla souffle), 스트로베리 수플레(strawberry souffle), 바나나 수플레(banana souffle) 등이 있다.

③ 베이네(beginet)

복숭아, 사과, 배 등과 같은 과일에 반죽을 발라 식용유에 튀긴 후 설탕과 계피가루를 럼소스나 계피소스에 곁들여서 제공한다.

④ 그라탱(gratin)

크렙 위에 설탕, 레몬주스에 삶은 과일을 잘게 썰어 올려놓고 사바용 소스를 끼얹어 오븐에 구워낸 것으로 샤베트나 아이스크림을 같이 얹어서 제공한다.

⑤ 프루츠 플람베(fruits flambee)

프루츠 플람베는 프랑스식 정통 후식으로서 각종 과일을 주재료로 하여 과일주스, 설탕, 버터, 브랜디, 리큐어 등을 첨가하여 독특한 맛을 창출하여 고객의 식탁 앞에서 게리동을 이용하여 직접 조리한다. 종류로는 피치 플람베(peach flambee), 체리 플람베(cherry flambee), 바나나 플람베(banana flambee) 등이 있다.

3) 과일류의 후식

신선한 과일을 가공하거나 요리하지 않은 상태의 후식으로 제공할 때는 과일을 통째로 제공하는 것이 원칙이나 고객이 먹기 편리하게 잘라서 제공하기도 한다. 과일은 신선도를 유지하는 것이 가장 중요하고, 계절성을 고려하여 다양한 종류의 과일을 제공하는 것이 바람직하다. 또한, 맛을 돋우기 위하여 아이스크림을 같이 제공하기도 한다. 과일을 이용한 대표적인 후식은 다음과 같다.

① 생과일(fruits)

신선한 과일을 다양하게 준비하여 한입에 먹을 수 있도록 껍질을 벗겨서 보기 좋게 잘라서 제공한다.

② 조린 과일(stewed fruits compote)

과일을 잘게 잘라서 설탕 시럽과 콘 스타치(corn starch)로 약한 불에 삶아서 조림한 후식으로 조림과일을 낼 때에는 아이스크림과 같이 제공되기도 한다.

③ 과일 샐러드(fruits salad)

각종 과일을 재료로 설탕, 레몬주스, 시럽 등을 넣고 과일과 잘 어울리는 리큐어를 첨가하여 차갑게 만든다.

4) 치즈류 후식

치즈는 우유나 산양, 염소젖 등을 주재료로 하여 만드는데 젖 속의 주요 단백질인 카세인(casein)과 레닛(rennet : 응유효소)에 유산균을 작용시켜 지방, 유당 및 무기물을 함께 응고시킨 후 유용한 세균, 곰팡이 박테리아 등을 발효시켜 일정한 온도로 가열한 후에 일정한 습도를 갖춘 소금창고에서 숙성시켜 압착을 하여 만든 것이다.

① 치즈의 종류

ⓐ 연질 치즈(soft cheese) : 수분함유량이 45~50% 정도이기 때문에 습기가 있는 장소에 보관한다. 대표적인 것으로는 록크포트 치즈(roquefort cheese), 모잘렐라 치즈(mozarella cheese), 스틸턴 치즈(stilton cheese), 고르곤졸라 치즈(gorgonzola cheese), 코티지 치즈(cottage cheese), 카망벨 치즈(camanbert cheese), 크림 치즈(cream cheese), 브리 치즈(brie cheese) 등이 있다.

ⓑ 반경질 치즈(semi-hard cheese) : 수분함유량이 40~45% 정도로 연질 치즈보다 조직이 강하고 응유를 익히지 않고 압착하여 만든다. 대표적인

치즈는 에담 치즈(edam cheese), 그뤼예르 치즈(gruyére cheese), 체다 치즈(cheddar cheese), 에멘탈 치즈(emmmental cheese), 블루 치즈(blue cheese), 던롭 치즈(dunlop cheese) 등이 있다.

ⓒ 경질 치즈(hard cheese) : 수분함유량이 30~40% 정도로 조직이 치즈의 종류 중에서 가장 단단하고 박테리아로 숙성시킨다. 대부분 산악지대에서 생산하며, 제조과정에서 우유와 같은 치즈의 원료를 끓여서 익힌 후 세균을 첨가한다. 대표적인 치즈는 에멘탈 치즈(emmental cheese), 파르메산 치즈(parmesan cheese), 로마노 치즈(romano cheese) 등이 있다.

② 치즈를 이용한 후식

ⓐ 치즈 수플레(cheese souffle) : 크림 소스에 스위스 치즈나 가루치즈를 혼합하여 양념과 함께 오븐에 넣어 굽는다.

ⓑ 치즈 커스터드(cheese custard) : 가루치즈를 우유에 붓고 소금, 후추, 파프리카 등으로 조미해서 끓인 다음 계란 노른자를 푸딩판에 차갑게 해서 제공한다.

ⓒ 치즈 스트로(cheese straw) : 밀가루, 우유, 버터 등에 묽은 치즈를 섞어서 양념한 후 얇게 밀어서 동그랗게 만든 다음 잘게 썰어 오븐에 구워낸다.

(2) 디저트의 서비스

디저트를 제공할 때에는 고객이 식사중에 사용하는 기물이나 테이블 클로스 위에 떨어진 이물질을 비롯하여 반드시 테이블을 깨끗이 정리하고 제공해야 한다.

다시 말하면, 식사를 마친 후에는 고객에게 양해를 구하고 테이블 위에 있는 필요 없는 기물을 치운다. 그리고 고객이 마시고 있는 글라스나 고블릿, 센터 피스를 제외하고는 모두 치우는데, 고급식당인 경우에는 센터 피스를 치우기도 한다.

테이블 위의 기물이 정리되면 테이블 클로스에 떨어진 빵부스러기나 이물질 등을 냅킨 스위퍼(sweeper)를 이용하여 제거한 다음 디저트 메뉴를 제시하고 고객으로부터 주문을 받는다. 이때 메뉴에 대한 고객의 문의가 있을 경우 이해하기 쉽게 설명하도록 한다.

후식의 메뉴가 결정되면 즉시 주방에 주문 후 후식에 알맞은 세팅을 하고 처음부터 위에 후식 세팅이 되어 있는 테이블에는 스푼은 오른쪽에, 포크는 왼쪽에 세팅하여 후식이 준비되면 오른쪽에서 서브한다.

세팅이 되어 있지 않은 경우 후식의 종류에 따라 디저트 나이프(dessert

knife)와 스푼은 고객의 오른쪽에, 디저트 포크는 고객의 왼쪽에 세팅하고 디저트 포크(dessert fork)만 세팅할 때는 고객의 오른쪽에 놓는다.

조각 케이크(piece cake) 또는 조각 파이(piece pie)를 서브할 때는 모서리 뾰족한 부분이 고객 앞으로 오도록 놓는다.

케이크 또는 파이 등을 아이스크림과 함께 제공할 때는 고객 오른쪽에 디저트 스푼을, 왼쪽에 디저트 포크를 세팅한다. 만약 꼭지나 껍질이 있는 과일이 제공될 경우 핑거볼(finger bowel)을 제공하고 치즈가 제공되면 브레드를 얇게 썰어서 함께 제공한다.

8. 음료(beverage)

음료는 식사를 마친 후에 마지막 단계로 마시는 음료로서 알코올 성분이 있는 브랜디를 비롯하여 여러 가지 종류의 리큐어가 있으나, 대부분 비알코올 성분의 기호음료를 마시는데, 종류로는 커피와 홍차를 많이 마신다. 서비스의 품위를 높이기 위해 후식이 끝나면 각종 음료를 준비한 바 왜건(bar wagon)을 식탁 옆으로 끌고 가서 고객에게 음료를 선택하도록 하기도 한다.

(1) 음료의 종류

1) 커피(coffee)

커피는 일반대중들의 기호음료로서 차와 더불어 식생활에 깊은 뿌리를 내리고 있다. 커피가 우리 생활의 필수품은 아니지만 고객들이 잘 알려져 있는 음료이기 때문에 맛, 향, 서비스 등에서 뛰어나지 않으면 고개에게 훌륭한 서비스를 제공할 수 없다.

① 커피의 역사[32)]

커피의 원산지는 북아메리카 에티오피아의 남서부 지방인 카파(kaffa)로 알려지고 있으며, 어원이나 역사의 시작은 명확한 문헌적 근거가 미약하나 커피 역사의 시작은 기원전 6세기경 에티오피아의 고원지대에서 야생으로 자라던 커피열매를 산양이 먹고 취해 있는 것을 칼디라는 목동이 발견하였다. 그 후에 아라비아의 의사였던 라세스(850~922년)와 아비세나(980~1037년)의 기록을 보면 약용으로 사용했다는 말이 나온다.

이와 같이 커피가 처음부터 기호음료로 사용된 것이 아니라 최초에는 약용으로 사용되다가 후에는 식용으로 발전되었는데 10세기경에 본격적으로 음료로 사용되기 시작하였다.

---

32) 윤영로 · 황성연, 커피(The Book of Coffee), 도서출판 윤문, 1991, p.17. 재정리하였음.

그 후 유럽으로 전해진 것은 약 300년 전이며 이웃나라 일본에 상품으로 들어온 것은 약 100년 전의 일이다. 우리나라에서는 1895년 고종 32년 을미사변으로 인하여 러시아 공관으로 피신한 고종황제가 처음으로 시음하였고, 해외에서 거주하던 사람들이 8.15 해방과 더불어 입국하고 6.25 동란을 거치면서 유엔군의 전투식량으로 포함된 커피가 나오면서 본격적으로 일반인에게 알려졌으며 이때부터 커피의 대중화는 시작되었다고 볼 수 있다.

② 커피의 특성

커피가 풍기는 향기는 커피의 생명이라 해도 과언이 아니다. 향기로 커피의 맛을 좌우하며, 향기는 품종, 작황, 생산지, 정제처리, 볶는 방법 등에 의하여 달라진다. 또한 커피는 독특한 맛으로 쾌감을 주는 기호음료로서 커피에는 카페인이 들어 있어 카페인이 중추신경을 자극하여 피로감을 없애 주고 머리를 깨끗하게 하고 혈액순환과 이뇨, 강심작용이 잘되도록 해주는 것으로 알려져 있으며, 쓴맛, 떫은맛, 신맛, 구수한 맛 등이 잘 조화되도록 만들어져 식후에 가장 많이 애음되는 음료이다.

③ 커피의 제조방법

커피가 지니고 있는 독특한 맛과 향기를 얻기 위해서는 커피를 끓이는데, 끓이는 방법은 추출하는 물, 원두의 종류, 배합비율, 특별한 기구사용, 추출하는 사람의 정성 등이 잘 어우러져야 한다.

커피는 크게 볶은 원두 그대로의 배전두 커피(roasted beam coffee)와 볶은 원두를 분쇄한 분쇄커피(ground coffee) 그리고 분쇄한 커피를 액화시켜 분말이나 과립(granule)의 형태로 건조시킨 3가지 종류로 구분할 수 있는데, 커피의 특색에 따라 제조방법이 달라진다.

ⓐ 드립식(drip : filter) : 여과지나 여과천을 깐 필터 위에 분말커피를 담아 포트 위에 담아 놓은 후 약 98°C 정도의 끓인 물을 커피분말 위에 붓고 여과지를 통해 커피가 포트로 내려가 추출된다.

ⓑ 퍼콜레이터식(percolator) : 일반 가정에서 많이 사용되는 방법으로 퍼콜레이터를 이용하여 불 위에서 직접 끓이는 방법이다. 커피포트의 윗부분에 장치된 여과기에 커피를 분말과 일정량의 물을 넣고 가열하면 물이 비등점에 달했을 때 포트 중앙의 관을 통하여 여과반 위를 거쳐 밑으로 직하되어 커피가 추출되는 방식이다.

ⓒ 사이펀식(siphon) : 시각적인 효과를 극대화시키는 추출방법으로 열을 가했을 때 발생하는 물리적 팽창과 진공을 이용하는 방법으로 직접 눈으로 확인할 수 있고, 관을 이용하여 커피를 추출한다. 플라스크와 로드

를 상하로 연결하는 것으로 플라스크에 물을 붓고 로드에 커피를 넣어 커피와 물을 별도로 분리해 놓고 상하로 연결한 후 열을 가하면 93°C 에서 끓는 물이 중앙의 관을 통해 로드로 올라가 플라스크로 급속히 내려와 추출되는 방법이다. 이 방식의 특징은 뜨거운 물에 커피를 잠기게 하여 추출하는 일종의 침지식이고, 추출방식만 확실히 지킬 경우에는 언제든지 좋은 커피를 만들 수 있다.

ⓓ 에스프레소식(espresso) : 물을 끓여 고압의 수증기로 전환시켜 이것이 용기 속에 담아 놓은 원두커피의 성분을 신속하게 추출하는 방식으로 커피의 농도를 진하게 추출해 내는 방법으로서 이탈리아의 정통커피이다.

ⓔ 전자동식(automatic) : 호텔에서 가장 많이 사용하는 방법으로 원터치로 커피를 계량, 분쇄, 압축하여 스팀으로 쪄서 커피를 추출하는 방법으로 컴퓨터 시스템을 이용한 커피추출기로 열기에서 순간적으로 끓는 물을 중앙관을 통하여 드립퍼에 있는 커피에 분출시켜 커피를 추출하는 원리를 이용한 기구이다.

④ 커피의 종류

ⓐ 비알코올 커피

- 레귤러 커피(regular coffee) : 일반적인 커피로 가장 많이 마신다.
- 아메리칸 커피(American coffee) : 레귤러 커피에서 더욱 연하게 추출하는 커피로 조식이나 커피를 싫어하는 고객에게 서브한다.
- 에스프레소 커피(espresso coffee) : 증기로 농축시켜 진하게 추출한 전통 이탈리아식 커피이다.
- 아이스 커피(ice coffee) : 레귤러 커피를 추출하여 얼음을 넣어 차가운 상태로 마시는 것으로 슈거 시럽과 크림을 함께 제공하는 커피이다.
- 카푸치노 커피(cappuccino coffee) : 에스프레소 커피와 더불어 이탈리아 전통커피로 에스프레스 커피를 커피컵의 ⅓을 추출한 다음 우유의 거품을 내는데 거품을 내는 과정에서 데워진 우유를 8부 정도 채우고 그 위에 우유거품을 덮는다. 거품 위에 계피가루를 뿌려서 따뜻하게 서비스한다.
- 비엔나 커피(Vienna coffee) : 오스트리아 비엔나의 이름을 인용한 커피로 휘핑 크림과 브라운 슈거를 넣고 제공하는 커피이다.
- 러시안 커피(Russian coffee) : 커피와 핫 초콜릿을 동일한 양으로 섞어서 마시는 커피이다.

- 디카페인 커피(decaffeinated coffee) : 최근에 많이 마시는 커피로서 카페인을 97% 정도 제거한 커피이다.
- 커피 플로트(coffee float) : 글라스에 클러시 아이스를 넣고 슈거 시럽과 커피 약 60㎖를 넣어 잘 젓고 바닐라 아이스크림을 넣어 휘핑 크림을 장식한다.
- 라떼 커피(latte coffee : cafe au laite) : 커피와 더운 밀크를 동일한 양으로 섞어서 만든 커피이다.

ⓑ 알코올성

- 아이리시 커피(Irish coffee) : 글라스에 슈거림(sugar rim)을 한 다음 아이리시 위스키는 1지거(jiger) 정도 넣고 글라스를 가열한 후 불을 붙여 쇼잉(showing)한 다음 커피를 넣고 휘핑 크림을 얹어서 제공한다.
- 스페인식 커피(Spanish coffee) : 깔로아를 1oz 넣고 설탕을 넣은 후에 글라스를 서서히 돌려서 설탕을 완전히 녹인 후에 커피를 붓고 휘핑 크림을 얹어서 제공한다.
- 카페 몬크스(cafe monks) : 커피에 베네딕틴을 넣은 것이다.
- 로열 커피 : 커피에 브랜디를 넣은 것으로 커피컵에 스푼을 걸치고 그 위에 브랜디를 부은 후에 불을 붙여 제공하는 커피이다.
- 커피 콩퀘스트(coffee conquest) : 커피에 럼, 그랑 마니아, 오렌지 껍질, 설탕을 넣어서 만든 커피이다.
- 카페 알렉산더(coffee alexander) : 아이스 커피와 브랜디, 카카오향이 함께 어우러진 커피이다.

2) 차(tea)

차나무의 연한 두번째 잎을 수확하여 건조과정을 거친 후 말아서 발효시킨 기호음료로서 발생지는 중국이다. 홍차는 커피나 코코아같이 강한 맛은 없으나 탄닌, 알카로이드 등이 포함되어 가벼운 홍분과 상쾌함, 섬세하며 미묘하고 우아한 향의 특성으로 홍차의 풍미는 떫은맛으로 풍부하게 풍긴다.

차나무 잎의 동일한 재료로 끓이지 않고 말려서 천연효소로 발효시켜 만든 방법은 홍차이고, 오룡차는 홍차의 발효과정에서 중간에 멈추게 하는 방법이다. 녹차는 끓여서 발효를 방지함으로써 녹색을 유지하게 하는 방법으로 제조방법에 따라서 그 종류가 다르다. 대표적인 홍차의 종류는 홍차(black tea), 녹차(green tea), 오룡차(olong tea) 등이 있다.

3) 코코아(cocoa)

코코아는 카카오(cacao)가 변형된 것으로 어원은 “xocoatl”로 멕시코 마야

족의 언어이다. 코코아나무의 주산지는 서인도 제도, 중남미, 서부 아프리카 등이며 최근에는 서부 아프리카인 기니의 해안지역이나 가나, 카메룬, 나이지리아가 주요산지로 알려져 있다. 현재 시중에서 판매되고 있는 것은 우유에 타서 마실 수 있는 천연제품과 뜨거운 물이나 우유에 타서 마실 수 있는 인스턴트 제품이 있다.

(2) 음료 서비스

1) 커피 서비스

커피는 영양보다 맛과 향을 즐기는 기호음료이다. 따라서 커피를 제공할 때에는 맛과 향이 살아 있도록 세심한 주의를 기울여야 하고, 본래의 맛을 즐길 수 있는 온도를 맞추기 위해 커피 컵이 항상 따뜻하게 준비되어야 한다. 크림도 너무 차거나 장시간 사용하면 굳거나 변하기 때문에 크림피처(cream pitcher) 아래에 코스터(coaster)를 깔고 서비스한 후에 자주 점검해야 한다.

커피숍(coffee shop)과 같이 동시에 대량으로 추출하여 사용할 경우에는 너무 오랫동안 방치하면 향이 날아가기 때문에 반드시 고객이 주문한 양의 커피를 즉석에서 추출하여 제공해야 한다.

커피는 89g으로 한 잔의 양은 100°C 정도이고 적정온도는 80~83°C이며, 커피의 본래 맛을 즐기기 위해서는 설탕과 크림을 넣었을 때 60~63°C를 유지해야 한다.

커피를 서비스할 때에는 고객의 우측에서 커피포트(coffee pot)로부터 커피가 흘러내리지 않도록 하여 서비스하며 커피잔에 ⅔컵 정도 따른다. 커피컵은 고객의 우측에서 손잡이가 오른쪽으로 향하도록 물컵 아래쪽에 놓으며, 티스푼(tea spoon)은 컵의 앞 부분에 손잡이와 평행이 되도록 얹어 놓는다.

깨끗이 준비된 슈거볼(sugar bowl)과 크리머(creamer)의 양이 충분하지 확인한 후 손잡이가 고객 쪽으로 향하도록 하여 고객이 쉽게 집을 수 있는 위치에 세팅한다.

이탈리아 정통커피인 에스프레소 커피는 보통 커피의 ½컵 되는 크기의 데미타세(demitasse)로 슈거와 크림을 제공하지 않는 것이 원칙이나 고객의 요구가 있을 때에는 커피와 함께 제공한다.

커피는 고객에 따라서 한 잔 이상 마시는 경우가 있으므로 커피를 모두 마시면 대개 추가 서비스를 원하는지 문의하여 만약 고객이 세컨드 커피(second coffee)를 원할 경우 반드시 새로 추출한 신선한 커피(fresh coffee)로 리필(refill)해 준다. 이와 같이 추가로 커피를 마실 경우 대부분의 호텔에서는 요금을 추가하지 않고 제공하는 것이 관례화되어 있다.

또한 커피를 마실 때에는 담배를 피우는 사람이 많으므로 커피를 제공할 때에는 반드시 재떨이 유무를 확인해야 한다.

2) 차 서비스

차 서비스는 커피와 마찬가지로 컵이 일정한 온도를 유지해야 하고, 차의 특유한 풍미를 잃지 않도록 끓여야 한다. 고객의 기호에 따라 레몬이나 우유를 넣기도 하는데, 레몬을 넣으면 레몬즙에 포함된 향기와 차의 풍미가 잘 조화되며 우유를 넣으면 떫은맛을 내는 탄닌의 강한 맛을 제거시켜 부드러운 맛을 낸다.

레몬을 제공할 때에는 칵테일 픽(cocktail pick)에 끼운 슬라이스 레몬(sliced lemon) 2쪽 또는 뜨거운 우유를 준비하여 고객의 기호에 맞게 서브한다.

차는 정식 코스나 업장의 운영상 식후 음료로 제공하면서 초콜릿이나 쿠키를 함께 제공하기도 하는데 고객의 왼쪽에서 커피나 차의 곁에 둔다.

차의 서비스 온도는 약 80°C 정도가 좋으며, 반드시 티 포트를 사용하여 티백(tea bag)을 넣어서 포트째로 제공하거나, 티백을 포크에 넣지 않고 서비스할 때는 뜨거운 물과 티백을 별도로 서브한다.

• 예비과제

1. 메뉴의 역할에 대해 설명하여라.
2. 일품요리에 대해 설명하여라.

• 평 가

영 역	평 가 사 항	평				가
		A	B	C	D	E
이 해 (10)	1. 정식 풀코스를 이해하였다. 2. 코스별 제공요리를 이해하였다.					
태 도 (10)	1. 예비학습을 통한 수업준비가 되어 있었다. 2. 메뉴를 계획할 수 있었다.					
실무능력 (20)	1. 전채요리의 종류를 이해하였다. 2. 메인 코스에 대해 숙지하였다. 3. 디저트 및 음료에 대해 이해하였다.					

••• 모듈과제 4-4 •••••••••••••••••• 메뉴의 계획

• 목 표

1. 메뉴 계획에 관한 개요 및 고려사항을 이해한다.
2. 메뉴 디자인을 이해한다.
3. 메뉴를 개발한다.

• 관련이론

1. 메뉴 계획

메뉴 계획이란 식당의 조직목표와 분위기에 맞는 품목을 선정하여 고객만족을 통해서 식당의 목표를 달성하고 계속 발전해 나가는 데 필요한 의사결정을 하는 과정이다.

메뉴 계획이란 식당의 종류와 형태, 고객, 메뉴 품목, 식재료의 조달시장조건, 식사품목의 수와 다양성, 조리방법, 음식의 제공시간, 단가, 매출액, 서비스의 형태 등을 고려하여 고객이 원하는 품목, 조직의 목표를 달성할 수 있는 가장 이상적인 품목과 수, 그리고 다양성을 결정하는 것이다.

즉, 메뉴 계획은 때로는 메뉴 작성이라 부르기도 하는데 제공될 여러 가지 음식에 대한 메뉴를 미리 결정하는 것을 말한다. 매일 고객들에게 서비스하는 식당에서는 한정된 가격을 유지하면서 다양한 음식을 마련하는 것이 쉬운 일이 아니다.

메뉴의 계획은 각종 요리와 그 기본조리법, 서비스 방법에 대한 해박한 지식이 요구되는 과학인 동시에 예술이다. 즉, 음식의 영양가에 대한 이해와 음식의 복합구성에 심미안적인 감각을 지녀야 한다. 따라서 계획하는 데는 다음과 같은 기본원리에 의하여 계획되어야 한다.[33)]

(1) 미식적인 측면(gastronomic aspects)

메뉴는 단편적으로 구성하기보다는 전체적으로 조화 있게 구성하여 음식의 색상, 재료, 질감 등이 다양하게 배합되도록 계획하여야 한다.

---

33) John, W. Stokes, How to Manage a Restaurant, Wm.C. Brown company, 1982, pp. 55～63.

(2) 경제적인 측면(economic aspects)

메뉴를 계획할 때에는 품목을 조리하는 데 투입되는 비용을 전혀 고려하지 않고 작성하는 것이 아니라, 식당과 고객이 수준에 맞도록 계획하여야 한다.

(3) 실제적인 측면(practical aspects)

식당, 주방, 인원 등을 고려하여 정해진 시간내에 음식을 조리하여 낼 수 있는지, 서비스 형태에 맞는 메뉴인지를 고려하여 메뉴를 계획하여야 한다.

(4) 메뉴의 구성

메뉴의 구성은 그 식당의 얼굴로서 신뢰감을 나타내며, 고객으로부터 메뉴의 수익성이 높은 품목에 관심을 갖도록 해준다. 메뉴는 상기된 바와 같이 여러 가지 내용을 설명하였듯이 보다 체계적이고 효과적인 기능을 발휘하기 위해서는 전문적인 성격을 띤 형태로 디자인되어야 한다.

(5) 메뉴 작성시의 고려사항

보통 메뉴를 작성하는 데는 다음과 같은 일반적인 원칙을 고려해야 한다.

① 유사한 색의 요리를 반복시키지 않아야 한다.
② 색의 조화와 요리의 재료에 알맞은 것들에 대한 배합과 구색을 맞추고 장식에 신경을 써야 한다.
③ 같은 재료로 두 가지 이상의 요리를 만들지 말 것
④ 같은 조리방법을 두 가지 이상의 요리에 사용하지 않는다.
⑤ 비슷한 소스가 중복되어서는 안 된다.
⑥ 요리 코스는 경식과 중식으로 균형을 맞춘다.
⑦ 식당의 장비 및 주방과 서비스 인원에 맞는 요리를 제공한다.
⑧ 영양과 위생을 고려하여 메뉴를 구성한다.
⑨ 계절, 요일 등의 감각에 따른 메뉴를 작성한다.

2. 메뉴 계획에 있어서 고려사항

식당의 메뉴를 계획할 경우에는 다음과 같은 사항을 고려해야 한다[34].

(1) 영업장의 형태

영업장의 형태는 메뉴 계획에 있어서 제일 먼저 고려되어야 할 사항이다.

---

34) Eugen Pauli, Classical Cooking the Modern Way, CBI Publishing Company, Inc. 1979, pp. 186~208.

스낵(snack), 커피숍(coffee shop), 프랑스 식당(French restaurant), 이탈리아 식당(Italian restaurant) 등 그 식당에 알맞은 메뉴이어야 하기 때문이다.

(2) 고객의 욕구

메뉴는 음식을 먹는 고객에게 초점을 맞추어야 한다. 고객의 만족감을 충족시키기 위해서는 이용고객층에 대하여 연령, 성별, 경제상태 등을 파악해야 한다. 왜냐하면 이러한 요소들이 고객이 어떤 음식을 좋아할 것인가를 판단해 주기 때문이다.

음식의 습관과 선호 경향은 경우에 따라서 가족의 전통과 식습관, 윤리적 배경, 지역적인 선호도와 종교적인 전통 등으로 인하여 영향을 받을 수 있다. 즉 지방이나 국가마다 음식문화가 다르기 때문에 메뉴 계획이 달라야 한다.

(3) 영양적 요소

메뉴 계획에 있어 적용되는 영양적인 요소는 모든 사람들의 생활수준과 대사과정은 개인의 연령, 성별, 생활성에 따라 다르므로 열량 요구량도 또한 다르기 때문에 고려해야 한다.

(4) 설비시설

설비시설은 메뉴 계획에 있어 크게 영향을 미치며, 공간의 크기와 장비의 종류 및 수용능력은 조리사의 수와 음식의 수를 결정해 준다. 따라서 메뉴 계획은 장비의 이용과 장비의 수에 따라 작업부담을 덜어 줄 수 있는 선에서 계획되어야 한다.

(5) 조리인원

메뉴 계획에 있어서 조리인원은 정해진 시간에 공용인의 수와 그들의 기술과 능력, 노동시간을 조절하는 요소가 된다. 한두 명의 조리사를 고용하는 경우 메뉴는 간단하게 구성되므로 고객의 입장에서는 선택의 제한을 받는 반면, 많은 조리사를 고용하는 곳에서는 다양하게 메뉴의 수를 늘릴 수 있다. 고급 조리사와 보통 조리사의 비율에 있어서도 메뉴 계획에 많은 영향을 준다.

(6) 음식의 다양성

메뉴의 다양성은 음식품목뿐만 아니라 색깔, 형태 그리고 음식의 종류와 조리방법에 따라서도 이루어진다.

조리의 기본적인 형태는 단일 메뉴로서만 아니라 조리법에 따라 달라질 수도 있고 매일 달리 준비할 수 있어 메뉴의 다양성을 잘 고려해야만 한다. 즉, 감자를 통째로, 혹은 입방체나 삼각형으로 썰 수가 있으며, 삶거나 튀김 또는 볶은 감자로 만들 수 있는 것과 같이 여러 가지 조리방법으로 조리할 수 있기 때문이다.

(7) 풍미의 조화

풍미의 조화는 음식의 맛에 영향을 주는 가장 중요한 요소이다. 여러 종류의 풍미는 서로 보완해 주고 맛을 가미시키는 것으로서 향과 제철의 수확기를 고려해야 할 것이다. 양념류나 향료 등을 수반하는 물질은 다른 고기와 조화되며 어떤 조화는 전통적으로 되어 있는 것도 있기 때문이다.

(8) 계절성

계절성은 음식의 선호도에 영향을 미치기 때문에 음식의 이용 가능성은 계절과 함께 변하게 된다. 식재료의 성수기에 따라 메뉴를 달리 할 수 있으며 수송과 배합조직의 발달에 따라 제철이 아닌 식단으로 메뉴에 활력을 불어넣어 줄 수 있으므로 신중하게 고려해야 한다.

(9) 예 산

예산은 수익금액과 예상수입에 따라 편성된 식재료 구매에 사용되며, 잠정수입의 주수입원인 음식판매가는 인건비와 운영비가 모두 포함되어야 한다. 메뉴는 설정된 음식원가 비율에 따라서 계획되어야 하고 이 비율을 유지하기 위해서는 매일마다 음식원가를 계산하고 표준화된 조리법에 의하여 조리해야 하며, 원재료와 1인분의 원가를 파악하여 원가변동에 따라 메뉴 선택과 가격을 조정해야 한다.

(10) 메뉴의 용어

국제 메뉴 용어에서는 명사의 첫 글자와 추상명사를 대문자로 표기해야 하며, 메뉴에 있어서 철자의 규칙은 다음과 같은 원칙을 준수해야 한다.

1) 프랑스

프랑스 메뉴에서는 줄의 첫 문자를 제외하고는 모든 단어는 소문자로 쓴다. 단, 고유명사, 추상명사, 지역이름은 명사로 사용될 경우에는 대문자로 표기한다.

2) 러시아

러시아 메뉴에서 고유명사의 철자에서 일반적으로 "ov"나 "of"로 끝나는 어미의 단어는 "off"로 끝낸다. (예) steroganoff, demidoff

3) 영어

영어철자에서는 대문자 사용은 고유명사나 지역명칭을 제외하고 모든 것은 소문자로 쓴다. (예) Swiss cheese, Peter the Great

4) 형용사

고유명사에서 파생된 모든 형용사들은 대문자로 표기하는 것을 원칙으로 한다. (예) French dressing

5) 기타 용어

① 국적

메뉴명은 관련국가의 언어로 표기하는 것이 원칙이며 국제적인 식당에서는 프랑스어로 표기를 하는데 최근에는 대부분 세계 공통어인 영어로 표기한다.

② 메뉴의 표기

메뉴의 배치와 철자는 오자가 없어야 하며 단어는 대칭적으로 표기해야 하며 새로운 줄은 왼편의 빈칸에서부터 시작해야 한다.

③ 새로운 줄

일반적으로 첫 줄의 첫 글자는 대문자이나 요리이름이 긴 내용이어서 다른 새로운 줄까지 사용할 때에는 예외이다.

④ 메뉴의 단수표기

메뉴는 거의 고객 1인을 기준하여 작성 표기한다.

⑤ 1인분의 양

만일 고객이 음식의 일부분만을 주문한다면 단수로서 서술해야 되고, 음식이 최소한 두 조각 이상 각 고객에게 서브된다면 복수로 표기한다.

⑥ 각각의 코스의 분리

각 코스는 줄이나 칸을 명확하게 분리시킨다.

⑦ 줄 끝에서 나누어지는 설명

함께 속하는 서술적인 단어는 줄 끝에서 줄을 바꾸지 말고 계속 이어서 표기한다.

⑧ **축약**

메뉴의 본문에서는 축약표기를 해서는 안 된다.

⑨ **고유명사**

전통적인 요리이름인 고유명사는 해석하지 않도록 하고 설명에 사용하는 "a la"나 "style"의 형태로도 사용하지 않는다.

⑩ **이중서술**

요리의 기본명에 음식의 설명이 포함되어 있다면 그것을 다시 반복 기술할 필요는 없다.

3. 메뉴 디자인

(1) 메뉴 디자인의 정의

메뉴의 구성은 식당의 외관과 내부시설 등이 고객에게 심어 주는 인상과도 같이 식탁에 착석을 하면 메뉴판 디자인이 고객에게 식당의 이미지 형성에 많은 영향을 미치기 때문에 메뉴의 구성이 그 식당의 상징적 표본이 될 수 있도록 고려되어야 한다. 메뉴 디자인은 메뉴 계획에서 선별된 품목을 메뉴판을 통하여 고객에게 가장 효과적으로 제시할 수 있는 이상적인 구상이어야 한다.

따라서, 메뉴 디자인은 메뉴 계획자가 의도한 대로 배열, 설명, 활자, 메뉴의 크기, 모양, 색상 등이 식당의 전체적인 개념 및 주제와 조화를 잘 이루고 기능적으로 메뉴의 역할을 잘 수행할 수 있도록 하는 것이다.

(2) 메뉴판의 구성

메뉴판이란 고객이 요리를 선택할 수 있도록 요리의 내용을 특별한 재질을 이용하여 인쇄해 놓은 것으로 식당의 형태와 분위기 및 음식의 질에 대한 심리적 기대감과 함께 음식들이 제공되는 방법을 설명한 판매도구이다. 즉, 메뉴판은 고객에게 식당의 서비스를 판매하는 중요한 중개자의 역할을 한다. 따라서 최근에는 식당의 개성을 고려한 여러 가지 독특한 메뉴판들이 개발되어 고객의 관심을 끌고 있다.

메뉴의 구성에 있어서 메뉴의 순서는 특별한 경우가 없는 한 고객이 이용하는 데 복잡하지 않도록 요리가 주문되고 제공되는 차례대로 나열되어야 한다.

최근 일부 고객층에서는 메뉴 선택의 수를 간소화하는 경향이 있어 메뉴 양식을 약식으로 구성하기도 한다.

메뉴판은 보기 쉽고 간단하게 원하는 메뉴를 선택할 수 있도록 정확한 문구와 적당한 배열로 만들어져야 하며 메뉴판의 표현방법은 선명성과 단순성이 고려되어야 한다.

AMERICAN BREAKFAST アメリカンブレックファースト
미국식조찬 ₩ 9,500

Choice of Chilled Juice (Orange, Tomato, Pineapple or Grapefruit)
お好みのヅュースをお選び下さい
(オレンジ, トマト, パイナップル, グレープフルーツ)
고객이 선택하는 쥬스류(오렌지, 토마토 파인애플, 그레이프 후르츠)

Two Eggs Any Style (Fried, Scrambled, Poached or Boiled)
with Ham, Bacon or Sausage
お好み卵料理(フライ, スクランブル, ポーチド又はボイルド)ハム,
ベイコン又はソーセージ
계란요리(후라이드, 스크램블드, 포치드, 보일드)와 햄, 베이콘 또는 소세지를 곁들임

Choice of Oven-Fresh Rolls or Toast with Butter, Jam or Marmalade
ロール又はトーストとバター, ジャム, マーマレード
아침빵 또는 토스트와 버터, 잼, 또는 마마레이드

Freshly Brewed Coffee or Tea
コーヒー又は紅茶
커피 또는 홍차

[그림 4-4] 아침 메뉴

Cream of Corn Soup
옥수수 크림수프 コーンスープ
Fresh Garden Salad with Choice of Dressing
신선한 자연식 샐러드 ガーデンサラダ
Sole "Meuniere" with Lemon and Caper Sauce,
Chateau Potatoes and Hot Vegetables
레몬, 케이퍼소스를 곁들인 혀가자미 뮤니에르에 감자와 데운 야채
舌ビラメムニエルとポテトと温野菜
Cassata Napolitan
무지개 아이스크림 アイスクリーム
Coffee or Tea
커피 또는 홍차 コーヒー又は紅茶
₩16,000

[그림 4-5] 점심 메뉴

메뉴판의 제작에 있어서는 사진, 도형, 문자 등을 일정한 공간에 구성, 배열해야 하며, 메뉴 디자인에서 고려되는 중요한 요소는 식당에서 제공하는 전략적인 품목, 정책적인 품목, 즉 많이 팔리기를 원하는 품목의 합리적이고 효과적인 배열과 배치를 통하여 다른 품목과 차별화시키는 것이다.

메뉴 디자인의 목적은 식당에서 많이 판매하기를 원하는 품목에 고객의 시선을 집중시켜 고객이 선택하도록 만드는 데 있다. 즉, 메뉴상에 품목의 배치가 선택되는 빈도에 직접적인 영향을 미친다.

식당에서 가장 중점적으로 판매해야 할 품목은 메뉴판의 중심 부분에 배열하여 고객의 관심을 유도해야 한다. 또한 시장의 특성으로 고려하여 성장 가능성과 수익성 전망이 좋은 품목을 중심부에 배열하기도 한다.

(3) 메뉴 도안

메뉴 도안은 메뉴 계획을 통해서 선정된 품목을 메뉴판에 옮기는 작업인데, 메뉴가 레스토랑의 상징이며 마케팅의 수단으로서의 기능을 다할 수 있도록 배려하여야 한다.

각 영업장의 분위기에 어울리는 크기와 모양, 표지 디자인, 종이의 질과 바탕색, 컬러사진의 첨부 여부 등의 결정, 유형별 배열과 각 유형별 그룹내에서 품목의 배치, 메뉴에 사용할 언어의 결정, 메뉴 문구의 결정, 서체와 활자의 크기, 가격표시의 위치와 방법 등을 고려하여 전문가의 도움을 받아 제작해야 한다.

새로운 메뉴, 신규품목인 경우에는 고객의 이해를 돕기 위해 컬러사진을 첨부하거나 상세한 설명을 곁들인다. 메뉴란 즉흥적인 판단이나 유행에 맞도록 만들어지는 것이 아니라, 오랜 시간과 연구를 거쳐 고객의 생리적 욕구에 맞도록 관습화되어 그 코스가 규정된 것이다.

4. 메뉴 개발

(1) 메뉴 개발의 의의와 고려사항

생활양식과 환경이 변화함에 따라 고객의 소비형태도 변화된다. 외식산업에 있어서도 고객의 기호가 변화하기 때문에 외식업소도 수요의 변화에 탄력적으로 대응하여야 한다. 메뉴 개발은 메뉴 품목이 식당의 기본적이고 핵심적인 판매수단이기 때문에 어떠한 품목이 고객들에게 호응을 받을 수 있는지를 파악하고 이를 상품화하는 과정이다. 메뉴 품목개발의 필요성은 기존 메뉴 품목이 성숙기나 쇠퇴기에 접어들었을 때 요구되며 메뉴 관리자는 메뉴 분석을 통하여 메뉴 품목의 교체시기나, 신규메뉴 개발을 통한 신제품을 항상 염두에 두어서 메뉴 관리를 해야 된다.

메뉴 개발에 앞서 기본적으로 고려해야 할 사항은 다음과 같다.[35)]

1) 조리기구와 조리방법

메뉴 개발은 조리에 필요한 조리기구의 유무를 고려해서 설계되어야 한다.

2) 조리인원과 기술

메뉴 설계자는 종업원들의 업무량을 정확히 할당함으로써 인력이 효율적으로 활용될 수 있도록 설계되어야 한다.

3) 식자재 구입의 용이성

재료를 사전에 시장조사를 통해서 해당 식자재 구입의 용이성과 가격변동폭을 파악해야 한다.

4) 고객의 욕구

인간의 생리적, 심리적, 사회적 욕구를 만족시켜 줄 수 있는 메뉴는 이들 개별 분야에 대한 충분한 지식과 능력을 바탕으로 설계될 때 비로소 시장성 있는 메뉴가 탄생된다고 할 수 있다.

(2) 메뉴 개발 과정

1) 아이디어의 창출

메뉴 개발에 대한 아이디어는 자신의 영감, 기발한 착상, 고객의 요청, 시장조사 등에서 얻어질 수 있다.

2) 메뉴 조리표 작성과 평가

아이디어로 제안된 메뉴를 실제화하는 과정으로 그 메뉴 품목들을 실제로 만들어 조리표(recipe card)를 만드는 과정이다.

필요한 식자재와 그 각각의 양, 주방기기, 인력, 조리시간, 표준분량, 만드는 과정, 필요한 각종 그릇류 등을 일목요연하게 기술하고 다음과 같은 사항을 고려하여 평가한다.

① 음식의 맛
② 표적시장과 고객의 선호도
③ 주방인력기술과 적합성
④ 주방시설과 적합성
⑤ 분위기와의 적합성

---

35) 한국외식사업연구소, 외식사업경영론, 백산출판사, 1995, pp. 56~60.

⑥ 조리시간
⑦ 식자재가격의 변동폭
⑧ 영업시간대
⑨ 영양

3) 사업성 분석

제안된 메뉴 품목의 사업적 매력성을 평가하는 단계로 매출, 원가, 이익을 추정하는 단계이다.

식재료비원가, 인건비, 수도광열비 등을 검토한 후 총비용을 계산해서 이익을 추정해야 된다.

4) 시장실험

고객의 직접적인 반응을 측정하는 단계로 메뉴 품목의 성공 여부를 조사하는 것으로 조사되어야 할 세부항목은 양, 모양, 맛, 가격, 서비스 방법, 식사에 걸리는 시간 등이다.

5) 상업화

시장실험을 통해 얻어진 정보를 바탕으로 메뉴 품목의 추가 여부를 결정하고, 만약 메뉴 품목을 추가한다면 시장실험을 통하여 나타난 문제점들을 개선하고 표준량 목표를 만들어 고객에게 호소력 있는 메뉴 품목을 만들어 고객에게 인지시키기 위한 노력을 해야 한다.

• 예비과제

1. 메뉴를 개발하기 위한 하나의 식음료 영업장 개념을 정한다.

• 실 습

1. 식음료 영업장 컨셉을 정한다.
2. 메뉴를 개발하고 디자인한다.

• 결과 및 고찰

실습제목 : 메뉴 개발
실습일자 : 년 월 일 요일 교시)
공동실습자 : 제 조

• 평 가

영 역	평 가 사 항	평 가				
		A	B	C	D	E
이 해 (10)	1. 메뉴 계획의 개요 및 고려사항을 이해하고 있다. 2. 메뉴의 종류를 습득하고 있다.					
태 도 (10)	1. 식음료 영업자 컨셉을 정했다.					
실무능력 (20)	1. 메뉴 개발에 독창성이 있는가? 2. 영업장 컨셉이 반영되었는가?					

모듈 5

테이블 세팅

식탁에 요리를 제공하기 위한 일절의 기구, 테이블웨어, 리넨 등을 갖추어 고객에게 식사편의를 제공할 수 있도록 하는 것으로 올바르고 깨끗한 테이블 세팅 방법과 필요한 기물들을 학습한다.

모듈 학습목표

1. 영업 준비절차를 이해할 수 있다.
2. 테이블웨어 및 집기를 이해한다.
3. 요리에 따른 테이블 세팅을 할 수 있다.

모듈과제 안내

1. Mise-en-Place : 식당내 청결, 식탁과 의자 배치, 테이블웨어, 리넨류, 센터 피스 등의 명칭과 용도를 익힌다.
2. 서비스용 기물 및 장비의 명칭과 용도 및 취급요령을 익힌다.
3. 테이블 세팅 : 테이블 세팅의 일반적인 원칙과 요령, 기본 세팅, 정식 세팅, 아침식사 위 테이블 세팅 방법을 익힌다.

산업체 현장 실무능력

모듈 5의 과제들을 학습하여 익힘으로써 호텔 식음료, 외식 관련업체에서 영업장 준비를 위한 테이블 세팅 업무는 재교육 없이 바로 실무에 투입할 수 있다.

• • • 모듈과제 5-1 • • • • • • • • • • • • • • • • • • 영업장 준비

• 목 표

1. 호텔식당 영업준비를 위한 절차를 이해한다.
2. 식음료 상품 판매를 위한 테이블웨어, 리넨류, 비품 등의 명칭과 용도를 설명할 수 있다.
3. 다양한 냅킨 접기를 할 수 있다.

• 사용재료

테이블 클로스, 냅킨, 언더 클로스, 탑 클로스, 서비스 타월

• 사용기자재

테이블, 의자, 테이블웨어, 센터 피스

• 관련이론

테이블 세팅(table setting)이란 식탁 위에 요리를 내놓고 고객을 맞이하기 위한 준비작업으로서 요리의 종류나 고객의 수에 따라 다양한 형태가 있다. 즉, 격식을 갖추어 요리를 제공하기 위한 필요한 기구인 식탁(table), 의자(chair), 테이블 클로스(table cloth), 냅킨(napkin), 은기류(silver ware), 식기(china ware), 글라스류(glass ware) 및 각종 테이블용 기물류를 갖추어 놓는 방법으로서 고객의 식사편의를 위한 고객과의 묵시적인 약속이다.

테이블 세팅은 고객의 마음을 자극할 수 있는 요소이기 때문에 요리의 종류나 식사의 목적에 따라 클로스의 색상이나 테이블의 형태 등이 매우 중요하다. 즉, 올바르고 깨끗한 테이블 세팅을 하기 위해서는 영업장에 알맞은 적절한 테이블 배치와 그에 알맞은 테이블 세팅을 함으로써 고객에게 완벽한 식탁 서비스를 제공해 줄 수가 있다.

테이블 세팅시 각종 기물을 배치하는 방법은 고객과의 약속이기 때문에 일반적인 배열방법을 벗어나지 않는 범위에서 식당의 특징을 살려 우아한

분위기를 만들어 주어야 하며, 식탁의 배열은 어느 정도 여유가 있어야 하나 서비스 종류에 따라서 배열을 다양하게 하지만 서비스하는 종업원의 필요공간이 유지되어야 한다. 또한 식탁의 세팅을 위해 사용되는 각종 비품이나 집기 등을 철저히 관리하여 효과적인 운영이 될 수 있도록 해야 하겠다.

식당의 영업을 위해서는 호텔의 규정에 따라 철저한 준비가 요구되는데, 영업준비를 얼마나 완벽하게 했느냐에 따라서 그날의 식당영업 내용은 크게 달라질 수 있다. 영업준비 시간에는 고객을 직접 접객하는 활동은 아니지만 영업활동 이상으로 중요한 과정이다.

1. 영업준비 절차

영업준비(mise-en place : 미존 프러스)는 식당에서 고객이 안락한 분위기에서 숙달된 접객종업원의 서비스에 의해 최상의 만족을 느낄 수 있도록 고객이 식당을 방문하여 식사를 마치고 돌아갈 때까지 필요한 영업을 위한 모든 준비를 의미하는 프랑스어이다.

즉, 식당내의 청결상태, 환경정리와 정돈, 식탁의 배치와 고정, 각종 테이블 리넨류 준비, 사이드 스테이션(side station)의 기물류 보충상태를 규정대로 준비하는 것을 말한다.

호텔의 고급식당에서는 품위를 향상시키기 위해 일상적인 식당 주변환경의 정리뿐만이 아니라 식탁의 기물이나 리넨 등을 식사내용이 고려되고, 분위기에 알맞은 독특한 형태나 색상으로 세팅하기도 한다.

효율적인 영업준비를 하기 위해서는 다음과 같은 사항을 점검해야 한다.

① 식당의 영업을 위해 준비업무가 시작되면 가장 먼저 인수인계 일지(logbook)를 확인해야 한다.

② 입구에 차림표를 고객이 가장 잘 볼 수 있도록 진열하고 예약상황을 확인한다.

③ 사용된 기물과 테이블을 정리한다.

④ 식당 내부를 깨끗이 청소한다.

⑤ 각종 기물(글라스웨어, 차이나웨어, 실버웨어 등) 및 장비를 점검한다.

⑥ 소모품이나 양념류 및 소스류를 준비한다.

⑦ 종업원의 위생상태와 용모를 점검한다.

⑧ 오늘의 특별요리, 판매 불가능한 요리 및 재고가 많은 요리 등을 파악하여 적극적으로 판매해야 할 메뉴를 숙지한다.

⑨ 영업장의 조명 및 음향기기 등의 상태를 점검한다.

(1) 청소 및 환경정리

아늑한 분위기에서 즐거운 식사를 하기 위해서는 식당의 주변이 청결하고 잘 정돈된 상태가 되어야 한다. 따라서, 식탁을 꾸미기 전에는 식탁과 의자를 비롯하여 조그만 장식에 이르기까지 영업장내의 구석구석 조그만 부분까지 철저한 청소가 이루어져야 한다.

(2) 식탁 위치의 고정

안락한 상태에서 식사를 하기 위해 식탁은 고객이 불편을 느끼지 않도록 배치되어야 하며, 흔들리지 않도록 바르게 고정되어야 한다. 테이블 상단의 언더 클로스(under cloth)에 주름이 생기지 않도록 테이블 클로스를 평평하게 깔고, 상단에 언더 클로스가 깔리지 않은 테이블은 담뱃재나 취급상의 파손을 확인하여 적절한 조치를 취한다. 일반적으로 식탁의 높이는 70~75cm, 의자의 높이는 40~45cm가 표준이며, 한 사람이 점유하는 좌석의 폭은 70cm를 기준으로 한다.

(3) 테이블 클로스

테이블 클로스(table cloth)는 일반적으로 흰색을 사용하지만, 최근에는 식사의 목적과 분위기에 따라 색과 무늬가 들어 있는 다양한 종류의 클로스가 사용되고 있는 추세이다. 테이블 클로스는 깨끗하게 다림질이 되어야 하며, 클로스를 깔 때는 접었던 선이 식탁의 가로 세로와 평행이 되도록 해야 한다. 이때 테이블에서 늘어지는 클로스의 길이는 40cm 정도가 되도록 한다.

(4) 냅 킨

냅킨(napkin)의 크기는 50×50cm를 표준으로 다소의 차이가 날 수도 있다. 색상과 모양은 식당의 분위기를 이루는 격조 높은 것이라야 하며, 경우에 따라서는 색상과 모양을 바꾸어 변화 있는 분위기를 만들기도 한다.

(5) 센터 피스

센터 피스(center piece)는 식탁의 중앙에 놓는 집기를 말하는 것으로 식탁을 돋보이게 하기 위해 꽃병, 소금, 후추병, 재떨이, 촛대 등을 식탁의 중앙에 데커레이션(decoration)하는 것이다. 또한, 뷔페 테이블에 장식물로 놓이는 생선요리, 케이크, 과일용 은제 바스켓, 얼음조각 등도 여기에 속한다.

(6) 기물류

테이블 세팅에 사용할 은기류, 도자기류, 글라스류를 깨끗하게 세척하여 얼룩진 곳이 없도록 깨끗하게 닦아 놓는다. 특히 은기류는 테이블 기물 중에서 가장 고객의 시선을 끌 수 있는 것이기 때문에 다른 기물보다 더욱 세심한 주의를 기울여 취급해야 한다.

2. 테이블과 의자

기본적으로 식탁은 집기나 요리를 올려놓은 상태에서 움직이지 않아야 하고 의자는 적당한 간격으로 배치가 되어야 하며 깨끗하고 청결하게 유지해야 한다.

(1) 테이블

테이블의 규격은 다양하나 일반적으로 테이블의 높이는 72~75cm가 국제적으로 표준형으로 제작이 되고 있다. 폭은 4인용 정사각형 테이블(square table)일 경우 가로, 세로의 크기가 90×90cm로 케이터링 서비스(catering service)에 주로 사용된다. 고객의 수에 따라 테이블의 형태는 2인용 듀스(duce) 테이블, 장방형 테이블(rectangular table)을 사용하기도 한다.

1) 식탁과 의자의 규격

식탁의 규격은 요리의 특징과 사용하는 용도 및 고객의 수에 따라 다양한 형태가 있으며, 일반적으로 많이 사용되는 식탁과 의자의 규격은 〈표 5-1〉과 같다.[36]

〈표 5-1〉 식탁의 규격

테이블의 종류	좌석수별	규격(cm)			배치장소
		가로	세로	높이	
정사각형 (square)	2인용	62~90	80~90	72~75	중앙, 구석
	4인용	85~90	85~90	72~75	중앙, 구석
직사각형 (rectangular)	4인용	150	90	72~75	창가, 벽
	6인용	150	90	72~75	창가, 벽, 중앙
원형 (round)	2인용	지름	80~90	72~75	중앙
	4인용	지름	80~90		중앙

36) 원융희 · 고재윤, 백산출판사, 1998, pp. 105~106.

2) 배치시 주의사항

① 테이블은 항상 수평을 유지하고 움직이지 않도록 해야 한다.
② 테이블의 밑 부분에 먼지나 오물 등을 깨끗하게 청소한다.
③ 테이블과 테이블을 연결하여 세팅했을 경우 이음 부분의 높이차이가 나지 않도록 한다.
④ 세팅의 중앙과 옆 좌석 세팅의 중앙과는 60cm 정도의 간격을 유지하도록 한다.

(2) 의 자

의자의 높이는 의자의 형태에 따라 다르겠으나 대개 42~45cm로서 앉는 부분의 넓이는 50×50cm가 적당하다. 테이블 세팅시 클로스의 늘어진 끝의 의자높이와 평행을 이루도록 한다. 최근에는 식사의 성격에 따라 의자도 여러 가지 색깔의 천을 의자등받이 커버(back cover)로 사용하여 식사 분위기를 고조시키기도 한다. 의자를 세팅할 경우 주의사항은 다음과 같다.

① 의자가 흔들리거나 소리가 나면 즉시 교체한다.
② 앉는 부분과 등받이 부분의 쿠션에 오물자국이 있는지를 점검한다.
③ 프레임(frame)에 먼지를 제거한다.
④ 점검이 완료된 의자를 세팅의 중심에 맞추어 적당히 배치한다.

3. 센터 피스

센터 피스(center piece)는 식탁의 중앙에 놓여지는 음식과 사기(仕器) 등을 말하는 것으로 그 목적은 식탁의 분위기를 좀 돋보이게 하기 위한 것이다. 센터 피스의 원래 의미는 뷔페 식사 때 테이블의 중앙에 놓여지는 데커레이션용의 케이크나 생선요리, 닭찜, 바닷가재 또는 얼음조각 장식 등을 말하나 여기서는 사기의 배열을 말한다.

즉, 식사 후의 디저트용의 도기제 또는 은제로 된 공예품이나 조각품접시, 꽃꽂이[37], 캐스터[38], 재떨이, 촛대, 설탕통, 냅킨홀더(napkin holder), 각종 소스병, 얼음조각(ice piece) 등을 들 수 있다.

센터 피스의 주요 내용물을 살펴보면 다음과 같다.

---

37) 식탁용 꽃꽂이는 병에 꽂거나 수반을 이용하며 보통 홀수로 꽂는다. 그러나 꽃의 높이는 상대방과 이야기하는 데 지장이 없도록 해야 한다.
38) 캐스터(caster)는 식탁의 중앙에 배열되는 것으로 소금, 후추병, 간장 등의 각종 조미료 통(condiment container)을 말하는 것으로 조미료 통은 항상 내용물이 가득 차 있어야 하며 응고되거나 구멍이 막히지 않도록 해야 한다.

(1) 꽃꽂이

꽃은 사람의 마음을 훈훈하게 하고 여유를 가질 수 있는 분위기를 조성하기 때문에 식탁의 품위를 더욱 돋보이게 한다. 특히 고급식당에서 주로 장식되어 식탁을 우아한 분위기와 향기로 식사를 즐겁게 한다. 꽃꽂이의 꽃병은 광택이 나도록 닦아야 하고, 꽃은 싱싱한 느낌을 줄 수 있어야 한다.

(2) 촛 대

식탁에 촛불은 저녁식사에 주로 이용되는 것으로 식탁의 고객이 하나가 되는 느낌을 주는 장식이다. 촛불이 주는 깊은 의미를 감상할 수 있으며 주의를 집중시킬 수가 있다. 촛불을 사용할 경우에 주의해야 할 사항은 고객이 착석한 다음 불을 켜고, 촛대가 너무 높아 상대방의 얼굴을 가리면 안 된다.

(3) 재떨이와 성냥

재떨이는 항상 물기가 없어야 하며 사용한 흔적이 없어야 한다. 또한, 손상된 재떨이를 사용해서는 안 된다. 최근에는 고객의 건강을 위해 금연식당이 증가하고 있는 추세에 있으나 식당 자체를 금연식당으로 지정하지 않는 한 식탁에 반드시 배열해야 한다.

(4) 설탕통

설탕통(sugar bowl)은 주로 후식의 커피를 마실 때 이용하는 것으로 통은 항상 윤이 나도록 청결하게 해야 하고 설탕이 굳어 있거나 오물이 들어 있는가를 확인한다. 또한 설탕의 레이들(ladle)에 설탕이 묻어 있는가를 점검해야 한다.

(5) 크림통

크림통(cream pitcher)은 오점이 있는지 확인하고 프레시 크림(fresh cream)은 미리 담아 차가운 곳에 보관한다.

- **예비과제**

1. 아침식사의 종류별 메뉴를 설명하여라.
2. 정식(풀코스) 메뉴를 설명하여라.

• 실습순서

1. 적정 규격의 식탁을 준비하여 고정하고 언더 클로스, 테이블 클로스를 깐다.
2. 글라스웨어의 명칭과 용도를 익힌다.
   실버웨어의 명칭과 용도를 익힌다.
   차이나웨어의 명칭과 용도를 익힌다.
3. 표준 규격의 냅킨을 준비하고 순서에 따라 다양한 냅킨 접기를 한다.

• 평 가

영 역	평 가 사 항	평 가				
		A	B	C	D	E
이 해 (10)	1. 식당영업을 위한 절차를 이해하고 있다. 2. 영업준비에 필요한 기물과 비품의 명칭과 용도를 이해하고 있다. 3. 냅킨 접기를 순서에 따라 완성할 수 있다.					
태 도 (10)	1. 예비학습을 통한 필요기물이 준비되었다. 2. 깨끗하고 정리정돈된 실습분위기가 조성되었다. 3. 기물을 정확하게 다루었다.					
실무능력 (20)	1. 영업장 준비에 필요한 리넨류의 종류와 규격을 이해하였다. 2. 글라스웨어, 실버웨어, 차이나웨어의 명칭과 용도를 습득하였다. 3. 순서에 따라 냅킨 접기를 완성하였다.					

••• 모듈과제 5-2 ••••••••••••• 테이블웨어 및 집기

• 목 표

식탁에 제공되는 요리를 먹거나 종사원이 음식을 서버할 때 필요한 기물, 집기류의 명칭과 용도 및 취급요령을 익힌다.

• 사용재료

테이블 리넨 : 테이블 클로스, 언더 클로스, 냅킨 등
서버용 리넨 : 암 타월, 세척용 타월, 드랩스, 유니폼 등

• 사용기자재

테이블, 글라스웨어, 차이나웨어, 실버웨어, 왜건, 카트, 가구류

• 관련이론

1. 서비스용 기물 및 집기

(1) 은기류

은기류(silver ware)는 순은제와 은으로 도금을 한 기물로 구분할 수 있는데, 대부분의 호텔에서는 은도금 기물 또는 스테인레스(stainless)로 된 기물을 사용한다. 순은제는 고가이기 때문에 호텔의 고급식당에서만 사용하고 일반식당에서는 원가절감을 위해 스테인레스 제품을 많이 이용한다. 은기류는 녹이 발생하기 때문에 뜨거운 물에 깨끗이 씻은 후 반드시 마른행주로 닦아 건조한 상태에서 보관해야 한다.

1) 은기류의 종류

① 서비스 쟁반(service tray)

음식을 제공할 때 시기에 담은 음식을 안전하게 운반하기 위해 또는 빈 그릇을 안전하고 대량으로 운반하기 위해 사용되는 넓은 판이다. 트레이는

모양뿐만 아니라 재질도 다양하여 전통적으로 은제류나 스테인레스(stainless) 제품을 많이 사용하였으나 보관상 어려움과 사용상 불편함 때문에 현재는 플라스틱으로 만든 저렴하고 위생적인 트레이를 주로 사용하고 있으며 다음과 같은 종류가 있다.

ⓐ 원형 트레이(round tray) : 업장에서 가장 많이 사용하는 트레이로 지나치게 무겁거나 크면 업무능률을 저하시키고 너무 작으면 비효율적이다. 원형 트레이는 보통 30~50cm이고 운반시에는 기물이 미끄러지는 것을 방지하기 위해 천(cloth)이나 매트(mat) 등을 깔고 사용한다.

ⓑ 타원형 트레이(oval tray) : 대개 은제로 된 것이 많은데, 격이 높은 식당에서 서비스할 때 서비스에 필요한 음식이나 기물을 쟁반 위에서 고객에게 직접 서브할 경우 사용한다.

ⓒ 사각형 트레이(square tray) : 타원형 트레이처럼 주로 고객에게 음료나 식사를 동시에 제공할 때 사용한다. 사각형 트레이는 보통 은제로 된 것이 많은데, 용도는 쟁반에서 후식을 제공할 경우, 특별행사의 테이프커팅(tape cutting)의 경우, 쟁반 위에서 고객에게 직접 서브할 경우 사용한다.

ⓓ 직사각형 트레이(rectangular tray) : 사각형 쟁반보다 많은 기물을 동시에 운반할 때에 사용하는 것으로 연회행사시 한꺼번에 음식을 서브하거나 스테이션(station)에서 빈 기물을 대량으로 치울 때나 각 스테이션으로 조그만 기물을 대량으로 운반할 때 사용된다.

〈표 5-2〉 서비스 쟁반의 종류

제 품 별	용 도 별
- stainless steel - plastic - silver	- round tray - oval tray - square tray - rectangular tray

② 스푼(spoon)

스푼은 식탁에 제공되는 국물이 있는 음식을 먹는 데 사용하거나 준비된 국물을 배분하는 데 사용하기 위한 기물로서 다음과 같은 종류가 있다.

ⓐ soup spoon
ⓑ bouillon spoon
ⓒ melon spoon
ⓓ soda spoon
ⓔ ice cream spoon
ⓕ dessert spoon

ⓖ tea spoon
ⓗ service spoon
ⓘ strawberry spoon
ⓙ sauce ladle
ⓚ sugar ladle
ⓛ soup ladle

③ 포크와 나이프(knife & fork)

포크와 나이프는 프랑스의 궁중에서 16세기 앙리 2세 때부터 사용되었다고 전해지며, 제공된 음식을 썰거나 찍어 먹는 데 사용하는 것으로 〈표 5-3〉와 같이 음식의 종류나 용도에 따라 다양한 형태가 있다.

〈표 5-3〉 포크와 나이프의 종류

fork	knife
- escargot fork - dessert fork - fruit fork - cocktail fork - appetizer fork - carving fork - fish fork - salad fork - meat fork	- appetizer knife - fruit knife - fish knife - carving knife - meat knife - butter knife - dessert knife - table service knife

④ 플래터(platter)

플래터는 트레이와 유사하나 용도는 고객에게 육류, 채소류, 콜드 컷, 치즈, 후식 등을 제공할 때 호화롭고 맛깔스럽게 보이도록 사용하는 것으로 형태는 트레이처럼 원형 플래터(round platter), 타원형 플래터(oval platter), 사각형 플래터(square platter), 직사각형 플래터(rectangular platter) 등이 있으며 거의 은제이다.

⑤ 기타 서비스용 기물

호텔내의 식당에서 트레이, 포크, 나이프, 스푼, 플래터 외에도 다양한 형태의 기물이 있다.

ⓐ cake, pie server : 케이크와 파이를 한 조각씩 서브할 때 사용한다.

ⓑ gravy, soup, sauce, sugar ladle : 소스, 수프, 시럽 등을 서브할 때 사용한다.

ⓒ crumber : 식사 후에 테이블 위의 빵가루를 쓸어낼 때 사용한다.

ⓓ skewer : 조리기구로 꼬치구이처럼 긴 막대기를 말한다.

ⓔ bread, ice tong : 빵이나 얼음을 잡을 때 사용하는 집게이다.

ⓕ snail holder(escargot clamps) : 달팽이 요리를 잡을 때 사용한다.
ⓖ pepper mill : 통후추를 갈 때 사용한다.
ⓗ bowls : 속이 파인 형태로 샐러드, 과일, 펀치, 채소류 등을 제공할 때 사용한다.
ⓘ finger bowl : 작은 공기와 같은 형태로 제작된 것으로 과일이나 뼈 있는 고기, 조개류의 음식을 먹을 때 손을 닦는 데 사용된다.
ⓙ holders : 소금, 후추, 식초, 오일, 이쑤시개, 종이 냅킨 등을 제공할 때 사용한다.
ⓚ water pitcher : 물을 제공할 때 사용한다.
ⓛ pot : 커피, 차, 핫 초콜릿 등을 제공할 때 사용된다.
ⓜ sauce boat : 드레싱이나 소스를 제공할 때 사용한다.
ⓝ soup tureen : 수프를 한꺼번에 여러 고객에게 동시에 서브할 때 사용한다.
ⓞ champagne cooler, wine bottle holder : 샴페인이나 와인을 제공할 때 사용한다.
ⓟ candle stand, caster set : 테이블을 꾸밀 때 중앙에 촛불과 양념을 세팅하기 위해 사용한다.

2) 은기류의 세척방법

사용된 은기류를 세척하기 위해서는 종류별로 구분하고 세척에 필요한 장비를 점검한다. 그리고 기물을 닦을 때는 종류별(soup spoon, coffee spoon, dinner knife, fish knife, butter knife, fruits knife 등)로 구분하고 반드시 포크부터 닦도록 한다.

포크의 손잡이를 헝겊으로 감싸 왼손으로 잡고 오른손으로 헝겊의 다른 끝을 잡고 특별히 삼지창의 안쪽 부분을 주의해서 닦는다. 특히 손잡이 부분까지 닦기를 마치면 순서에 의해서 마른 천으로 닦아 종류별로 배열한다.

또한 나이프류를 닦을 때에는 칼날이 바깥쪽으로 향하도록 하여 천이 찢어지지 않도록 해야 한다.

마지막으로 세척된 기물은 종류별로 구분하여 스테이션 또는 기물함에 보관한다.

3) 은기류의 취급법

은기류의 기물을 운반하거나 식탁에 세팅할 때에는 음식이 닿는 부분은 절대로 손으로 잡거나 닿아서는 안 되고, 조그만 자국이나 오점도 있어서는 안 된다. 따라서 손잡이 부분을 모로 잡아 손잡이 부분이라도 가능한 한 손자국이 나지 않도록 세팅한다.

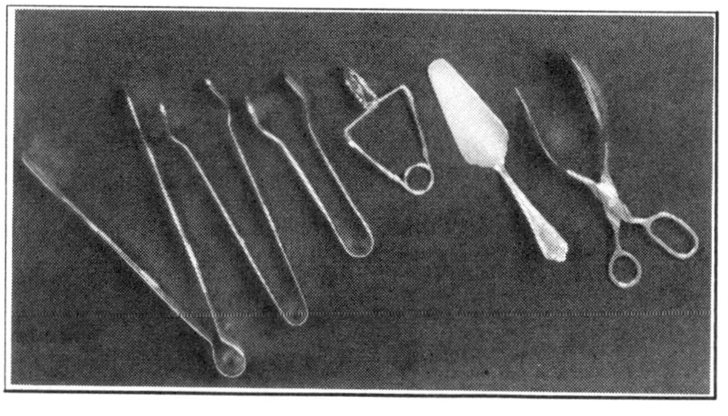

[그림 5-1]
은기물류
(silver ware)

수프 튜린(soup tureen), 소스보트, 포트(pot) 등도 마찬가지로 취급시 하단부를 잡는다. 은기류에 대한 구체적인 취급요령은 다음과 같다.

① 사용된 은기류는 지정된 통에 은기물과 스테인레스를 종류별로 구분하여 모으며, 찌그러지거나 흠을 방지하기 위해 통에 던지거나 한꺼번에 쏟아 넣지 않도록 한다.
② 사용된 은기류를 모은 다음 세척기에서 세척액을 사용하여 뜨거운 물로 세척을 하고, 기물을 종류별로 가지런히 준비한다.
③ 세척된 기물을 뜨거운 물에 담근 다음 마른 타월로 물기를 제거한다.
④ 한꺼번에 여러 종류의 기물을 닦을 때에는 포크부터 닦도록 하고 변색된 기물은 광택제를 사용하여 깨끗하게 닦아낸다.
⑤ 세척과 닦기가 완료된 기물은 보관함에 가지런히 보관을 하고 식탁에 세팅을 할 때에는 손잡이 부분을 모로 잡아 손자국이 나지 않도록 한다.

(2) 도기류

도기류(china ware)는 주로 사기로 만든 용기를 의미하는 것으로 글라스웨어와 마찬가지로 취급시에 각별한 주의가 요망된다. 보통 호텔에서는 업장의 특성과 분위기를 고려하여 특별 주문제작하는 경우도 있다.

1) 도기류의 종류

호텔의 식당에서 사용하는 도자기류는 볼류, 접시류, 밑받침류, 컵류 등의 종류가 그 용도나 형태에 따라 한식당, 중식당, 일식당 및 양식당 등에서 다양하게 쓰여지고 있다.

① 볼류(bowl)

주로 속이 움푹 들어간 모양으로 접시의 형식과 컵의 형식으로 가미된 것을 볼이라 하며, 손잡이가 없는 것으로 수프용, 시리얼(cereal)용, 샐러드(salad)용, 슈거(sugar)용 등에 사용되는 볼이 있다. 볼은 제공되는 요리가 소스(sauce), 우유(milk), 드레싱(dressing), 분말(powder) 등과 함께 제공되는 경우에 사용하는 기물이다.

② 접시류(plates)

접시류는 식당집기 중에서 사용빈도가 가장 많은 것으로 종류는 크기 또는 사용하는 용도에 따라 정식(main dish)용, 피시(fish)용, 디저트(dessert)용, 브레드(bread)용, 수프(soup)용 등으로 구분된다.

ⓐ 쇼 플레이트(show plate) : 대형접시로 모양도 화려하고 냅킨을 세워서 식탁에 우아하게 세팅하며 수프를 먹은 후 치우는 것으로 서비스 플레

이트(service plate)라고도 불린다.

ⓑ 애피타이저 플레이트(appetizer plate) : 전채요리를 제공하는 데 사용하는 플레이트로 음식의 양이나 식사의 외관을 고려하여 보통 지름 24cm 정도의 크기가 대부분이다.

ⓒ 브레드 플레이트(bread plate) : 식탁에 세팅되는 접시 중에서 가장 적은 것(지름 : 약 16cm)으로 식사중에 빵을 먹는 데 사용하며 보통 버터나 잼 등을 같이 올려놓는다.

ⓓ 샐러드 플레이트(salad plate) : 식탁에 샐러드를 제공하기 위해 사용되는 접시로 크기는 지름이 약 24cm 정도이며, 움푹 들어간 볼의 형태도 있다.

ⓔ 앙트레 플레이트(entree plate) : 식당에서 사용되는 접시 중에서 앙트레 플레이트는 가장 무겁다. 크기는 지름이 약 30cm이며, 앙트레 플레이트에 따라 식탁의 간격이 조정된다.

ⓕ 디저트 플레이트(dessert plate) : 후식을 제공할 때 사용되는 접시로 후식의 종류에 따라 시각적인 효과를 높이기 위해 독특한 모양과 무늬가 새겨지기도 한다.

③ 접시 밑받침(underliner)

컵을 제공할 때에는 밑받침(underliner; saucer)을 받쳐 제공하며 종류로는 수프 컵 밑받침(soup cup underliner), 모카 컵 밑받침(mocha cup underliner),

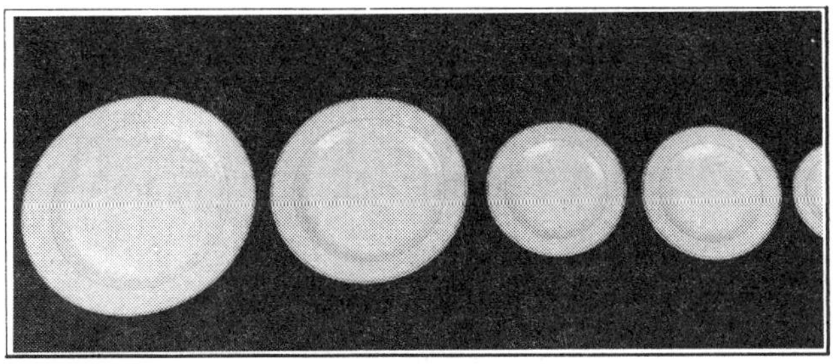

[그림 5-2] 도자기류 (chinaware)

커피 컵 밑받침(coffee cup underliner), 샐러드 컵 밑받침(salad cup underliner), 특별한 모양의 컵 밑받침 등이 있다.

보통 밑받침은 뜨거운 내용물이 있는 음식을 제공할 때 사용하는 중앙에 둥근 원형의 홈이 있는 형태가 있고, 찬 음식을 제공할 때 사용하는 플레이트처럼 평평한 것이 있는데 용도가 다르다. 또한 보통 볼의 크기에 알맞은 플레이트를 밑받침으로 사용하기도 한다.

④ 컵류(cups)

음료를 섭취할 때에 내용물을 담을 수 있는 도자기로 만든 움푹 파인 기물을 말하는 것으로 커피 컵(coffee cup), 모카 컵(mocha cup), 데미타스 컵(demitasse cup), 부용 컵(bouillon cup) 등이 있다.

2) 도자기류 세척요령

도자기류는 스튜워드(steward : 기물 관리자)가 직접 손이나 세척기를 이용하여 닦는데 업무의 효율성과 위생을 고려하여 다음과 같은 요령으로 취급한다.

① 사용한 기물을 기물작업대에 품목별로 운반하여 놓는다.
② 같은 종류의 기물을 랙(rack)에 담아 세척기에 넣어 세척을 한다.
③ 세척이 완료된 기물은 온도가 매우 높기 때문에 화상에 주의하여 양손으로 마른 헝겊을 감싸쥐고 접시를 회전시키면서 물기 없이 닦는다. 접시의 중앙 부분을 닦을 때에는 왼손에 헝겊을 감싸서 접시를 들고 닦는다.
④ 앞부분을 닦고 난 후 뒷부분을 닦는다.
⑤ 접시에 손이 닿지 않도록 주의하여 포개 놓는다.
⑥ 닦을 때에는 소음이 나지 않도록 조심스럽게 닦는다.
⑦ 거친 수세미나 세제의 잘못 사용으로 인한 접시의 손상이나 탈색에 주의한다.

3) 도기류의 취급방법

도기류(china ware)는 다른 유의 비품이나 집기보다 깨지거나 금이 가기 쉽기 때문에 취급시에 특별한 주의가 요청된다. 식기와 식기가 부딪치지 않도록 항상 조심스럽게 다루어야 하며, 운반시 한꺼번에 많은 양을 취급하지 않도록 한다.

① 접시를 운반할 때에는 접시 테두리 안쪽으로 손가락이 절대로 들어가지 않도록 해야 한다. 접시를 운반하는 방법에는 2개, 3개, 4개 드는 방

법과 여러 개를 운반하는 방법이 있다.

② 접시를 운반할 때에는 몸 안쪽으로 접시를 밀착하여 들어야 하고 접시를 든 팔을 흔들면서 걷거나 전후좌우를 살피면서 걸어야 한다.

③ 요리가 담긴 접시를 운반할 때에는 맨 먼저 잡은 접시를 왼손 엄지손가락과 둘째손가락을 사용하여 접시 위 테두리와 밑바닥 테두리를 가볍게 쥐고, 둘째 접시는 첫째 접시 밑으로 접시를 겹쳐 나머지 손가락으로 받쳐든다. 접시를 잡은 후에는 손목을 약간 안쪽으로 구부리고 둘째 접시 테두리 위와 왼손 팔목 부분에 셋째 접시를 올려놓으면 3개를 들 수 있다. 또한 여러 개의 접시를 한꺼번에 들 경우에는 접시가 요리에 닿지 않도록 주의해야 한다.

④ 사용한 접시를 운반할 때에는 왼손의 엄지를 접시 위로 하고 나머지 손가락을 접시 밑으로 하여 잡는다.

⑤ 포크는 왼손 엄지손가락과 접시 사이에 끼워 잡고, 나이프는 포크 밑으로 가지런히 끼워 바닥에 기물이 떨어지는 것을 방지한다.

⑥ 사용한 접시를 여러 개 한꺼번에 운반할 때나 은기류와 함께 운반할 때에는 소리가 나지 않도록 하고 은기류는 접시의 위에 포개서 왼손의 엄지로 접시와 함께 들도록 한다.

4) 접시 드는 법

① 1개 쥐는 방법 : 왼손 엄지손가락이 접시 테두리 안으로 들어가지 않도록 가볍게 쥔다.

[그림 5-3] 접시 드는 법(1개)

[그림 5-4]
접시 드는 법
(2개)

② 2개 쥐는 방법

ⓐ 왼손 엄지와 새끼손가락 사이에 접시를 끼우고 나머지 손가락 밑부분을 자연스럽게 받친다.

ⓑ 엄지와 새끼손가락, 손목 위에 균형 있게 두번째 접시를 자연스럽게 얹는다.

③ 3개 쥐는 법

ⓐ 왼손 엄지와 검지로 첫번째 접시를 가볍게 쥔다.

ⓑ 두번째 접시를 첫번째 접시의 밑 테두리에 끼우면서 나머지 손가락으로 균형 있게 받친다.

ⓒ 접시가 평행을 이루도록 손목을 살짝 꺾으면서 두번째 접시와 손목 위를 중심으로 세번째 접시를 가볍게 얹는다.

[그림 5-5] 접시 드는 법(3개)

5) 접시 치우는 법

엄지와 새끼손가락 사이에 첫번째 접시를 끼우고 엄지로 포크를 고정시키면서 그 밑에 나이프를 끼운다. 엄지와 새끼손가락, 손목을 중심으로 두 번째 접시를 얹고 포크로 음식찌꺼기를 첫번째 접시로 쓸어내린 후 포크를 나이프 위에 X형으로 놓는다.

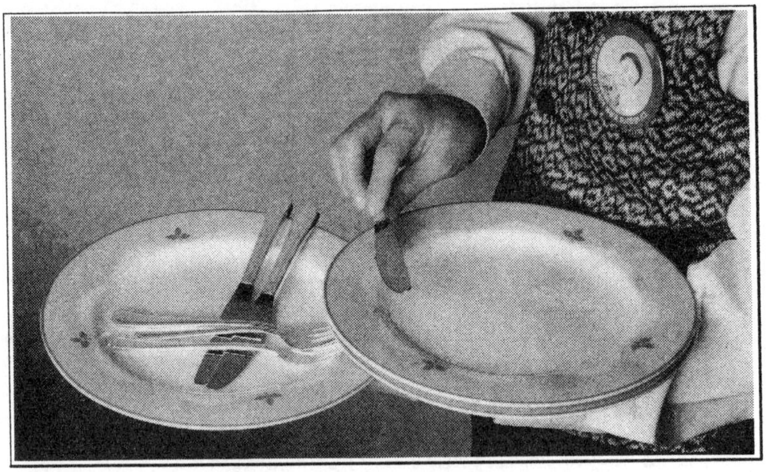

[그림 5-6] 접시 치우는 법(3개)

(3) 글라스류

글라스류(glass ware)는 바(bar)의 음료를 제공하기 위해 사용되는 것이 대부분으로 디자인, 용량, 제조자에 의해서도 같은 것이 다르게 만들어진다. 또한, 동일한 글라스를 다양한 용도로 사용하기도 한다.

1) 글라스류의 종류

글라스의 종류는 디자인이 매우 다양하고 화려하며, 용도에 따라 많은 형태가 있다. 일반적으로 모양에 따라서 원통형 글라스(cylindrical glass)와 굽달린 글라스(stemmed glass)로 구분하고, 재질에 따라서 크리스털 글라스(crystal glass)와 보통 글라스(normal glass)로 구분한다.

① 원통형 글라스

텀블러(tumbler) 글라스라고도 하며 스템이 없는 글라스로서 그 종류로는 하이볼 글라스(high ball glass), 콜린스 글라스(collins glass), 올드 패션드 글라스(old fashioned glass), 맥주 글라스(beer glass) 등이 있다.

② 스템 웨어(stemmed ware)

기둥이 달린 음료용 유리잔으로 다리가 짧고 발이 달린 푸트형 글라스(footed glass)와 손으로 잡기 편리한 긴 스템 글라스가 있다.

보통 스템 글라스는 온도에 민감한 음료를 마실 때 사용하며 그 종류로는 와인 글라스(wine glass), 워터 글라스(water glass), 고블릿(goblet), 샴페인 글라스(champagne glass), 리큐어 글라스(liquer glass), 브랜디 글라스(brandy

[그림 5-7] 글라스류의 종류

glass), 셰리 와인 글라스(sherry wine glass), 칵테일 글라스(cocktail glass) 등이 있다.

③ 유리제 접시

레리시(relish) 그릇, 식초와 기름통 등

④ 파운틴(fountain)

샤베트(sherbet), 파페이(parfait), 아이스크림용 유리그릇 등

⑤ **기타 글라스류**

디캔터(decanter), 유리제 물주전자 등

2) 글라스의 용도

식당이나 바에서 사용되는 글라스는 형태에 따라서 시각적인 맛을 자아내고 글라스웨어에 새겨진 훌륭한 조각은 뛰어난 음식에 예술성을 가미하여 식당의 분위기를 창출하는 역할을 한다.

① **와인 글라스(wine glass)**

와인용 글라스는 폭보다 길이가 길고 위(top)와 밑부분의 넓이가 비슷한 모양으로 글라스의 용량은 보통 5~6온스이다. 다른 글라스와 비교하여 일반적으로 재고파악이나 보관에 공간을 많이 차지하지 않는다는 장점이 있다.

② **샴페인 글라스(champagne glass)**

주로 축하주로 사용하며 보통의 모양은 소서 형태로 되어 있으나 최근에는 샴페인의 거품이 흘러내리지 않도록 튤립형이 많이 사용되고 있다. 글라스의 용량은 보통 5온스 정도의 용량이 적합하다.

ⓐ 소서 샴페인 글라스(saucer champagne glass) : 주로 축하하는 장소에서 건배용으로 사용한다.

ⓑ 플루트 샴페인 글라스(fluted champagne glass) : 식사용으로 천천히 끓어오르는 스파클링 와인(sparkling wine)용으로 사용한다.

③ **칵테일 글라스(cocktail glass)**

밑부분은 좁고 위는 넓으며 용량은 3~4로 대개 삼각형 모양으로 되어 있고 그 크기와 모양은 다양하다.

④ **셰리 글라스(sherry glass)**

셰리 글라스는 용량이 2~3온스로 위가 넓고 밑부분은 좁아지면서 글라스의 높이가 높다.

⑤ **위스키 글라스(whisky sour glass)**

용량은 3~5온스로서 목줄기(stem)가 길고 위가 좁고 밑이 깊다.

⑥ **브랜디 스니프터(brandy snifter)**

용량은 약 6~8온스이고 브랜디 인할러(brandy inhaler) 혹은 브랜디 글라스(brandy glass)라고도 불리고, 모양은 튤립형이나 전구와 같은 형태이다. 이와 같은 형태는 브랜디의 향이 밖으로 쉽게 나가지 않도록 하기 위해 고안된 것으로 브랜디를 마실 때에는 1~2온스 정도 부어서 스템을 둘째와 셋째 손가락 사이에 끼워서 손의 온도로 향기를 즐기며 혀끝으로 조금씩 마신다.

⑦ 콜린스 글라스(collins glass)

원통형 글라스형으로 워터 글라스(water glass)와 비슷하여 12온스의 용량을 가진 비교적 큰 글라스이다.

⑧ 리큐어 글라스(liqueur glass)

글라스의 용량은 3온스와 일자로 된 1온스가 있는데, 여성용의 혼성주를 마실 때 사용하며 스템이 짧고 대단히 작은 튤립형이다.

⑨ 올드 패션드 글라스(old fashioned glass)

용량은 4~6온스이고 작고 두터운 글라스로 스템이 없으며 위가 밑보다 넓다.

⑩ 하이볼 글라스(high-ball glass)

글라스의 용량이 5~9온스로 콜린스 글라스보다 작으나 같은 형태로 되어 있다.

⑪ 온 더 락스 글라스(on the rocks glass)

각종 온 더 락 형태의 칵테일과 위스키 등을 마실 때 사용하는 글라스로 용량은 보통 6~10온스이다.

⑫ 고블릿(goblet)

스템이 달린 형태로 용량은 다양하지만 보통 8~13온스로 물, 맥주 등의 소프트 드링크를 마실 때 사용한다.

3) 글라스류의 세척방법

사용한 글라스를 세척할 때에는 세척 후에 뜨거운 수증기를 쐬여서 깨끗하고 건조된 글라스 타월로 감싸서 닦고 글라스에 지문이나 오물이 묻지 않도록 청결하게 닦는다.

글라스를 닦을 때에는 무리한 힘을 가하지 않은 상태에서 닦아야 하며, 닦으면서 유리컵의 파손 여부를 점검해야 한다.

① 세척 전에 컵의 손상 여부를 점검한다.
② 글라스 랙(glass rack)을 이용하여 식기세척기(dish washer)에서 세척한다.
③ 용기에 뜨거운 물을 별도로 준비하여 세척된 글라스를 한 개씩 수증기에 쐬여 깨끗하게 닦는다.
④ 닦을 때에는 냅킨을 펼친 후 한쪽 엄지손가락과 냅킨을 글라스 안쪽에 넣고 나머지 손가락은 글라스 바깥 부분을 쥐며, 다른 한쪽 손은 밑바닥을 냅킨으로 감싸쥐고 무리한 힘을 가하지 않은 상태에서 글라스를 가볍게 돌려가면서 닦는다.

⑤ 수증기를 쐬여도 얼룩이 닦이지 않을 경우에는 뜨거운 물에 담근 후 닦는다.
⑥ 세척 순서는 윗부분부터 내·외부를 닦은 후 손잡이 부분과 밑바닥을 차례로 물기가 없도록 깨끗하게 닦는다.
⑦ 세척이 완료된 후에는 먼지 또는 얼룩이나 물자국 등이 깨끗하게 닦였는지 철저히 점검해야 한다.

4) 글라스류의 취급방법

글라스류는 사용목적에 따라 다양한 종류가 있기 때문에 정확한 사용과 용도별로 분류를 하고 다른 기물보다 파손이 쉽게 될 수 있으므로 업장에서 취급시 신중하게 다루어야 한다.

① 글라스를 들 때에는 반드시 밑부분을 잡아야 하고 손잡이가 있는 글라스는 손잡이 부분을 잡아야 한다.
② 원통형 글라스를 운반할 때에는 반드시 트레이(tray)를 이용한다. 트레이로 글라스를 운반할 경우에는 글라스가 미끄러지지 않도록 트레이에 매트(mat) 또는 냅킨을 깔고 무게가 한쪽으로 쏠리지 않도록 중심자리부터 글라스를 붙여서 놓는다.
③ 손잡이가 달린 글라스를 운반할 때에는 손잡이 부분을 손가락 사이에 끼워서 윗부분이 아래쪽으로 향하도록 거꾸로 들고, 글라스끼리 부딪치지 않도록 조심하여 운반한다.
④ 한꺼번에 여러 개의 글라스를 운반할 경우에는 용도에 알맞은 글라스 랙을 사용하여 운반한다.

(4) 식당 왜건

식당 왜건(restaurant wagon)은 음식을 식탁에 신속하고 안전하게 운반하거나 디저트용 음식을 식탁 옆으로 운반할 경우에 사용하는 것으로 요리의 종류에 따라 다양한 종류의 왜건이 있다.

1) 게리동(gueridon)

식음료를 운반할 수 있는 바퀴가 달려 있는 테이블로 서비스 왜건(service wagon)이라고도 한다. 최고급 서비스를 제공하는 데 이용되는 비품이다. 높이는 식탁의 높이와 동일해야 하며 장애물이 있는 곳에서는 들어 옮길 수 있도록 제작되어야 한다.

2) 사이드 보드(side board)

식음료를 신속하게 제공하기 위한 목적으로 사용되는 것으로 크기는 높이와 가로의 길이가 식탁과 동일해야 한다. 이동식과 고정식의 두 종류가 있으며 워킹 테이블(working table), 서비스 스테이션(service station), 서비스 테이블(serving table), 사이드 테이블(side table) 등으로 불려지기도 한다.

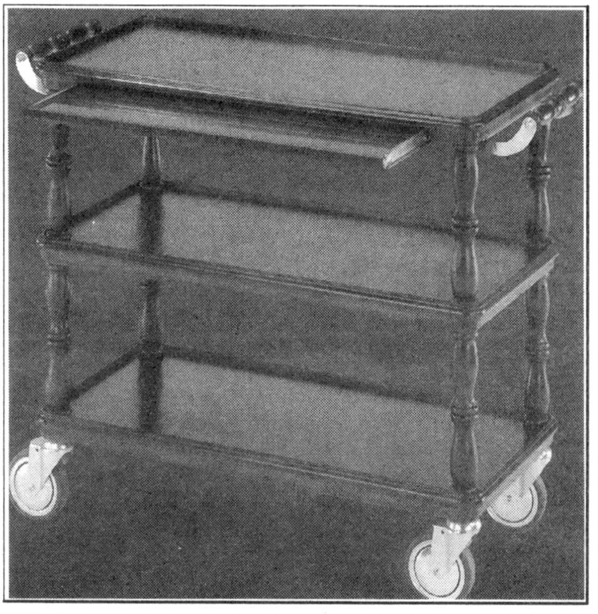

[그림 5-8] 게리동

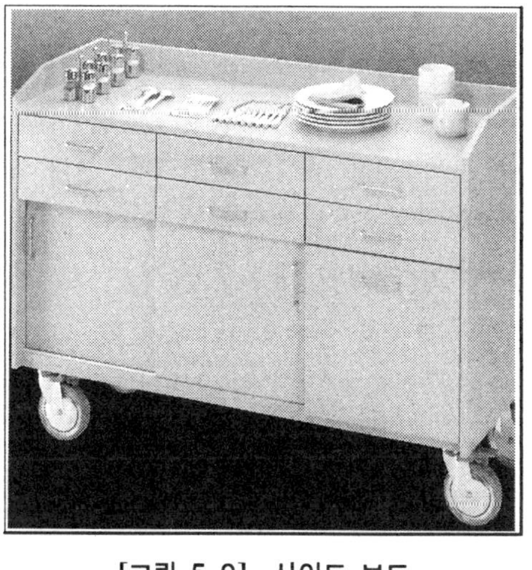

[그림 5-9] 사이드 보드

3) 오르 되브르 트롤리(hors d'eouvre trolley)

고객이 볼 수 있게 제작되어야 하고 음식의 빛깔이나 맛이 변하는 것을 방지하기 위해 냉장설비가 되어야 한다. 또한, 차가운 오르 되브르 접시와 필요한 기물이 준비되어야 한다.

[그림 5-10] 오르 되브르 트롤리

4) 로스트 비프 왜건(roast beef wagon)

식탁에 제공될 로스트 비프 요리를 별도로 운반할 수 있는 왜건으로서 요리된 로스트 비프가 식지 않도록 뚜껑이 있어야 하고 요리판 밑에는 고체연료를 사용하여 적당한 온도를 유지할 수 있어야 한다. 왜건 상부에는 고객이 보는 앞에서 고기를 썰어 배분하기 위해 도마와 조리용 칼(cooking knife), 비프용 소스(sauce)가 추가로 준비된다.

5) 플람베 트롤리(flambee trolley)

즉석 요리차는 특별한 전채요리나 주요리, 디저트 등을 요리할 때 사용되는 것으로 가스나 알코올 렌지(alcohol range)와 석쇠, 프라이 팬(frying pan) 등이 준비된다. 고객 앞에서 조리를 할 수 있도록 간단한 조리용 양념을 갖추고 있다.

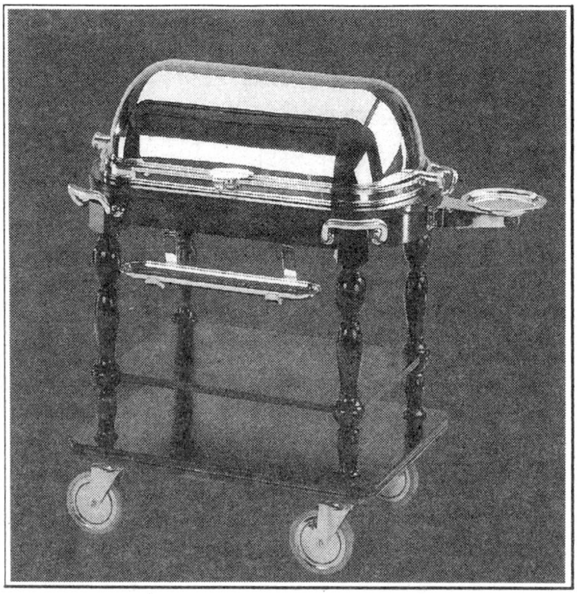

[그림 5-11] 로스트 비프 왜건

[그림 5-12] 플람베 트롤리

6) 디저트 트롤리(dessert trolley)

여러 가지 후식을 준비할 수 있는 왜건으로서 냉장설비의 준비 여부에 따라 두 가지로 구분된다. 고객이 원하는 후식을 준비하기 위해 접시와 요리에 필요한 기물이 준비되어야 한다.

[그림 5-13] 디저트 트롤리

7) 사모바 왜건(samovar wagon)

홍차를 제공하기 위한 왜건으로서 상부에는 끓는 물을 담을 수 있는 통이 있고 아래 부분에는 고체연료를 사용하여 물을 끓일 수 있는 장치가 되어 있다.

8) 바 왜건(bar wagon)

각종 주류를 진열 및 저장할 수 있는 왜건으로서 주류를 서브하기 위한 글라스가 함께 준비된다. 고객의 주문에 따라 직접 주조하여 제공할 수 있도록 얼음과 주조에 필요한 부재료도 준비된다.

즉, 여러 종류의 브랜디 및 리큐어를 진열하여 고객이 선택해서 마실 수 있도록 만들어진 것으로 보통 고급식당에서 사용하는 이동식 수레로서 애프터 디너 드링크 카트(after dinner drink cart)라고도 한다.

[그림 5-14] 사모바 왜건

[그림 5-15] 바 왜건

(5) 비품의 취급방법

1) 카트류의 취급법

업장에서 사용되는 카트류는 항상 청결하게 관리하고, 대 서비스에 필요한 준비물을 완벽하게 갖추어야 한다. 또한 어떠한 경우라도 카트류는 서비스를 위한 목적 외에 다른 용도로 사용해서는 안 되며, 사용할 때 종업원들은 다음과 같은 안전관리 사항을 준수해야 한다.

① 이동중에는 가능한 한 소리가 나지 않도록 하고, 운전자의 체중을 싣지 말 것
② 카트에 한꺼번에 많은 양의 비품이나 식음료를 싣지 않는다.
③ 벽, 테이블, 엘리베이터 벽 등에 부딪치지 않도록 한다.
④ 양손으로 안전하게 밀면서 이동하고 절대로 끌어서는 안 된다.
⑤ 요리는 반드시 상단 부분에 싣고, 그밖의 다른 준비물은 하단부에 싣는다.
⑥ 사용 후에는 반드시 정해진 위치에 보관한다.
⑦ 알코올 램프 등이 갖추어진 카트는 용기가 넘어지지 않도록 조심스럽게 취급하며, 연료를 채울 때에는 용기에 70~80% 정도 담고 점화 후에는 재료가 끓어 넘치지 않도록 한다.

2) 트레이의 취급법

트레이는 접객 서비스에 필수적으로 필요한 비품 중의 하나이며, 또한 식당 종업원들은 다음과 같이 취급요령을 숙지하여 능률적인 업무수행과 통일된 자세를 갖추도록 해야 한다.

① 트레이를 들고 이동할 때에는 반드시 왼손으로 들어야 하며, 옆구리에 끼거나 한 손으로 잡아 흔들면서 이동해서는 안 된다.

② 트레이를 들 때는 트레이의 중심 부분을 왼손 팔목 부분의 손바닥과 각 손가락을 넓게 벌리고 손끝을 약간 세워 트레이의 전후좌우가 흔들리지 않도록 받친다. 이때 손바닥 전체가 트레이에 닿는 것은 불안정하므로 손바닥 중심 부분이 트레이에 닿지 않도록 공간을 이루어 자연스럽게 든다.

③ 트레이는 팔을 겨드랑이에 자연스럽게 붙이고 몸 앞쪽으로 직각이 되도록 팔꿈치를 구부려 반듯하게 든다.

④ 트레이에 물건을 놓을 때에는 안전상 중심 부분부터 놓아야 하며, 내려놓을 때는 중심 외부의 것부터 먼저 내려놓아야 한다.

⑤ 이동시에는 트레이에 냅킨 또는 종이 매트를 깔아 트레이에 놓인 물건이 미끄러지지 않도록 한다.

⑥ 사용된 기물을 트레이에 담을 때는 소음이 나지 않도록 조용히 담아야 하며, 깨끗한 기물을 취급할 때와 마찬가지로 청결하게 다루어야 한다.

⑦ 트레이에 물건을 운반할 때는 부딪치는 일이 발생하지 않도록 조심스럽게 업장의 전후좌우를 살피며 걸어야 한다.

2. 가구류의 관리

식탁과 의자는 호텔의 식당에서 가장 기본적인 가구이며, 고가로 자산의 가치로서도 큰 비중을 점유하고 있다. 또한 식당 주변의 장식을 위한 가구나 집기의 보관을 위한 가구, 옷장 등이 구비되어 있기 때문에 최상의 상태를 유지하기 위한 관리가 요구된다.

이러한 관점에서 서비스를 담당하는 종업원은 식당의 테이블이나 의자를 이동시킬 경우 의자는 등받이를 잡고 들어서 움직여야 하며, 테이블도 반드시 들어서 이동시키고 위치를 고정시켜 고객이 식사를 할 때 불편을 느끼지 않도록 해야 한다.

테이블의 높이는 72~75cm, 폭 80~90cm가 적당하며, 길이에 따라 정사각형 테이블(square table), 직사각형 테이블(rectangular table)로 구분되며 그밖에 원형 테이블(round table), 2인용 테이블인 듀스(deuce)가 있다.

〈표 5-4〉 테이블의 종류 및 규격

테이블의 종류	규 격 (가로×세로)	의 자 수		배 치 장 소
		stocking chair	arm chair	
원 형 (round)	지름 45 지름 54 지름 60 지름 72	2 6 89 10~12	2 4 6 8	중 앙
정사각형 (square)	30 × 30 45 × 45	2 4	2 4	중앙 또는 구석
직사각형 (rectangular)	30 × 60 30 × 72	2 3	2 2	창가 또는 벽

의자의 높이는 42~45cm, 앉는 부분은 50~50cm가 적당하며 종류로는 암 체어(arm chair), 스타킹 체어(stacking chair), 이지 체어(easy chair), 베이비 체어(baby chair), 스툴 체어(stool chair) 등이 있다.

그밖의 가구로서 옷걸이(hanger), 사이드 보드(side board), 리셉션 데스크(reception desk), 소파, 카운터(counter) 등이 있다.

3. 리넨류

식당에서 사용되는 리넨류는 면 종류의 이중직으로 물에 세탁하여 사용할 수 있는 제품으로 테이블 클로스(table cloth), 냅킨(napkin)류, 미팅 클로스(meeting cloth)류, 타월(towel), 드레이프스(drapes), 언더클로스(under cloth), 테이블 매트(table mat), 종업원의 유니폼(uniform), 커튼(curtain) 등 매우 다양하다.

이러한 리넨류는 식당의 디자인이나 분위기와 어울려야 하며, 청결해야 한다. 특히 식탁용 리넨은 비교적 고가이므로 손상되지 않도록 조심해서 취급해야 한다.

(1) 테이블 클로스(table cloth)

식탁의 청결상태를 돋보이기 위해 일반적으로 면직류 또는 마직류로 만든 흰색 클로스가 주종을 이루고 있으나, 최근에는 식당의 분위기를 고려하여 클로스에 다양한 무늬를 넣어서 사용하는 경우가 있다. 또한 클로스를 이중으로 깔아 식탁을 화려하게 꾸미는 경우도 있다.

테이블 클로스는 깨끗하게 세탁이 된 상태에서 다림질이 되어야 하며, 식탁에 클로스를 깔 때에는 사각형의 경우 접었던 선이 식탁의 가로, 세로와 평행이 되도록 해야 하며 테이블에서 늘어지는 클로스의 길이는 40cm 정도가 가장 적당하다.

테이블 클로스는 밑에는 식탁 위에서 나는 소음을 방지하기 위해 얇은 스펀지(sponge)로 된 클로스를 깔거나 클로스(under cloth) 또는 사일런스 클로스(silence cloth)라고 하는 털로 다져 만든 천인 펠트(felt)나 플란넬(flannel)을 깐다.

(2) 탑 클로스(top cloth)

탑 클로스(top cloth)는 테이블 클로스가 쉽게 더러워지는 것을 방지하고 테이블의 품위를 높여 주기 위해 테이블 클로스 위에 까는 데 사용하며, 이 때 주의해야 할 사항은 테이블 클로스의 천에 얼룩이나 구멍 등 흠이 있는 것을 절대로 사용해서는 안 된다.

(3) 언더 클로스(under cloth)

식탁 위에 놓여 있는 식기나 기물 등을 놓을 때 소리가 나지 않도록 하고 테이블 클로스의 수명을 연장하기 위해 테이블 클로스 밑에 깔아 촉감을 부드럽게 하는 사일런스 클로스(silence cloth)라고도 하는 것으로 털로 다져서 만든 천(felt) 또는 면 종류의 플란넬(flannel)로 만들어 테이블 클로스보다 크지 않도록 테이블 규격과 동일하게 하여 부착하거나 고정시켜 사용하기도 한다.

(4) 테이블 매트(table mat)

테이블 클로스를 사용하지 않는 식당에서 테이블의 딱딱함과 기물 소음을 방지하기 위해 면 또는 마로 된 천을 직사각형 모양으로 직조해 사용한다.

(5) 미팅 클로스(meeting cloth)

회의 및 리셉션(reception) 등에 사용되며, 무늬가 없는 색상으로 보통 촉감이 부드러운 털로 다져서 만든 천이 사용된다. 보통 피곤함을 덜어 주기 위해 초록색상을 많이 사용한다.

(6) 냅킨(napkin)

식탁에서 식사의 품위를 좌우하는 요소 중의 하나가 바로 냅킨(napkin)으로서 식사의 종류에 따라, 식사의 목적에 따라 여러 가지의 냅킨 형태가 준비된다.

냅킨의 역사는 로마시대에 하인이 식후에 마파(mappa)라고 하는 타월과 물그릇을 들고 돌면서 손을 씻게 했던 데서 비롯되었으며, 약 1,000년 전 프랑스와 영국에서 사용하기 시작했다고 전해지고 있다. 이들은 19세기로 진입하면서 직물업의 발달로 인하여 일반화되었다.

냅킨은 식탁의 마지막 장식품으로서 고객이 식사중에 입이나 손을 닦거나 음식이 흘러 옷이 더러워지는 것을 방지하기 위해 무릎 위에 가볍게 올려놓는다. 재질은 테이블 클로스와 같은 면직으로 만들어 사용하고, 색상은 일반적으로 흰색 또는 밝은 색을 많이 이용하나 테이블 클로스에 잘 어울리는 다양한 색상과 모양으로 사용되기도 한다.

식당의 특성과 테이블 클로스에 잘 어울리는 색상으로 흰색, 분홍색, 붉은색, 초록색, 하늘색 등이 있고, 크기는 대개 50×50cm, 52×52cm, 60×60cm, 67.5×67.5cm 등이 있다.

냅킨은 접는 모양에 따라 식당의 전체 분위기를 변화시킬 수 있는데, 냅킨은 다음과 같은 특징이 있다.

① 냅킨의 재질은 부드러운 천을 사용한다.
② 냅킨의 다양성과 정돈된 상태는 식당 및 식탁의 첫 인상을 좋게 한다.
③ 테이블 클로스와 잘 어울리는 색깔을 사용하여 식탁의 마지막 장식을 한다.
④ 식당을 자주 이용하는 고객을 위해 냅킨을 다양하게 접어 식탁의 변화를 준다.

상기된 바와 같이 다양한 색상과 형태의 냅킨은 식탁을 우아하게 느낄 수 있도록 해주기 때문에 냅킨을 접을 때 구겨진 곳이 없어야 하며 접은 냅킨을 폈을 때 가능한 한 바느질한 자국이 고객의 앞쪽으로 향하도록 접어야 한다. 접는 형태에 따라 분류한 냅킨의 주요형태는 다음과 같은 것들이 있다.

1) 텐트형(tent type)

텐트형은 간단히 접을 수 있는 모양으로 접는 방법은 모나게 접는 냅킨을 접힌 모서리가 왼손 엄지 위에 가도록 놓고 오른손 엄지로는 모서리를 상대편 모서리 쪽으로 접은 다음 이 삼각형 모양을 엄지를 사이에 두고 텐트 모양이 되도록 접는다.

텐트 모양은 열린 쪽이 혹은 닫힌 쪽이 고객을 향하도록 식탁 위에 놓는다.

이 모양은 짧은 시간에 많은 양의 냅킨을 접을 수 있다는 장점이 있어 대형 연회행사에 사용된다.

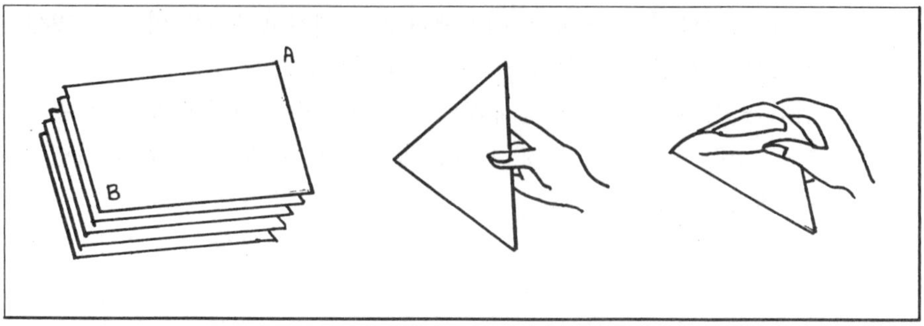

1.

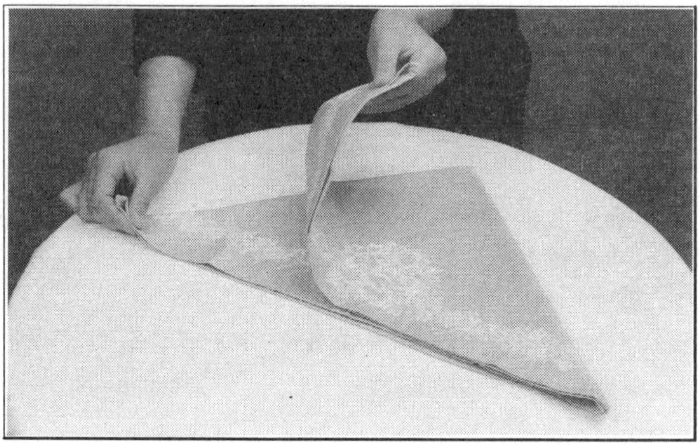

2.

[그림 5-16] 텐트형 냅킨(계속)

3.

4.

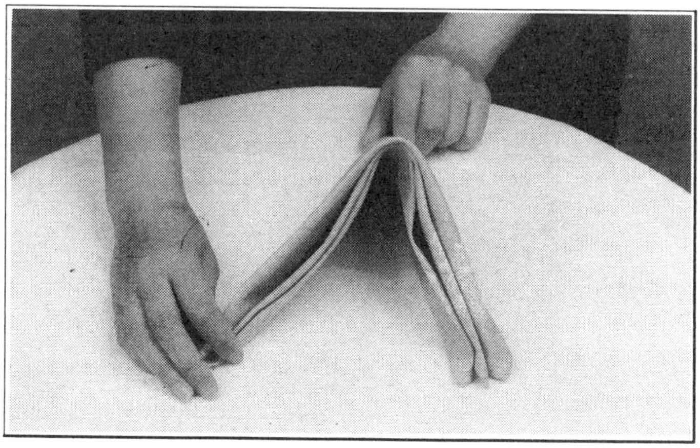

[그림 5-16] 텐트형 냅킨

2) 삼각모형(cooked hat type)

이 모양은 접기가 비교적 용이하고 접은 냅킨을 많이 보관할 수 있기 때문에 대규모 식당에서 신속하게 처리할 수 있다는 장점이 있다. 접는 방법은 직사각형의 냅킨을 반으로 접고 냅킨의 중앙을 향해 오른편의 ⅓을 접고 주름 잡은 후 C를 오른손으로 A-B의 변쪽으로 1-½정도 말아 넣은 다음 왼손으로 D를 그 위에 겹치도록 놓는다.

냅킨의 끝 E와 F를 [그림 5-17]처럼 엄지로 접어 올린다. 이 냅킨의 모양은 많은 양을 미리 접어서 보관이 가능하기 때문에 대형 연회행사에 많이 사용한다.

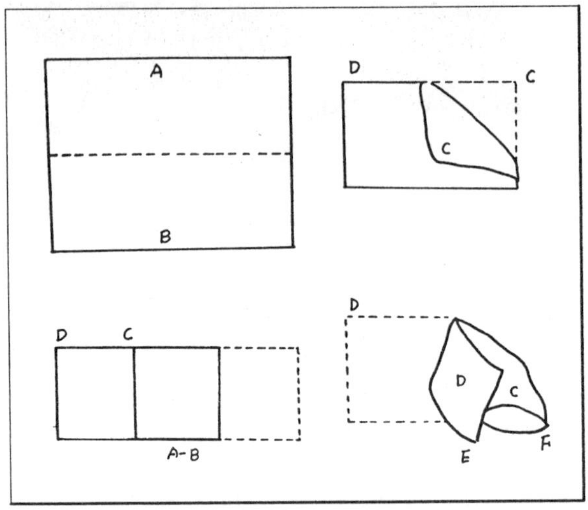

1.

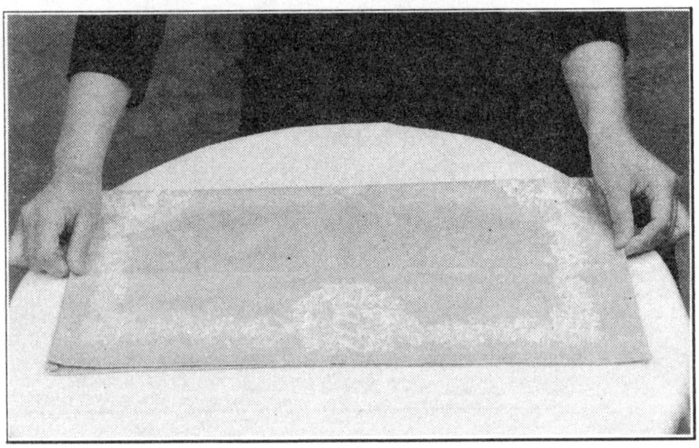

2.

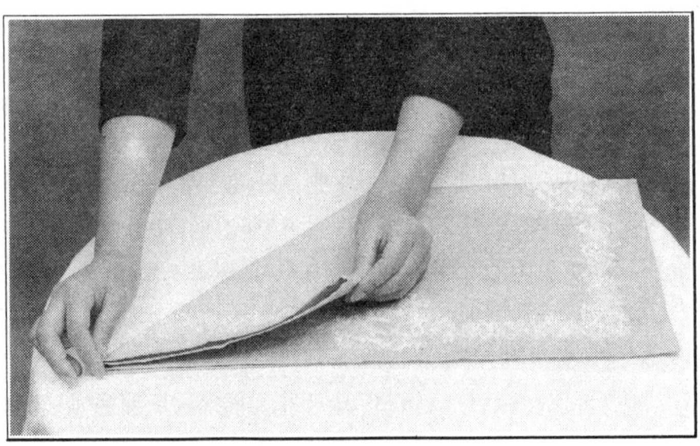

[그림 5-17] 삼각모형 냅킨(계속)

3.

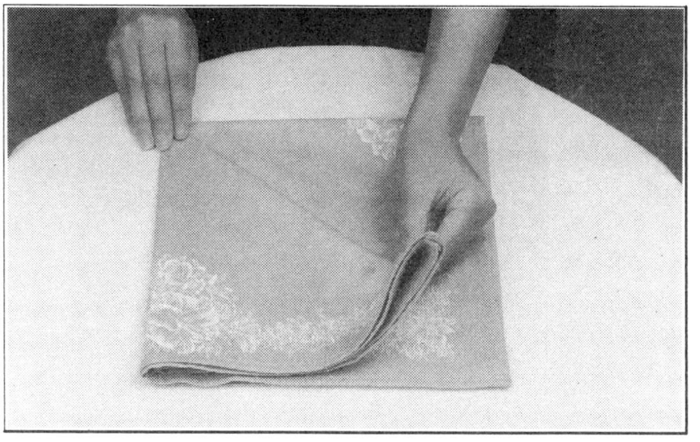

4.

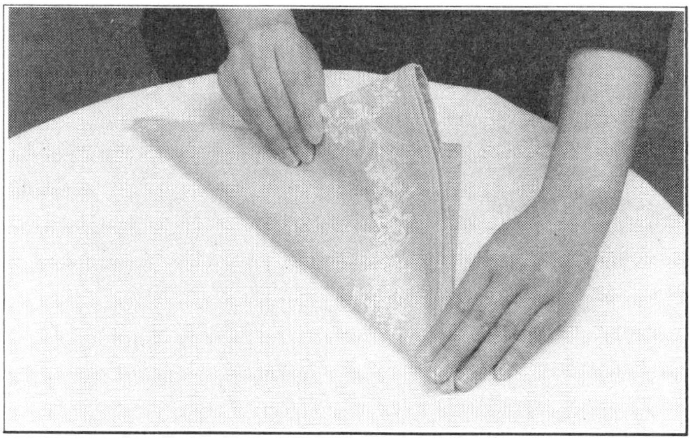

5.

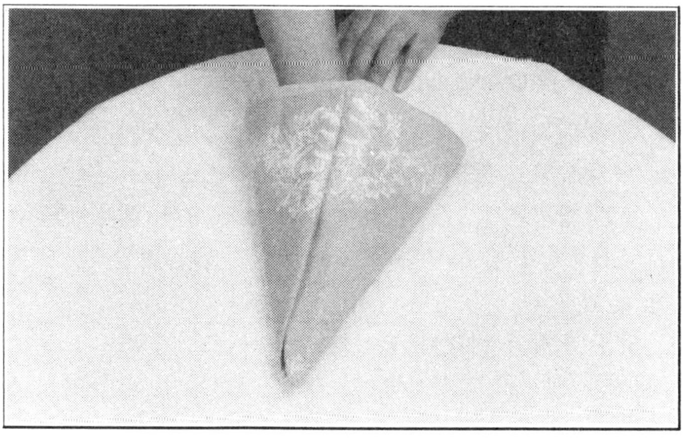

[그림 5-17] 삼각모형 냅킨(계속)

6.

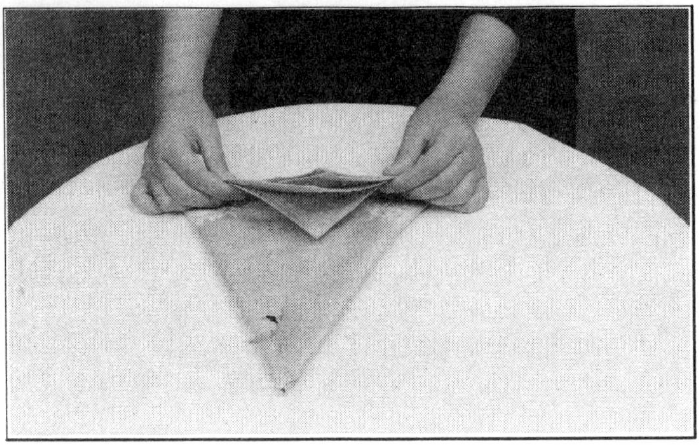

7.

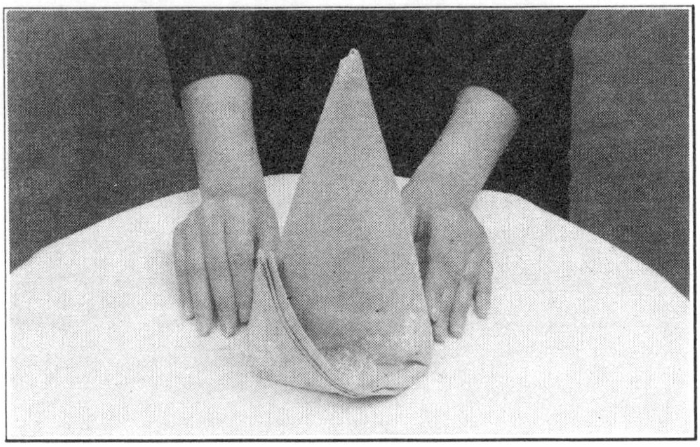

[그림 5-17] 삼각모형 냅킨

3) 양초형(candle type)

이 형태는 접는 과정이 복잡하기 때문에 위생적일 수는 없으나 냅킨의 모양이 독특하여 특별한 행사에 많이 이용된다.

접는 방법은 [그림 5-18]과 같이 A가 B에 겹치도록 접은 다음 EF를 아래로 GH선에서 접어 주름을 잡고 접은 단이 바깥쪽으로 나오도록 G에서 H쪽으로 냅킨 전체를 만다.

양초 모양의 아래위 크기가 같도록 조심스럽고 고르게 만 다음 단을 만들고 남은 모서리 부분을 단의 안쪽으로 접어 넣어 양초 모양이 단단해지도록 한다.

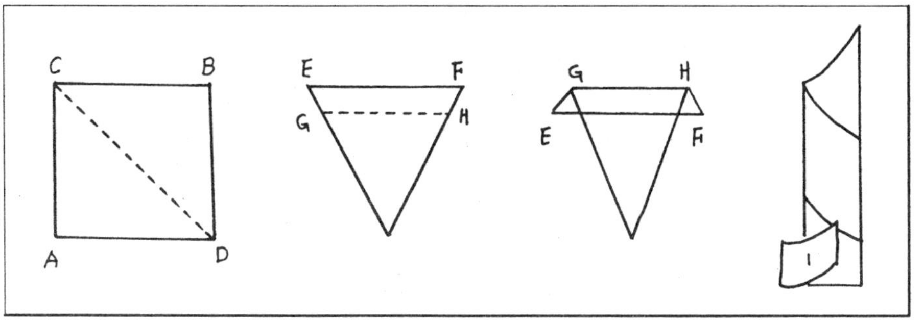

1.

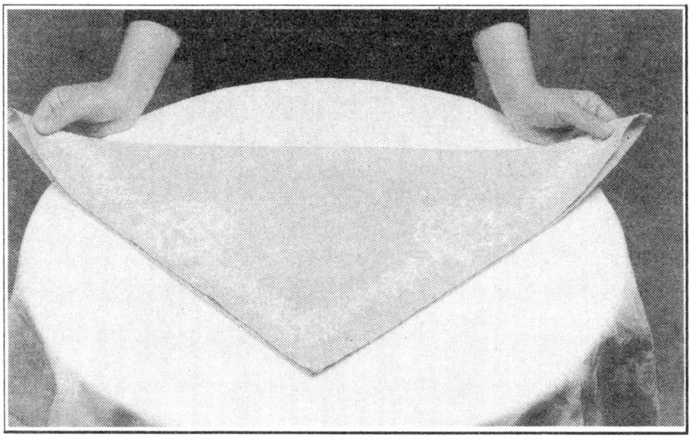

2.

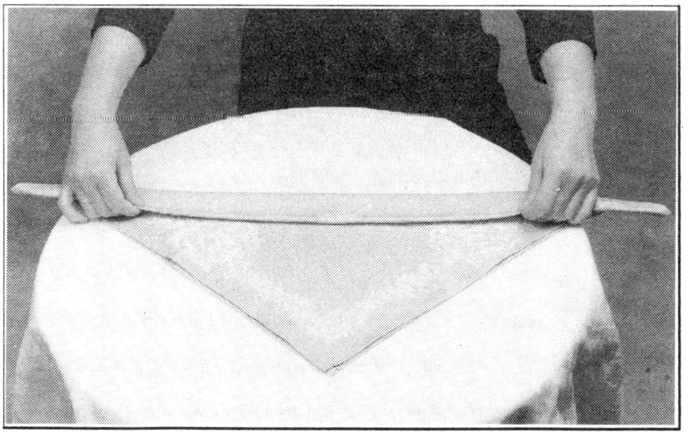

[그림 5-18] 양초형 냅킨(계속)

3.

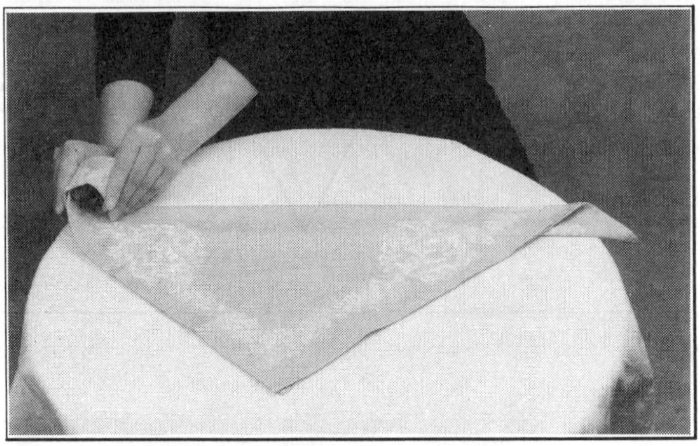

4.

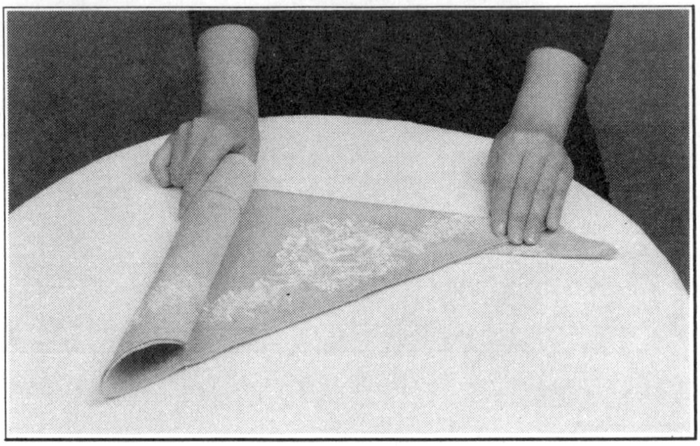

5.

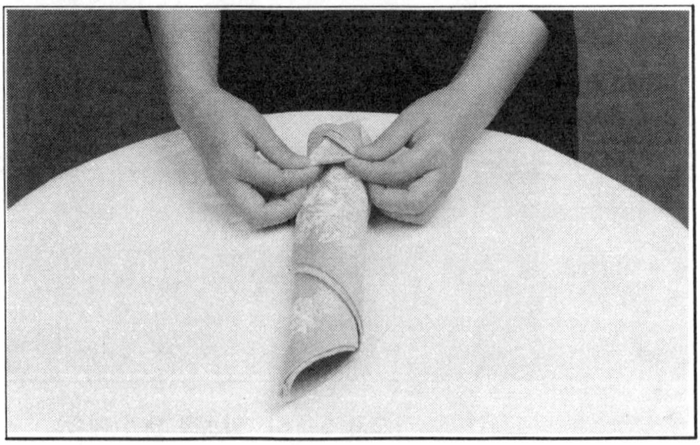

[그림 5-18] 양초형 냅킨(계속)

6.

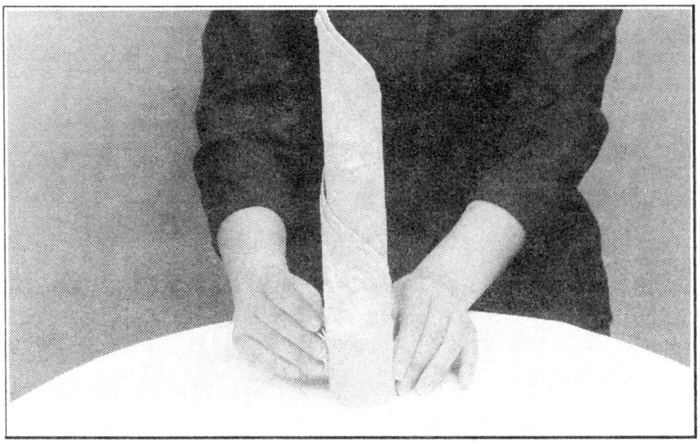

[그림 5-18] 양초형 냅킨

4) 소맷부리형(cuffed roll type)

비교적 간단하게 접을 수 있는 방법으로 [그림 5-19]에서 보는 바와 같이 A, B 변을 C, D 위로 내려 접은 후 누른다. 냅킨을 뒤로 돌려놓고 E, F변으로부터 G, H변을 향해 감는다.

소맷부리는 원통형 모양의 바깥쪽에 있기 때문에 중간에서는 보이지 않는다. 처음 접은 것이 밖으로 올 수 있도록 돌려서 접는다. 접는 부분이 중간에서 약간 위쪽으로 볼 수 있도록 균형을 잡는다.

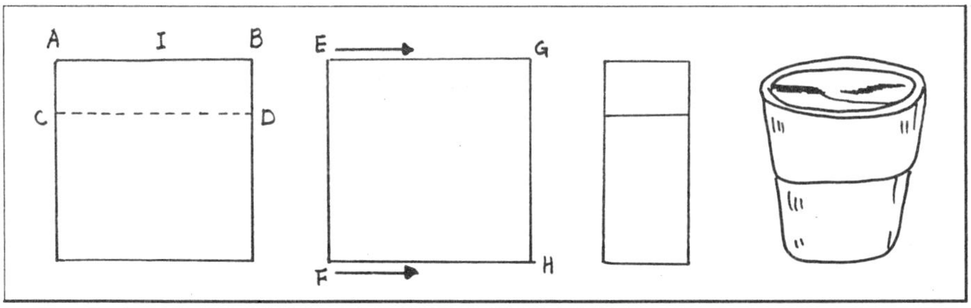

[그림 5-19] 소맷부리형 냅킨

5) 부채꼴형(fan type)

부채꼴형 냅킨은 접는 시간이 많이 걸리고 여러 번 접어야 하는 단점이 있기 때문에 자주 사용되는 형태의 냅킨이 아니나 고급스러운 식당에서 사용되는 형태이다.

접는 방법은 [그림 5-20]에서 나타낸 것처럼 직사각형의 냅킨을 반으로 접은 다음 주름을 잡아가면서 세번째 그림처럼 만든다.

I, J 부분을 K, L부분의 뒤쪽으로 반을 접어서 M, N부분이 바깥쪽으로 나오도록 하여 네번째 그림처럼 만든 다음 양쪽의 점 O를 점 P로 접는다.

이렇게 만들어진 삼각형 모양 부채의 손잡이가 되면 위와 아래를 핀으로 고정시켜 주고 주름을 펴서 부채 모양이 되도록 한 것이다.

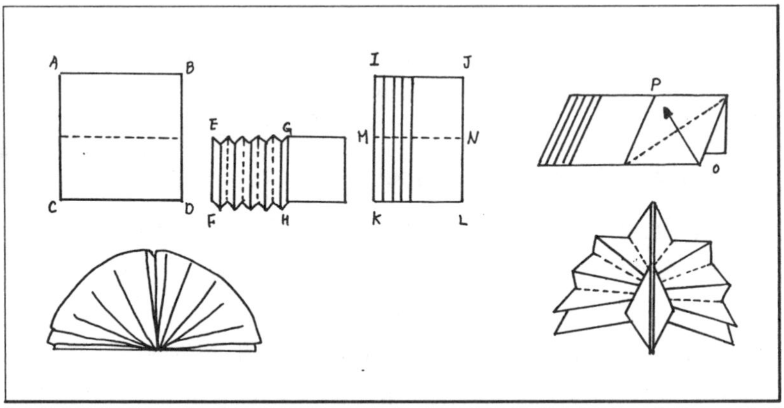

부채꼴형 (1) 1.

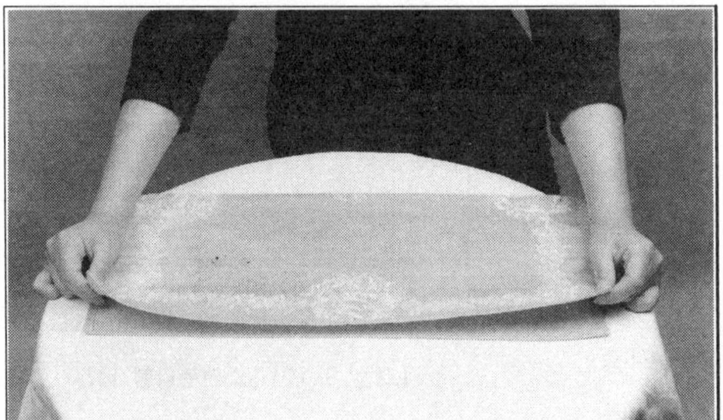

[그림 5-20] 부채꼴형 냅킨(계속)

2.

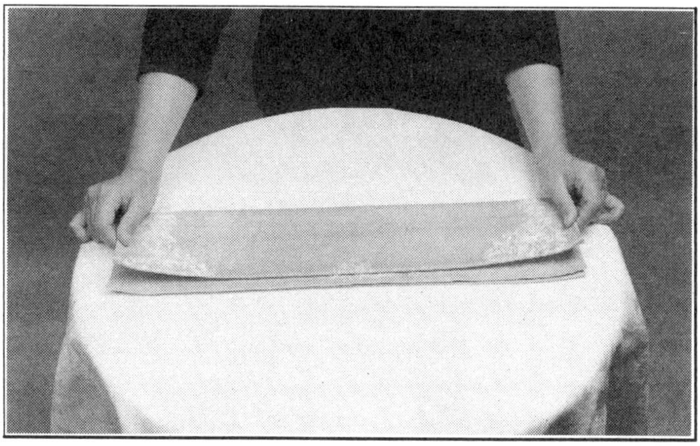

3.

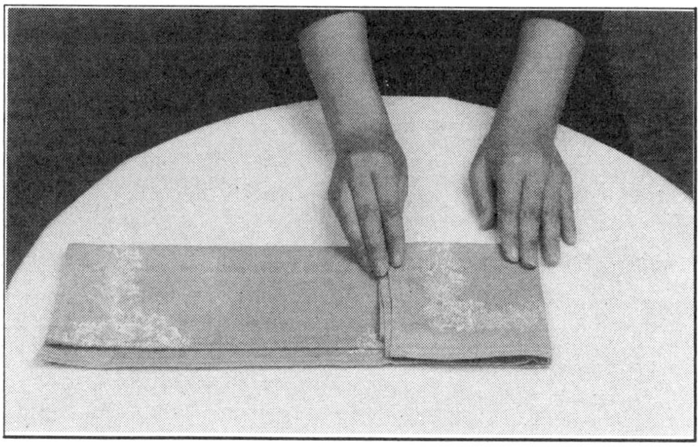

4.

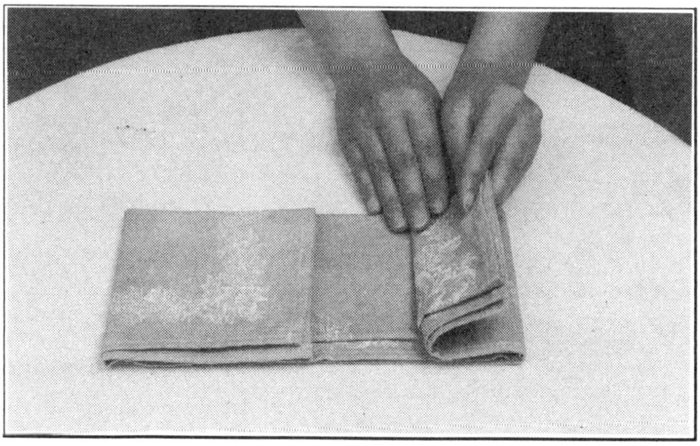

[그림 5-20] 부채꼴형 냅킨(계속)

5.

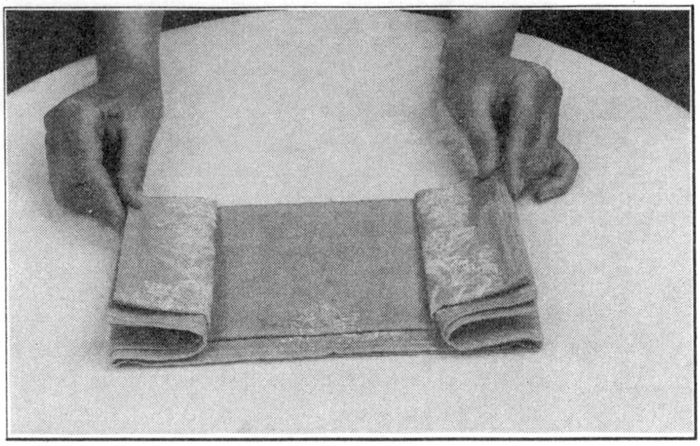

6.

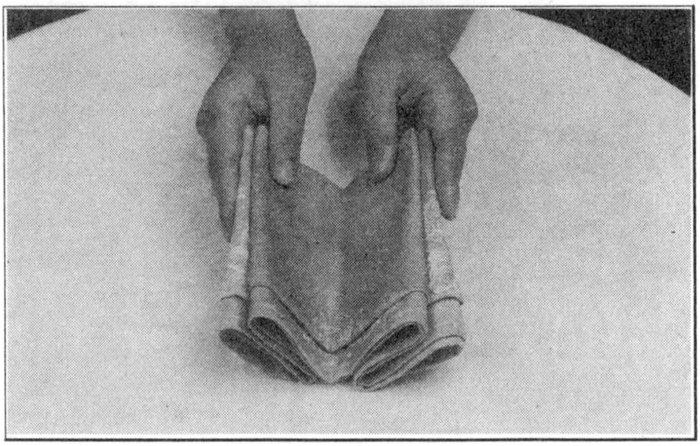

7.

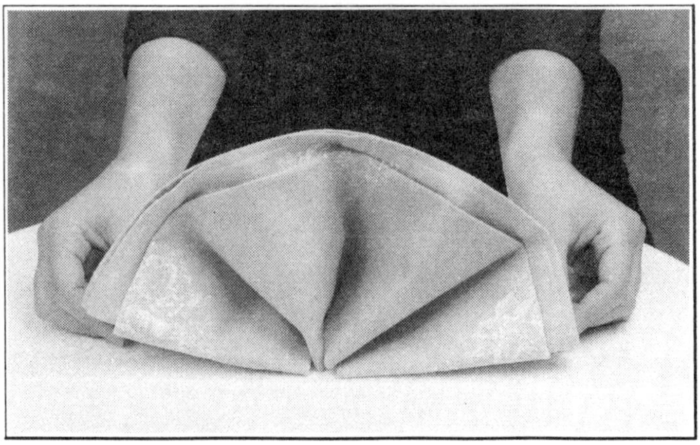

[그림 5-20] 부채꼴형 냅킨(계속)

부채꼴형 (2)

1.

2.

3.

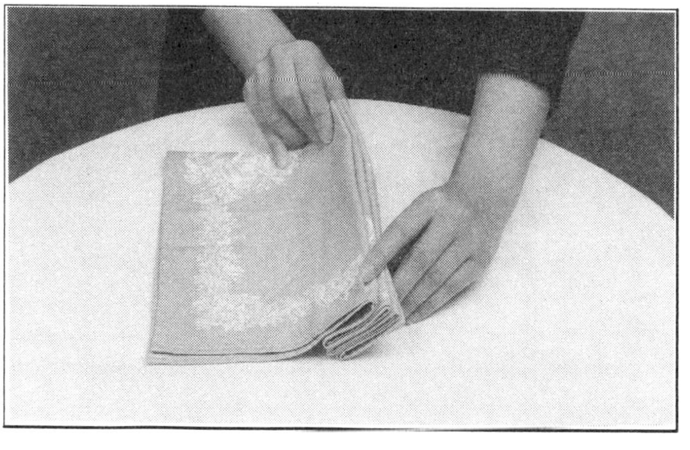

[그림 5-20] 부채꼴형 냅킨(계속)

4.

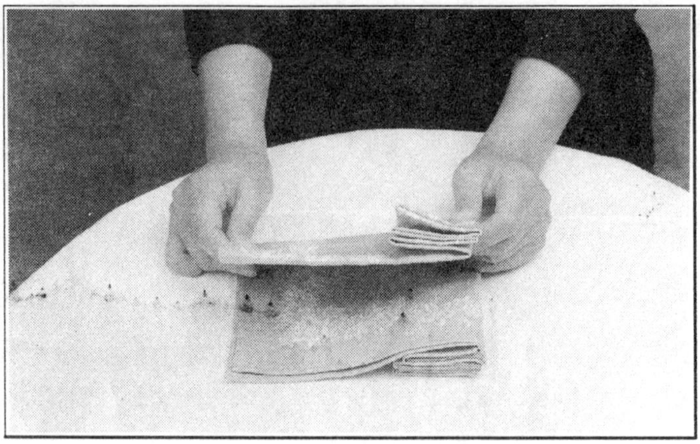

5.

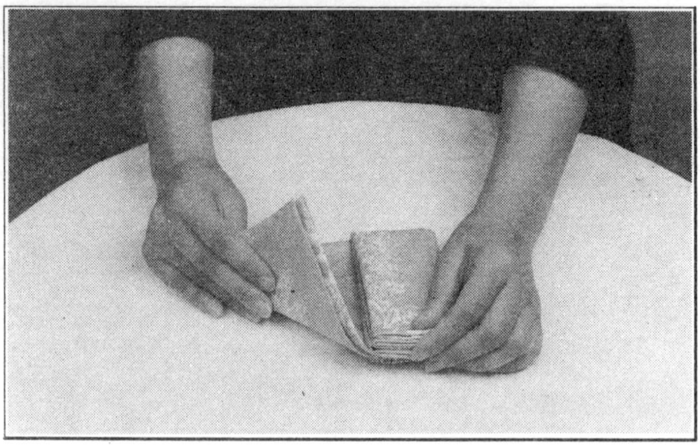

6.

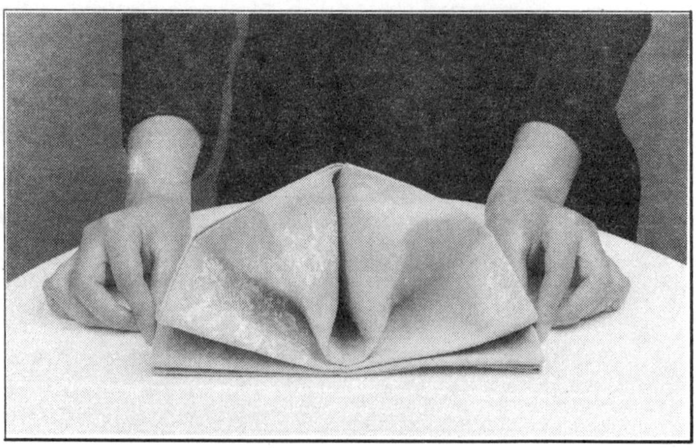

[그림 5-20] 부채꼴형 냅킨

6) 바나나형(banana)

이 형태의 냅킨도 접는 방법이 비교적 복잡하기 때문에 고급스러운 식당에서 많이 이용되는 것으로 접는 방법은 [그림 5-21]에서 보는 바와 같다.

A를 B에 겹치도록 C, D선에 주름을 잡은 후 모서리를 점 A, B에 겹치도록 접은 다음 점 G를 A, B 쪽으로 ⅔정도 올려 접어 주름을 잡아 두번째 그림처럼 만든다.

다음 단계로 점 G를 세번째 그림처럼 H, I선에 겹치도록 다시 내려 접은 다음 네번째 그림처럼 냅킨을 반대쪽으로 돌린 후 모서리 H, I를 서로 끝이 닿도록 접어 넣어 둥근 받침이 되도록 하고, 상단의 양깃을 약간 구부려 빳빳하게 한다.

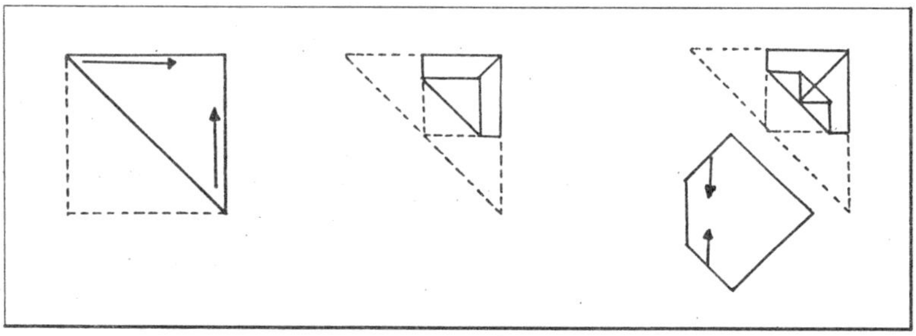

1.

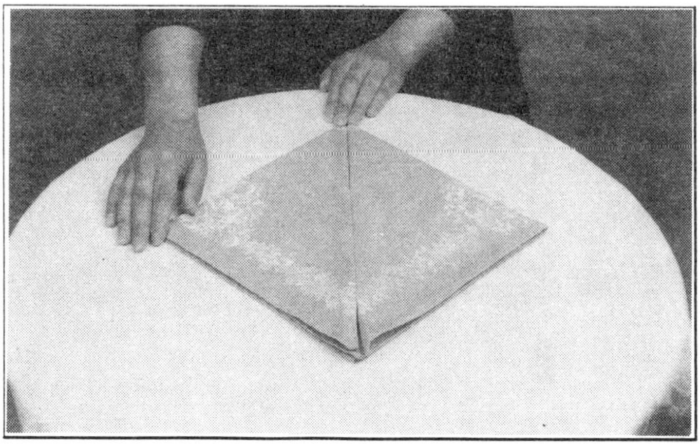

[그림 5-21] 바나나형 냅킨(계속)

2.

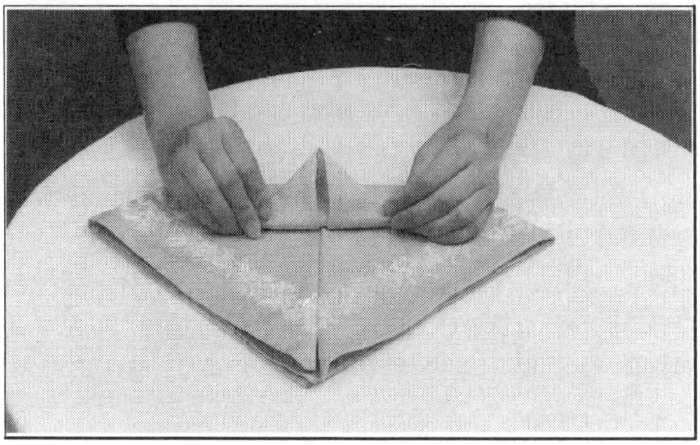

3.

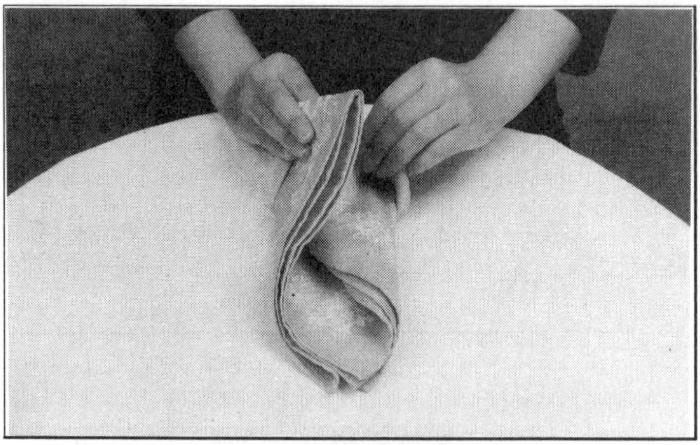

4.

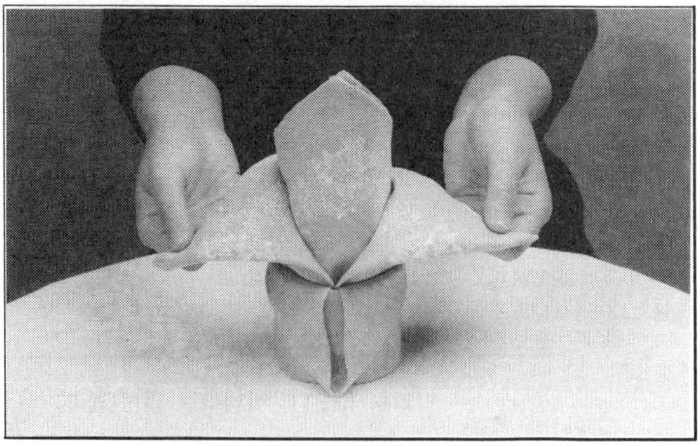

[그림 5-21] 바나나형 냅킨

7) 장미형(rose center piece)

이 형태는 접시나 볼 접시의 밑받침 장식용으로 많이 사용되는 것으로 접는 방법은 1단계와 2단계로 모든 모서리(A, B, C, D, E, F, G, H)를 중심으로 향해 접은 후 냅킨을 뒤집어 놓고 3단계로 모든 모서리(I, J, K, L)를 중심으로 향해 접는다.

4단계로 M점과 중심 사이의 중간쯤 되는 1, 2점에 두 손가락을 갖다대고 M점 밑으로 손을 넣어 뒤쪽의 늘어진 가락을 잡고 잡아당겨서 세우고 점 N, O, P에서도 동일한 방법으로 네 귀퉁이를 세운다.

5단계에서는 점 2와 3에 왼손 두 손가락을 올려놓고 M, N 뒷면에 있는 눌러진 가락을 끌어올려 세우고 NO, OP, PM의 뒷면에 있는 늘어진 것도 동일한 방법으로 올린다.

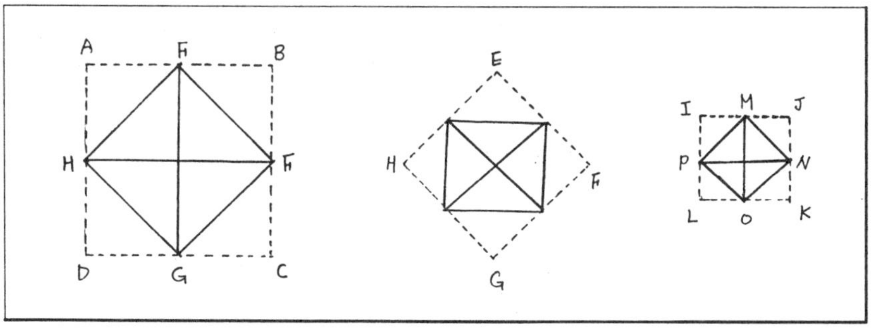

1.

[그림 5-22] 장미형 냅킨(계속)

2.

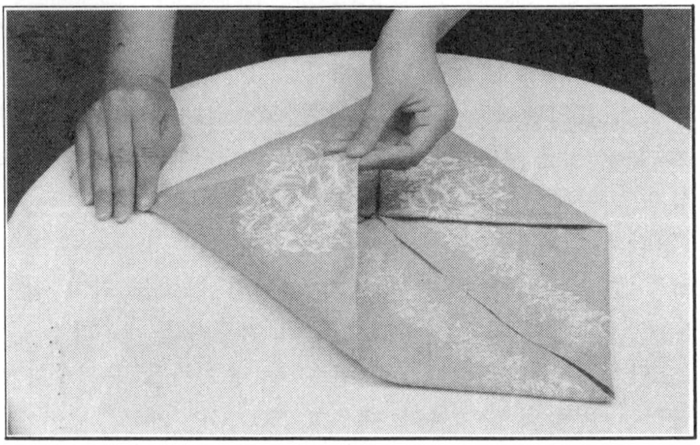

3.

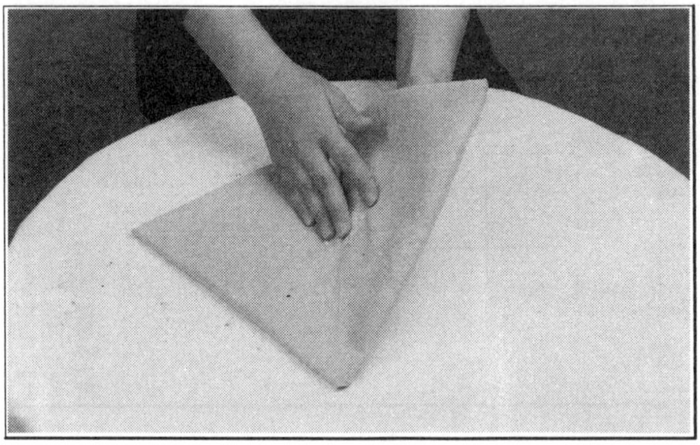

4.

[그림 5-22] 장미형 냅킨(계속)

5.

6.

7.

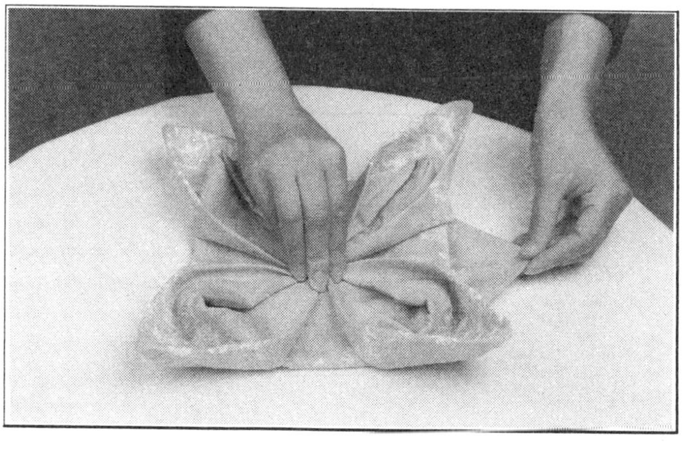

[그림 5-22] 장미형 냅킨(계속)

8.

[그림 5-22] 장미형 냅킨

8) 비둘기형(dove type)

이 형태는 접시장식에 잘 어울리며 특히 프린트(print)된 냅킨일 경우 더욱 우아하게 보이는 형태로 접는 방법은 냅킨을 반쪽으로 접고 왼쪽과 오른쪽을 삼각형으로 만들기 위해 안쪽으로 접은 다음 냅킨을 뒤집어 놓고 삼각형의 꼭지의 중심으로부터 세 개의 주름을 만들고 냅킨의 링(ring)을 세 주름 꼭지에 끼워서 만든다.

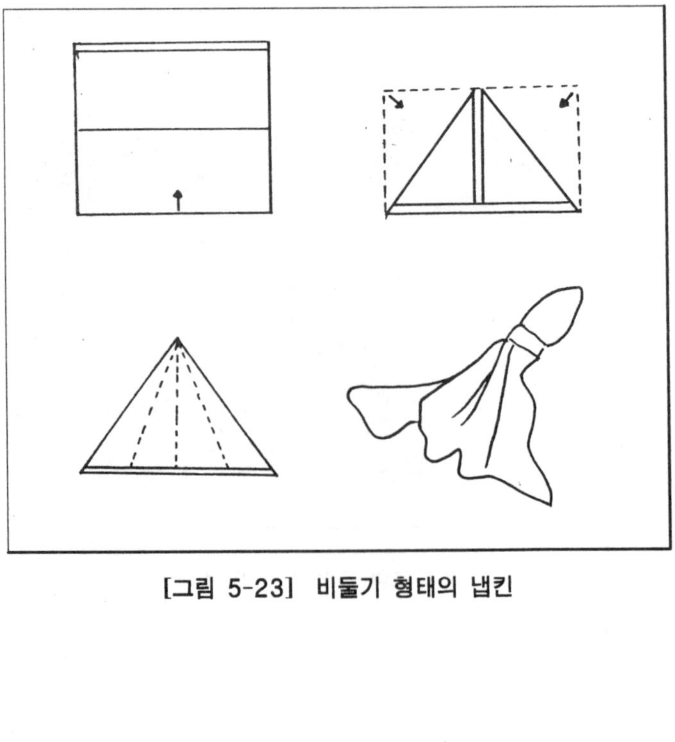

[그림 5-23] 비둘기 형태의 냅킨

9) 책 모양(book type)

이 형태의 냅킨은 공식적인 행사나 예약된 테이블에 적합하고 특히 접시 위에 올려놓으면 잘 어울리는 형태이다. 접는 방법은 그림의 1과 같이 냅킨을 3등분으로 접고, 2와 같이 왼쪽 끝을 각각 2편의 ¼이 되게 접은 후 3과 같이 양쪽 끝을 중심점으로 접는다. 다음은 오른편쪽을 뒤로 접고 접힌 세 부분이 일정하도록 뒤로 끌어내어 4와 같은 모양으로 만든다.

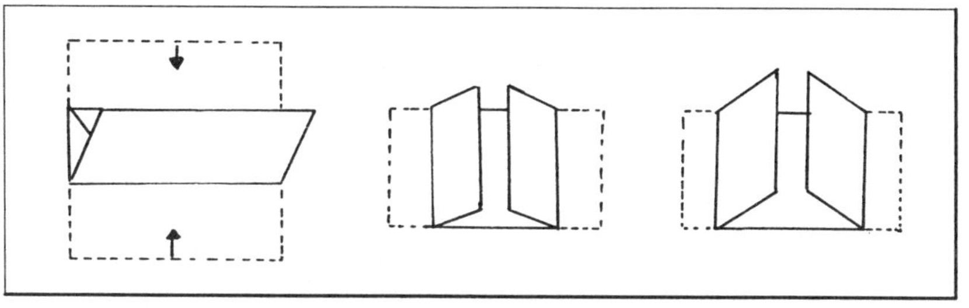

1.

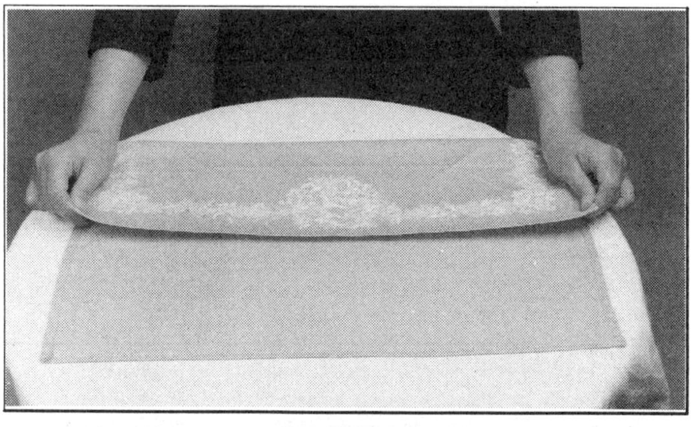

2.

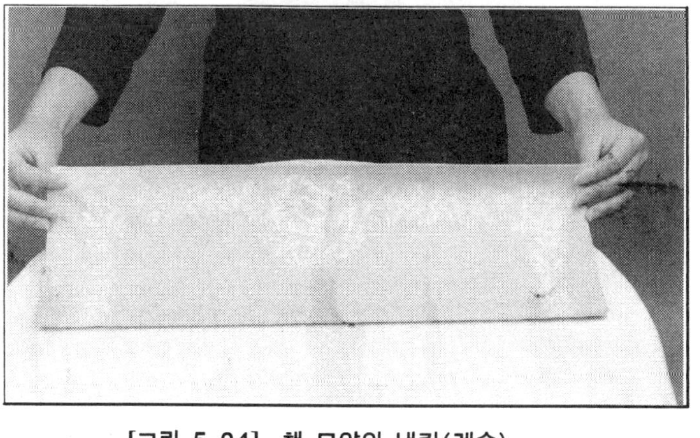

[그림 5-24] 책 모양의 냅킨(계속)

3.

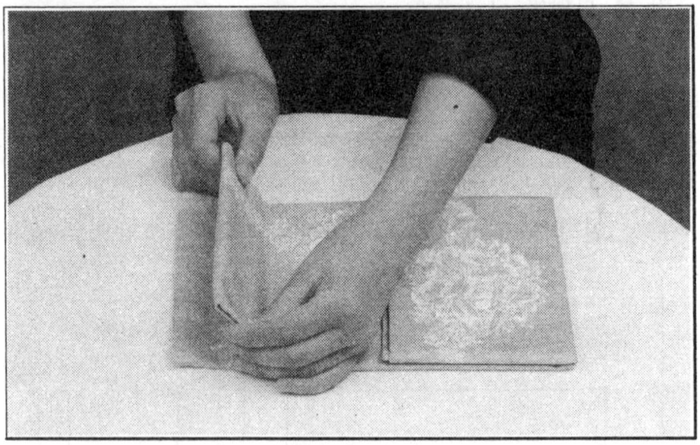

4.

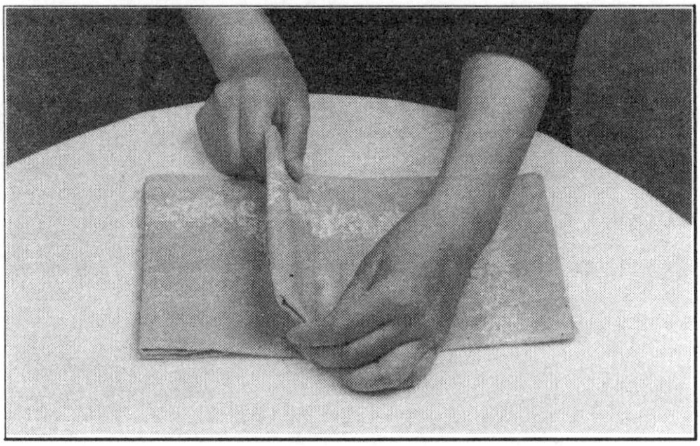

5.

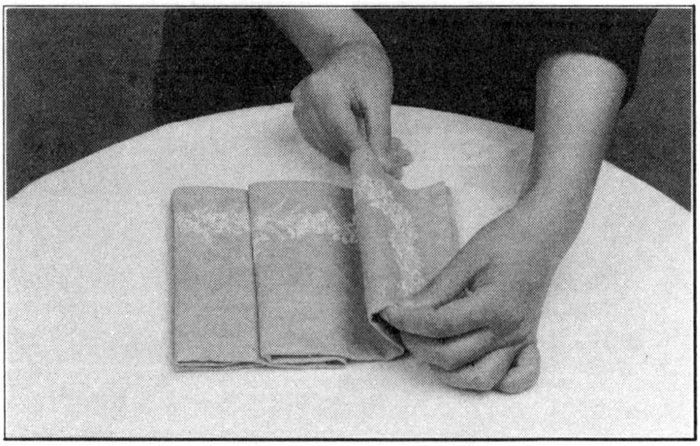

[그림 5-24] 책 모양의 냅킨(계속)

6.

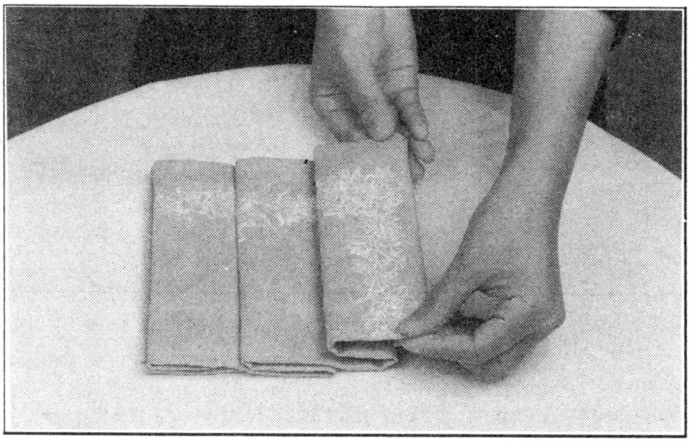

7.

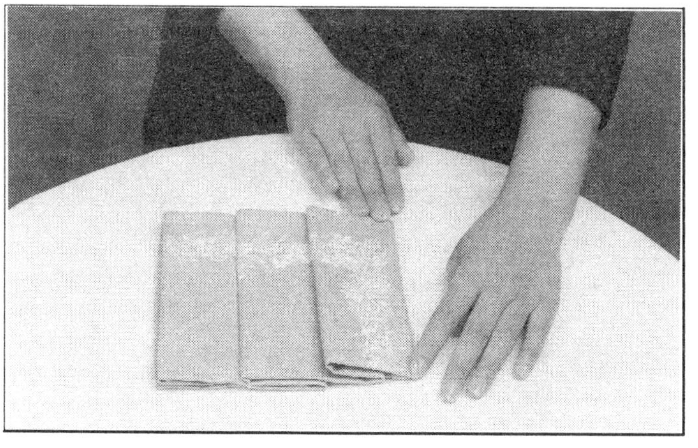

[그림 5-24] 책 모양의 냅킨

10) 고리부채형(ring fan type)

이 형태의 냅킨은 고급식당에 잘 어울리고 다른 기물과 잘 조화를 이루기 위해 중간에 묶음고리를 사용하는 것으로 접는 방법이다.

냅킨을 반으로 접은 다음 접은 냅킨의 한쪽 끝으로부터 시작해서 전체를 아코디언(accordion) 주름처럼 접고 단단히 주름을 잡는다.

다음 단계로 플라스틱 고리로 접은 주름이 위로 가도록 가운데를 묶고 [그림 5-25]와 같이 끝을 펼친다.

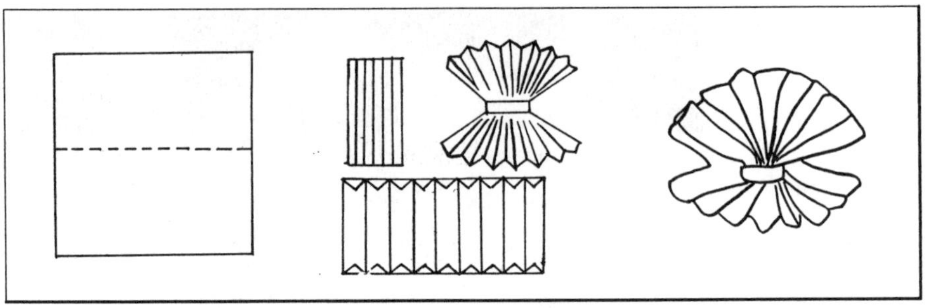

[그림 5-25] 고리부채형 냅킨

이외에도 다양한 형태의 냅킨이 식탁에 사용되어 식사의 종류나 목적에 따라 특이한 형태의 냅킨이 사용되어 식탁 분위기를 더욱 우아하게 장식하기도 한다.

1.

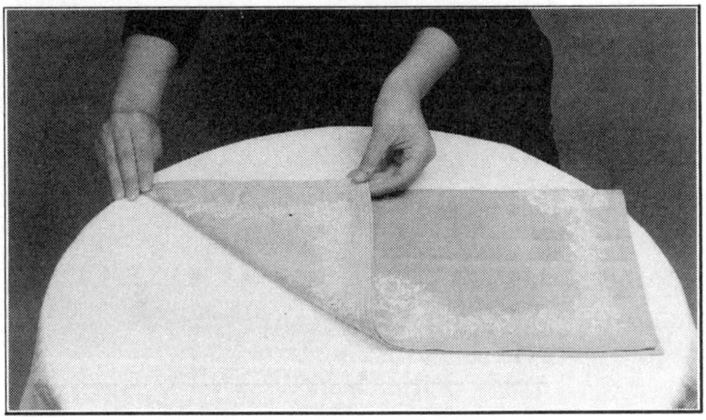

2.

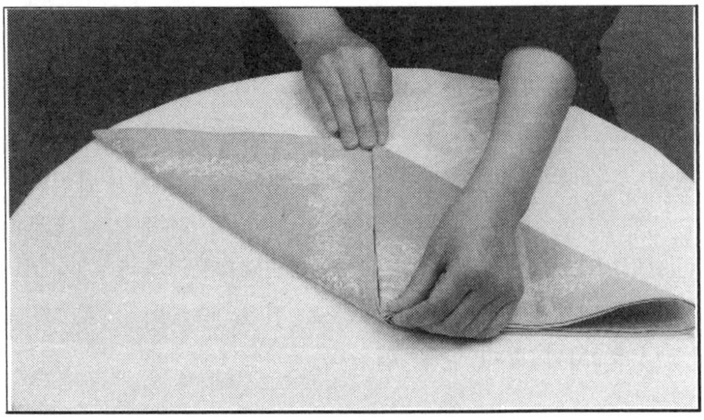

[그림 5-26] 왕관형 냅킨(계속)

3.

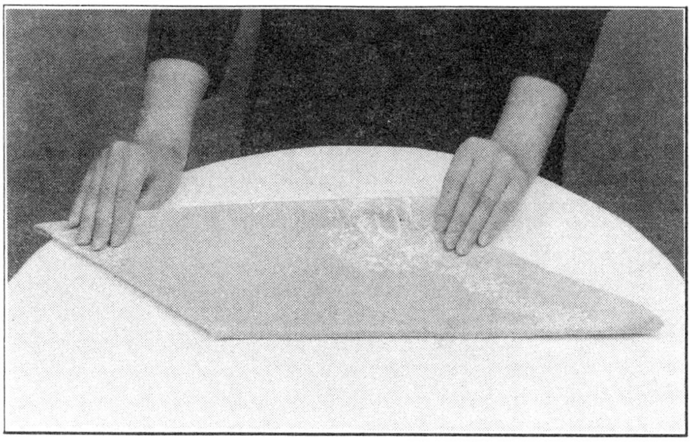

4.

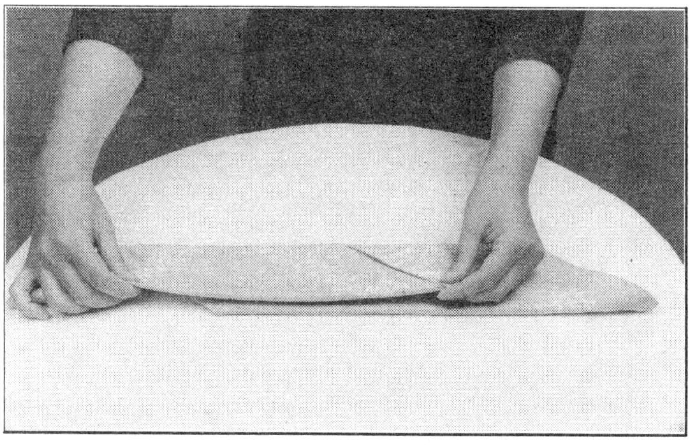

5.

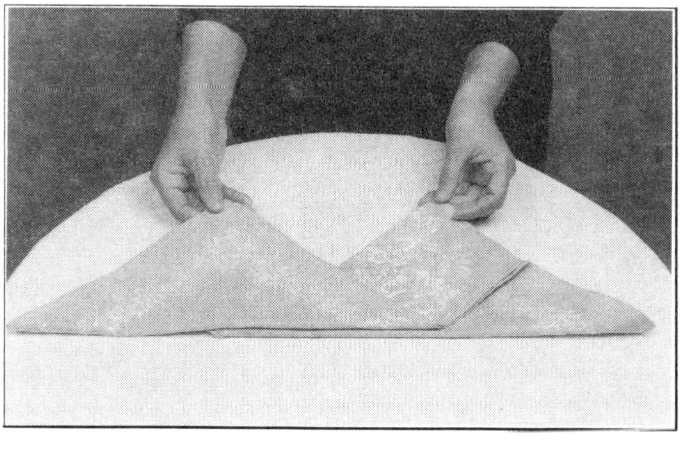

[그림 5-26] 왕관형 냅킨(계속)

6.

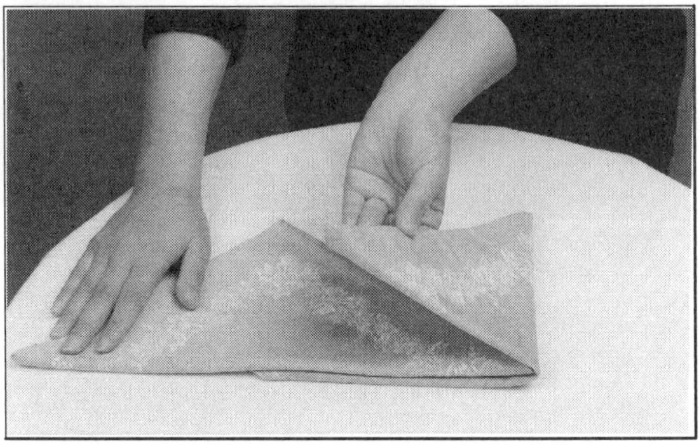

7.

8.

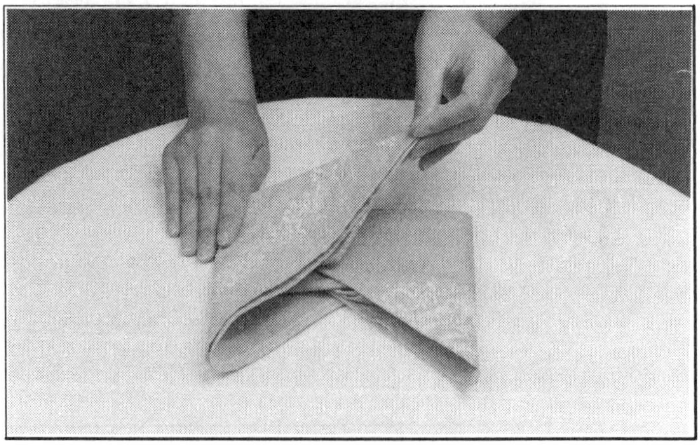

[그림 5-26] 왕관형 냅킨(계속)

9.

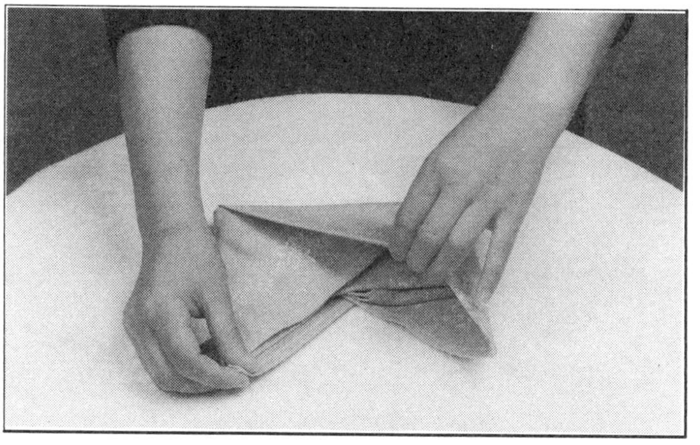

10.

[그림 5-26] 왕관형 냅킨

1.

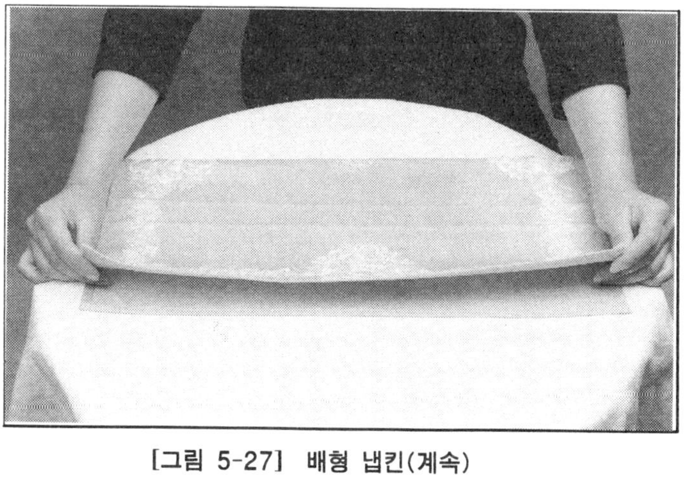

[그림 5-27] 배형 냅킨(계속)

2.

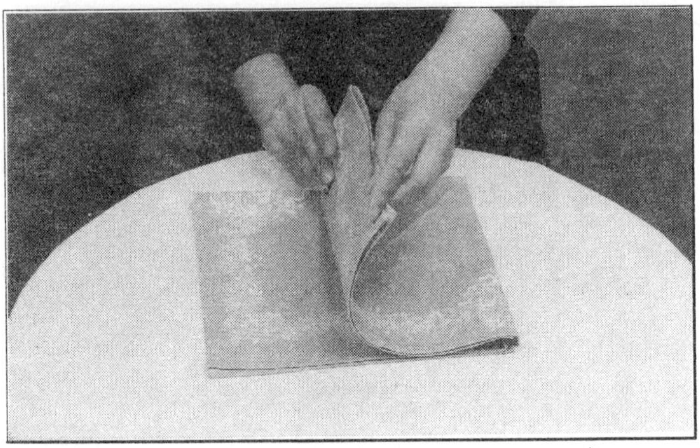

3.

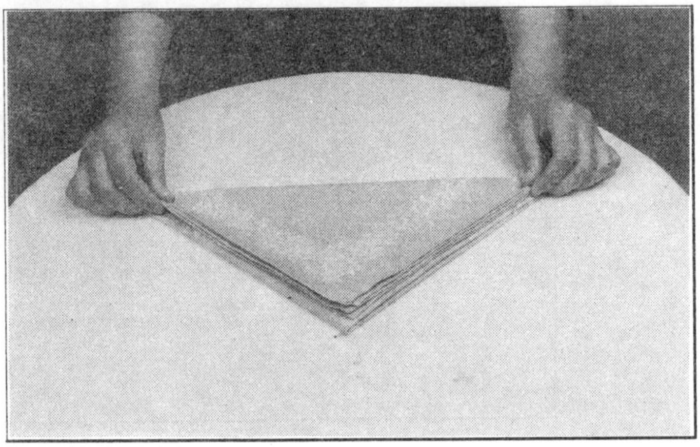

4.

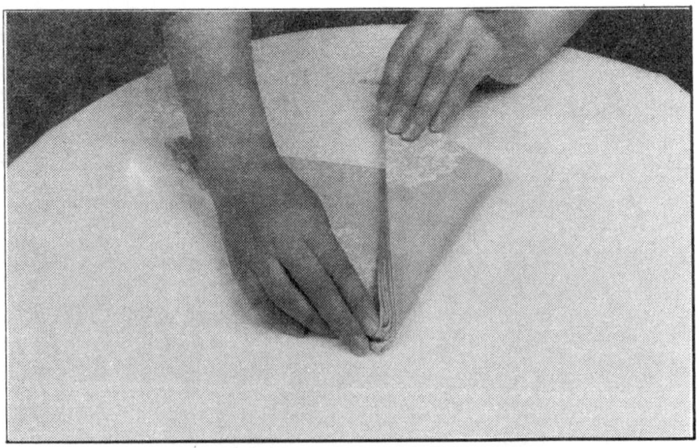

[그림 5-27] 배형 냅킨(계속)

5.

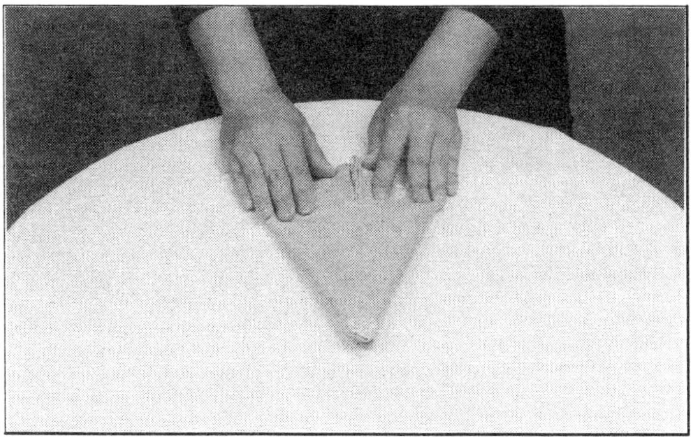

6.

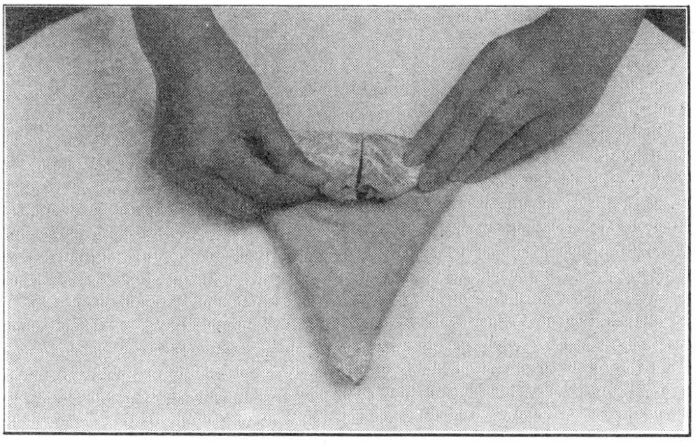

7.

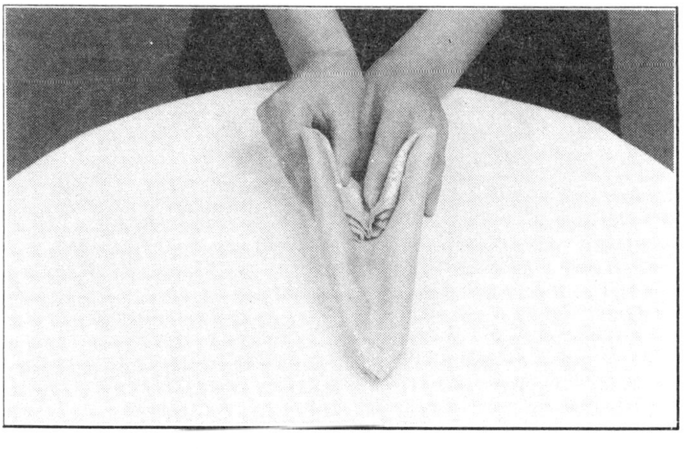

[그림 5-27] 배형 냅킨(계속)

8.

9.

10.

[그림 5-27] 배형 냅킨

1.

2.

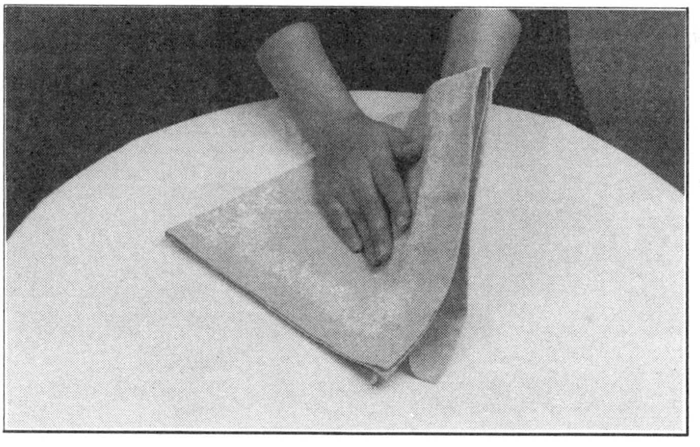

3.

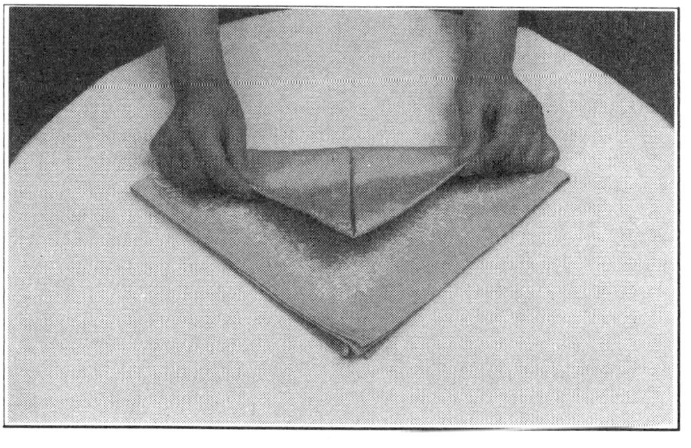

[그림 5-28] 추기경형 냅킨(계속)

4.

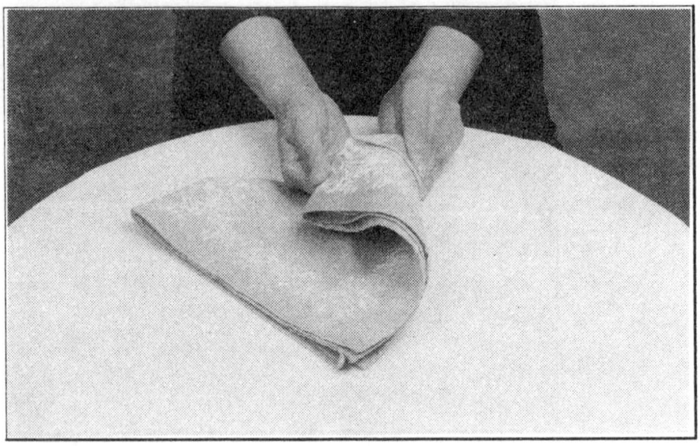

5.

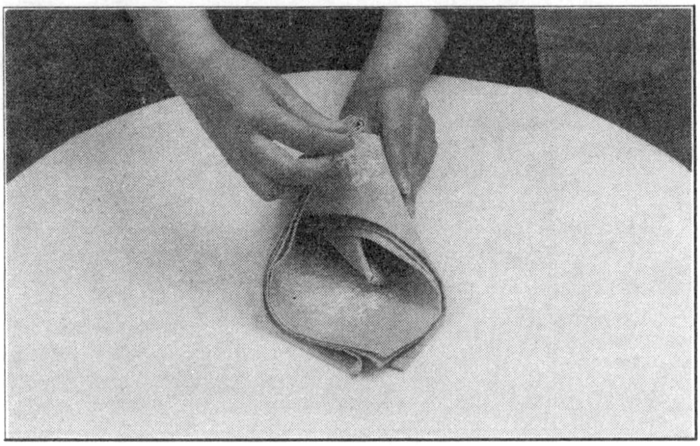

6.

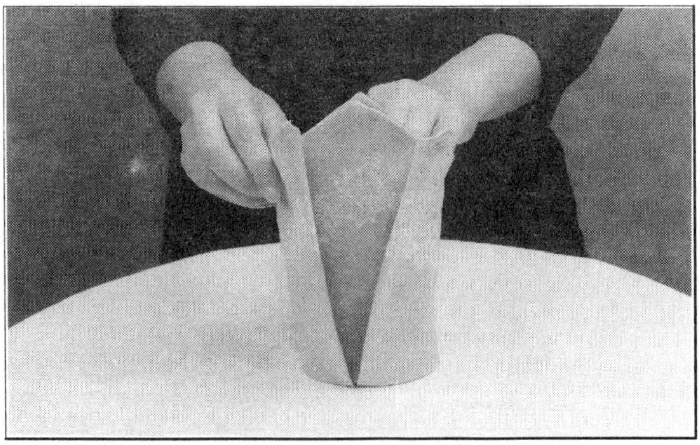

[그림 5-28] 추기경형 냅킨(계속)

7.

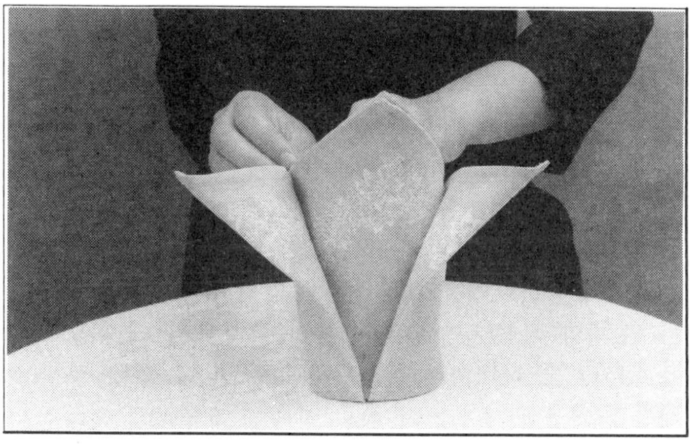

[그림 5-28] 추기경형 냅킨

(7) 암 타월(arm towel/hand towel)

서비스를 담당하는 종업원이 대고객 서비스로 음식을 제공할 경우 착용하는 것으로 서비스 타월(service towel) 또는 핸드 타월(hand towel)이라고도 하며, 재질은 면직류나 마직류로 만든다. 또한, 음식이나 음료를 제공할 경우에도 사용되며, 고객의 실수로 음식을 흘렸을 경우에 신속하게 처리할 수 있도록 항상 착용한다.

서비스를 제공하는 종업원(웨이터 또는 웨이트리스)들이 요리를 제공할 때 상징적으로 소지하며 다음과 같이 사용된다.

① 3등분이나 4등분으로 길게 접어 왼쪽 겨드랑이에 낀다.
② 뜨거운 음식물이나 접시를 운반할 때 사용한다.
③ 음식을 식탁이나 주위에 쏟았을 경우 신속히게 치리힐 수 있나.

(8) 세척용 타월(cleaning towel)

세척용 타월은 세척기에서 꺼낸 기물의 물기를 제거하기 위해 사용되는 것으로 다른 천보다 물기에 대한 흡인력이 강해야 한다. 또한, 닦은 후에 천의 자국이 남지 않도록 해야 한다.

(9) 바 클로스(bar cloth)

바에서 주로 사용하는 클로스로 글라스를 닦거나 배열하는 데 사용하고 깨끗하게 보이기 위해 원식적으로 흰색의 리넨을 사용한다.

(10) 에이프런(apron)

에이프런은 주로 어린이용으로 사용하거나, 고객이 식사를 할 때 사용하는 앞치마로 즉석요리(French service)를 제공할 때 이용된다. 또한 접객원이 음식을 제공할 때 착용하기도 한다.

(11) 유니폼(uniform)

식당에서 서비스를 제공하는 종업원이 착용하는 통일된 각종 의류를 말한다. 호텔의 식당 종업원이 착용하는 복장은 그 식당의 이미지에 많은 영향을 미치므로 이미지 포지셔닝(positioning)을 위해 항상 깨끗하고 청결한 상태를 유지하고, 다림질이 잘된 상태로 착용해야 한다.

따라서 자주 세탁하여 옷에 묻은 얼룩이나 불결한 냄새를 제거하고, 터지거나 구겨진 곳이 없어야 하고 바지의 주름이 선 상태로 착용해야 한다.

(12) 스커트(skirt/drapes)

뷔페나 회의용 테이블을 꾸밀 때 우아하게 보이기 위해 테이블 하단 부분이 보이지 않도록 장식하는 주름진 천을 말한다.

(13) 도일리(doily)

음료를 제공할 때 접시 대용으로 사용하는 밑받침을 말하는 것으로서 일반적으로 원형의 도일리는 물, 주스, 맥주 등의 글라스 밑받침이나 꽃병 및 장식용 집기 등의 밑받침으로 사용되나, 약간의 무늬가 있는 도일리는 식탁 위에 깔고 세팅을 하기도 한다. 요즘에는 도일리 재료를 리넨류를 사용하지 않고 종이재질을 이용하여 두껍고 딱딱하게 만들어 사용하기도 한다.

(14) 워머(warmer)

음식을 따뜻한 상태로 보관하기 위한 장비로서 음식을 일정한 온도로 유지시켜 최적의 상태로 식사를 할 수 있도록 하기 위한 목적으로 사용한다. 용도에 따라서 소프트 롤빵(soft roll bread)을 담는 롤 워머(roll warmer), 대형 연회장에서 동시에 많은 인원의 서비스가 가능하도록 개발된 푸드 워머 박스(food warmer box) 등이 있다.

4. 리넨의 취급방법

리넨(linen)류는 규격 및 용도에 알맞게 사용해야 하며 사용과 보관을 청결하게 취급해야 한다. 즉, 세탁된 리넨을 보관할 경우에는 규정된 장소에 종류별로 구분해서 사용하기 편리하고 구겨지거나 먼지가 묻지 않도록 깨끗한 상태로 정돈하여 비치하고 보관한다. 또한, 사용된 리넨류를 수거할 때에는 기름이나 음식물 등으로 얼룩이 생기지 않도록 취급한다.

항상 리넨은 고객이 사용하는 쪽에 손이 닿아서는 안 되며, 재봉선이 밖으로 튀어나오게 해서는 안 된다.

(1) 청 결

리넨류도 식기를 취급할 때와 마찬가지로 식탁의 위생을 고려하여 사용과 보관시 항상 청결을 유지해야 한다.

(2) 합리적인 사용

리넨은 사용목적에 따라 적절히 사용해야 하며, 사용목적 이외에 절대로 남용해서는 안 된다. 또한 규격 및 용도에 알맞게 사용해야 한다.

(3) 정리정돈

세탁된 리넨을 보관할 때는 규정된 장소에 종류별로 구분해서 사용이 편리하도록 잘 정돈하고 비치하여 구겨지거나 먼지가 묻지 않도록 깨끗하게 보관해야 한다.

(4) 사용 후 처리

리넨에 기름이나 음식물 등으로 인해 얼룩이 생기지 않도록 취급해야 하며, 사용된 리넨에 핀(pin)이나 이쑤시개(tooth pick), 음식물 등을 깨끗하게 제거한 후에 세탁하도록 한다.

(5) 점검 및 세팅

리넨을 사용하기 전에 반드시 상태를 점검하여 찢어졌거나 흠집 또는 얼룩이 있는 리넨은 사용하지 않도록 한다.

• 예비과제

1. 영업장 준비절차를 설명하여라.

• 실습순서

1. 테이블 세팅에 필요한 테이블웨어의 종류를 익힌다.

글라스웨어의 명칭과 용도, 취급요령을 익힌다.
실버웨어의 명칭과 용도, 취급요령을 익힌다.
차이나웨어의 명칭과 용도, 취급요령을 익힌다.
테이블 리넨의 명칭과 용도, 취급요령을 익힌다.

2. 표준규격의 냅킨을 준비하고 순서에 따라 다양한 냅킨 접기를 한다.

3. 서버용 기물과 비품, 장비류의 명칭과 용도 취급요령을 익힌다.

• 평 가

<table>
<tr><th rowspan="2">영 역</th><th rowspan="2">평 가 사 항</th><th colspan="5">평 가</th></tr>
<tr><th>A</th><th>B</th><th>C</th><th>D</th><th>E</th></tr>
<tr><td>이 해
(10)</td><td>1. 요리를 먹기 위한 테이블웨어의 모양과 기능을 이해하였다.
2. 서비스용 기물과 장비류의 명칭과 용도를 이해하였다.</td><td></td><td></td><td></td><td></td><td></td></tr>
<tr><td>태 도
(10)</td><td>1. 예비학습을 통한 필요기물을 준비하였다.
2. 청결한 실습장과 실습분위기가 유지되었다.
3. 기물을 안전하게 다루었다.</td><td></td><td></td><td></td><td></td><td></td></tr>
<tr><td>실무능력
(20)</td><td>1. 실버웨어, 차이나웨어, 글라스웨어의 모양과 용도를 이해하였다.
2. 서비스용 기물의 모양과 용도를 이해하였다.
3. 비품 장비류의 종류와 용도를 이해하였다.</td><td></td><td></td><td></td><td></td><td></td></tr>
</table>

••• 모듈과제 5-3 •••••••••••••••••• 테이블 세팅

• 목 표

1. 고객이 사용하기 편리하고 미관상 보기 좋은 테이블 세팅의 기본원칙을 이해한다.
2. 양식의 기본과 정식, 일품요리, 아침식사의 테이블 세팅 방법을 익힌다.

• 사용재료

테이블 클로스, 언더 클로스, 냅킨, 서비스 타월

• 사용기자재

테이블, 의자, 글라스웨어, 실버웨어, 차이나웨어, 리셉션 데스크

• 관련이론

식탁의 세팅은 식욕을 증진시키는 데 매우 중요한 역할을 한다. 식당에 들어갔을 때 화려하고 우아한 식탁의 모습은 편안한 마음으로 식사를 즐길 수 있는 단서(cue)를 제공하기 때문에 고급의 정도를 나타내는 척도이기도 하다.

사람이 요리를 맛있게 먹기 위해서는 미각, 시각, 취각, 청각, 촉각 등 5각의 기능이 작용하여 만족의 정도를 결정하기 때문이다. 테이블 클로스 위의 감미로운 조명, 담백한 와인의 향기, 각종 조미료의 향미, 중앙에 위치한 꽃과 장식품 등과 주위에서 들려오는 달콤한 음악소리 등은 테이블 세팅과 더불어 요리의 맛을 증진시켜 주어 식욕에 만족을 주는 중요한 요소들이다.

1. 테이블 세팅의 원칙

테이블 세팅의 일반적인 원칙은 식당의 수준을 높일 수 있는 하나의 수단으로서 고객유치에 중요한 역할을 한다. 테이블 세팅의 원칙은 식탁의 종류 및 기물의 종류에 따라 약간씩 변화할 수 있으나 기본적인 목적은 고객이 사용하기 편리하면서 보기에 좋은 상태로 세팅을 하는 것이다. 또한 이러한 기본적인 원칙은 고객과의 약속이기도 한다.

기물류의 배치는 전체적인 균형을 이룰 수 있도록 적당한 간격으로 보기 좋게 놓는다. 테이블을 세팅할 때에도 효과적이고 능률적인 작업을 위하여 일정한 원칙에 의해 작업을 하는 것이 바람직하다. 구체적인 기본원칙을 살펴보면 〈표 5-5〉와 같다.

〈표 5-5〉 테이블 세팅의 기본원칙

구 분	세 팅 방 법
쇼플레이트은 기 류	식탁 가장자리로부터 2cm 정도의 간격으로 두고 놓는다.
기 물 류	전체적인 균형을 이룰 수 있도록 적당한 간격으로 보기좋게 놓는다.
빵 접 시	쇼플레이트의 중앙선과 일치하도록 세팅한다.
디너 나이프	칼날이 안쪽으로 향하도록 한다.
버터 나이프	빵접시 위에 오른쪽으로 ¼ 정도 되는 위치에 포크의 배열선과 맞추어 놓는다.
물 잔	디너 나이프의 끝쪽 연장선과 디저트 스푼과 포크의 중앙 배열선이 교차되는 곳에 놓는다.
와 인 잔	물잔의 오른쪽 아래쪽으로 45도 대각선상에 놓는다.
센터 피스	테이블의 종류와 세팅 인원에 따라 달라질 수 있겠으나 일반적으로 좌측부터 재떨이, 후추, 소금, 꽃병의 순으로 배열한다.
성 냥	알맹이 하나의 끝을 성냥갑 밖으로 나오게 하여 재떨이 앞쪽에, 상표를 고객이 볼 수 있도록 놓는다.

2. 테이블 세팅의 종류

테이블 세팅은 식사의 종류나 목적에 따라 사용하는 기물이나 위치가 다르게 배치된다. 여기에서는 양식을 기준으로 하여 세팅방법을 설명하도록 한다.

(1) 기본세팅

테이블 세팅에서 가장 기본이 되는 표준 식탁 꾸미기를 의미하는 것으로 아침식사를 제외한 점심이나 저녁식사를 제공하는 식당에서는 항상 식탁의 기본세팅을 미리 해놓는다.

① Show plate
② Meat knife
③ Meat fork
④ B & B plate
⑤ Butter knife
⑥ Water goblet
⑦ Wine glass
⑧ Flower vase
⑨ Caster set
⑩ Ashtray
⑪ Napkin

[그림 5-29]
기본세팅

(2) 정식세팅

식당에 따라 배열방법이 약간의 차이가 있으나 정식의 세팅은 특별한 경우가 없는 한 일반적으로 다음과 같은 형태로 세팅한다.

1) 포크와 나이프(knife & fork)

서비스 플레이트(service plate)를 중심으로 오른쪽에는 식사의 순서에 따라 오르 되브르용 나이프(hors d'oeuvre knife), 수프용 스푼(soup spoon), 생선용 나이프(fish knife), 고기용 나이프(meat knife) 등의 순서로 세팅하고 나이프의 칼날은 안쪽으로 향하도록 한다. 그리고 왼쪽으로는 바깥쪽에서부터 순서에 따라 오르 되브르용 포크(hors d'oeuvre fork), 생선용 포크(fish fork), 샐러드용 포크(salad fork), 고기용 포크(meat fork)를 세팅한다. 만약 오르 되브르볼(hors d'oeuvre)에 나이프가 필요 없을 경우에는 오르 되브르용 포크를 오른쪽의 수프용 스푼 옆에 세팅하기도 한다.

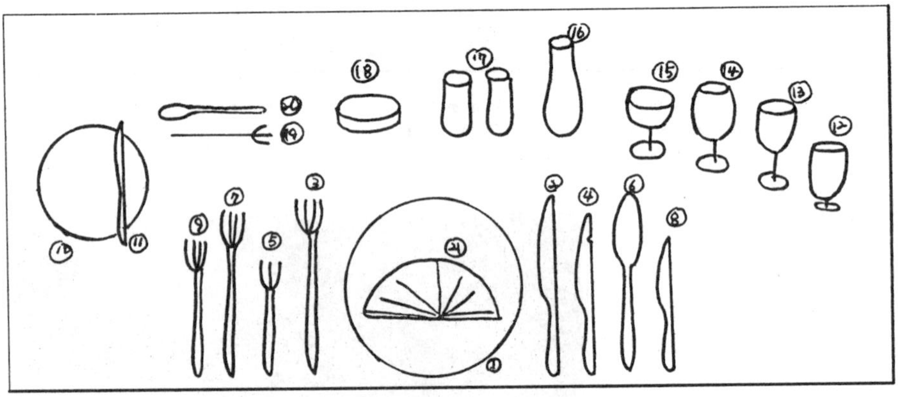

① Show plate	⑥ Soup spoon	⑩ B & B plate	⑭ Red wine glass	⑱ Ashtray
② Meat knife	⑦ Fish fork	⑪ Butter knife	⑮ Champagne glass	⑲ Dessert fork
③ Meat fork	⑧ Appetizer knife	⑫ Water goblet	⑯ Flower Vase	⑳ Dessert spoon
④ Fish knife	⑨ Appetizer fork	⑬ White wine glass	⑰ Caster set	㉑ Napkin
⑤ Salad fork				

[그림 5-30]
정식 테이블 세팅

2) 빵접시(bread plate)

버터 나이프(butter knife)를 접시 위에 얹어 포크의 왼쪽 위에 놓는다. 빵접시를 포크의 윗부분 옆으로 올려놓는 것은 웨이터가 서브할 때 팔목이나 서비스 타월이 빵에 닿는 것을 막도록 하기 위한 것이다.

3) 버터접시/버터 볼

버터접시(butter plate)나 버터 볼(butter bowl)은 포크의 위쪽 상단에 빵바구니와 더불어 가까이 놓는다. 버터는 여러 가지 모양으로 잘라서 냉각시켰다가 내놓으며 버터 볼 안에 얼음조각을 넣어 제공하기도 한다.

4) 디저트용 스푼과 포크

디저트에 필요한 스푼과 포크는 보통 더운 감미 디저트(hot sweet dessert)에 사용하는 것으로 디저트가 제공되기 직전에 웨이터가 스푼은 오른쪽, 포크는 왼쪽으로 나란히 세팅하기도 한다.

5) 과일용 포크와 나이프

디저트로 과일이 제공될 때 필요한 나이프와 포크는 보통 뒤에 세팅을 하나 경우에 따라서는 맨 윗부분 센터 피스 가까운 곳에 나란히 배열하기도 한다.

6) 글라스

① 물컵(water glass) : 텀블러(tumbler)나 고블릿(goblet)은 수프 스푼과 나이프의 위쪽에 세팅한다.

② 와인글라스(wine glass) : 보통 셰리(sherry), 포트(port), 백포도주(white wine), 적포도주(red wine), 샴페인(champagne)의 순서로 세팅한다.

③ 리큐어 글라스(liquer glass) : 식후에 서브하게 되는 것이기 때문에 처음부터 함께 세팅하지 않는다.

7) 메뉴표

포크의 위쪽인 버터접시 오른쪽에 세팅하거나 센터 피스 가까운 곳에 메뉴꽂이(menu holder)를 이용하여 세팅한다.

(3) 일품요리 세팅

① Show plate
② Dinner knife
③ Dinner fork
④ Soup spoon
⑤ B & B plate
⑥ Butter knife
⑦ Water goblet
⑧ Flower vase
⑨ Caster set
⑩ Ashtray
⑪ Dessert fork
⑫ Dessert spoon
⑬ Napkin

[그림 5-31] 일품요리의 테이블 세팅

(4) 아침식사 세팅

① Table knife
② Table fork
③ B & B plate
④ Butter knife
⑤ Water goblet
⑥ Flower Vase
⑦ Caster set
⑧ Ashtray
⑨ Coffee cup & soucer
⑩ Coffee spoon
⑪ Napkin

[그림 5-32] 아침식사 테이블 세팅

3. 테이블 세팅의 순서

호텔 식당의 특성과 종류에 따라 테이블 세팅에 대한 매뉴얼을 호텔마다 자체의 표준대로 세팅을 하지만 일반적인 순서는 다음과 같다.

① 테이블과 의자의 위치를 확인한다.
② 언더 클로스(under cloth)를 편다.
③ 테이블 클로스(table cloth)를 편다.
④ 센터 피스(center piece)를 세팅한다.
⑤ 쇼플레이트(show plate)를 세팅한다.
⑥ 빵접시(bread plate)를 세팅한다.
⑦ 디너용 나이프와 포크(dinner knife & dinner fork)를 세팅한다.
⑧ 생선용 나이프와 포크(fish & knife & fish pork)를 세팅한다.
⑨ 수프 스푼(soup spoon)과 샐러드 포크(salad fork)를 세팅한다.
⑩ 애피타이저용 나이프와 포크(appetizer knife & appetizer fork)를 세팅한다.
⑪ 버터용 나이프(butter knife)를 세팅한다.
⑫ 디저트 스푼과 포크를 쇼플레이트(show plate) 위쪽에 세팅한다.
⑬ 글라스류를 세팅한다.
⑭ 냅킨을 편다.
⑮ 식탁 전체의 균형을 점검한다.

4. 테이블 세팅의 방법

(1) 포크와 나이프

식탁 위의 가운데 접시를 중심으로 왼쪽에는 포크, 오른쪽에는 나이프가 같은 수로 놓여진다. 이는 음식이 제공되는 순서에 따라 바깥쪽에서 안쪽으로 사용한다. 육류용 크기가 가장 크고 샐러드와 애피타이저, 디저트용은 중간 크기이다.

① 나이프는 날이 안쪽으로 향하도록 우측에 수직으로 세팅한다.
② 포크는 날 부분을 위로 향하게 해서 좌측에 수직으로 세팅한다.
③ 손잡이는 식탁 끝으로부터 1.5~2cm 정도 올려서 세팅한다.
④ 버터 나이프는 빵접시의 오른쪽 위에 포크와 나란히 세팅한다.
⑤ 그밖의 포크와 나이프는 고객의 주문에 따라 추가로 세팅한다.

(2) 글라스류의 세팅

① 물컵(water goblet)을 중심으로 와인 글라스류가 세팅된다.

② 물컵은 고기용 나이프의 약 1.5~2cm 정도 위에 세팅한다.
③ 물컵을 중심으로 마름모꼴이나 사선형으로 백포도주용 글라스(white wine glass), 적포도주용 글라스(red wine glass), 샴페인용 글라스(champagne glass)의 순서로 세팅된다.
④ 세팅시 한 사람의 고객 앞에 4개 이상의 글라스를 세팅하지 않는다.
⑤ 글라스류를 취급할 때에는 반드시 손잡이나 밑부분을 잡아야 한다.
⑥ 세팅하기 전에 글라스의 윗부분에 손자국이나 오물자국 등을 점검한다.

(3) 고객 앞에서의 테이블 세팅

좌석을 정한 고객으로부터 요리의 주문을 받은 후 요리에 맞추어서 테이블을 세팅하는 경우에는 다음과 같은 요령으로 한다.

① 테이블에 전혀 세팅이 되어 있지 않은 경우 주문에 따라 세팅한다.
② 일부가 세팅되어 있을 때는 주문에 따라서 필요한 기물을 세팅한다.
③ 세팅이 완료된 테이블에서는 주문에 따라 불필요한 기물을 치운다.

고객이 식당의 좌석에 앉아 있는 경우에 테이블 세팅을 실시할 때에 주의해야 할 사항은 다음과 같다.

① 기물을 테이블로 옮길 때나 치울 때에는 트레이(tray)를 사용하고 손으로 들고 다니지 않는다.
② 기물이 부딪쳐 소음을 내지 않도록 한다.
③ 나이프나 포크를 세팅할 경우에는 나이프나 포크의 끝이 고객의 몸에 닿거나 떨어뜨리지 않도록 주의한다.
④ 테이블 세팅시 고객의 앞을 가로막거나 또는 팔을 뻗어서 세팅할 때에는 반드시 고객의 양해를 구하고 실시한다.
⑤ 어떠한 경우라도 테이블 배치의 원칙을 준수하여 세팅한다.
⑥ 고객에게 불편을 최소화하기 위해 정중하고 신속하고 실시한다.

(4) 기타

① 서비스 플레이트(service plate) 윗부분에 버터 플레이트(butter plate) 또는 버터 볼(butter bowl)을 세팅한다.
② 버터용 접시 위쪽에 빵바구니를 세팅한다.
③ 수프 스푼은 나이프의 우측에 나란히 세팅한다.
④ 디저트용 스푼은 오른쪽에, 포크는 왼쪽에 세팅한다.

또한 디저트를 제공할 때에는 다음과 같은 절차로 세팅한다.

① 테이블 위의 물컵, 와인 글라스는 제외하고 접시와 캐스터(caster) 세트

등을 제거한다.

② 테이블 위의 빵조각이나 기타 이물질을 브러시(brush)나 더스트 팬(dust fan)을 이용하여 깨끗하게 쓸어낸다.

③ 디저트는 서비스 플레이트 없이 기물만 세팅한다.

④ 커피나 홍차는 미리 세팅하지 않고 고객의 주문에 의해 컵받침보다 약간 큰 접시 위에 냅킨이나 도일리를 깔고 컵받침을 세팅하여 컵과 함께 제공된다.

⑤ 커피 스푼(coffee spoon)은 컵의 왼쪽이나 앞쪽에 세팅한다.

• 예비과제

1. 실버웨어의 종류를 설명하여라.
2. 글라스웨어의 종류를 설명하여라.
3. 차이나웨어의 종류를 설명하여라.

• 실습순서

1. 테이블 세팅에 필요한 기물과 리넨을 준비한다.
2. 리넨류를 세팅하고 식탁의 중심에서 오른쪽, 왼쪽, 윗부분을 세팅한다.
3. 기본세팅을 참고로 정식, 아침식사, 일품요리를 세팅해 본다.

• 평 가

영 역	평 가 사 항	평				가
		A	B	C	D	E
이 해 (10)	1. 테이블 세팅에 필요한 기물과 비품을 이해하고 있다. 2. 테이블 세팅의 기본원칙을 이해하고 있다. 3. 각 종류별 테이블 세팅을 완성할 수 있다.					
태 도 (10)	1. 예비학습을 통한 필요기물과 비품이 준비되었다. 2. 준비된 기물과 비품의 상태가 청결하였다. 3. 테이블 세팅을 순서대로 정확히 하였다.					
실무능력 (20)	1. 테이블 세팅에 필요한 리넨류, 테이블웨어, 장비류의 종류와 용도를 이해하였다. 2. 양식의 기본세팅 방법을 습득하였다. 3. 정식의 테이블 세팅 방법을 습득하였다. 4. 아침식사와 일품요리의 제공요리별 테이블 세팅 방법을 습득하였다.					

모듈 6

음료와 칵테일

호텔 식음료 부문에서 제공하는 음료를 분류해 보고, 양조주, 증류주, 혼성주의 특성을 이해하고 칵테일 조주에 필요한 용구와 조주방법을 습득한다.

모듈 학습목표

1. 음료의 개념이해와 음료의 종류를 이해할 수 있다.
2. 양조주 종류와 특성을 알 수 있다.
3. 증류주 종류와 특성을 알 수 있다.
4. 혼성주 종류와 특성을 알 수 있다.
5. 칵테일 요구 및 조주방법을 익힐 수 있다.

모듈과제 안내

1. 음료의 일반적 개념 : 음료의 필요성과 음료의 분류에 대하여 학습한다.
2. 양조주 : 포도주, 맥주의 제조과정과 종류, 서비스 요령을 익힌다.
3. 증류주 : 위스키, 브랜디, 진, 보드카, 럼, 테킬라, 아국아비트의 제조과정과 종류를 익힌다.
4. 혼성주 : 제조방법과 종류를 익힌다
5. 칵테일 : 칵테일용 기물과 조주방법을 익힌다.
6. 비알코올성 음료 : 청량음료, 기초음료의 종류를 학습한다.

산업체 현장 실무능력

보듈 6의 과제들을 학습하여 익힘으로써 조주 기능사자격증 취득이 가능하며 식음료, 주장 관련업체에서 재교육 없이 현장실무에 적용시킬 수 있다.

••• 모듈과제 6-1 ••••••••••••••• 음료의 일반적 개념

• 목 표

일반적인 음료의 분류법에 따른 알코올 음료와 비알코올 음료의 대략적인 내용을 학습한다.

• 관련이론

1. 음료의 개념

음료는 인류가 생활해 오면서 생명의 수단으로서 그의 기본은 물이다. 물은 인간이 살아가기 위해 반드시 섭취해야 하는 물질이다.

인간을 포함한 모든 생명은 물 속에서 태어나서 수분과 필연적인 관계를 유지하면서 살아가고 있다.

인간은 태어나서 활동을 하는 동안 물은 체내를 순환하며 외부로부터 섭취한 영양분과 탄소를 세포로 운반하고 그 대신 세포에서 노폐물을 외부로 배출하게 한다. 이렇게 순환작업을 맡은 심장은 펌프(pump)처럼 물을 체내의 구석구석까지 공급하는 역할을 하게 된다.

따라서 우리 인간에게 필요불가결한 물은 체내에 일정량을 보유하고 있어야 하며, 인체내 수분의 균형이 15% 정도 감소하게 되면 생명의 위험을 가져오게 되는 것이다. 인간은 이처럼 중요한 물을 여러 가지 형태로 섭취하고 있다.

우선 물이라고 하면 단순하게 음료수, 혹은 무미, 무취라고 생각하게 된다. 그러나 차류, 된장국, 수프, 청량 음료수, 우유 등으로서 무의식적으로 다량의 수분을 섭취하고 있다. 인간은 1일에 필요한 물의 약 47%를 음료수로부터 섭취하고 39%를 식물로부터 섭취하고 있다. 나머지 14%는 세포 호흡이라고 하는 생화학작용의 부산물로서 체내에서 자연히 만들어지고 있는 것이다.[39)]

---

39) 원융희, 음료/주장관리, 형설출판사, 1996, p. 16.

2. 음료의 분류

음료는 일반적으로 에틸알코올의 포함 여부에 따라 알코올성 음료와 비알코올성 음료로 구분되는데 알코올 음료는 일반 술이고, 비알코올 음료는 청량음료, 영양음료, 기호음료로 나누어진다.

이와 같은 분류방법에는 특별한 이론이 없으나 알코올성 음료와 비알코올성 음료를 다시 세분해서 분류하는 데 있어서는 학자나 분류주체에 따라 이론이 있다.

음료의 분류는 단지 학술적 가치를 제외하고라도 효율적 음료판매정책을 수립하는 데 기본이 된다는 점에서 매우 중요한 의미를 지니고 있다.

식생활이 점차 서구화되어 가면서 서구식 식생활에는 식사를 하면서 와인(wine)이나 칵테일(cocktail) 등의 음료를 곁들이고 구미 각국에서는 고객이 방문하면 가장 먼저 술 한 잔을 권하는 것이 예의이며 술대접이다. 우리나라에서도 최근에는 부유한 가정에서 각종 술을 비치해 놓고 고객이 방문하면 홈바(home bar)에서 술을 접대하기도 한다.

따라서 호텔의 식음료 서비스 부서에서는 이러한 고객의 욕구를 충족시켜 주기 위해서 고객이 술을 마실 수 있는 분위기와 다양한 주류를 제공하는 전문적인 바를 운영하고 있기 때문에 술에 대한 전문적인 지식과 서비스 방법을 습득해야 할 것으로 사료된다.

(1) 조주법에 의한 분류

1) 양조주(fermented liquor)

양조주란 과실 중에 함유되어 있는 당분, 즉 과당이나 곡류(grain) 중에 함유되어 있는 전분(starch)을 전분당분화 효소인 디아스타제(diastase)와 효모인 이스트(yeast)를 작용시켜 발효 양조하여 만든 알코올(alcohol)이 함유된 음료(보통 3~18%이나 21%까지 강화된 것도 있다)를 말하는 것으로 발효주라고도 한다. 대표적인 양조주는 와인(wine), 막걸리, 맥주(beer), 청주(sake), 풀케주(pulque) 등이 있다.

2) 증류주(distilled liquor)

양조주는 효모의 성질이나 당분의 함유량에 의하여 8~14% 정도의 알코올을 함유한 알코올 음료를 대개 과실이나 곡물로부터 양조하여 산출할 수 있는데, 보다 짙은 알코올 음료나 순도 높은 마실 수 있는 주정을 얻기 위해서는 주정을 증류하여 양조주의 알코올을 분리해 내는 방법을 사용한다.

이와 같이 알코올을 분리하는 방법은 각각 다른 기화점을 이용하여 알코올이 포함되어 있는 혼합물로부터 알코올을 분리해 낸다. 기술적인 방법으로는 관식증류기인 포트스틸(pot-still)법과 몇 개의 방을 탑 모양으로 만들어 증기의 비중을 이용하여 증류하는 연속증류식인 파텐트 스틸(patent-still)법이 있다. 대표적인 증류주는 위스키(whisky), 진(gin), 보드카(vodka), 럼(rum), 테킬라(tequila), 브랜디(brandy), 아쿠아비트(aquavit) 등이 있다.

3) 혼성주(compound liquor)

리큐어(liqueur)의 어원은 라틴어의 리큐화세(liquefacere)에서 유래한 것으로 '녹는다'는 의미이다. 리큐어를 영국과 미국에서 코디알(cordial)로 부른다.

리큐어는 과일이나 곡류를 발효시킨 주정을 기초로 해서 만든 증류주에 정제한 설탕으로 감미를 더하고, 과실이나 약초류, 향료, 초근목피의 침출물로 향미를 붙인 혼성주이다. 즉 색채, 향기, 감미, 알코올의 조화가 잡힌 것이 리큐어의 특징으로 식후에 주로 즐겨 마시며 간장, 위장, 소화불량 등에 효력이 좋은 술로 전해지고 있다.

(2) 용도에 따른 분류

1) 식전주(aperitif)

식사를 하기 전에 식욕을 촉진시키기 위해 마시는 술을 말하는 것으로 다음과 같이 다양한 종류가 있다.

① 와인을 기초로 하여 만든 벌무스(vermouth)의 종류
② 증류주를 기초로 하여 만든 비터(bitter) 종류
③ 비알코올성 음료인 탄산수, 청량음료, 주스류 등
④ 식전 음료는 공통적으로 쓰고 신맛을 지니고 있어야 미각을 자극시켜 식욕을 촉진시킬 수 있다.

2) 식중주(between meal drink)

식사중에 마시는 음료로서 일반적으로 와인을 마시며, 거의 신맛이 나는 드라이(dry)나 신맛이 약한 미디엄 드라이(medium dry) 와인을 마신다. 경우에 따라서는 맥주나 칵테일, 커피 또는 소프트 드링크(soft drink)를 마시기도 한다.

3) 식후주(after meal drink)

식사 후 소화촉진을 위해 후식과 곁들여 마시는 음료로서 항상 단맛(sweet)을 내는 와인, 포트와인(port wine), 크림 셰리(cream sherry) 등을 마신다. 그러나 때에 따라서는 커피나 청량음료, 주스 등을 마시기도 한다.

4) 바 드링크(bar drink)

바 드링크는 식사와 관계없이 마시는 음료로 칵테일이나 병맥주나 생맥주, 탄산수, 청량음료, 주스류 등을 바에서 다양하게 마시며 약간의 안주를 곁들이기도 한다.

과거에는 술을 부재료를 섞지 않고 스트레이트(straight)로 마셨으나, 요즘에는 독하고 쓴맛을 약화시켜 마시기 위해 설탕물이나 주스 혹은 청량음료, 박하, 과일, 특수한 맛을 지닌 벌무스, 비터 등을 섞어 마시게 되었으며 이것을 혼합 드링크(mixed drink) 또는 칵테일이라고도 한다.

• 예비과제

1. 애피타이저에 제공되는 음료에 대하여 설명하여라.
2. 디저트 코스에 제공되는 음료에 대하여 설명하여라.

• 평 가

영 역	평 가 사 항	평 가				
		A	B	C	D	E
이 해 (10)	1. 음료의 개념을 이해하고 있다. 2. 알코올 음료와 비알코올 음료를 이해하고 있다.					
태 도 (10)	1. 청결한 실습상태가 유지되었다. 2. 예비학습을 통해 음료에 대해 이해하고 있었다.					
실무능력 (20)	1. 알코올 음료와 비알코올 음료를 이해하였다. 2. 제조방법에 따른 알코올 음료의 종류를 이해하였다.					

••• 모듈과제 6-2 ••••••••••••• 양조주(포도주, 맥주)

• 목 표

1. 포도주의 제조과정과 종류를 이해한다.
2. 맥주의 제조과정과 종류 및 취급요령을 익힌다.

• 사용재료

화이트 와인, 레드 와인, 프랑스, 이탈리아, 독일, 스페인, 미국 와인, 상면발효 맥주, 하면발효 맥주, 병맥주, 생맥주

• 사용기자재

테이블, 글라스웨어, 서버용기물

• 관련이론

양조주(fermented liquor)는 발효주라고도 불리는 것으로 과실 등의 당분을 함유하는 원료와 곡물 등의 전분을 함유하는 원료를 효모의 발효작용에 의하여 만들어진 술을 말하며 원료의 성분이 당분을 가지고 있는 것과 전분질을 가지고 있는 것으로 크게 구분할 수 있다.

양조주의 역사를 살펴보면 인간이 가장 오래 전부터 마셔온 술로 알려지고 있으며 알코올 함유량은 보통 3~18% 정도로서 대표적인 것으로는 곡물 등 전분을 함유한 원료로 만들어지는 맥주와 청주, 중국의 노주 등이 있고, 과실 등 당분을 함유하고 있는 원료로 만들어지는 것으로 포도주(wine) 및 사이다(cider) 등이 있다.

1. 포도주

(1) 포도주의 역사

인간이 지구상에서 살며 최초로 만들어 마신 알코올 음료가 포도주라고 하며 이 포도주는 포도를 주원료로 만들어진다. 학명 비티스인 포도는 인간

이 재배한 가장 오래된 작물 중 하나로서 인간이 포도주를 만들어 마셨던 시기는 포도를 발견하고 재배했던 시기와 거의 같다고 알려지고 있다.

포도주의 기원은 페르시아이며 가장 오래된 고대 문명도 포도주를 알고 있었다고 전해진다. 이집트 페니키아, 그리스와 로마인들은 주로 여러 향신료가 첨가된 아주 진하고 알코올 도수가 높은 포도주를 디오니소스라 하였으며, 로마문명에서는 박카스였으며 성경에도 521번이나 등장한다.

인간에게 있어 포도주는 문명의 시초부터 지금까지 생애의 중요한 사건의 동반자로서 종교행사, 축제, 기념일뿐만 아니라 치료, 진통 및 소독용으로도 광범위하게 사용되고 있다.

페르시아의 전설에 의하면 고대 페르시아의 한 왕은 포도를 매우 좋아해 잘 익은 포도를 저장실에 보관해 놓고 일년 내내 즐겨먹었다. 그런데 이 저장실에서 약간의 잘 익은 포도가 발효되어 탄산가스를 발산해 저장실에 있던 몇몇 노예를 일시적으로 기절하게 만들었다.

이러한 사실을 알고 한 후궁은 마침 왕의 노여움을 사 심란해 있던 차에 창고에 있는 것을 극약으로 생각하여 이를 왕에게 먹였으나 죽기는커녕 이를 마신 왕은 오히려 기분이 좋아져 노래를 부르고 춤을 추었다. 그 후 왕은 이 포도즙이 슬픈 사람을 기쁘게 하는 신비스러운 힘을 가지고 있다 하여 오늘날 우리가 마시는 포도주를 발견하게 됐다고 전해진다.

포도가 각 지방으로 확산돼 재배되기 시작한 것은 로마인들의 정복활동에 의해서이다. 특히, 오늘날 세계적인 포도주 산지인 프랑스에 전래된 것도 로마인들의 점령기인데 당시 고올이라고 불리던 이 지역에서는 맥주의 일종이던 세르브와즈, 꿀음료수 이드로멜을 무척이나 즐겼다 한다. 따라서 당연히 고올족들은 포도주를 애호하게 됐고 이들은 탁월한 포도재배자로서 포도주 제조에도 큰 성공을 거둔다.

이때 로마의 도미티앵 황제가 자국의 포도주 산업을 보호하기 위해 고올지방의 포도묘목 절반을 뽑아버리도록 명령할 정도로 예로부터 고올지방 즉, 프랑스에서의 포도재배나 포도주 제조는 뛰어났던 것으로 전해 내려오고 있다.

이렇게 전파된 포도는 날로 수요가 늘어났고 특히 수도원 및 교단의 건립과 병행해 발달됐으며 중세시대의 포도재배지는 프랑스 전역에서 흔히 볼 수 있는 풍경으로 바뀌었다.

포도주는 12세기에 영국, 플랑드르, 게르만 국가 등을 중심으로 이웃 국가들에게 수출됐고 13~14세기에 이르러 인구의 폭발적 증가와 상업의 발전이 포도주 소비를 더욱 증가시켰다.

18세기에 사용되기 시작한 코르크(cork) 마개는 포도주가 일반화되어 유통될 수 있는 결정적인 역할을 했다.

프랑스 포도는 1864년 미국에서 건너온 필록세라라는 진딧물에 의해 한때 포도밭 대부분이 괴멸되는 시련을 겪기도 한다. 이 재앙은 필록세라에 강한 미국 품종과의 접목으로 저지됐다. 그러나 이 시기에 프랑스 포도밭 전체를 재건해야만 했고 일부 지방은 포도재배를 중단해야 하는 사태를 빚기도 했다.

평화와 번영의 상징이었던 포도나무의 열매인 포도를 원료로 해서 만든 포도주는 유럽 전역의 문명을 발전시켰으며, 안정된 사회를 이루는 데 중요한 역할을 하였다. 오늘날 포도주는 전세계에서 각광받고 있는 음료로서 프랑스를 비롯하여 이탈리아, 포르투갈, 미국 등 여러 나라에서 제조되고 있다.

(2) 세계의 포도주

1) 프랑스

프랑스는 포도주의 주요 생산국으로서 유명하며, 10개의 큰 포도주 산지가 북에서 남으로, 동에서 서로 배치돼 있다. 대부분 프랑스 포도주의 명칭은 지역이름을 인용하였거나 재배하는 수도원 등의 이름으로 명명되어졌다.

① 샹파뉴(Champagne) 지역

거의 모방이 불가능하고 독특한 원산지 통제명칭의 포도주로 모든 축제와 축하연에 사용되는 포도주로서 프랑스 최고의 명성을 누리고 있다. 샤르도네 백포도주 품종으로만 양조된 샹파뉴를 "블랑 드 블랑(백중백)이라고 부르고 분홍 샹파뉴도 있는데 이는 적포도주를 첨가하거나 또는 검은 포도품종의 포도를 분홍 포도주로 양조하는 것이다.

② 알사스(Alsace) 지역

독일 국경에 위치하고 있는 알사스에서는 와인을 만드는 포도품종도 독일과 같은 품종을 사용한다. 이 지방의 포도재배는 타지역에 비해 늦게 시작됐으나 포도주는 중세기부터 높은 명성을 누리며 왕실 식탁에 오쎄 포도주(vins d'Aussy, 벵도쎄)라는 이름으로 군림했다.

알사스는 포도주를 포도주 이름 외에 원료가 된 포도의 품종명으로 부른다. 대표적인 품종으로는 우아한 향기의 게부르츠트라미네르, 섬세한 향의 힘찬 무감미 백포도주 뮈스까 달자스, 적포도주와 분홍 포도주를 생산하는 유일한 품종인 삐노 블랑 등이 있다.

〈표 6-1〉 알사스 지역의 유명 와인

와 인	특 징
게브르츠트라미네르(gewurztraminer)	향료, 조미료와 같은 독특한 향을 가진 와인이다.
리슬링(riesling)	알사스 와인의 왕이라고 불리며 섬세하고 밸런스가 좋은 쌉쌀한 맛의 화이트 와인이 만들어진다.
실바네르(sylvaner)	가벼운 과일향을 지니고 있는 드라이한 화이트 와인이다.
삐노 블랑(pinot blanc)	부드럽고 농도가 짙은 드라이 와인을 만드는 데 사용된다.

③ 보르도 지역(bordeaux)

보르도 지역에서는 개인이나 단체가 소유하고 있는 포도밭에서 생산된 포도주에만 샤토(chateau)라는 명칭과 함께 포도밭 이름 및 소유자 이름, 주소 등을 상표에 표기할 수 있다.

〈표 6-2〉 보르도 지역의 유명 와인

생 산 지	특 징	생산되는 와인
Medoc 지방	탄닌을 많이 함유하고 있는 까베르종과 메를로종을 주로 사용하여 와인을 만들기 때문에 병 속에서 오랫동안 숙성되면서 품질이 좋아진다. 또한, 참나무통에서의 오랜 숙성으로 인하여 바닐라향을 낸다.	Saint-Estephe Paullac, Moulis Margaux Saint-Julien
Saint-Emilion 지방	주로 재배되는 포도는 까베르종과 메를로종이며 숙성기간이 길수록 와인의 품질이 좋아지며 매독지방의 와인보다 숙성기간이 짧다. 색깔이 진하고 송로버섯(truffle) 향이 난다.	Saint-Emilion Montagne-Saint-Emilion Puisseguin-Saint-Emilion Parsac-Saint-Emilion
Sauternes 지방	세계에서 가장 유명한 단맛 와인을 생산하는 지방으로 아카시아 꽃으로부터 채취한 꿀 같은 향기가 난다.	Sauternes Barsac
Graves 지방	화이트 와인으로 유명하며 신맛이 풍부하고 프레시한 것부터 콕트가 있는 형태까지 다양하게 생산된다.	Pessac Leognan
Pomerol 지방	포도의 재배면적이 비교적 적으며 레드 와인만 생산한다. 섬세하고 탄닌 함량이 많으며 비단(veludo)처럼 부드럽고 독특한 맛을 낸다.	Pomerol

오래 전부터 포도재배가 번성하였는데 포도 재배면적이 10만 헥타르 이상이며 우수한 와인을 생산하는 지역으로서 AOC 와인의 약 4분의 1정도를 차지하고 있다. 또한, 지역이 넓어 다양한 포도주가 생산되는데 이것은 포도 품종이 다양하기 때문이다.

이 지방의 레드 와인의 생산비율이 화이트 와인보다 훨씬 높은 편이며 유명한 생산지로는 매독, 쌩 떼밀리옹, 쌔 떼스떼프, 뽀이약, 쌩 줄리앙, 마르고, 뽀므롤, 쏘떼르느, 그라브 지방 등이 있다.

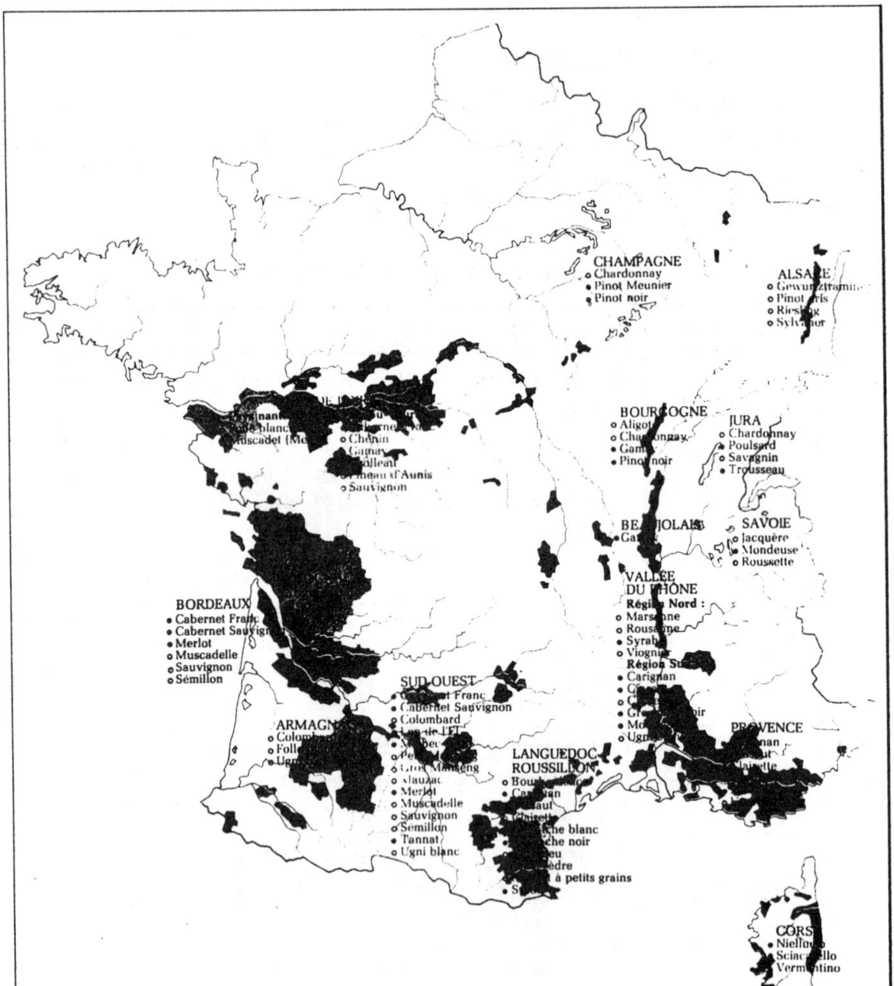

[그림 6-1] 프랑스의 와인 산지

④ 부르고뉴 지역(bourgogne)

세계적으로 널리 알려져 있는 와인 양조지역으로서 로마시대부터 와인이 만들어졌으나 오늘날의 명성을 얻게 된 것은 12세기 시또(citeaux)파 수도승에 의한 포도밭의 개간 때문이다. 이 지역은 다양한 포도품종으로부터 만들어지는 보르도 지방의 와인과는 다르게 비교적 소수의 포도품종만을 사용하여 만든다.

거의 레드 와인만을 생산하고 유명한 생산지로는 샤블리(chablis), 꼬뜨 도르(cote de nuits), 꼬뜨 샬로네즈(cote chalonnaise), 마꼬네(maconnais), 보졸레(beaujolais) 지방이다. 특히 보졸레 지방에서 생산되는 보졸레 누보(beaujolais nouveau)는 최근에 인기를 끌고 있는 와인으로서 포도를 수확한 그 해 11월 셋째 목요일에 마실 수 있다.

⑤ 프로방스 지역(provence)

프랑스의 포도재배지역 중에서 가장 오랜 역사를 가지고 있는 지역으로 다양한 포도품종이 재배되고 있으며 대표적인 와인은 까베르네 쏘비뇽, 까리냥, 그르나슈, 쎄미용, 으니 블랑 등이다. 쌉쌀한 맛의 화이트 와인, 과일향의 로제 와인, 오랜 숙성을 거치는 레드 와인이 생산된다.

2) 독 일

전세계에서 독일의 포도주 생산량은 약 3% 정도 생산되고 있으며, 산지는 크게 라인 와인(rhein wine), 모젤 와인(mosel wine)으로 구분되고 약 85%의 화이트 와인과 15%의 레드, 로즈 와인을 생산하고 있다.

라인 와인병은 갈색으로 가늘고 긴 것이 특징이며, 이 지역은 "shloss johannisberg"를 포함하고 있는 것으로 유명한 독일 포도주가 여기에서 생산된다. 모젤(mosel) 지역이 포도주 라벨에 표시되는 공식적인 명칭은 "mosel-saar-ruwer"이다. 이 지역은 기후의 영향으로 산성이 많은 포도주가 만들어지는데 가볍고 과일맛이 많이 나며 매력적이다. 모든 모젤 포도주 병은 가늘고 긴 초록색이다.

북위 50도선 부근에 넓게 퍼져 있는 와인 생산지는 여름이 짧아 연간 일조량이 적기 때문에 포도의 당분이 적어 발효 도중 설탕으로 가당하는 경우도 있다. 프랑스 와인은 생산지역에 의해 구분되고 있지만 독일 와인은 포도 당도의 규정에 의해 구분하고 있다. 대표적인 포도품종으로는 〈표 6-3〉과 같다.

3) 이탈리아

이탈리아는 전세계 와인의 약 25%를 생산하는 최대의 와인 생산국이다. 옛날 그리스 사람들부터 포도의 나라 또는 "oenotria"라는 이름이 주어질 정

〈표 6-3〉 대표적인 독일의 포도품종

포 도 품 종	특 징
뮐러 투루가우 (muller-thurgau)	현재 독일에서 가장 많이 재배되고 있는 화이트 와인용 품종으로 리슬링과 실바네르의 교배종이다. 와인은 꽃같은 향기와 리슬링보다 부드러운 신맛을 가진 신선한 와인이다.
리슬링(riesling)	품질이 좋은 화이트 와인을 만드는 포도품종으로 풍부한 신맛과 좋은 과일향을 가진 와인을 만든다.
실바네르 (sylvaner)	리슬링보다 빨리 익는 것으로 화이트 와인용 품종이다. 이 품종은 가벼운 신맛으로 영 와인(young wine)으로 마신다.
케르나(kerner)	새로운 화이트 와인 품종으로서 레드용인 트롤링거와 화이트용인 리슬링을 교배한 품종이다. 와인은 사향의 향기와 같은 향이 나며 리슬링과 비슷한 맛을 낸다.
슈페트부르군더 (spatburgunder)	프랑스의 부르고뉴 지방에서 도입되었으며 삐노 느와르라고 부르는 독일 레드 와인의 대표적인 품종이다. 와인은 약간의 아몬드 향이 있다.
포르투기사 (portugieser)	오스트리아의 다뉴브강 주변에서 재배되는 품종을 도입한 것으로 부드럽고 경쾌한 레드 와인용 포도품종이다.
트롤링거 (trollinger)	레드 와인용 품종으로 뷜템베르크 지방에서만 재배된다. 와인은 과실의 향과 맛, 경쾌한 신맛이 나고 영 와인을 주로 마신다.

[그림 6-2] 독일의 와인 생산지

〈표 6-4〉 이탈리아의 주요와인 생산지역

지 역	특 징	생산되는 와인
피에몬테 (piedmont)	이탈리아의 최고급 적포도주가 생산되는 지역으로 북서쪽의 스위스에 가까운 알프스산 기슭에 위치해 있다.	barolo, barbaresco 벌무스 아스티 스푸만테
터스커니 (tuscany)	이탈리아 중부의 위쪽에 위치해 있는 와인 생산지로 다양한 종류의 와인을 생산한다. 특히 끼안티 고원에서 생산되는 끼안티 와인은 제비꽃의 향기와 진한 루비색을 띤다. 이 와인은 스파게티와 피자 등에 잘 어울린다.	끼안티 와인
베네토(veneto)	이탈리아 북부지역에 위치해 있는 지역에서 생산되는 와인이다.	soave valpolicella
시칠리아(sicily)	이탈리아의 남쪽에 위치해 있는 시칠리아 섬에서 생산되는 와인이다.	마르살라 alcamo, lombardy

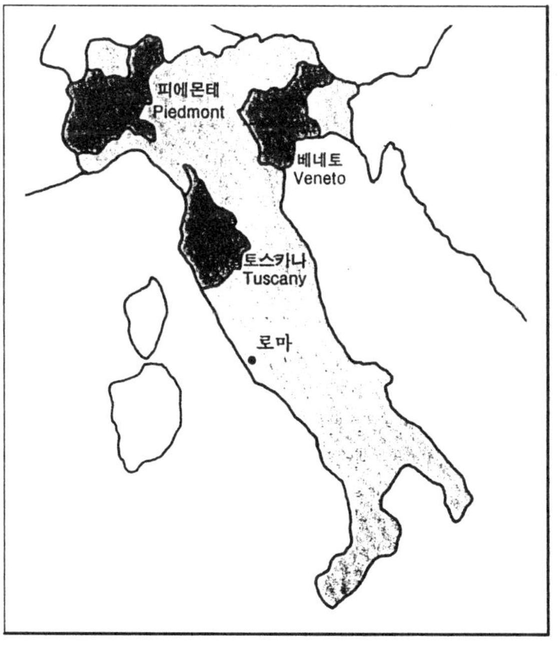

[그림 6-3] 이탈리아의 와인 생산지

도로 알프스로부터 시실리까지 거의 전역에서 포도가 생산되고 있다. 그러나 대부분 국내에서 소비되고 약 20% 정도가 수출되고 있으며 다양한 품종의 포도를 원료로 하여 드라이한 것부터 스위트한 것까지 여러 종류의 와인이 생산되고 있다.

1960년에 들어 전세계적으로 알려지기 시작한 이탈리아의 포도주는 대부분 적포도주로 이탈리아 음식과 잘 어울린다.

4) 미 국

최초로 상업용 와인을 제조한 것은 1824년경부터이며 캘리포니아 와인이 전성기를 가지게 된 것은 1861년 헝가리 귀족이면서 군장교인 하라시가 유럽으로부터 와인용 포도품종을 대량 수집하여 캘리포니아에 재배하면서부터이다.

현재는 50개 주 가운데 44개 주에서 포도를 재배하고 있으며 캘리포니아와 뉴욕주의 피너 레이크(Finer Lake) 지역에 광범위한 포도단지를 이루고 있다. 미국은 포도주 생산국 중 세계 6위를 차지하고 있으며 유럽의 와인과는 달리 레이블(label)에 포도품종을 상표에 기록한다.

캘리포니아 포도주는 제네릭 와인(generic wine), 프로프라이어터리 와인(proprietary wine), 버라이어털 와인(varietal wine : 단일 품종의 75% 이상 사용되어야만 상표에 포도품종을 표기할 수 있다)의 3가지로 분류하고 있다.

5) 오스트레일리아

호주의 와인은 1788년 영국함대가 시드니 항에 처음으로 포도묘목을 들여와 재배된 것이 효시가 되었다고 전해진다. 1820년 대규모로 재배되었고 1840년에는 빅토리아 남서 오스트레일리아로 확산되어 갔다. 오스트레일리아는 평범하고 다양한 포도주를 만들고 있으며 일반적 특징은 테이블 포도주로 불리는 "Chablis, Burgundy" 또는 "Sauternes"처럼 달콤하다. 포도품종에 따라 이름이 주어지고 병에는 포도원의 소유주, 수확연도 등이 기재된다.

호주에서 생산되는 와인은 대개 두 가지 형태로 분류하는데 하나는 대중적인 와인으로 병제품 외에 케스크 와인으로도 판매가 되는 제네릭 와인(generic wine)이고 다른 하나는 포도품종 한 가지만을 사용하여 만든 와인으로 까베르네 쏘비뇽, 까베르네 프랑, 샤르도네 등 와인 양조에 사용된 포도품종 이름을 상표에 표기한 고급 와인인 버라이어털 와인(varietal wine)이다.

6) 스페인

스페인의 포도주 생산량은 세계 3위를 차지하고 있으나 재배면적은 가장 넓은 재배면적을 자랑한다. 식전용 및 식후용 와인을 비롯하여 다양한 와인을 생산하고 있다. 스페인의 와인 등급은 일반 테이블 와인에는 비노 데 메사(vino de mesa)로 프랑스 아뻴라숑 도리지느 꽁뜨레와 같은 등급에는 데노미나시온 데 오리젠(denominacion de origen : DO) 와인으로 관리하고 있다.

(3) 포도주의 분류

포도주는 분류하는 기준에 따라 다음과 같이 다양하게 분류된다.

1) 색에 의한 분류

① 레드 와인(red wine)

레드와인은 흑포도만을 이용하여 과피채로 발효시켜 껍질에 있는 색소가 발효중에 우러나온 것으로 장기간 숙성저장이 가능하며, 탄닌[40] 함유량의 정도에 따라서 숙성기간이 달라진다. 선홍색에서부터 흑적색에 이르기까지 다양하다.

② 화이트 와인(white wine)

백포도나 흑포도 모두를 이용하여 포도의 껍질, 씨, 줄기를 제거한 후 포도를 압착하여 과즙을 발효시켜서 만든다. 무색에 가까운 와인부터 연노란색, 연두색, 황금색에 이르기까지 다양하고, 대부분 숙성기간은 2~5년 정도로 비교적 짧은 편이다.

③ 로제 와인(rose wine)

핑크빛이 대부분으로 흑포도를 과피채 발효시키는 도중에 과피를 제거하는 방법과 백포도주와 흑포도주를 섞어 발효하다가 적당한 색이 되었을 때 여과해서 발효조에 옮겨 만드는 방법이 있다. 숙성기간은 2~3년 정도에 마시는 것이 좋다.

④ 블러시 와인(blush wine)

백포도주와 로제 와인의 중간색으로 백포도주가 약간의 붉은 색을 띤 것 같이 보이는 포도주이다.

2) 맛에 의한 분류

① 감미 포도주(sweet wine)

단맛이 나는 포도주로서 완전히 발효되지 못한 와인이 남아 있는 상태에서 발효를 중지시킨 와인이다. 스위트 와인은 소화촉진을 돕는 데 적합한

---

40) 탄닌은 포도의 씨, 줄기, 껍질 등에서 나오는 것으로 발효기간에 나오고 와인의 체취와 향기가 되며 와인에 남아 있는 성분이다. 탄닌은 박네리아를 억제할 수 있는 능력이 있기 때문에 방부제 역할을 하고 탄닌의 양이 적으면 영 와인(young wine), 양이 많으면 에이지드 와인(aged wine)이 된다.

와인으로 포트 와인, 크림 셰리 등이 있다.

② 미디엄 드라이(medium dry wine)

단맛이 남아 있는 와인으로 스위트와 드라이 와인의 중간으로 데미 드라이(demi dry) 또는 세미 드라이(semi dry)라고도 한다.

③ 무감미 포도주(dry wine)

포도가 완전하게 발효되어 단맛이 전혀 없는 포도주로 식욕촉진주에 적합한 술이다.

3) 알코올 첨가 유・무에 의한 분류

① 강화주(fortified wine)

와인 제조시 알코올을 첨가해 알코올 도수(17~22%)를 올린 포도주를 말한다. 대표적 와인은 셰리 와인(sherry wine), 포트 와인(port wine)이 있다.

② 비강화주(unfortified wine)

알코올을 첨가하지 않은 일반 와인을 말하는 것으로 스틸 와인(still wine)과 스파클링 와인(sparkling wine) 등이 여기에 속한다.

4) 탄산가스(Co_2)의 유무에 의한 분류

① 발포성 포도주

대개 3기압에서 4기압 정도로 탄산가스가 농축되어 있다.

② 비발포성 포도주

탄산가스를 함유하고 있지 않은 와인을 말한다.

5) 용도에 따른 분류

① 식전용 포도주(aperitif wine)

식욕을 촉진시키기 위해 식사 전에 마시는 포도주로 드라이 셰리(dry sherry), 캄파리(campari), 아니세트(anisette) 등이 있다.

② 식사용 포도주(table wine)

식사와 함께 마시는 포도주로 달지 않은 대부분의 포도주가 식탁용이다. 보통 생선류와 흰색류의 식사에는 백포도주를 그리고 육류와 붉은색류의 식사에는 적포도주가 어울린다.

③ 식후용 포도주(dessert wine)

식후에 소화를 돕기 위해 마시는 단맛이 나는 포도주로 크림 셰리(cream sherry), 포트 와인(port wine), 마데이라(madeira), 스위트 와인(sweet wine) 등이 있다.

6) 저장기간에 따른 분류

① 영 와인(young wine) : 숙성기간이 5년 이내의 포도주
② 에이지드 와인(aged wine) : 5~15년 정도 숙성된 포도주
③ 그레이트 와인(great wine) : 15년 이상 숙성한 포도주

(4) 포도주의 기준

프랑스는 매년 포도주 7천만 헥토리터의 포도주를 생산하고 그 종류도 매우 다양해 법적으로 여러 종류로 분류된다.

유럽공동체(EC : european community)의 법규에 따르면 뱅 드 따블(vins de table)과 VQPRD(vins de qualite producits dans une region) 두 가지로 구분한다.

그러나 프랑스에서는 이 두 가지가 각각 다시 둘로 세분되어 AOC (appellations controlees) 포도주, AO VDQS 포도주, 뱅 드 빼이, 뱅 드 따블 등 4가지로 분류된다.

각 분류별 기준과 특징을 알아보면 다음과 같다.

1) 뱅 드 따블(vins de table)

뱅 드 따블은 생산지가 서로 다른 EC 가맹국의 어느 지방에서나 생산된 와인을 섞어서 제조되는 와인으로 생산방법에 따라서 품질이 다른 일정한 맛을 지닌 혼성주이다.

포도주의 알코올 함유량은 생산지역에 따라서 8.5~9% 이상이어야 한다.

프랑스산인 내국용 포도주의 경우에는 프랑스산 뱅 드 따블(vins de table France)이라는 명칭을 사용할 수 있다. EC가맹국에서 생산된 포도주일 경우에는 EC 가맹국산 혼성포도주(Melange de vins de differents de la Communate Europeenne)라고 부른다.

또 EC 가맹국에서 생산된 포도즙을 프랑스에서 양조(Vins obtenu en France a partir de raisins recoltes en 생산국)한 경우도 있다. EC 가맹국 외의 국가로부터 수입된 포도주와의 혼합은 법으로 금지하고 있다.

2) 뱅 드 빼이(vins de pays)

뱅 드 빼이란 뱅 드 따블 중에서 생산지를 명시할 수 있는 선발된 포도주로서 뱅 드 빼이의 칭호를 사용하기 위해서는 3가지의 품질기준을 만족시켜야 한다.

① 권장 포도품종만을 사용해 한정된 지역에서 생산된 것을 사용해야 한다.
② 사연 알코올 함유량이 지중해 지방에서는 10%, 그밖의 타지역에서는 지역에 따라 9.5~9% 이상이어야 한다.

③ 분석상의 특성과 시음상의 특성이 기준을 만족시킬 것, 이는 전국 포도주동업자 연합회가 승인한 시음위원회에 의해 감정된다.

뱅 드 빼이에는 반드시 생산지명이 의무적으로 기재돼야 한다.

3) AO VDQS 포도주(원산지 명칭 — 우수품질 제한 포도주)

이 포도주는 전국원산지 명칭협회(INAO)의 엄격한 규제와 감시하에 생산된다.

우수품질제한포도주 관계규정은 생산지역, 포도품종, 최저 알코올 함유량, 1헥타르당 최대수확량, 재배방법, 양조법, 포도주분석, 전문가로 구성된 공인위원회가 행한 시음 등에 관한 농림부령이 정한 조건을 만족시키는 포도주에 대해서 포도재배조합이 상표를 발행해 주도록 하고 있다.

VDQS 상표발행은 최종적으로 시음위원회에 의해 결정된다. 이 포도주에는 원산지 명칭은 물론 AO VDQS 보증상표와 병입 시행회사의 이름과 본사주소 등을 의무적으로 기재해야 한다.

4) AOC 포도주(원산지통제명칭포도주)

전국원산지명칭협회가 정하고 농림부령으로 공인된 생산조건을 만족시키는 포도주를 말한다. 보통 전통적으로 결정된 일정한 지역내에서 생산된다.

생산지역, 포도품종, 최저 알코올 함유량, 1헥타르당 최대수확량, 재배방법, 전정방법, 양조법, 때로는 숙성조건까지 규정하고 있다. AOC 포도주가 되려면 분석시험과 시음검사를 거쳐야 한다.

시음검사에 합격한 포도주는 AOC 인가증명서를 발부받는다. 매우 엄격한 AOC 법규는 원산지통제명칭 포도주의 품질을 확실하게 보장해 준다.

(5) 포도주의 숙성

포도주의 숙성기간은 다양한 특성을 나타내고 본래의 구조와 특성에 긴밀한 관계를 가지고 있다. 모든 포도주의 숙성에 적합한 것은 아니며 보존기간을 거친다고 질이 좋아지는 것은 아니다.

대부분의 무감미성 백포도주는 그들의 신선함이 유지될 수 있는 숙성기간이 짧은 것이 좋다. 햇포도주는 적포도주이든 백포도주이든 산미가 적고 마시는 느낌이 좋으며 과일향이 난다. 이들은 병입 후 수주내에 마시도록 제조되었기 때문에 시간이 경과함에 따라 품질이 떨어지며 숙성에 적합하지 않다.

반면 고급포도주는 여러 해에 걸쳐 숙성됨에 따라 품질이 더욱 우수해진다. 적포도주 중 까베르네(cabernet)와 씨라(syrah) 품종으로 양조된 포도주는 탄닌이 풍부해서 비교적 오랫동안 숙성을 한다.

백포도주로는 부르고뉴(bourgogne) 지방의 샤르도네(chardonnay) 품종으로 양조된 중감미 포도주나 또는 쥐라(jra)의 황색 포도주(vin jaune)가 숙성 능력이 뛰어나다. 이들은 오랜 시간을 거쳐 서서히 그 품질이 절정에 도달하는 장기보존용 포도주이다.

장기보존용 포도주는 유년기, 장년기, 쇠퇴기의 단계를 거치는데 이중 장년기가 가장 질이 우수하고 균형이 잡히며 향이 충만한 시기이다.

각 시기는 일정하지 않으며 토양과 포도품종, 재배, 양조 및 숙성방법, 수확연도 등에 따라 결정된다. 보존상태의 포도주는 시음을 통해 포도주의 성

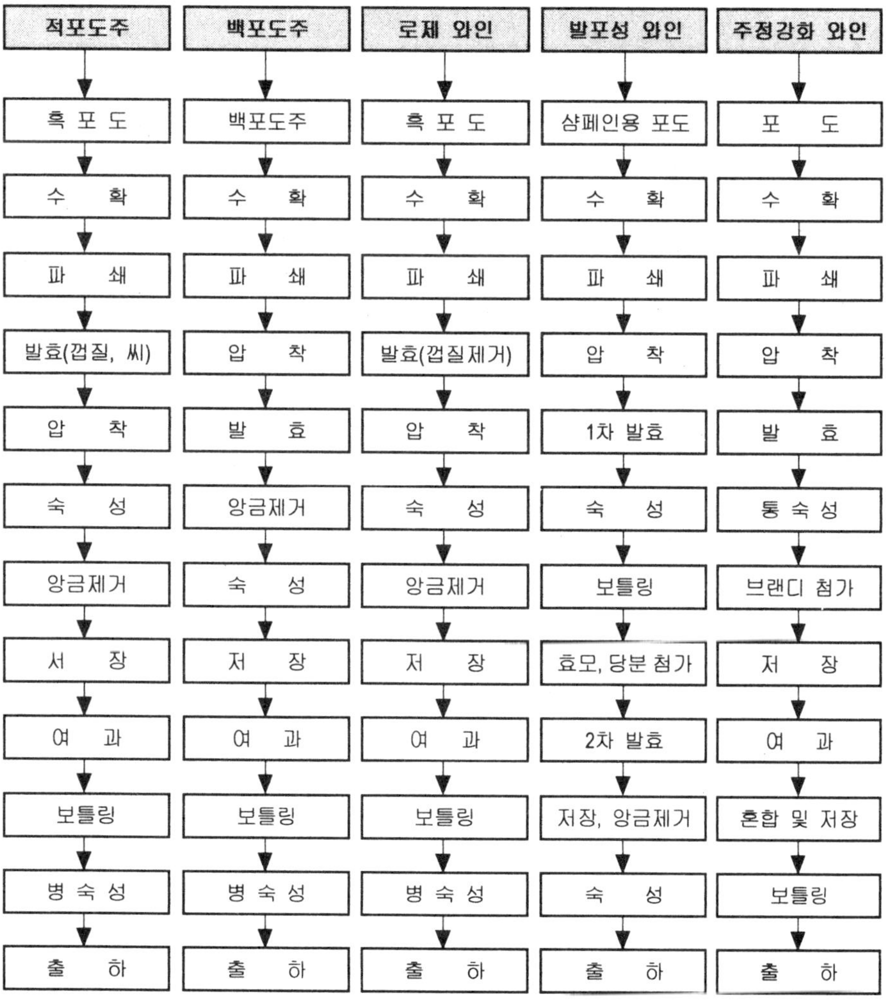

[그림 6-4] 포도주의 제조과정

장상태를 판단하며 마시기에 가장 알맞은 시기를 쇠퇴기 전에 결정한다. 그러나 중요한 점은 가장 적당한 시기인 절정기에 포도주를 마시는 것이다.

(6) 포도주의 제조과정

포도주의 제조원리는 포도의 즙을 내서 껍질과 함께 발효시키면 레드 와인(red wine)이 되고 껍질을 빼고 즙만 발효시키면 화이트 와인(white wine)이 된다. 그리고 껍질과 함께 잠시 발효시키다 도중에 껍질을 제거시키면 로즈 와인(rose wine) 또는 핑크 와인(pink wine)이 된다.

포도가 지니고 있는 당분과 효모에 의해서 자연적으로 발효가 되는데 당분이 많은 포도일수록 질이 좋은 포도주를 만들 수 있으며 당분이 부족한 것은 당분을 첨가하기도 한다.

포도주의 제조과정을 구체적으로 살펴보면 앞의 [그림 6-4]와 같다.

2. 맥주(beer)

(1) 맥주의 개념

맥주는 양조용 보리인 대맥을 싹틔워 건조한 맥아를 분쇄기에 넣어 잘게 부순 후 온수를 부어 죽과 같이 만든 매시(mash)를 끓이며 호프(hop)를 첨가해 단백질 등을 침전시키고 여과한 후 효모를 첨가해 발효, 숙성, 정제한 술이다.

인류 최초의 발생지인 슈메르 문명에도 이미 맥주가 있었으며 그 후 아카토, 앗시리아, 바빌로니아 등 각 문명에서도 맥주는 애음되어진 것으로 알려지고 있는데, 기원전 2225년 제정된 함무라비 법전 중에도 맥주에 관한 법률이 있었다.

또한 유럽에서는 기원전 1800년경에 맥주가 만들어졌던 것으로 전해지고 있는데 로마제국시대 다키오도스는 그의 저서 '게르마니아'에서 '그들은 봉밀의 술을 그밖의 다른 곡물로부터 음료수를 만들고 커다란 모서리에 입을 대고 마셔 배를 채우고 따뜻함을 취하기 위해 그것을 마시고 있다.'라고 기록되어 있으며, 그 후에도 중세에 접어들면서 더욱 질이 좋은 맥주가 수도원에서 제조되었다.

기독교의 계율이 엄격했지만 수도원에서 맥주는 일상의 음료였으며 수도원의 생활에서 맥주를 만드는 전문부서가 수도원내에 있었다. 따라서 결국 시대가 흐름에 따라 맥주는 오직 수도원의 주요한 재원이 되었고 맥주의 발효기술 중 하나인 반면 발효기술이 베네딕트파 수도원에서 발명되는 등 수도원 양조장은 융성하게 되었다.

중세에서 근세로 넘어오면서 도시가 발전하고 길드제도가 정착함과 동시에 맥주 양조는 점차 수도원에서 시민의 손으로 이동되어 갔다. 이 무렵에는 맥주품질을 향상시키려는 움직임이 일어나기 시작해서 독일에서는 1516년 대맥, 물, 홉 이외에는 원료로 사용해서는 안 된다는 맥주 순수령도 등장하게 되었다.

19세기 중엽에는 프랑스의 화학자인 루이 파스퇴르(1822~1895)가 효모의 움직임에 의한 것을 명확하게 하고 맥주 효모가 60℃ 이하의 온도에서는 작용하지 않는 것을 발견하여 맥주 양조기술을 더욱 발전시켰다.

이 연구의 연장으로 술의 재발효를 방지하기 위한 방법, 저온살균법이 개발되었으며, 이 방법을 그의 이름을 따서 '파스트리제이션'이라고 명명되었다. 맥주는 이 방법을 사용함으로써 장시간 변질되지 않는 제품을 만들 수 있어 급속도로 보급되었다.

우리나라의 경우 1933년 일본의 대일본맥주주식회사가 조선맥주를 설립한 것이 그 시초이며, 같은해 12월에는 일본의 기린 맥주주식회사가 소화기린맥주(동양맥주의 전신)를 설립하였다. 그러나 해방과 더불어 1945년 적산관리 공장으로 지정되어 미국 군정에 의해 관리되어 오다가 1951년에 이르러 민간인에게 불하되었다. 이것이 현재의 하이트(Hite)와 진로쿠어스, 동양맥주(OB : oriental brewery)로 되어 오늘날에 이르고 있다.

(2) 맥주의 원료

맥주의 원료는 보리, 호프, 물, 효모 등으로 구성되나 주원료인 보리 대신에 밀 또는 귀리가 사용하며 녹말을 사용하기도 한다. 담글 때 맥아의 일부를 곡류(쌀, 옥수수, 밀 등)나 녹말로 대체하는 수가 있고 당의 함량을 조절하거나 특별한 향을 내고자 할 때 발효가 되는 부원료를 사용할 수 있으며, 그 양은 맥아 중량의 50%를 초과하지 않도록 한다.

1) 보 리

발아할 때 발생하는 효소가 전분을 분해하고 당분을 만들어 내기 때문에 맥주를 만들 때 보리는 대맥아, 즉 싹이 난 상태로 사용된다. 보통 양조용 보리의 조건은 다음과 같다.

① 껍질이 담황색을 띠고 윤택이 있어야 한다.
② 수분함유량이 10% 정도로 잘 건조되어야 한다.
③ 알맹이가 고르고 95% 이상의 발아율이 있어야 한다.
④ 단백질이 적고 전분함유량이 많아야 한다.

2) 호 프

맥주가 술로 발전하여 모든 나라에서 애음되고 있는 이유는 호프 때문인데, 호프는 맥주에서 쓴맛과 향을 만들기 위해서 빠뜨릴 수 없는 것으로 원료에서 가장 특색 있고 중요한 것이다. 이러한 작용은 호프의 주성분인 황금색 꽃가루처럼 나무진에서 나오는 입자의 활동에 의한 것이다.

호프의 역할은 다음과 같다.

① 단백질을 침전, 분리시켜 맑고 투명하게 한다.
② 잡균의 번식을 막고 부패를 방지한다.
③ 맥주의 독특한 향과 경쾌한 맛을 낸다.
④ 맥주의 거품을 발생시킨다.

3) 효 모

맥주에서 효모는 맥주를 발효시키는 역할을 하며, 이것은 보리 맥아를 당화시킨 맥즙 속에 홉(hop)이라는 약초를 첨가하고 효모의 종자균을 넣는다. 그 맥즙 속에서 맥아당이 알코올과 탄산가스로 분해된다.

미국의 영양학자 아델데이비스는 맥주 효모는 자연식품 중 가장 완벽한 것으로 많은 영양소를 함유하고 있어 매우 훌륭하다고 밝히고 있으며, 우유와 꿀 다음으로 제3세대를 이끌어갈 영양문제 해결의 완벽한 식품이라고 전망하고 있다.

맥주 효모는 50% 정도 양질의 단백질을 함유하고 있으며, 신경영양에 중요한 비타민 B5와 아미노 엑시드가 많이 함유되어 있다. 맥주 효모는 정장작용과 소화촉진 및 식욕증진용으로 널리 사용되고 있다.

4) 물

맥주 양조에 있어서 가장 중요한 요소는 물로서 무색투명하고 무향 무미로 잡균 등에 오염되어 있지 않아야 한다.

보통의 맥주인 옅은 색 맥주에는 칼슘, 마그네슘, 탄산염 등의 함유량이 비교적 적은 정수가 좋다. 오늘날은 물을 사용할 때 경수나 연수를 자유롭게 만들지만 공장입지를 결정할 경우에는 양질의 물을 충분히 얻을 수 있는 곳을 우선적으로 고려해야 한다. 일반적으로 맥주 1ℓ를 만드는데 물 15~20kℓ가 요구된다.

(3) 맥주의 제조과정

대맥의 맥아를 발효시켜 호프와 물 그리고 효모를 섞어 저장하여 만들어진 탄산가스를 함유한 알코올성 음료이다.

맥주는 만드는 방법에 따라 저온(10℃ 정도)에서 발효해 만드는 하면발효 맥주와 고온(18~20℃ 정도)에서 발효해 만드는 상면발효 맥주로 구분한다.

하면발효(저온발효) 맥주는 주정도가 3~5%여도 주질이 좋아 현재 세계 대부분의 맥주는 하면발효 맥주이다. 상면발효(고온발효) 맥주는 주로 영국에서 생산되는데 알코올이 5~11%로 높으며 색이 진하고 쓴맛과 단맛이 있는 것이 대부분이다.

또 효모의 살균 여부에 따라 미살균 맥주인 생맥주(draft beer)와 살균맥주인 일반맥주(lager beer)로 구분하기도 하고 품질에 따라 고급맥주(premium beer)와 보통맥주(regular beer)로 구분하기도 한다.

알코올 농도에 따라 고알코올 맥주(strong beer)와 저알코올 맥주(light beer)로 구분하기도 하며, 당도에 따라 드라이 맥주(dry beer)와 스위트 맥주(sweet beer)로 구분하기도 한다.

이러한 맥주의 특성별 분류는 각 종류별 맥주의 마케팅 전략을 결정해 주는 중요한 기준이 된다. 맥주의 제조과정은 [그림 6-5]와 같이 크게 맥아의 제조, 당화, 발효, 저장, 여과 및 열처리의 5단계로 만들어진다.

맥주의 종류는 하면발효 맥주(under fermented beer)와 상면발효 맥주(over fermented beer)로 나눌 수 있으며 그리고 이를 색깔에 따라 연한색 맥주, 중간색 맥주, 짙은색 맥주로 구분할 수 있다.

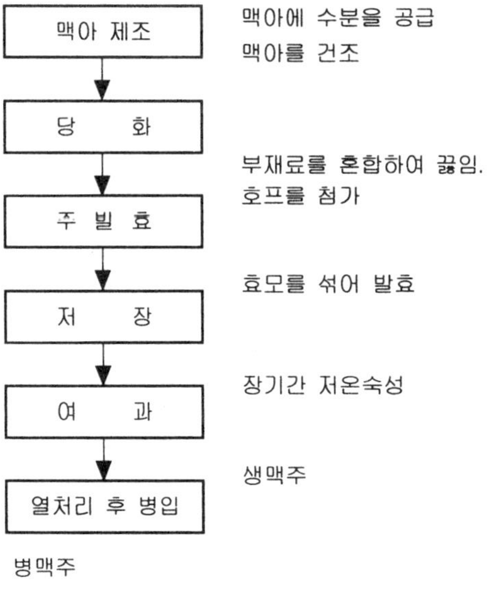

[그림 6-5] 맥주 제조과정

맥주의 서비스 온도는 보통 병맥주인 경우 3~4°C로 보관하였다가 5°C 정도로 고객에게 제공하고 생맥주인 경우 2~3°C에 보관하여 제공할 때 3~4°C 정도가 적당하다.

(4) 맥주의 분류

맥주는 방법 및 색깔에 따라 다음과 다양하게 분류된다.

1) 효모에 의한 분류

① 상면발효 맥주

알코올 도수가 높고 향이 진한 것으로 높은 온도에서 발효를 하는 상면발효 효모를 사용하여 만든 맥주다. 주로 영국이나 독일 등지에서 많이 생산되며 스타우트(stout), 에일(ale), 포터(porter), 알트(alt), 퀼쉬(kolsh) 등이 있다.

② 하면발효 맥주

현재 생산되고 있는 대부분의 맥주가 하면발효 맥주로서 하면발효 효모를 사용하여 만든 맥주다. 스타우트나 에일 등의 상면발효 맥주보다 부드러운 것이 특징이다.

2) 살균처리에 의한 분류

① 병맥주(lager beer)

라거란 독일어인 라겐(저장숙성한다는 의미)이란 단어로부터 파생되었으며, 모든 맥주는 전부 라거 비어라고 할 수 있으나 일반적으로 저온살균하여 표준화한 맥주를 말한다.

② 생맥주(draft beer)

저장숙성 후 상품화시킬 때 효모의 작용을 멈추게 하기 위해 뜨거운 물에 살균이나 순간살균 등의 가열처리를 하지 않고 만든 맥주로 보통 생맥주라고 부른다.

ⓐ 병생맥주(fresh beer) : 일반적인 여과를 하여 큰 통에 넣어 상품화시킨 통생맥주나 마이크로필터를 사용하여 병에 넣은 맥주이다.

ⓑ 아이스 생맥주(ice beer) : 여과를 하기 전 －1.5~4°C에서 얼린 후 마이크로필터를 사용하여 병에 넣은 맥주이다.

3) 색깔에 의한 분류

① 연한색 맥주

상품화되고 있는 대부분의 맥주가 여기에 속하며 대표적으로 상면발효 맥주인 페일 에일(pale ale)과 대부분의 하면발효 맥주가 여기에 속한다.

② 중간색 맥주

상면발효주인 마일드 에일(mild ale)과 같이 진한색 맥주와 연한색 맥주의 중간 정도 색깔을 가진 맥주를 말한다.

③ 진한색 맥주

보통 흑맥주라고 불리는 것으로 엿기름을 캐러멜화시켜 만든 진한 색깔을 띠는 맥주이다.

4) 맥즙농도와 알코올 농도에 의한 분류

① 저알코올 맥주(low alcoholic beer)

원액즙의 당도를 낮게 하여 칼로리나 알코올 함량이 종래의 맥주보다 낮은 것으로 가볍고 부드러운 맛을 가진 라이트 비어(light beer)이다.

② 저칼로리 맥주(low caloric beer)

발효시 당분을 최대한 알코올로 변화시켜 맥주의 당도를 적게 하여 상대적으로 알코올의 농도를 높임으로써 마실 때 단맛 대신 부드럽고 담백한 느낌을 강조한 저칼로리 드라이 맥주(dry beer)이다.

(5) 맥주의 취급방법

맥주를 보관할 때에 본래의 맛과 향을 유지하기 위해서는 직접 햇빛이 비치는 장소에 진열 또는 보관하지 않아야 하고 적당한 온도가 유지되는 상태에서 보관해야 한다.

1) 맥주의 저장

① 맥주가 얼지 않도록 할 것 : 냉동된 맥주는 녹으면서 성분 중 단백질이 응고되어 혼탁되기 쉽기 때문에 얼지 않도록 보관해야 한다.

② 심한 온도변화를 피할 것 : 맥주의 보관장소를 옮길 경우 온도의 차이가 심하면 맥주의 혼탁이 발생한다.

③ 그늘진 곳에 보관 : 맥주는 직사광선에 오래 접촉하면 단백질이 응고되어 혼탁해지므로 진열 혹은 보관시에는 직사광선을 피하여 그늘진 곳에 보관해야 한다.

④ 장기간 보관을 피할 것 : 맥주를 장기간 진열 혹은 보관할 경우에는 내용물이 혼탁해질 수 있으므로 생산일자가 빠른 제품부터 소비하도록 해야 한다.

2) 재고순환

병맥주나 캔맥주는 살균되어 있다는 이유로 무조건 장기간 저장을 할 수 있는 것은 아니다. 장기간의 저장과 단기간일지라도 직사광선이나 고온에 노출되었을 때는 맥주맛의 변화를 가져와 고유의 맛과 향을 잃어버릴 것이다.

맥주를 가장 신선한 상태로 보관할 수 있는 실내온도는 5~20℃ 정도로서 통풍이 잘되고 직사광선을 피할 수 있는 지하실에 습기가 없는 건조한 장소의 어두운 장소가 적당하다. 이러한 점을 감안하여 맥주는 먼저 입고된 순서대로 소비하여 가능하면 보관기간을 단축시켜야 맥주 고유의 향과 맛을 즐길 수 있다.

(6) 맥주의 서비스

1) 맥주의 온도

지방별, 계절별 기후에 따라 약간씩 차이는 있으나 너무 차거나 미지근하면 음욕이 감퇴된다.

보통 비어쿨러(beer cooler) 온도는 3.5~4℃ 정도로 될 수 있도록 해야 한다. 맥주를 빨리 냉각시키기 위해 온도를 너무 낮게 고정하는 것은 좋은 방법이 아니다. 만약 너무 오랫동안 냉각되어 너무 차게 되면 맥주병을 열 때 맥주가 넘쳐흘러 나오는 경우가 있다.

생맥주를 판매하는 시설은 충분히 냉장되는 저장시설을 갖추고 있어야 한다. 생맥주는 미살균 상태이므로 온도를 적정 온도 2~3℃를 항상 유지하고 7℃ 이상으로 더워지면 맥주의 맛이 시게 된다.

2) 맥주의 거품

맥주의 거품은 청량감을 주는 탄산가스가 새어 나가거나 맥주가 공기 중에서 산화되는 것을 막아 주는 역할을 하기 때문에 맥주를 따를 때에는 2~3cm 정도 거품이 덮이도록 해주는 것이 좋다. 맥주를 따를 때 거품이 적당히 솟지 않을 경우에는 이산화탄소가 전부 속에 들어 있기 때문에 고객이 그 맥주를 마시면 쉽게 포만감을 느낄 수 있고, 호프의 향기가 없어 맥주의 맛이 감소한다.

3) 맥주 글라스의 취급

맥주 글라스는 특별한 주의가 필요하다. 글라스에 기름이나 비누, 염분이 남아 있으면 맛과 향취가 소멸되기 때문에 바텐더(bartender)들은 맥주 글라스를 반짝거릴 때까지 닦아야 한다.

① 글라스는 불쾌한 냄새나 연기, 먼지, 기름기가 없고 환기가 잘 통하는 장소에 보관한다.

② 글라스를 차게 할 때에는 식재료 보관창고에 넣지 말고 냄새가 전혀

없는 냉장고에 넣어 프로스팅(frosting)해야 한다.

③ 얼음으로 프로스팅할 때에는 반드시 냄새가 없는 얼음인가 확인해야 한다.

4) 서비스 요령

맥주를 서비스할 때에는 깨끗한 글라스를 준비하고 서비스 온도에 특별히 주의해야 한다. 또한, 맥주 따르는 방법과 서비스 방법은 맥주의 맛과 신선한 향취를 완전히 즐기기 위해서 정확한 서비스 요령이 요구된다.

맥주병이나 캔을 글라스 위에서 4~5cm 정도 떨어진 상태에서 글라스의 약 80% 정도를 따라서 글라스 위로 볼록하게 거품이 솟도록 한다.

5) 맥주와 요리

맥주의 쏘는 맛은 거의 모든 요리에 잘 어울리며 조화를 이룬다. 그러나 크림 소스(cream sauce)나 거품을 낸 크림 디저트(cream dessert) 등에는 잘 어울리지 않으나 매운 음식이나 진한 맛의 요리에는 특히 잘 어울린다.

맥주는 기본적으로 정찬에서는 마시지 않는 것이 예의이나 가까운 사람들과의 만남에서는 마실 수도 있다. 식탁에서의 맥주는 목이 마를 때 목을 축일 수 있는 생수와 같은 것으로 식사 중간에 조금씩 물 대신 마시는 것이 이상적이다.

3. 기타 양조주

(1) 미드(mead : 벌꿀주)

벌꿀과 물에 이스트(yeast)를 넣고 발효시킨 술로 자연발효가 용이하기 때문에 와인에 못지 않은 오랜 역사를 지닌 것으로 전해지고 있다. 과즙 및 천연향료 따위를 첨가하여 독특한 향미를 낸다.

(2) 사과주(apple wine)

일반적으로 포도를 원료로 하여 만든 것을 포도주라 하고 포도 이외의 원료로 제조된 것을 과일주(fruits wine)라고 부르는데, 대표적인 과일주는 사과주이다. 제조방법은 와인과 비슷하나 영국과 프랑스에서는 대중적인 술로 널리 애음되고 있다.

(3) 유주(乳酒)

유주는 우유로 만든 술로 알코올 성분이 낮고 산미가 강한 맛을 내는 것으로 우유, 마유, 산양유 등을 발효시켜 만드는 술이다. 대표적인 술로는 러시아의 캐피트(kefit), 쿠미스(kumys), 몽고의 유주 등이 있다.

(4) 미림(味淋)

미림은 마시는 것보다 조미료로서 요리에 주로 사용되는 독특한 주류로서 감미를 지닌 일본 고유의 술이다. 미국(쌀죽) 및 중미에 소주를 가미하여 20% 정도의 알코올 성분으로 하고 효소작용만을 이용하여 30~50일간 숙성시켜 제조한다.

(5) 호양주(黃酒)

과거에는 아오츄, 첸츄라고 불리던 술로서 중국에서 쌀을 원료로 하여 제조되는 술의 총칭이다. 샤오싱츄(紹興酒)는 예전부터 명주로 알려져 있다. 호양츄는 찹쌀을 연료로 맥국(보리)을 이용하여 두충, 계피 등의 한약재를 첨가하여 발효시킨다.

(6) 풀케(pulque)

멕시코 특산품인 용설란을 이용하여 제조한 발효주로서 제조방법은 용설란의 일종인 마게이라는 식물의 밀크상태 수액을 말가죽통에 넣어 발효시킨다. 알코올 성분은 7°C 전후이고, 멕시코 사람들은 이 술을 맥주처럼 널리 음용하여 여기에 레몬이나 소금 또는 콜라 등을 타서 마시기도 한다. 이 술을 증류하면 테킬라(tequila)라는 증류주가 된다.

• 예비과제

1. 제조방법에 따른 음료의 종류를 설명하여라.

• 실습순서

1. 포도주의 제조과정을 익힌다.
2. 포도주의 종류를 이해한다.
3. 맥주의 제조과정을 익힌다.
4. 맥주의 종류와 취급요령을 익힌다.
5. 기타 양조주의 종류를 이해한다.

• 평 가

<table>
<tr><th rowspan="2">영 역</th><th rowspan="2">평 가 사 항</th><th colspan="5">평 가</th></tr>
<tr><th>A</th><th>B</th><th>C</th><th>D</th><th>E</th></tr>
<tr><td>이 해
(10)</td><td>1. 양조주를 이해하고 있다.
2. 포도주에 대한 내용을 이해하고 있다.
3. 맥주에 대한 내용을 이해하고 있다.</td><td></td><td></td><td></td><td></td><td></td></tr>
<tr><td>태 도
(10)</td><td>1. 예비학습을 통한 준비물이 준비되었다.
2. 청결하고 위생적인 실습분위기가 조성되었다.</td><td></td><td></td><td></td><td></td><td></td></tr>
<tr><td>실무능력
(20)</td><td>1. 양조주의 제조과정을 숙지하고 있다.
2. 포도주의 종류를 이해하였다.
3. 맥주의 취급요령을 습득하였다.</td><td></td><td></td><td></td><td></td><td></td></tr>
</table>

••• 모듈과제 6-3 ••••••••••••••••••••••• 증류주

• 목 표

높은 알코올 도수를 얻기 위해 발효주를 증류하여 만든 증류주의 종류와 제조과정을 이해한다.

위스키, 브랜디, 진, 보드카, 럼, 테킬라, 아쿠아비트

• 사용재료

위스키 : 스카치, 아이리시, 캐나디안, 아메리카
브랜디 : 꼬냑, 알마냑
진 : 네덜란드, 런던 드라이
보드카 : 러시아, 플레이버드, 아메리카
럼 : 헤비, 미디엄, 라이트
테킬라 : 블랑코, 에네호

• 사용기자재

테이블, 글라스웨어, 서버용 기물

• 관련이론

양조주는 효모의 특성상 알코올을 만드는 데 작용하는 20도 이상의 알코올분을 얻기가 어렵기 때문에 높은 도수의 알코올을 제조하기 위해서는 발효주를 다시 증류해야만 하는데, 이와 같이 발효주를 증류해서 만든 술을 증류주(distilled liquor)라 한다.

증류주는 양조주의 원료와 같이 대부분의 곡물 및 감자, 고구마, 카사바(타피오카) 등 전분을 함유하는 구근과 당분을 함유하는 과실 등이 이용된다.

따라서 증류주의 종류는 원료 및 제조법에 따라 다양한 종류가 있으며 그 중 중요한 것으로는 위스키(whisky), 진(gin), 브랜디(brandy), 보드카(vodka), 럼(rum), 테킬라(tequila)가 있다.

1. 위스키(whisky)

증류주인 위스키는 종류가 가장 많으며 애주가들로부터 인기 있는 술로서 고대 게일어(gaelic)의 위스게 바어(uisge-beatha)에서 유래되었다고 전해진다.

아일랜드와 미국은 'whiskey'로 표기하고 스코틀랜드와 캐나다에서는 'whisky'로 표기하는 데 이 차이점은 시간이 지남에 따라 관습적으로 변한 것으로 특별한 의미를 부여하지 않는다.

'uisge-beatha'는 라틴어의 아쿠아 비떼(aqua vitate)에 해당되며, 북유럽의 화주(火酒)인 아쿠아비트(aquavit)와 프랑스의 브랜디를 오우더뷔(eau de vie)라고 하는 것은 동일한 의미로서 생명수(water of life)란 뜻이다.

위스키는 발효시키는 과정이 맥주를 만드는 과정과 거의 동일하지만 효모를 첨가하지 않으며 보리, 밀, 호밀, 옥수수 등이 원료로 발효된 것을 증류해서 만든 것이 위스키이다. 위스키는 산지 및 제조법에 따라 다양하게 분류된다.

위스키는 세계적으로 수많은 종류가 생산되고 있으나 각 나라마다 제조하는 방법이나 법 상의 정의가 다르며, 주요 생산지역에 따라 스카치 위스키(Scotch whisky), 아이리시 위스키(Irish whiskey), 아메리칸 위스키(American whisky), 캐나디안 위스키(Canadian whisky) 등 4개 위스키로 분류한다.

주원료인 곡물에 따라서 몰트(맥아 100%), 그레인(옥수수 80%+맥아 20%), 버본(옥수수 15% 이상), 라이몰트(호밀 맥아 51% 이상), 휘트키(밀맥아 51% 이상), 콘(옥수수 80% 이상) 위스키 등으로 나눈다.

이 중 몰트와 그레인 위스키를 적절히 섞어서 만든 것을 따로 블렌디드(blended) 위스키라고 부른다.

위스키의 맛은 같은 몰트 위스키라도 여러 원액을 얼마나 잘 혼합하느냐에 달려 있다.

(1) 위스키의 제조과정

1) 원 료

위스키의 원료는 품질을 결정하는 중요한 요소이며, 보통 보리, 옥수수, 호밀, 기타 곡류 등이 원료로 사용된다. 위스키의 맛을 좌우하는 몰트 위스키는 맥아로 만드는데, 그 맥아는 보리를 싹틔워 만든다.

보리의 더러운 이물질을 깨끗이 씻어 제거하기 위해 창고에서 불출시켜 물통에 넣는다. 그리고 보리에 수분을 공급하여 발아를 준비한다. 약 2일간 침수 후에 1~2주일간 걸쳐서 발아를 시키는데 온도나 습도가 발아시키는 과정에서 적당한 상태로 유지되어야 한다.

2) 건조 및 분쇄

발아한 대맥은 적당한 시기에 성장을 멈추며, 건조과정을 거치고 발아가 완료되면 불필요한 뿌리를 두드려서 제거한다. 따라서 당화를 양호하게 하기 위해 곱게 분쇄한 것을 매시(mash)라 한다.

3) 당 화

분쇄의 공정이 완료된 원료는 양조주를 섞어서 당화조로 보내진다. 당화가 완료되면 여과한 후에 냉각이 된다. 즉, 곡물을 부수어 간 다음 볶은 뒤 엿기름과 섞어서 걸쭉하게 만드는 과정에서 녹말이 당화되는 것이다.

4) 발 효

당화를 거쳐 냉각된 액체는 발효조로 옮겨져 효모를 섞어 발효공정을 거친다. 여기에서 당분은 알코올과 탄산가스로 분리되며 보통 2일 정도면 발효가 완료되고 알코올 성분 5%의 보리술이 된다.

5) 증 류

발효공정에서 만들어진 보리술을 증류기에 넣고 78℃ 정도로 열을 가하면 비등하기 시작하는데, 이 비등된 증기가 액화하여 위스키가 된다.

6) 저 장

증류된 무색투명한 알코올은 오크(oak)통에 담아서 저장하는데 저장용 통으로 화이트 오크(white oak : 떡갈나무)가 사용된다. 반년쯤 지나면 엷은 황색으로 변하기 시작하며 숙성이 진행됨에 따라 깊은 호박색으로 착색된다.

초기에는 알코올 성분을 80~95% 정도로 함유하다가 목통의 기공을 통하여 들어간 공기가 위스키에 접촉되어 산화작용을 일으키면서 점차 향미가 좋아진다. 저장기간은 20~30년 동안 저장하는 경우도 있으나 캐나다산은 2년, 영국산은 3년, 미국산은 4년으로 법령에 따라 의무적으로 숙성기간을 정하고 있다.

7) 혼합과 병입

위스키를 배합하여 일정한 맛과 향의 위스키로 만드는 과정을 블렌딩(blending)이라고 하는데, 이 혼합공정에서는 위스키의 특성에 따라 진미, 부드러움, 순도를 적절한 비율로 혼합하여 만든다. 혼합하는 방법에는 동일 증류소에서 만들어진 몰트 위스키와 위스키를 혼합하는 싱글 몰트 위스키(single malt whisky)와 싱글 몰트 위스키끼리 혼합하는 배티드 몰트 위스키(vatted malt whisky)가 있다.

(2) 생산지별 분류

1) 스카치 위스키(Scotch whisky)

스코틀랜드(Scotland)에서 생산되는 위스키를 총칭하는 것으로 다른 지역에서 생산되는 위스키나 알코올 등이 전혀 섞이지 않아야 한다. 스코틀랜드는 잉글랜드의 북단에 위치한 요철이 있는 땅으로서 북쪽은 언덕과 바위투성이인 반면 남쪽은 평평하고 습한 지역으로 분포되어 있으며 위스키의 본고장으로 수천 여종의 위스키가 있다.

맥아의 건조시 피트 탄을 태워 그 열기와 연기가 맥아에 직접 닿게 해 특유의 향을 낸다. 대부분 단식증류기를 사용해 2~3회 증류하며 연속증류기는 블렌디용 위스키를 만들 때 주로 이용된다.

스카치의 유명한 회사는 Haig사, John Dewar사, Johnnie Walker사, James Buchanan's사, White Horse사 등의 5개 회사가 대표적이며, 이들은 합동으로 DLC(the distilled company ltd)이라는 커다란 조직을 만들어 전 영국 위스키 생산량의 60%를 점유하고 있다.

스카치 위스키의 특징으로는 다음과 같다.

① 스코틀랜드가 원산지로 약 2,300여 종의 위스키를 생산하여 전세계 60%의 생산량을 차지하고 있다.

② 보리와 몰트를 주원료로 하여 스코틀랜드의 맑은 샘물이나 시냇물을 이용하여 주조한다.

③ 몰트를 피트 탄불에 건조시킨 후 가루로 만들어서 발효시킨다.

④ 스코틀랜드의 이탄은 상품의 구운 냄새를 강하게 하여 향기를 강화시켜준다.

⑤ 단식증류법으로 2~3회 증류하는데, 이러한 방법으로 만들어진 스카치는 다른 나라에서 아무리 동일한 방법으로 만들어도 맛과 향이 다르나.

⑥ 순수한 몰트 위스키는 맛이 너무 농후하기 때문에 이것을 혼합하는 업자에게 보내어져 진미, 부드러움, 순도를 위해 적절한 비율로 혼합하여 만든다.

특히 스카치 위스키는 영국 위스키협회가 철저히 품질을 통제하고 있어 아무나 '스카치(Scotch)'라는 이름을 사용할 수 없으며 스카치 위스키는 다음과 같이 3가지로 구분한다.

① 몰트 위스키(malt whisky)

보리로 만든 엿기름을 사용하여 만든 위스키로 엿기름을 건조시키는 과정에서 피트 탄을 사용하는 것이 특징이다. 또한 피트(peat)향[41]을 가진 엿기름을 단식증류기(pot still)로 증류하여 화이트 오크 통에다 최소한 3년 이상을 저장 숙성시킨 위스키를 말한다.

몰트 위스키의 제조방법은 엿기름을 발효시켜서 증류하고 저장숙성을 거쳐 블렌딩과 병입을 하여 생산한다. 생산지역으로는 하이랜드 지역(Highland), 로우랜드 지역(Lowland), 아이레이 지역(Islay), 캠벨타운 지역(Campbeltown) 등이다.

② 그레인 위스키(grain whisky)

곡물을 주원료로 하여 만든 위스키로서 이 자체만은 판매하지 않고, 이것은 단지 라이트한 위스키를 만들기 위하여 대부분 몰트 위스키와 섞는 데 사용하며 주로 옥수수, 호밀, 밀 등의 곡물을 사용하여 엿기름으로 당화, 발효시킨 후 연속식 증류기를 사용하여 만든다. 저장 숙성은 약 4~5년 정도이다.

③ 블렌디드 위스키(blended whisky)

현재 생산되고 있는 위스키의 대부분을 차지하고 있는 것으로 몰트 위스키와 그레인 위스키를 섞어서 만들며 블렌드하는 몰트 위스키의 맛에 따라 그 맛이 좌우된다. 생산되는 위스키로는 블랙 앤 화이트(black & white), 발렌타인(ballentines), 커티 샤(cutty shark), 로열 살룻(royal salute), 조니워커 골드(jonny walker blue), 제이 앤 비 제트(J&B), 올드 파(old parr) 등이 있다.

2) 아이리시 위스키(Irish whisky)

아일랜드(Ireland)에서 만들어지는 위스키를 말하며 항상 위스키가 아닌 위스키라는 단어를 사용하며 맥아 건조시 피트의 열이 직접 닿지 않게 하는 것이 스카치와 다르다.

위스키의 원료로는 엿기름이 비중을 많이 차지하며 이외에 보리, 호밀, 밀 등을 사용하고 스카치 위스키와 같이 피트 탄에서 나오는 스모키(smorky)한 향은 없다.

스카치 위스키의 증류는 두 번을 하지만 아이리시 위스키는 반드시 단식 증류기를 사용하여 세 번 증류한다. 아이리시 위스키는 다른 위스키와는 달리 저장 숙성기간이 길수록 맛이 좋아지기 때문에 외국인들이 선호하는 술이다. 생산되는 위스키로는 제임슨, 부시밀스, 부시몰트 등이 있다.

---

41) 피트는 스코틀랜드의 들판에 무성한 히드(heath) 따위의 돌풀이 당 속에 묻혀 반쯤 탄화(炭化)된 상태를 이탄이라 부르는데, 이것으로 맥아를 건조시키면 위스키 특유의 스모키 플레이버(smoky flavor)가 생성된다. 피트로 가공한 맥아를 피티드 몰트(peated malt)라 부른다.

3) 아메리칸 위스키(American whisky)

미국에서 생산되는 위스키의 총칭으로서 미국의 위스키는 크게 2개의 그룹으로 구분되는데 브렌디드 위스키(blended whisky)와 스트레이트 위스키(straight whisky)이다.

① 스트레이트 위스키

단일 곡물을 51% 이상 상용하여 만들어야 하며 알코올 도수 80% 이하로 증류하여 새 화이트 오크 통을 태워서 만든 헌 통에다 최저 2년 이상 저장 숙성한 것을 말한다. 스트레이트 위스키의 종류는 다음과 같다.

ⓐ 버번 위스키(bourbon whisky) : 옥수수를 51% 이상 사용해야 하고 연속 증류한 후 불에 그을린 오크(oak) 통에 2년 이상 숙성해서 만든다.

ⓑ 라이 위스키(rye whisky) : 호밀(rye)을 51% 이상 넣어 연속식 증류기로 버번과 같이 만든 술인데 더 짙은 맛과 향이 난다.

ⓒ 휘트 위스키(wheat whisky) : 밀 51% 이상을 주원료로 여러 가지 곡물과 함께 당화하여 발효, 증류, 저장 및 숙성하여 만든 위스키이다.

ⓓ 콘 위스키(corn whisky) : 옥수수(corn)를 80% 이상 넣어 버번과 같이 만든 술인데 엷은 맛과 향이 특징이다.

ⓔ 바틀드 인 본드 위스키(bottled in bond whiskey) : 켄터키 위스키 에이 블렌드(Kentucky whiskey a blend)와 에이 블렌드 오브 스트레이트 위스키(a blend of straight whisky)로 구분하는데, 켄터키 위스키 에이 블렌드는 켄터키 스트레이트 위스키(Kentucky straight whisky)와 켄터키 스트레이트 위스키를 그리고 블렌드 에이 블렌드 오브 스트레이드 위스키(a blend of straight whisky)는 켄터키 스트레이트 위스키를 제외한 스트레이트 위스키(straight whisky)와 스트레이트 위스키를 블렌딩한 것이다.

② 테네시 위스키(Tennessee whiskey)

테네시 주에서 제조되는 독특한 위스키다. 버번 위스키의 일종이지만 테네시 위스키는 증류한 후에 위스키 원주를 사탕단풍 나무로 만든 숯을 채운 탑을 통과하여 여과시킨 후 저장 및 숙성한다. 잭 다니엘 위스키(jack daniels)가 대표적이다.

③ 블렌디드 위스키(blended whiskey)

알코올 도수 50%인 스트레이트 위스키를 20% 이상 섞어서 만든 위스키로 일반 위스키나 중성 주정을 섞어서 만들어도 상관이 없으며 병에 담을 때 알코올 40% 이상을 유지해야 한다. 대표적인 술로는 블렌디드 버번 위스키(blended bourbon whiskey), 블렌디드 라이 위스키(blended rye whiskey), 블렌디드 휘트 위스키(blended whit whiskey) 등이 있다.

④ 스피리츠 위스키(spirits whiskey)

알코올 도수 50%인 스트레이트 위스키를 섞어 만든 블렌디드 위스키 중에서도 스트레이트 위스키 5% 이상 20% 미만을 함유하고 나머지는 중성 주정을 섞어 만든 것을 말한다.

4) 캐나디안 위스키(Canadian whisky)

캐나다에서 생산되는 위스키로서 호밀, 옥수수, 보리를 사용해 만드나 호밀(rye)의 사용량이 미국보다 많다. 또한, 캐나디안 위스키는 4년 이상 숙성을 해야 하며 블렌디드 위스키(blended whisky)만을 생산하도록 법으로 규제하고 있다.

캐나디안 위스키의 특징은 호밀을 주원료로 한 위스키(flavoring whisky)와 옥수수를 주원료로 한 위스키(base whisky)를 블렌딩하여 만들기 때문에 세계에서 가장 순한 맛의 위스키가 생산되며 호밀 특유의 쓴맛과 단맛이 난다. 대표적인 위스키로는 캐나디안 클럽(Canadian club), 크라운 로열(crown royal), 블랙 벨벳(black velvet) 등이 있다.

① 베이스 위스키(base whiskey)

대부분 옥수수를 주원료로 해서 엿기름을 당화, 발효한 후 연속식 증류기로 증류하여 알코올 도수의 약 94~95% 정도의 증류액을 얻는다.

② 플레이버링 위스키(flavoring whiskey)

호밀을 주원료로 사용하며 옥수수와 엿기름을 추가한 후 당화, 발효하여 연속식 증류기로 증류시켜 84% 정도의 증류액을 얻는다. 플레이버링 위스키가 캐나디안 위스키의 맛을 결정 짓는데 중요한 역할을 하며, 배합시킬 때의 원료 비율이 호밀 50% 이상의 것을 위스키(rye whiskey)라고 부른다.

(2) 원료에 의한 분류

1) 몰트 위스키(malt whisky)

보리(barley)로 만든 엿기름만을 사용하며 피트(peat)[42]의 직열로 건조하여 단식증류기로 증류한다. 몰트 스카치 위스키(malt scotch whiskey)나 아이리시 몰트 위스키(Irish malt whiskey)가 여기에 속한다.

---

42) 피트(peat)란 스코틀랜드 평지에서 나는 얼마 되지 않는 소량의 보리(malt)와 구릉지 땅속 석회를 빨아들인 관목이 탄화된 것이다.

2) 그레인 위스키(grain whisky)

보리(barley), 호밀(rye), 옥수수(corn) 등의 여러 가지의 곡물을 몰트(malt)로 당화시킨 후 발효시켜 연속증류기로 증류한 위스키이며 주로 블렌딩(blending)용으로 사용된다. 미국과 캐나다에서 생산되는 위스키는 거의 여기에 속한다.

3) 블렌디드 위스키(blended whisky)

두 가지 이상의 위스키를 혼합하여 제조한 위스키로서 현재 시중에서 판매되고 있는 대부분의 위스키가 여기에 속한다.

(4) 증류방법에 의한 분류

1) 단식증류 위스키(pot still whisky)

단식증류 위스키는 비교적 구조가 간단한 재래식 증류기인 단식증류기에서 2~3번 반복해 증류한 위스키이며 고유한 향미를 얻을 수 있지만 대량생산이 곤란하다. 현재 대부분의 고급 위스키는 이 방식을 사용하여 만든다. 몰트 위스키나 아이리시 몰트 위스키가 여기에 속한다.

2) 연속증류 위스키(patent still whisky)

연속증류기로 증류시켜 만든 위스키를 말하는 것으로 주정분을 매회 갈아넣지 않고 계속해서 증류하는 방식으로 대량생산이 가능하나 방향성분이 상실된다. 따라서, 단식증류된 위스키와의 블렌딩용으로 많이 사용된다. 아메리칸 위스키나 캐나디안 위스키가 여기에 속한다.

2. 진(gin)

진은 1660년경 네덜란드 라이텐(Leyden) 대학의 화학교수인 실비우스(Sylvius : 1614~1672) 교수에 의해 처음 발명된 후 처음에는 의료용으로 개발되었으나 술로서 널리 보급되었다.

진은 보리, 옥수수, 호밀 등을 주원료로 하여 발효, 증류시킨 증류주로서 대부분의 진은 무색투명하고 상쾌한 향이 있는 드라이 진(dry gin)을 말한다. 진은 비교적 만들기가 수월하고 대량생산이 가능해 세계 각국에서 진이 생산되지만 생산원가가 적게 들기 때문에 시판가격도 저렴하여 모든 칵테일의 기본주로서 널리 사용된다.

플레이버 진(flavored gin)은 여러 가지 과일, 약초, 씨앗, 뿌리 등으로 착향시켰으며, 이것들은 대개 스위트 진(sweet gin)이며, 보통 오렌지, 레몬, 박하(mint) 등으로 착향한 것이 많다.

(1) 진의 특징

무색이며 유리제 탱크를 사용하며 거의 에이징(aging)을 하지 않고 시판되기 때문에 생산원가가 적게 든다. 따라서, 시판가격도 저렴하여 모든 칵테일의 기본으로 널리 사용된다.

특히, 진은 여러 가지 증류주 가운데서 잘 취하지 않는 음료로 알려져 있다. 숙취로부터 회복이 느린 순서는 브랜디, 럼, 칼바도스, 버본, 리이위스키, 스카치 위스키, 진, 보드카의 순이다. 진의 특징은 다음과 같다.

진은 두 번의 증류를 통하여 불순물이 완전히 제거된 증류주이기 때문에 다른 술과 달리 정류(精溜)란 말을 사용한다.

① 산뜻하게 퍼지는 향기의 신선함과 음주시 청량감이 있다.
② 다른 술이나 리큐어 또는 주스 등과 잘 조화를 이룬다.
③ 특유한 방향성의 무색투병한 증류주이다.
④ 드라이 진(dry gin)은 감미가 없는 증류주이다.
⑤ 착미(着味)한 주정이 40%나 되는 독한 알코올성의 증류주이다.
⑥ 영국진은 저장을 하지 않는다.
⑦ 진은 무색이며 다른 술과 맛의 조화가 잘된다는 이유 때문에 칵테일의 기본 술로서 가장 잘 어울린다.

(2) 진의 종류

1) 영국진(English gin)

대부분 칵테일용으로 사용되는 것으로 영국진의 1차 증류는 연속증류를 하고 2차 증류는 향료식품을 넣어 단식증류하는 것이 특징인데 감미가 없는 드라이 진(dry gin)이 대부분이고 약간의 감미를 가진 올드 톰 진(old tom gin)도 약간 생산된다.

2) 네덜란드 진(Holland gin)

네덜란드 진은 향료를 주정분에 넣어 단식증류기에 2~3회 증류하는데 증류시 55°C 정도로 낮게 증류해 짙은 향내와 감미가 있는 것이 특징이다. 따라서, 보통 네덜란드 진은 칵테일보다 차갑게 해서 스트레이트로 마신다. 런던 드라이 진에 비하여 농도가 낮고 곡물의 냄새나 맛이 어느 정도 남아 있는 것이 특징이며 두송의 맛과 향이 강하다.

종류로는 볼스 브이오 제네바(bols V.O geneva), 볼스 실버 탑(bols silver top) 등이 있다.

3) 아메리카 진(American gin)

런던 진과 형태가 동일하며 드라이하고 알코올 농도가 비교적 높은 편이다. 유명상표는 fleisehmann's, hiram walder's, smirnoff gin 등이 있다.

4) 드라이 진(dry gin)

무색투명하고 곡물에 곱향나무 열매 이외 수종의 향료를 원료로 배합하여 드라이 진 특유의 맛과 향을 내주며 감미가 없다.

5) 슬로진(sloe gin)

슬로진은 연속 증류된 진에다 야생자두(sloe berries)를 원료를 섞어 만든 것으로 짙은 적색에 감미와 과일의 맛이 풍부하여 여성들이 즐겨 마신다.

이외에도 주니퍼 베리 대신 여러 가지 과실, 씨, 뿌리 및 약초 등을 넣어 만든 진을 플레이버 진(flavored gin)이라 하는데 이는 진으로 취급하지 않고 리큐어(liqueur)로 취급한다.

또한 골드 진(golden gin)이라 불리는 짧은 기간 동안 오크(oak) 통에 숙성시켜 엷은 황색이 나는 진도 있다.

3. 브랜디(brandy)

브랜디는 다양한 과실을 발효시켜 증류한 술로서 숙성방법은 과실의 종류에 따라 다르고 원료에 따라 수많은 종류의 브랜디가 있다. 광의로 브랜디란 과실로 만든 술을 의미하지만 협의로는 포도를 이용하여 발효, 증류, 저장, 숙성시켜 만든 것을 말한다.

만약 포도 이외의 과실을 원료로 하여 만든다면 재료에 따라 사용된 과실의 이름을 브랜디 앞에 붙이거나 특별한 이름을 사용한다. 유명한 과실 브랜디의 종류는 〈표 6-5〉와 같다.

브랜디는 프랑스에서 Eau-de-vie(오드비)로 불리는데 이는 생명의 물(water of life)이라는 의미이다.

브랜디 중 꼬냑은 프랑스의 꼬냑 지방에서 생산된 것만을 말하고 알마냑(Armagnac)은 알마냑 지방에서 생산된 것만을 말한다.

브랜디의 품질은 숙성기간에 의해 크게 좌우되며, 이러한 숙성기간에 따라 등급이 달라진다. 브랜디의 등급을 표시하기 위해 상표에 V-Very, S-Superior, O-Old, P-Pale, X-Extra, F-Fine, C-Cognac 등과 같은 약자를 표기한다.

〈표 6-5〉 과실 브랜디의 종류

과 실(fruit)	브 랜 디(brandy)
apple	apple brandy, applejack or apple jack, calvados
apricot	apricot brandy, barack palinka
blackberry	blackberry brandy
cherry	kirsch, kirschwasser
elderberry	elderberry brandy
pear	peat brandy, eau de vie de poire
pineapple	pineapple brandy
plum	slivovitz, mirabelle, quersch, prunelle, pflumli
raspberry	framboise
stawberry	fraise

〈표 6-6〉 꼬냑, 알마냑, 칼바도스의 등급환산표43)

숙 성		분 류		
등급	실제숙성기간	꼬냑	알마냑	갈바도스
00		4월 1일 증류주기준	5월 1일 기준	10월 1일 기준
0	0~12개월	최소한 12개월 이상 참나무 통 속에서 의무적으로 숙성		
1	12~24개월	상품화		
2	24~36개월	별셋 또는 V.S trois etoiles ou V.S	별셋 또는 기타 trois etoiles ou trois couronnes ou trois lettres	별셋 또는 사과셋 trois etoiles ou trois pommes
3	36~48개월	별셋 또는 V.S trois etoiles ou V.S	별셋 또는 기타 trois etoiles ou trois couronnes ou trois lettres	vieux 또는 reserve
4	48~60개월	V.O(very old) 또는 V.S.O.P(very special old pale또는 reserve	V.O 또는 V.S.O.P 또는 reserve	V.O 또는 vieile reserve
5	60~72개월	napoleon 또는 vieille reserve 또는 X.O(extra old) napoleon	napoleon 또는 extra 또는 vieille reserve	V.S.O.P napoleon
6	72개월 이상	vieille reserve 또는 X.O		extra 또는 hors d'a ge 또는 age inconnu
분류		0~6까지 등급분류	0~5까지 등급분류	0~10까지 등급분류

43) 정헌배, 세계주류시장의 국제마케팅 전략과 전망, P. 88

이러한 부호의 사용은 공통적으로 모든 회사가 사용하는 것이 아니고 동일한 V.S.O.P나 X.O라도 회사에 따라 숙성기간이 전혀 다르다. 다만 일반적으로 회사에서는 3 star → V.S.O → V.S.O.P → Napoleon → X.O의 순서로 숙성기간이 길어진다.

프랑스의 A.O.C(appellation d'origine controlee)법에 의하면 꼬냑(Cognac) 및 알마냑(Armagnac), 그리고 애플 브랜디(Apple Brandy)인 칼바도스(Calvados)의 등급을 〈표 6-6〉과 같이 규정하는데 어느 것이나 최저 숙성기간만을 규제하고 있다.

(1) 브랜디의 제조방법

1) 와인 제조

브랜디의 원료로 사용하는 포도품종은 생산지에 따라 다르나 프랑스에서는 폴레 블랑시(folle blanche), 쌩떼 밀리옹(saint emillion), 으니 블랑(ugni blanc), 콜롬바(Colombard) 종을 주로 사용한다.

9월에서 10월 하순에 걸쳐 수확하여 곧바로 브랜디의 원료가 되는 와인이 만들어지는데 신맛이 강해서 와인으로서 맛은 떨어지나, 이 신맛은 고급 브랜디에서 반드시 필요한 요소이다.

2) 증 류

와인을 2~3회 연속증류하여 첫번째 증류에서 알코올 성분 25% 정도의 초류액이 얻어지는데 이것을 부루아이(brouillis)라고 한다. 부루아이를 재증류하여 알코올 성분 68~70%의 재류액이 얻어지는데, 이것을 라본느 쇼프(la bonne chauffe)라고 한다.

이와 같이 2단계로 나누어 증류하면 평균 8통의 와인에서 한 통의 브랜디가 얻어지는데, 더 좋은 브랜디를 얻으려면 다시 10~15시간에 걸쳐 세번째의 증류를 한다.

3) 저 장

증류한 브랜디는 오크 통에 넣어 저장하는데, 술통은 새것보다 오래된 것이 더 좋다고 한다. 새 술통을 사용할 때에는 반드시 열탕에서 소독하고 다시 화이트 와인을 채워 유해한 색소나 이취물질을 제거한 후 화이트 와인을 쏟아내고 브랜디를 넣어 저장한다.

저장기간은 최저 5년에서 20년 정도이나 오래 된 것은 50~70년 정도 되는 것도 있다. 저장 중 브랜디의 양은 증발에 의해 줄어드는데 이는 술통의 나무껍질에서 발산하기 때문에 2~3년마다 다른 술통에 채워 넣는다.

4) 배 합

브랜디도 위스키처럼 가장 중요한 과정 중의 하나인 혼합의 과정을 거친다. 오랜 경험과 예리한 감각을 지닌 블렌더(blender)에 의해 배합되는 브랜디는 다시 어느 정도 숙성시킨 후 병입되어 시판되는 것이다.

5) 숙 성

다른 증류주에 비해서 알코올 도수가 낮은 53%밖에 내지 못하기 때문에 포도의 향기가 더 짙게 나는 술이 된다. 알마냑은 꼬냑보다 향미와 향취가 더 짙은 브랜디이다. 술통은 이곳에서 자생하는 블랙 오크나무(black oak)로 만들어서 술을 묵힌다. 이 흑색 오크 통은 알마냑을 8년만 묵히면 흰색 오크 통에 20년 묵힌 꼬냑과 동등한 색깔이 된다.

(2) 브랜디의 종류

1) 꼬냑(cognac)

프랑스의 꼬냑 지방에서 생산되는 브랜디를 말하는 것으로 꼬냑은 프랑스 서남부지역이 생산지로 법적으로 허용된 포도원료는 여러 가지가 있으나 쎙떼밀리옹(saint emilion) 품종이 현재 약 95% 정도의 재배 면적을 점유하고 있다. 프랑스 정부는 꼬냑 지방을 석회질량과 여러 가지 조사에 의하여 6개 지역으로 나누며 이 지역에서 만든 브랜디만을 꼬냑이라고 할 수 있다.

① 그랑드 샹파뉴(Grande Champagne)

샹파뉴 지역에서 석회질이 가장 많이 함유되어 있는 지역으로 브랜디의 향은 높고 브랜디의 맛은 진하며 오랫동안 저장숙성을 한다.

② 쁘띠뜨 샹파뉴(Petite Champagne)

그랑드 샹파뉴 지역과 비슷한 특성을 가지고 있으나 맛은 비교적 부드럽고 은은하며 숙성기간은 짧다.

③ 보르데리(Borderies)

비교적 숙성기간이 짧으며 맛은 찰지거나 강하고 풍만한 술이 만들어지는 특징이 있다.

④ 황 보와(Fins Bois)

숙성기간이 짧고 경쾌한 술이 생산된다.

⑤ 봉 보와(Bons Bois)

술의 맛과 향은 엷고 고급품으로는 사용하지 않는다.

⑥ 보와 솔디네르(Bois Ordinaries)

대부분이 모래땅으로 좋은 제품은 없고 같은 종류의 술에 블렌딩할 때 사용한다.

2) 알마냑(Armagnac)

프랑스의 남서부에 위치해 있는 알마냑 지역에서 생산되는 브랜디를 말한다. 정식 명칭으로는 오 드 비 뱅 다르마냑(eau-de-vie de vin d'armagnac)으로 불린다. 원산지 통제명칭에 의해 제르(Gers), 랑드(Landes), 로 에 가론느(Lot-et-Garonne)의 3개 지역으로 나누고 있으며, 이 지역에서 재배되는 포도 품종으로는 폴레 블랑시(Folle blanche), 으니 블랑(Ugni blanc), 콜롬바(Colombard)가 있다. 알마냑이 꼬냑과 다른 점은 드라이하며, 스파이시(spicy)한 맛이 입안에 오래도록 남는 독특한 술이다.

① 바 사르마냑(Bas-Armagnac)

에오즈(Eauze)를 중심지로 해서 포도가 생산되고 있으며 맛은 부드럽고 은은한 향의 브랜디가 생산된다.

② 오 타르마냑(Haut-Armanac)

바다로부터 멀리 떨어져 있는 지역으로 토양은 점토질과 백악질로 되어 있다. 이 지역에서는 일반적인 술이 생산된다.

③ 떼나레즈(Tenareze)

떼나레즈 지역 중에서도 콘돔(Condom) 지역이 중심지로 생산되는 브랜디는 향이 많고 강한 맛이 있어 부드러운 바 사르마냑의 브랜디와 섞어 밸런스가 좋은 브랜디를 만든다.

4. 보드카(vodka)

(1) 보드카의 개요

보드카는 오래 전부터 러시아를 비롯한 슬라브 민족의 국민주로 애음되다가 최근 칵테일의 보급과 함께 세계적으로 널리 보급된 술이다. 보드카(vodka)라는 말은 러시아어의 'Voda'에서 파생되었는데 물(water)이라는 의미이다.

러시아혁명(1917) 이후 러시아의 보드카 기술자 스미르노프(Smirnoff)가 미국으로 건너가 미국에 보드카가 전해졌는데, 현재 미국은 세계에서 가장 많은 양의 보드카를 생산하고 있고, 품질도 러시아의 제품보다 훨씬 우수한 것으로 평가되고 있다.

보드카의 원료로는 보리, 밀, 호밀, 옥수수 등의 곡물과 감자, 고구마 등이 이용되고 이것을 당화 발효시킨 후 연속증류기로 증류해 95% 정도의 높은 주정을 만든 후 자작나무숯 등의 탄소층으로 수차례 여과시켜 냄새 및 맛을 제거하고 모래(sand)층을 통과시켜 목탄의 냄새를 제거하여 무색, 무미, 무취의 보드카를 생산한다.

이렇게 하여 무색, 무미, 무취가 된 보드카에 증류수를 넣어 알코올 농도를 낮춘 후 병입된다.

보드카는 연속증류로 인해 대량생산이 가능하여 가격이 저렴하고, 무색, 무미, 무취의 특성 때문에 칵테일의 기주(base liquor)로 진(gin)과 함께 널리 이용된다.

보드카는 진과 유사한 점이 많은데 무색투명한 중성주정(neutral grain spirits)으로 진을 주니퍼(juniper berry)로 착향하기 전까지는 유사하다. 또한, 저장성숙과정(aging)이 없기 때문에 생산비가 저렴하여 염가로 시판된다.

보드카의 원산지라고 할 수 있는 러시아와 폴란드에서는 주로 축배용으로, 또는 식전주(appetizer)용으로도 사용되며, 특히 철갑상어(caviar)와는 잘 어울리는 술이다. 이런 용도로 쓰일 때에는 얼음처럼 차게 하여 작은 잔(glass)에 담아 단번에 마신다.

(2) 보드카의 제조과정

감자나 고구마, 옥수수 등 원료를 쪄서 맥아를 넣고 당화시켜 효모를 넣어서 발효시킨다. 이렇게 만들어진 액으로 95% 정도의 주정을 취한다. 그 후 자작나무 숯을 채운 정류탑이 있는 증류기로 20~30번 반복하여 증류를 하면, 푸젤유나 악취의 성분이 흡수되어 거의 중성 알코올의 산뜻한 주정이 된다. 여기에 나무뿌리, 풀, 종자 등의 액기스를 스며들게 하면 독특한 풍미를 가진 각종 보드카가 된다.

최종적으로 모래를 여러 번 통과시켜 목탄의 냄새를 제거한 후 증류수로 묽게 하여 병입된다. 탈취에는 일반적으로 두 가지 방법이 사용되는데, 그 하나는 주정 탱크내에서 분말 숯과 교반시키는 방법이며, 다른 한 가지 방법은 칼럼 안에 엽상 숯을 채워 넣고 주정을 통과시키는 것이다.

(3) 보드카의 종류

1) 일반 보드카

원래의 전통적인 보드카로 차게 해서 식전주로 이용하거나 풍미를 살려서 칵테일 베이스로 많이 쓰인다.

러시아에서 생산되는 크리스털(kristal), 스토리치나야(stolichnaya), 페르초프카(pertsovka), 모스코프스카야(moskovskaya), 미국산으로는 프레스크만(fleischmann's), 스미노프(smirnoff), 캄챠카(kamchatka), 하이럼 워커(hiram walker's), 폴란드산으로는 비보르바(wyborowa), 주브로브카(zubrowka), 지트니아(zytnia), 헌터(hunter) 등이 있다.

2) 플레이버드 보드카

보드카에 감미, 염분, 후추, 벌꿀, 약초, 과실 등의 향을 첨가한 형태로 대표적인 보드카는 스톨로바야(stolovaya), 리몬나야(limonnaya), 스타르카(starka), 야제비아크(jazebiak), 쿠반스카야(kubanskaya) 등이 있다.

5. 럼(rum)

럼은 설탕의 라틴어인 사카룸의 어미에서 럼(rum)이라는 단어가 파생되었다. 한편, 럼은 서인도제도의 토착어인 럼브리온(rumbullion — 흥분, 소동)이란 단어에서 유래되었다는 설도 있다. 럼은 가끔 해적의 술로 불리는데 그 이유는 18세기에 카리브해를 무대로 활약한 해적들에 의해 보급되었기 때문이다.

럼의 원료로는 사탕수수를 롤러로 부순 뒤 여과한 당액을 그대로 사용하는 경우와 제당공정의 부산물인 당(molasses)밀을 사용하는 두 가지 방법이 있는데 당밀을 사용하는 방법이 많이 이용된다.

럼의 분류는 맛과 색깔에 의해 크게 두 가지로 분류되는데 맛에 의해서는 라이트 럼(light rum), 미디엄 럼(medium rum), 헤비 럼(heavy rum)으로 구분하고 색깔에 의해서는 화이트 럼(white rum), 골드 럼(gold rum), 다크 럼(dark rum)으로 구분할 수 있다.

(1) 맛에 의한 분류

1) 라이트 럼(light rum)

당밀을 물로 묽게 하여 효모로 발효시킨 후 연속식 증류기로 증류하여 최소한 한해 동안 유리나 스테인레스 탱크(stainless) 또는 안쪽을 태우지 않은 오크 통에 저장한 후 활성탄 등으로 여과하여 만든 것으로 색깔이 무색이기 때문에 화이트 럼(white rum)이라 불리고 맛이 깔끔하고 드라이(dry)하기 때문에 칵테일용으로 많이 사용된다.

쿠바에서 많이 생산된다 하여 쿠바 럼이라고도 부르며, 멕시코나 푸에르토리코 등에서도 많이 생산된다.

2) 미디엄 럼(medium rum)

미디엄 럼은 헤비 럼과 라이트 럼의 중간으로 위스키와 비슷한 색깔을 띠고 있어 골드 럼(gold rum)이라 불린다. 주조방법은 라이트 럼과 유사하지만 증류할 때 과거의 영국령은 단식증류기를, 스페인령은 연속식 증류기를 사용하였다. 보통 미디엄 럼은 최소한 3년은 안쪽을 태운 오크 통에 숙성저장시킨다.

3) 헤비 럼(heavy rum)

풀 바디드 럼(full bodied rum)이라고도 하는데 5~20일에 걸쳐 발효시킨 것을 단식증류기로 증류한 다음 오랫동안 숙성시킨 럼이다. 풍미와 색깔이 짙어 다크 럼(dark rum)이며, 특별한 발효과정에 의하여 단맛이 많은 스위트 럼(sweet rum)이다.

4) 플레버드 럼(flavored rum)

상기 3가지 형태의 럼을 제외한 럼을 총칭하는 것으로 럼에 오렌지 껍질의 향과 맛을 넣어 만든 리큐어 형태와 후추나 트로피칼 스파이스 등의 향신료를 넣어 만든 스파이스 럼(spicied rum)도 있다. 보통 34년 정도 숙성되며 네덜란드로 운반되어 잠시 동안 추가 숙성된 다음 판매된다.

(2) 색깔에 의한 분류

맛과는 관계없이 오직 럼의 색깔에 의해 분류한 것이다.

1) 화이트 럼(white rum)

실버 럼(silver rum)이라고도 불리는 것으로 연한 색이거나 무색의 럼을 말한다. 대부분 일정한 기간 동안 통에 저장한 럼을 활성탄으로 여과하여 다양한 맛을 제거시킨 무색투명한 럼으로서 칵테일의 주재료로 많이 이용된다.

2) 골드 럼(gold rum)

앰버 럼(amber rum)이라고도 불리며 화이트 럼과 골드 럼의 중간색의 럼을 말한다. 브랜디 색깔과 비슷하며 화이트 럼보다 향이 강하다.

3) 다크 럼(dark rum)

진한 갈색을 나타내는 어두운 색깔의 럼으로 주로 자마이카에서 많이 생산된다. 이 럼은 중후한 맛을 느낄 수가 있으며 향기가 좋아 제과용으로 많이 사용된다.

6. 테킬라(tequila)

(1) 테킬라의 개요

테킬라는 선인장류로 용설란의 일종인 아가베(agave)로 주조되는 것으로 10년 이상된 아가베를 발효시키면 멕시코의 원주민들이 즐겨 마시는 풀케(pulque)라는 발효주가 되는데 이것을 증류하면 메즈칼(mezcal)이 된다.

이 메즈칼 술 중에서 멕시코의 테킬라 지방에서 주조된 것만을 테킬라(tequila)라고 하고 기타 지역에서 주조된 것을 메즈칼이라 한다. 특히, 마가리타(margarita)와 테킬라 선라이즈(tequila sunrise) 등의 칵테일과 함께 전세계에 널리 보급되었다.

멕시코에서 소비되는 테킬라는 저장 숙성시키지 않으며, 80~86 proof에서 병입하여 시판되나 일부 생산업자들은 미국에서 수입되는 흰 참나무를 건조시켜 만든 50갤런 정도의 참나무통에 넣어서 저장 숙성시킨다.

이 저장에서 테킬라는 황갈색이 되며, 맛이 보다 순해지고 향기롭게 된다. 1년 묵은 것은 "Anejo"라고 표시하고 2~4년 묵은 것을 "Muy anejo"라고 표시 구분한다.

(2) 테킬라의 종류

① 테킬라 블랑코(tequila blanco)

화이트 테킬라로 부르며 용설란을 발효시킨 후 단식증류기로 2번 증류하여 스테인레스 통에 단기간 저장한다.

② 테킬라 아네호(tequila aneho)

테킬라 블랑코와 만드는 방법은 동일하지만 1년 이상 오크통에 저장 숙성하여 만든다.

7. 아쿠아비트(aquavit)

(1) 아쿠아비트의 개요

곡류나 감자를 주원료로 해서 아니스나 카라웨이 등으로 향을 낸 증류주로 북유럽의 특산주이다. 노르웨이는 'aquavit', 덴마크는 'akvavit', 스웨덴은 두 단어 모두를 사용한다. 15세기 스톡홀름의 재정보고서에 의하면 아쿠아비트는 당시 독일로부터 수입된 와인이었는데, 16세기에 이르러 독일의 와인 생산량이 줄어들면서 18세기부터는 감자로 대체하기 시작하였다고 기록되었다.

(2) 아쿠아비트의 제조과정

아쿠아비트는 감자를 엿기름으로 당화시켜 연속식 증류법으로 증류하여 95% 이상의 고농도의 알코올을 얻는다. 그 후에 물로 희석하여 각종 향료성분을 첨가하여 재증류하는데 진의 제조방법과 유사하다.

진이 주니퍼 베리의 향이 강하다면 아쿠아비트는 카라웨이 향이 강하다. 아쿠아비트는 무색투명하고 차게 하여 스트레이트로 마시며, 식전주로 적합하다.

(3) 아쿠아비트의 종류

올보그(aal borg), 길트타펠(gilde taffi), 스바르트 빈바르스(svart vinbars), OP 앤더슨(O.P anderson), 보멀룬드(bommerlunder), 스카네(skane) 등이 있다.

• 예비과제

1. 알코올 음료의 기준에 관해서 설명하여라.
2. 알코올 음료의 분류방법과 종류를 설명하여라.

• 실습순서

1. 생산지별 다양한 위스키의 맛과, 색, 향을 테스트한다.
2. 브랜디의 맛과 색, 향을 테스트한다.
3. 진의 맛과 색, 향을 테스트한다.
4. 보드카의 맛과 색, 향을 테스트한다.
5. 럼의 맛과 색, 향을 테스트한다.
6. 테킬라의 맛과 색, 향을 테스트한다.

• 결과 및 고찰

실습제목 : 증류주
실습일자 : 년 월 일 요일 교시)
공동실습자 : 제 조
실습소요시간 : 분

1. 실습순서에 따라 표에 그 결과를 기록하시오.

(1) 위스키

항목 / 종류	원 료	증류/숙성	맛	색 깔	향
스카치					
아이리시					
캐나디안					
아메리카					

(2) 브랜디

항목 / 종류	원 료	증류/숙성	맛	색 깔	향
꼬냑					
알마냑					

(3) 진

항목 / 종류	원 료	증류/숙성	맛	색 깔	향
네덜란드					
드라이진					

(4) 보드카

항목 / 종류	원 료	증류/숙성	맛	색 깔	향
러시아					
아메리카					
프레이버드					

(5) 럼

항 목 / 종 류	원 료	증류/숙성	맛	색 깔	향
케비럼					
미디엄					
라이트					

(6) 테킬라

항목 / 종류	원 료	증류/숙성	맛	색 깔	향
블랑코					
아네호					

• 평 가

영 역	평 가 사 항	평 가				
		A	B	C	D	E
이 해 (10)	1. 증류주 제조과정을 이해하고 있다. 2. 증류주의 종류를 이해하고 있다.					
태 도 (10)	1. 예비학습을 통한 준비물이 준비되었다. 2. 청결한 실습장과 실습분위기가 유지되었다. 3. 조별 음료 테스트가 효율적으로 진행되었다.					
실무능력 (20)	1. 위스키, 브랜드의 맛과 향을 구별하였다. 2. 진, 보드, 럼의 멋과 향을 구별하였다. 3. 브랜디의 라벨을 정확히 이해하였다.					

••• 모듈과제 6-4 •••••••••••••••••••••• 혼성주

• 목 표

혼성주의 제조방법과 종류 및 제조과정을 이해한다.

• 사용재료

혼성주 : 향초류, 감귤류, 핵과류, 종과류, 장과류, 크림류
크림드 멘트, 드람뷰이, 비터, 리넨류

• 사용기자재

테이블, 글라스웨어, 서비스용 기물

• 관련이론

1. 혼성주의 개념

혼성주(compounded liquor)는 양조주와 증류주를 제외한 모든 주류를 말하며 발효주나 증류주에 각종 약초 향료 등을 넣어 만든 것으로 양조주와 증류주 이상으로 수많은 종류가 있다. 또한, 각 나라의 제품에 따라 고유한 제조법이 비밀로 되어 있어 기본원료 외에는 그 성분을 알 수 없는 것이 많다.

혼성주는 주로 간장, 위장, 소화불량 등에 효력이 좋은 술로 알려져 있다. 혼성주의 분류는 대개 제조방법과 맛에 의해 다음과 같이 분류할 수 있다.

2. 혼성주의 분류

(1) 제조방법에 의한 분류

1) 증류법(distilled process)

식물의 씨, 잎, 뿌리, 껍질 등을 강한 주성에 담아서 부드럽게 한 후 그 고형물질의 전부 또는 일부가 있는 채로 침출액을 증류하는 것을 말한다.

이 과정에서 얻은 향이 좋은 주정성 음료에 설탕 또는 시럽의 용액과 야채 액기스나 태운 설탕의 형태로 된 염료를 첨가하여 감미와 색을 낸다.

2) 에센스법(essence process)

독일에서 자주 사용하는 방법으로 기주에 천연향료 또는 인공향료를 배합하여 여과한 후 사카린(saccarine)을 첨가하여 만드는데, 생산이 간편하고 대량생산이 용이한 반면 품질이 좋지 않다.

3) 침출법(infusion process)

기주에 방향성 식물의 초근목피나 과실 등을 넣은 후 스피리츠(sprits)를 가해 서서히 우러나게 하는 방식이다. 열을 가하지 않으므로 콜드 방식(cold method)이라 하며 우리나라의 인삼주 및 과실주 등이 여기에 속한다. 이 방법은 원료 고유의 향미를 얻을 수 있는 반면 침출하는 데 시간이 오래 걸리는 단점이 있으며, 이와 같은 방법으로 만들어진 리큐어를 특히 코디얼(cordial)이라고 한다.

혼성주는 크게 쓴맛이 나는 비터류(bitters)와 단맛이 나는 리큐어(liqueur) 및 칵테일 등을 포함한 기타 혼성주로 분류된다.

(2) 맛에 의한 분류

1) 비터류(bitters)

비터류는 벌무스(vermouth)와 마찬가지로 식전주로 이용되는 비터류와 앙고스트라비터(angostra bitter)처럼 칵테일 등의 부재료로 사용되는 비터류로 나누어진다.

일반적으로 알려진 비터류는 다음의 〈표 6-7〉과 같다.

〈표 6-7〉 비터의 종류

음료용 비터		칵테일 및 조리용 비터	
brand	origin	brand	origin
amaro Cora	Italy	angostra Bitter	Trinidad Tobago
amer Picon	France	peychaud's	USA
alpenbitter	Switzerland	underberg	Germany
appenzeller	Switzerland	orange	England 등
campari	Italy		
cynar	Italy		
ramazorri	Italy		
rossi	Italy		
suze	Italy		

〈표 6-8〉 리큐어의 종류

리 큐 어	Name	Base
herd-baesd liqueurs (향초 리큐어)	Benedictine D.O.M. Benedictine B.B Chartreuse vert(green) Chartreuse jaune(yellow) Galliano Goldwasser Strega	Sundry herbs Sundry herbs and cognac Sundry herbs Sundry herbs Sundry herbs Sundry herbs Sundry herbs
citrus-baesd liqueurs (감귤류 리큐어)	Cointreau Curacao orange Curacao blue Curacao red Curacao green Grand marnier Mandaarine	Bitter-orange peel Curacao orange Curacao orange Curacao orange Curacao orange Orange paste and cognac Mandarin orange
stone-fruit-baesd liqueurs (핵과류 리큐어)	Apricot brandy Cherry heering Maraschino Peach brandy Roteli	Apricots Cherries Narasca cherries Peaches Cherries
beed-fruit-baesd liqueurs(종과류 리큐어)	Williamine	Pears
berry-baesd liqueurs (장과류 리큐어)	Brombeere Cassis Fraisa Sambuca	Blackberries Blackberries Strawberries Elderberries
cream liqueurs (크림 리큐어)	Creme de banane Creme de cacao Creme de menthe Creme de mokka Creme de noisette Creme de vanille	Bananas Cocoa Peppermint Coffee Hazelnuts Vanilla
other liqueurs (기타 리큐어)	Amaretto Anisette Drambuie Eierlikor Irish mist Kummell Lochan ora Parfait amour Suisceri	Almonds Amise Scotch whisky and honey Egg powder Irish whisky and honey Caraway seeds Scotch whisky and honey Violets Cherries and choclate

2) 리큐어(liqueur)

리큐어는 중성주정, 브랜디, 위스키, 진 등 증류주에 과일, 꽃, 약초, 씨, 뿌리 등과 함께 증류하거나, 또는 그 향료에서 유출한 휘발성 향유를 혼합하고 설탕이나 꿀 등으로 당화하여 만든 아름다운 색채가 있는 단술을 말하는 것으로 일반적으로 식후주(after drink)로 사용된다.

따라서, 고급품질의 리큐어는 양질의 브랜디나 위스키가 향 좋은 통 속에서 오래 저장되어 그 목재에서 우러난 향기를 흡수하여 향기 높은 황금색의 술(예 : old brandy, cognac 등)이다.

3. 혼성주의 맛보는 방법

혼성주를 마시는 방법이 각 나라마다 특유의 주법이 있기 때문에 약간씩 다르다. 영국에서는 오후 5시경의 티타임(tea time)에 홍차를 마실 때 향기가 높은 리큐어를 섞어서 마신다. 미국에서는 칵테일의 리큐어를 대부분 부재료로 사용한다. 즉, 감미료 또는 계절감을 내는 착색료로 사용하고 있다. "식탁의 심리학자"의 저자인 오스틴 디크로바는 '리큐어는 눈, 입술, 혀로 조용히 애무하는 것이다.'라고 말하였다.

프랑스에서는 간식시간인 '구우테' 시간에도 케이크나 비스킷 외에 반드시 리큐어와 차가운 물을 내놓는다. 물론 식후의 디저트 코스, 마지막의 데미타세(demitase) 전에 즐겨하는 리큐어를 마신다. 국제 미식주의자 연맹회장인 피에르 앙도르도 '꼬냑과 리큐어의 풍부한 색채와 풍미는 첩의 나라에서 온 것이므로 희귀한 술로서 조금씩 입술을 적시듯 마셔야 한다. 한 입에 꿀꺽 냉수 마시듯 하는 것은 마치 무관심하게 버리는 것과 같다'라고 하였다.

• 예비과제

1. 양조주와 증류주의 차이점을 설명하여라.

• 실습순서

1. 테이블과 리넨을 준비한다.
2. 사용원료에 따른 리큐어를 준비한다.
3. 각 종류별 리큐어를 테스트한다.

• 결과 및 고찰

실습제목 : 혼성주

실습일자 : 년 월 일 요일 교시

공동실습자 : 제 조

실습소요시간 : 분

1. 실습순서에 따라 해당 표에 결과를 기록하시오.

항목 / 종류	원 료	제조방법	맛	색 깔	향
향 초 류					
감 귤 류					
핵 과 류					
종 과 류					
장 과 류					
크 림 류					
기 타					

• 평 가

영 역	평 가 사 항	평 가				
		A	B	C	D	E
이 해 (10)	1. 혼성주의 제조방법을 이해하였다. 2. 사용원료별 혼성주의 종류를 이해하였다.					
태 도 (10)	1. 청결한 실습장 및 실습분위기가 유지되었다. 2. 실습에 필요한 준비물을 갖추었다. 3. 조별로 정확히 테스트하였다.					
실무능력 (20)	1. 양조주, 증류주, 혼성주를 구별하였다. 2. 제조방법과 원료에 따른 혼성주의 종류를 분류할 수 있었다.					

••• 모듈과제 6-5 ••••••••••••••••• 비알코올 음료

• 목 표

일반적으로 청량음료라 불리는 비알코올 음료의 종류와 기호음료의 종류 및 만드는 법을 이해한다.

• 사용재료

탄산음료, 과실음료, 커피, 크림, 설탕, 차, 코코아, 테이블 리넨

• 사용기자재

테이블, 글라스웨어, 차이나웨어, 커피 메이커, 사이폰

• 관련이론

비알코올성 음료인 소프트 드링크(soft drink)는 일반적으로 청량음료라 부르며 다음과 같이 탄산음료, 과실음료, 유성음료로 분류하여 이 중에서 과실즙과 탄산가스를 함유한 혼합음료도 있다. 비알코올성 음료는 칵테일의 주조에 중요한 역할을 하고 수많은 종류의 음료가 생산된다.

1. 청량음료

(1) 탄산음료

탄산가스가 함유된 음료를 총칭하는 것으로서, 탄산음료 속에 들어 있는 탄산가스로 인해 마시므로 청량감을 주고 또 미생물의 발육을 저지하여 주며 향의 변화를 방지하기 때문에 최근에는 탄산가스가 함유된 천연광천수, 순수(純水)에 탄산가스를 함유한 것, 천연과즙에 탄산가스를 함유한 것 등과 같은 각종 과실향을 가미한 탄산음료가 나오고 있다.

1) 콜 라

콜라는 미국의 대표적인 음료로서 콜라 열매를 사용하여 만들어지며 남미

의 페루와 볼리비아가 원산지이다. 주원료로는 서아프리카, 서인도제도, 브라질, 말레이시아 등지에서 재배되고 있는 콜라두(cola bean)를 가공 처리하여 콜라 액기스(extract)를 만들어 여기에 물을 섞고 각종 향료를 넣은 후 이산화탄소를 함유시켜 만든다.

2) 소다수(soda water)

탄산가스와 무기염류를 포함한 천연광수와 인공적으로 탄산가스를 주입시키는 인공제품이 있다. 소화제로 마시기도 하나 주로 칵테일을 만들 때 사용되는 음료이다.

3) 토닉수(tonic water)

영국에서 처음으로 만들어진 것으로 무색투명의 음료이다. 오렌지, 키니네 껍질(quinne peel) 등으로 액기스를 만들어 당분을 배합한 것이다. 열대지방에서 식욕증진과 원기를 회복시키는 강장제 음료로 알려져 있고 진과 같이 혼합한 음료를 즐겨 마신다.

4) 사이다(cider)

우리나라에서는 대개 구연산과 감미료 및 탄산가스를 함유시켜 제조하나 구미에서 사이다는 사과를 발효해서 제조한 일종의 과실주로 알코올 성분이 16% 정도 함유되어 있는 음료를 말한다.

5) 진저엘(ginger ale)

생강(ginger)향이 있는 탄산음료로서 소다수에다 생강향과 클로버, 레몬, 시나몬 등의 향료를 첨가하여 당분과 캐러멜을 넣어 만든 음료이다. 칵테일을 만들 때 캐나디안 위스키나 브랜디와 섞어 마신다.

이밖에도 양주에 보조음료로서 오렌지 소다, 레몬 소다, 그레이프 프루트(grapefruit) 소다, 포도 소다, 사과 소다 등 그 원료와 제조과정에 따라 여러 가지로 분류할 수가 있으며 칵테일의 혼합음료로 사용한다.

(2) 과실음료

과실을 짠 즙을 재료로 하여 만든 음료로서 알코올을 함유하고 있지 않는 것을 말하고, 누구나 즐겨 마시며 여기에는 비타민이나 유기산이 많이 함유되어 있기 때문에 건강유지에도 좋다. 과즙의 함유량에 따라 다양하게 생산되고 있지만 칵테일에 사용하는 음료는 잘 익은 과실의 즙을 짜서 사용하는 것이 가장 좋다.

2. 기호음료

기호음료는 일반대중이 일상생활을 하면서 즐겨 마실 수 있는 음료로서 커피(coffee), 녹차(green tea), 인삼차(ginseng tea), 코코아(cocoa), 홍차(red tea) 등을 말한다. 기호음료 중에서 일반적으로 즐겨 마시는 음료는 커피이다. 커피와 음료에 대한 내용은 제5장 8절에서 구체적으로 설명하였다.

• 예비과제

1. 음료의 개념을 설명하여라.
2. 음료를 분류해 보아라.

• 실습순서

1. 테이블과 커피 추출기구를 준비한다.
2. 드립식, 사이폰식 커피를 만든다.
3. 완성된 커피를 테스트한다.

• 결과 및 고찰

실습제목 : 커피 만들기
실습일자 : 년 월 일 요일 교시
공동실습자 : 제 조
실습소요시간 : 분

1. 실습순서에 따라 해당표에 결과를 기록하시오.

내용 / 제조법	사용기물	투입원료	시간	온도	맛	향기
사이폰식						
드 립 식						

• 평 가

영 역	평 가 사 항	평 가				
		A	B	C	D	E
이 해 (10)	1. 비알코올 음료의 종류를 이해하고 있다. 2. 커피 만드는 법을 이해하고 있다.					
태 도 (10)	1. 예비학습에 따라 필요기물을 준비하였다. 2. 기물을 청결하고 안전하게 다루었다. 3. 화기를 안전하게 다루었다.					
실무능력 (20)	1. 사이폰을 이용하여 맛있는 커피를 만들었다. 2. 커피메이커를 이용하여 찌꺼기 없는 맑은 커피를 추출하였다.					

••• 모듈과제 6-6 •••••••••••••••••••• 칵테일

• 목 표

양조주, 증류주, 혼성주를 혼합해서 만드는 칵테일용 기물과 조주방법을 습득한다.

• 사용재료

양조주, 증류주, 혼성주, 부재료, 가나시류, 테이블 리넨, 얼음

• 사용기자재

테이블, 글라스웨어, 칵테일 용기물, 비품류, 블렌드

• 관련이론

1. 칵테일의 역사적 배경

칵테일(cocktail)은 혼성 알코올 음료로서 1860년경 미국에서 만들어져 오늘에 이르고 있다. 여러 가지 술 또는 부재료를 혼합해서 마신다는 것은 당시 문화의 중심지였던 유럽풍습으로는 생각조차 할 수 없는 방법이었다.

칵테일이라는 단어의 어원은 유래된 장소와 시대에 대해 뚜렷한 정설이 없으나, 현재까지 주장되고 있는 설 가운데 가장 설득력이 있는 것을 살펴보면 미국의 한 병사가 전사하여 미망인이 된 여인이 남편을 대신하여 기병대의 주보로 일을 하고 있던 중 병사들에게 혼합주를 만들어 주기 위하여 술과 술을 섞어 놓고 수탉의 꼬리깃으로 술을 휘저어 제공된 칵테일이 혼합주라는 의미로 되었다는 것이다.

제1차 세계대전 당시 미국 군대에 의해서 유럽에 전파되었고, 제2차 세계대전을 계기로 세계적인 음료가 되었다.

특히 여성을 위하여 위스키나 진과 같이 강렬한 증류주에 달콤하고 아름다운 색깔의 리큐어를 혼합해서 마시기 쉽게 만들었던 것이다.

오늘날 광의의 칵테일은 각종 혼합주 전체를 이야기하는 경우가 일반화되어 있으나, 주조방법에 따라 다양한 종류로 분류되며 각기 다른 특색을 가진다. 이러한 칵테일의 종류는 대별해서 술과 술을 혼합한 쇼트 드링크(short drink)와 술과 음료를 혼합하는 롱 드링크(long drink)로 나눌 수 있으며, 식사를 전후한 식전 드링크(before drink), 식후 드링크(after drink)로 구별된다. 대부분 식사 전에는 식용촉진제로 쇼트 드링크를 그 외에는 롱 드링크를 즐긴다.

쇼트 드링크를 다른 말로는 팬시 칵테일(fancy cocktail)이라고 하고 2종 이상의 술로 주조되는 것이 특징이며 롱 드링크는 다른 말로 믹스드 드링크 하이 볼(mixed drink high ball) 또는 싱글 칵테일(single cocktail)이라는 말로 불려지며 한 종류의 술에 소프트 드링크(soft drink)를 섞는 것이 보통이다.

2. 칵테일의 주조방법

칵테일 만드는 데는 다양한 방법이 있겠으나 일반적으로 다음과 같이 구분된다.

(1) 셰이킹(shaking)에 의한 방법

칵테일을 만드는 작업 중 제일 세련된 동작과 매너(manner)를 필요로 하는 것으로 그 목적은 두 가지로 나눌 수 있다.

① 혼합이 어려운 재료를 셰이크함으로써 혼합시킬 수 있다.
② 강한 기주(spirits)를 셰이크함으로써 약하게 하여 독특한 맛을 낸다.

맛을 좋게 한다는 것이 결코 알코올 도수를 약하게 한다는 것을 의미하지 않는다. 즉, 셰이크를 한다고 해서 훌륭한 칵테일이 만들어지는 것이 아니라 셰이크 작업을 하는 중에 눈에 보이지 않는 상당량의 산소가 흡입되어 작은 기포가 발생됨으로 해서 혀를 직접 자극하지 않는다는 의미이다.

(2) 스터링(stiring)하는 방법

스터는 휘젓는다는 의미로 스터의 목적이 기주와 부재료 등 각 재료의 특성을 그대로 살려서 주조하려는 데 있기 때문에 바 셰이크의 경우보다 짧은 시간에 얼음을 가능한 한 용해시키지 않는 방법으로 처리한다. 스터할 때 바 스푼(bar spoon)을 얼음과 재료를 넣은 믹싱 글라스(mixing glass) 속을 휘젓는 이유는 얼음에 가능하면 충격을 주지 않고 냉각시키기 위한 것이다. 만약 얼음을 거칠게 다루면 깨져서 그 재료와 함께 녹아 기본재료들의 강도나 그 특성이 없어지게 되기 때문이다.

다시 말하면 먼저 믹싱 글라스에 80% 정도의 얼음을 채우고 반 정도 물을 채운 후 스트레이너(strainer)를 이용하여 물을 뺀 다음 재료를 넣어 주조한다. 바 스푼은 중간 부분을 잡고 그 밑부분을 믹싱 글라스의 내측을 문지르는 것처럼 회전시킨다.

대표적인 칵테일로는 마티니(martini), 맨해튼(manhattan), 깁슨(gipson) 등이 있다. 칵테일의 주조는 대개 ① 글라스 선택, ② 글라스 냉각, ③ 기구 선택, ④ 기구에 얼음 투입, ⑤ 주재료, ⑥ 부재료의 순서로 만든다.

(3) 블렌딩(blending) 법

전기믹서기(blender)에 재료를 넣고 혼합하여 만드는 것을 말하며 과일이나 주스, 술, 가루얼음 등을 믹서기에 넣어 프로즌(frozen) 형태로 만드는 칵테일에 사용한다. 대표적인 칵테일로는 프로즌 다이커리, 프로즌 마가리타 등이 있다.

칵테일의 주조는 ① 글라스 선택, ② 글라스 냉각, ③ 기구의 선택, ④ 기구에 과실 투입, ⑤ 기구에 가루얼음 투입, ⑥ 주재료, ⑦ 부재료의 순서로 만든다.

(4) 직접 글라스에서 만드는 방법

빌딩(building)법이라고도 하며 셰이커나 믹싱 글라스 등의 어떠한 기구도 사용하지 않고 칵테일을 글라스에서 직접 만드는 방법을 말한다. 대표적인 것으로는 진 토닉(gin & tonic), 버번 콕(bourbon cock), 위스키 소다(whisky soda), 블러디 메리(bloody mary), 스크류 드라이버(screw driver) 등이 있다.

칵테일은 ① 글라스 선택, ② 글라스에 얼음 투입, ③ 주재료, ④ 부재료의 순서로 만든다.

3. 칵테일용 기물

(1) 칵테일 조제용

칵테일을 맛있게 마시기 위해서 전통적으로 사용되는 칵테일 조제용 기구가 있다. 이러한 조제용 기구가 무수하게 많으나 최소한 다음과 같은 것들을 갖추어야 한다.

1) 셰이커(shaker)

셰이커는 칵테일을 만드는 데 필요한 대표적인 기구이다. 은맥기, 스테인레스, 도기 등으로 만들어져 있으며 몸통에 얼음과 재료를 넣고 꽉 닫고 양손으로 흔들어 칵테일을 만든다.

① 스탠다드 셰이커(standard shaker)

잘 섞이지 않는 재료를 잘 섞이게 함과 동시에 차갑게 하는 기구로서 스테인레스로 만든 것이 대부분이다. 셰이커는 3부분으로 나누어지며 윗부분은 캡(cap), 중간 부분은 얼음을 걸러 주는 스트레이너(strainer), 밑부분은 바디(body)이다.

② 보스톤 셰이커(boston shaker)

스트레이너가 없이 두 부분으로 되어 있는 것으로 대개 열대성 과일이나 주스 등을 사용한 열대성 칵테일을 만들 때 사용한다.

2) 믹싱 글라스(mixing glass)

대부분 유리로 만들어진 것으로 순도가 높은 재료나 셰이크하며 탁해지는 재료를 가벼운 방법으로 섞을 때 사용하는 약 75㎖ 용량의 유리제 글라스이다. 이것은 바 글라스(bar glass)라고 하며 셰이커와 같이 얼음과 재료를 넣고 혼합하여 칵테일 잔에 따르는 용기이다.

3) 바 스푼(bar spoon)

글라스에 직접 칵테일을 만들 때, 또는 믹싱 글라스를 사용하여 칵테일을 만들 때 재료를 섞는 데 사용하는 손잡이가 긴 스푼을 말한다. 칵테일을 만들 때 재료를 혼합하는 데 사용하는 손잡이가 긴 스푼으로서 한쪽은 포크로 되어 있고 다른 한쪽은 스푼으로 되어 있으며, 레시피(recipe)에서 1 TSP는 바 스푼 하나의 분량을 의미한다.

[그림 6-6] 칵테일 기구

4) 스퀴저(squeezer)

레몬이나 오렌지 등의 과일즙을 낼 때 사용하는 것으로 유리제품이나 도기제품이 대부분이나 플라스틱으로 된 것도 있다. 과즙을 짤 때에는 껍질이 있는 오일이 빠져 나오지 않게 하고 알맹이에 있는 과즙만을 짤 수 있도록 주의해야 한다.

5) 계량컵(measuring cup)

칵테일을 만들 때 술이나 주스, 부재료 등의 분량을 계량하는 작은 금속제 컵이다. 용량은 30mℓ, 45mℓ, 60mℓ로 되어 있으며 지거컵(jigger)이라 부르기도 한다.

6) 아이스 픽(ice pick)

얼음을 깨는 데 필요한 날카로운 송곳 같은 것이다. 아이스 픽은 얼음을 필요한 크기로 쪼개는 데 사용된다.

7) 코르크 스큐류(coke screw)

코르크로 닫힌 술병의 마개를 따는 데 사용하는 용기로서 대개 포도주 병을 따는 데 사용한다. 바텐더나 소뮬리에들은 나이프(knife), 웜(worm), 레버(lever)의 3부분으로 되어 있는 전문가용 와인 오프너를 사용하는 것이 이상적이다.

8) 스트레이너(strainer)

믹싱 글라스에서 만든 칵테일을 칵테일 잔에 따를 때 얼음조각이 쏟아지지 않도록 걸러 주는 기구이다. 믹싱 글라스를 사용하여 칵테일을 만들 때에는 항상 스트레이너를 사용하여 얼음을 걸러 주어야 한다.

9) 비터 바틀(bitter bottle)

비터란 칵테일에 필요한 향료를 방울로 나오도록 만들어진 마개에 끼우는 기구이며 한 방울씩 나오도록 만들어져 있다.

10) 머들러(muddler)

칵테일을 반제품으로 만들어 고객이 자기 입맛에 맞게 해서 마실 경우에 글라스 안에 들어 있는 설탕이나 과일 등의 즙을 짤 수 있도록 하는 긴 막대이다.

11) 페티 나이프(petit knife)

페티 나이프의 의미는 작은 칼로 칵테일에 장식하는 과일을 자르는 데 사용한다. 작은 도마와 글라스 타월도 함께 준비해 두어야 좋다.

12) 포어(pour)

병의 입구에 끼워서 사용하는 기구로서 각종 주류를 따를 때 흐르지 않도록 하기 위해 사용하는 기법으로 술의 손실을 예방할 수 있는 경제적이고 편리한 도구이다.

(2) 글라스웨어(glass ware)

1) 위스키 잔(whiskey glass)

위스키를 마실 때 사용하는 잔으로 스트레이트 잔(straight glass) 또는 싱글 글라스라고 부른다. 싱글은 30㎖, 더블은 60㎖로 그 기준을 정하고 있다.

2) 올드 패션 글라스(old fashioned glass)

고전적인 형태의 잔을 말하는 것으로 칵테일을 담아 마시는 잔이며 용량은 180～300㎖의 크기이다. 칵테일을 온 더 락스(on the rocks) 형태로 만들어 마실 때 사용하며 온 더 락스 글라스 또는 락 글라스라고도 한다.

3) 텀블러(tumbler)

원래는 냉수를 마시는 데 사용하는 글라스로 진토닉이나 스크류 드라이버 같은 롱 드링크를 만들 때 사용하는 글라스이다. 하이볼 잔(high ball glass)이라고도 하며 피즈(fizz)나 롱 드링크, 알코올이 없는 청량음료를 마실 때 사용한다. 일반 물컵으로도 보통 180㎖에서 240㎖ 크기로 다양하다.

4) 칵테일 글라스(cocktail glass)

술과 술을 섞은 숏 드링크의 대표적인 칵테일을 만들 때 사용하는 글라스로 얇고 역삼각형의 모양으로 다리가 길게 되어 있고 60～90㎖의 크기로 되어 있다.

5) 리큐어 글라스(liqueur glass)

달콤한 리큐어를 마실 때 사용하거나 위스키 등의 증류주를 마실 때 또는 카페 스타일을 만들 때 사용하는 글라스로 30㎖의 용량으로 만들어져 있다.

6) 셰리 글라스(sherry glass)

셰리를 마실 때 사용하는 잔이며 60～75㎖의 용량의 크기이다.

7) 샴페인 글라스(champagne glass)

샴페인이나 일반 스파클링 와인을 마시기 위해 사용하는 얇은 유리잔이다. 칵테일 글라스보다 조금 크면서 둥근 소서(champagne saucer)형이 있고 좁고 긴 플루트(champagne flute)형이 있다.

크기는 보통 120㎖의 용량으로 되어 있으며, 양이 많은 칵테일을 만들어 마실 때 사용하기도 한다.

8) 브렌디 글라스(brandy glass)

튤립꽃 모양의 유리잔으로 다리가 짧은 술잔이다. 240~300㎖의 크기로 되어 있으나 브랜디는 30㎖이나 45㎖을 따라서 천천히 마시는 잔이다.

9) 포트 와인 글라스(port wine glass)

포도주 잔은 마시는 포도주 종류에 따라 그 모양과 크기가 다르며 대체로 포트 와인을 마실 때 사용하며 90~120㎖의 용량이다.

10) 화이트 와인 글라스(white wine glass)

식사 때에 백포도주를 따라 마실 때 사용하는 술잔이다. 과거에는 유리컵 잔이 색깔이 있었으나 근래에는 투명한 유리잔을 많이 사용한다.

11) 레드 와인 글라스(red wine glass)

식사 때에 적포도주를 마시는 코스에 사용하는 술잔이며 용량이 120~150㎖의 크기로 다양하게 사용되고 있다.

12) 고블릿 글라스(goblet)

본래는 얼음물을 제공하기 위한 글라스로서 텀블러에 짧은 다리가 달려 있는 형태의 글라스로 소프트 드링크나 맥주 등을 마실 때 사용한다. 열대성 칵테일을 만들 때 많이 사용하며 용량은 보통 200~300㎖이다.

13) 사워 글라스(sour glass)

셰리잔을 크게 만든 모양의 술잔으로서 신맛이 있는 사워 종류의 칵테일을 만들 때 사용한다. 글라스의 용량은 대개 120㎖ 정도로 되어 있다.

14) 콜린스 글라스(collins glass)

둥근 원통형의 큰 잔으로 360㎖의 용량으로 양이 많은 피즈(fizz)나 하이볼 칵테일을 낼 때 사용하는 유리잔이다.

15) 필스너 글라스(pilsner glass)

주로 병맥주를 마실 때 사용하는 글라스로서 윗부분은 넓고 아랫부분은 좁은 형태로 되어 있으며 손으로 잡지 않고 맥주의 거품이 적당하게 일어날 수 있도록 만들어져 있다. 글라스의 용량은 보통 200~240㎖ 정도이다.

〈표 6-9〉 칵테일 소요기물의 분류

구 분	기 물
칵테일 조제용	shaker, mixing glass, bar spoon, squeezer, measure cup, ice pick, cork screw, strainer, ice tong, ice bucket
유리컵류	whisky glass, old fashioned glass, tumbler, cocktail glass, liqueur glass, sherry glass, champagne glass, brandy glass, port wine glass, red wine glass, sour glass, highball glass, goblet
비품류	bar counter, table, arm chair, bar sink, ice cube machine, mixer, refrigerator, cash count desk, cash count desk, cash register, ashtray, paper napkin

• 예비과제

1. 양조주, 증류주, 혼성주의 특징을 비교 설명하시오.

• 실습순서

1. 셰이커를 이용한 칵테일을 레시피에 따라 조주한다.
2. 스터법을 이용한 칵테일을 레시피에 따라 조주한다.
3. 블렌드법을 이용한 칵테일을 레시피에 따라 조주한다.
4. 빌드법을 이용한 칵테일을 레시피에 따라 조주한다.
5. 플로트법을 이용한 칵테일을 레시피에 따라 조주한다.

• 결과 및 고찰

실습제목 : 칵테일 조주
실습일자 : 　　년 　　월 　　일 　　요일 　　　교시
공동실습자 : 제 　　조
실습소요시간 : 　　　　분

1. 실습순서에 따라 해당표에 결과를 기록하여라.

조주법	칵테일명	레시피	장 식	기물선택	완성도 (색, 맛)	위생상태
셰이커법						
스터법						
블렌드법						
빌드법						
플로트법						

• 평 가

영 역	평 가 사 항	평 가				
		A	B	C	D	E
이 해 (10)	1. 칵테일용 기물의 명칭과 용도를 이해하고 있다. 2. 칵테일 조주 방법을 이해하고 있다.					
태 도 (10)	1. 예비학습에 따라 필요기물을 준비하였다. 2. 기물을 청결하고 안전하게 다루었다. 3. 레시피에 따라 정확하게 조주하였다.					
실무능력 (20)	1. 칵테일 조주에 필요한 기물의 모양과 용도를 이해하였다. 2. 셰이커, 스터, 블렌딩, 빌드, 플로트법을 정확하게 습득하였다. 3. 레시피에 따라 칵테일을 조주하였다.					

모듈 7

연 회

연회업무의 성격과 부서간의 긴밀한 상호협조, 고객관리를 함으로써 효율적인 업무처리 능력을 발휘하고 연회장 운영을 위한 연회예약 및 운영, 연회장 세팅 및 기물관리 방법을 학습한다.

모듈 학습목표

1. 연회업무의 성격 및 예약관리체제를 파악할 수 있다.
2. 연회부서 직무분장을 파악하고 효율적인 연회장 운영을 할 수 있다.
3. 각 연회에 따른 테이블 세팅 및 연회장비, 기물관리에 대한 이해가 충분한가?

모듈과제 안내

1. 연회업무의 개요 : 연회의 기본 Service개념을 파악한다.
2. 연회예약의 유연성과 전문성을 파악한다.
3. 연회 서비스 업무 직무분장 및 운영관리를 파악한다.
4. 테이블 세팅 : 연회성격에 따른 세부 테이블 세팅과 기물 및 장비의 명칭과 용도 및 취급요령을 익힌다.

산업체 현장 실무능력

모듈 7의 과제들을 학습하여 익힘으로써 연회업무의 실무능력을 기른다.

••• 모듈과제 7-1 ••••••••••••••••• 연회업무의 개요

• 목 표

1. 호텔 연회업무의 특수성을 이해한다.
2. 연회부서의 조직체계 및 상호협조 관계를 이해한다.

• 사용재료

각종 연회장 사진

• 사용기자재

OHP

• 관련이론

일부 계층 사람들의 전유물로 인식되어 왔던 호텔 서비스 상품은 경제적 수입의 증가와 노동시간 단축 등의 라이프 스타일(life style) 변화로 인하여 보편화될 것으로 예상되는 가운데 최근에는 국제화(internationalization)의 수준을 넘어 세계화(globalization)의 추세로 교통통신망이 혁신적으로 발전되고 각 분야에 있어서 국가간의 교류가 확대되고 있기 때문에 호텔 이용률이 점점 높아지고 있다.

특히, 사회적인 활동으로 인하여 인적 교류를 위한 모임의 횟수가 늘어남에 따라 연회 부문의 발전이 상당히 기대되고 있다. 또한, 국가간의 냉전체제 종식과 이데올로기 대립을 벗어난 새로운 형태의 세계질서가 전개되고 있으며, 국제사회의 새로운 이념으로 등장한 경제논리와 지구가족화 현상은 국제간의 보다 긴밀한 교류를 요구하고 있다.

이와 같은 국제사회의 흐름은 호텔산업의 활용도 및 효용도가 증대될 것이며, 호텔산업 중에서도 특히 연회시장에 긍정적이고 발전적인 영향을 미칠 것으로 전망된다. 즉, 새로운 형태의 세계질서는 각종 국제회의 및 연회 행사를 통한 인적, 물적 교류를 활발히 진행시키게 될 것이다.

따라서 과거 호텔경영처럼 객실상품 위주의 1차원적인 운영방식에서 벗어나기 위하여 국내의 호텔들도 80년 이후, 점차 블록화되어 가고 있는 세계경제 속에서 경제성장과 정보교류를 유지하기 위한 여러 가지 행사를 유치하고, 개인의 사회문화 활동에 참여하는 기회가 많아짐에 따라 수동적인 경영형태를 탈피한 다각적인 경영 노력이 요구되고 있으며, 증가하는 연회수요를 충족시키기 위해 연회장의 시설확충에 앞장서고 있다.

이와 같이 연회상품은 호텔의 매출액에 지대한 공헌을 하고 호텔의 홍보역할을 담당하여 객실과 각 영업장의 매출액 증대에도 큰 영향력을 가지게 되었다. 또한 호텔상품 중 연회 부문은 컨벤션(convention)과 연회(banquet)라는 이름하에 국가간의 경제, 정치, 행정, 외교문화, 군사, 과학 등 다각적인 분야에서 정보교환, 학술교류, 친선도모와 자국민의 문화공간 역할장소로서 일익을 담당하고 있다.

따라서 연회시장의 잠재력은 대단히 크기 때문에 상품개발의 수준에 따라 고급의 연회행사를 유치할 수 있으며, 이를 통한 호텔 매출증진을 추구할 수 있기 때문에 연회 부문에 대한 철저한 분석으로 효율적인 연회 운영방안을 개발하는 데 최선을 다해야 하겠다.

생활수준의 향상과 핵가족화 등으로 인하여 대규모의 가족모임 형태에서 점차 소규모 단위의 가족모임 행사 및 고급화 추세로 연회행사가 이루어지고 있다. 또한, 노령인구의 증가에 따라 회갑연은 물론 고희연, 금혼식의 행사가 점차 증가하게 될 것이며 여성의 사회참여도가 증가하고 있어 각종 가족모임(돌잔치, 집들이, 생활잔치 등)이 호텔의 연회장에서 이루어질 전망이다.

연회전문 대행업체의 계속적인 증가로 호텔은 새로운 경쟁에 직면하고 있으며 이들과의 경쟁에서 앞서가기 위해서는 구태의연한 연회연출에서 탈피하여 연회행사 잠재고객의 발굴에서 시작하여 사후관리에 이르기까지 진보적인 인력구성에 새로운 변화가 있어야 할 것으로 보인다.

1. 업무의 분류

연회부서는 호텔에 따라서 소속 부서가 다르지만 이 책에서는 대규모 호텔의 독립된 연회부서를 중심으로 살펴보기로 한다.

(1) 연회예약실

연회예약실은 객실예약과 마찬가지로 담당자의 능력이 곧 바로 매출창출로 이어지기 때문에 상당한 경험과 전문지식을 갖춘 사람이어야 한다. 특히 연회 서비스 상품은 객실상품에 비하여 고객의 요구에 따라 상품의 범위나 형태를 탄력적으로 운영할 수 있기 때문에 예약담당자는 경영자적인 마인드를 가지고 있어야 한다.

(2) 연회 서비스

연회예약부서에서 연회의 규모나 성격을 고려하여 예약을 접수하면 연회행사에 대한 고객과의 계약내용에 따라 서비스를 실질적으로 제공하는 부서이다. 연회 서비스 부서는 고객을 만족시킬 수 있는 서비스를 제공하기 위해 연회예약에서 접수한 내용을 존중하여 서비스의 내용을 철저히 점검해야 한다. 그러나 고객의 경험부족으로 인하여 서비스를 제공하는 과정에서 행사의 성격과 어울리지 않는 내용으로 계약하였을 경우에는 고객이 원하는 행사의 수준으로 서비스를 제공하도록 최선의 노력을 다해야 한다.

(3) 연회 바(banquet service bar)

연회부서에서 고객이 원하는 행사의 서비스를 제공하기 위한 음료와 음료서비스를 관리하는 부서이다. 특히 연회용 바는 대부분이 오픈 바(open bar)의 형태로 운영되기 때문에 행사의 성격을 고려하여 적정 수준의 음료량과 종류를 구비하여 운영하도록 해야 한다.

2. 연회부서의 조직

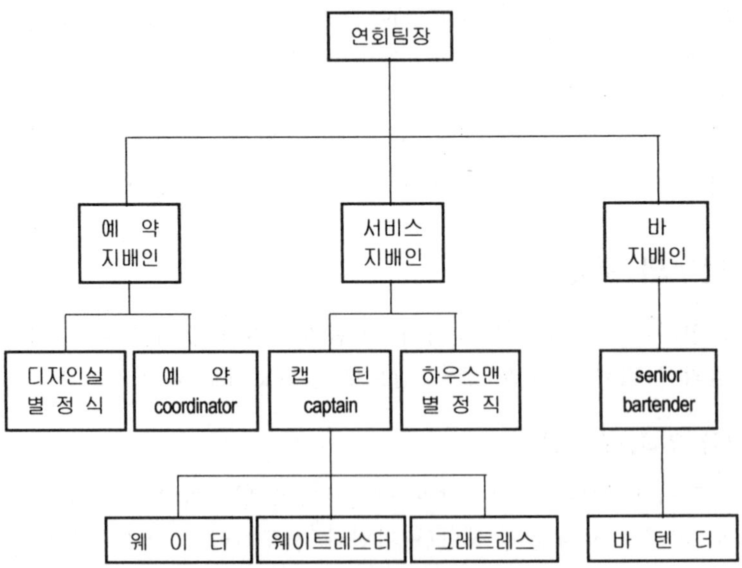

[그림 7-1] 연회부서의 조직

대규모 호텔의 연회부서 조직은 독립된 부서로 운영되고 있으며, 연회부서에서 창출되는 매출의 비율이 점점 증가하고 있는 추세에 있기 때문에 그만큼 조직의 범위도 확대되고 있다.

앞의 [그림 7-1]은 대규모 호텔의 연회부서 조직도의 예이다.

• 예비과제

1. 연회 서비스의 중요성에 대해서 설명하여라.

2. 연회부서의 조직에 관해서 설명하여라.

••• 모듈과제 7-2 ••••••••••••••••••••• 연회예약

• 목 표

1. 연회예약의 유연성과 전문성을 이해한다.
2. 연회예약의 현황파악 Checklist, 의전절차, 행사장 장식, Function order작성법 및 고객관리법을 익힌다.

• 사용재료

연회예약 양식, Function order, Function Checklist

• 사용기자재

연회

• 관련이론

연회예약은 객실예약과 본질적으로 차이가 있어 예약을 접수할 때에는 유연성이 필요한 업무라고 할 수 있다. 즉, 객실예약은 한정된 객실 수를 기준으로 예약을 접수하지만, 연회예약은 예약접수자의 능력에 따라 연회장을 효율적으로 운영하면 매출을 극대화시킬 수 있으며, 또한 호텔내에서뿐만 아니라 호텔 밖에서도 이루어지기 때문에 보다 신축적으로 운영할 수 있는 특징이 있다. 따라서 연회예약을 담당하는 종업원은 연회에 대한 전문적인 지식의 습득과 시장을 정확히 분석할 수 있는 능력이 있어야 한다.

소규모 호텔에서는 연회예약부서가 판촉부에 소속되어 있는 경우도 있으며, 대규모 호텔에서는 전문성을 고려하여 독립된 부서로 운영하기도 한다.

1. 예약접수

호텔에서 성공적으로 집회나 회의 등의 연회행사를 유치시킬 수 있는 최적의 방법은 호텔 예약담당 종업원과 회의진행자와의 사이에 상호 정보전달이 원활하게 이루어지는 것이라 할 수 있다. 처음부터 호텔측과 진행자 사이의 원만한 의사소통이 이루어진다면 많은 잠재적 문제점을 피할 수가 있다.

이러한 경우는 보통 연회예약 담당자와 행사진행자 사이에 대화창구가 이루어지는데 회의를 위한 단체를 유치하면 식음료 매출뿐만 아니고 객실의 매출도 창출시킬 수 있기 때문에 행사진행을 위한 제반사항을 협의할 경우에는 신중하게 처리해야 한다.

호텔에서 연회고객을 상대로 연회행사에 대한 상담을 할 경우 고려해야 할 사항들을 다음과 같다.

(1) 투숙을 겸한 연회행사

1) 연회의 성격 파악

행사를 위한 단체에 대한 구체적인 정보를 입수해야 하고 특히 단체의 성격, 과거 행사에 대한 기록(guest history), 취소율(cancellation rate), 노쇼율(no show rate) 등을 전반적으로 파악을 하고 있어야 한다.

2) 호텔의 정책과 규정의 준수

예약을 의뢰한 단체의 인솔자나 행사진행자 등과 같이 단체에 대한 의사결정을 할 수 있는 담당자와 모든 것이 이루어질 수 있도록 호텔에서 일반적이고 관례적으로 지켜지고 있는 규정을 해당 단체에 통보하도록 하여 원만한 협의가 이루어지도록 한다.

3) 정보의 전달

단체를 이끄는 진행자에게 호텔에서 예약을 담당하는 책임자를 소개시켜 주어서 고객이 호텔에 체제하는 동안에 발생되는 모든 사항에 대하여 일사불란하게 정보전달 체제를 확립시키도록 한다. 보통 단체가 투숙하면 정보의 전달이 늦어 회의진행자들을 당황시키는 경우가 종종 발생하기도 한다.

4) 상호협조

호텔내에서 어떤 특정한 단체나, 소그룹의 모임이 이루어지거나 기타 행사를 위한 추가지원사항이 발생되면 예약 부서의 종업원은 즉시 행사진행자에게 알려 불편한 점이 없도록 하고, 지원사항에 대해서는 적극적으로 지원을 하여 행사가 성공적으로 수행될 수 있도록 최선을 노력을 기울인다.

5) 객실상황통보

행사가 이루어지기 전에, 예를 들면 90일, 60일, 30일 간격으로 지정되어진 객실의 상황을 진행자에게 자세히 통보해 주어야 한다.

6) 고객의 확인

정기적인 간격으로 등록되어진 단체고객 명단목록을 진행자에게 제공하여야 한다. 이러한 것은 진행자로 하여금 부정확한 이름, 출발 및 도착날짜 등이 잘못되어진 것을 확인시키는 데 도움을 줄 수가 있기 때문이다.

7) 신속한 예약확인

단체를 위해 호텔예약을 담당하는 사람은 전체적인 행사진행을 위하여 여러 가지 사항을 점검해야 하기 때문에 가능하면 신속한 방법으로 예약확인을 해 주어야 한다.

8) 객실상황 점검

연회행사가 이루어지기 전에 이미 예약한 객실에 변동이 발생할 경우 신속하게 통보해 주도록 요구해야 한다. 예를 들면, 예약 당시 20실을 예약했으나 실질적으로 15실을 사용하게 되는 경우 즉시 진행자는 이 변동사실을 호텔 예약담당자에게 알려 주어야 한다. 왜냐하면 객실이 단체에 블록이 되어 판매의 기회를 상실하는 것을 피하기 위함이다.

(2) 당일 연회행사

연회행사가 단지 연회장만을 사용하는 당일행사(돌잔치, 결혼식, 회갑, 각종 프로모션 행사 등)의 경우에도 행사에 대한 성격을 정확히 파악하고 연회장의 예약이나 식사 또는 장비의 사용에 대한 내용을 확인해야 한다. 또한, 호텔의 일시적인 혼잡 등을 예상하여 적절한 조치를 취할 수 있도록 해야 한다.

2. 예약관리

상술한 바와 같이 연회예약은 상당한 기간 전에 가예약부터 이루어지기 때문에 경우에 따라서는 사전에 공간을 확보하기 위해 복수의 호텔에 예약을 하는 경우도 있으므로 예약내용을 철저히 관리하지 않으면 영업손실을 초래할 수도 있다. 또한 예약을 가장 효율적인 시스템으로 관리하면 연회행사로 인한 매출증대로 이어져 수익률 향상에 많은 도움이 될 수 있다.

따라서 예약을 담당하는 종업원은 연회장별 예약현황을 숙지하고 가장 효율적인 방법으로 한정된 연회장의 공간을 활용해야 한다.

연회행사를 위한 예약은 실질적인 예약 전에 가예약이 먼저 이루어지기 때문에 예약담당자는 연회장의 상황과 연회행사의 성격을 면밀히 검토하여 행사의 날짜가 타고객의 행사와 겹치면 다른 날짜로 변경할 것을 권유하거나 수익률이 높은 행사를 선택하고 행사가 없는 날에는 연회판촉담당자들에게 정보를 주어 저렴한 가격으로 행사를 실시하고자 하는 고객들에게 판매해야 한다.

〈표 7-1〉 연회행사의 Check List

Glass & China Ware		Equipment		Table	
Water Goblet		OHP		Round Table	
Juice Glass		Slide Projector		Rectangular Table	
Ash-tray		LCD(Beam Projector)		Seminar Table	
Flower Vase		Computer		Half Round Table	
		Video Machine		Stock Chair	
		Microphone(Pin/Wireless)		Arm Chair	
		Podium		Chair Cover	
		Flip Chart		Registration Desk	
				Instructor Desk	
				VIP Desk	
		White Board			
Coffee Cup		Chart Paper & Pen		**Lay-out**	
Spoon		16MM Projector			
Creamer		Laser Pointer			
Sugar & Tea		TV Monitor			
Cookies		Screen			
Soft Drink		Stand Lighting			
Fruits		Simultaneous Translation			
Bread		Headphone Set			
Water Station		Recording System			

그러므로 예약담당자는 연회행사에 대한 전반적인 정보를 숙지하고 있어야 하며 고객이 전화상으로 문의를 하거나 직접방문을 하여 문의하는 경우 고객의 관심을 끌 수 있어야 한다. 예약을 마무리하기 위해서는 〈표 7-1〉과 같은 내용을 점검해야 한다.

(1) 가예약(blind reservation)

연회행사는 행사진행자가 원하는 날짜를 내부적으로 정해놓고 행사의 성격에 맞추어 복수의 호텔 연회실을 확보해 놓은 상태에서 행사의 내용을 구성하기 때문에 연회실에 대한 예약을 하였다 하더라도 그것이 최종예약(confirmed reservation)이라고 볼 수 없다.

따라서 행사에 대한 확실한 내용 제시 없이 연회실을 예약해 놓은 상태에서 다른 고객으로부터 동일한 날짜에 예약문의가 있을 경우에도 거절하지 말고 가예약을 한 고객과 함께 행사에 대한 내용을 확인받아 최종예약을 하도록 해야 한다. 왜냐하면 대부분의 고객은 행사의 장소를 결정할 때 경쟁사 호텔과 동시에 검토하기 때문에 기회를 상실할 경우도 있기 때문이다.

물론 이러한 가예약을 접수한 경우에는 판촉담당자는 고객을 방문하여 자세한 내용을 문의하고 행사에 필요한 제반사항의 정보를 제공한다. 또한, 예약을 접수할 경우에는 예약을 의뢰한 사람의 전화번호를 남겨 비상시에 즉시 연락이 가능하도록 한다.

〈표 7-2〉 연회행사 예약현황

Daily Banquet Reservation Status Feb. 10, 2000		
Banquet Room	Description	
Grand Ballroom	Morning	
	Afternoon	
	Evening	
Room "A"	Morning	
	Afternoon	
	Evening	
Room "B"	Morning	
	Afternoon	
	Evening	
Room "C"	Morning	
	Afternoon	
	Evening	

(2) 최종예약(confirmed reservation)

연회행사를 위한 연회장소를 포함한 구체적인 계획을 수립하고 호텔에 예약을 하는 경우도 있지만 대부분의 고객은 행사를 위해 여러 장소를 검토한 다음 결정하는 경우가 많기 때문에 가예약을 한 후 구체적인 내용이 확정되면 최종예약을 한다. 따라서 최종예약을 성사시키기까지는 어느 정도의 시간이 필요하기 때문에 연회영업을 담당하는 팀장은 최종예약을 성사시키기 위하여 최선의 노력을 해야 한다.

〈표 7-3〉과 〈표 7-4〉에서는 컨벤션 그룹과의 계약체결에 따른 세부사항에 대해 주무부서인 호텔 연회예약부서에서 관련 부서로 보내는 사내공문과 컨벤션에 참가하는 고객명단(rooming list)이다.

〈표 7-3〉 컨베션 단체에 관한 호텔내 공문

DATE : Mar. 30th, 2000
TO : Mr. M. M. Kim　　　　cc : Mr. M. Hines
　　Mr. S. Gaessler　　　　Mr. Y. S. Lee
FROM : H. C. Lee
SUBJ : LUNDQVIST REDERIERNA PRE NAMING DINNER GROUP

Please be informed that the above group will stay at our hotel with the following details. Your kind arrangement would be appreciated.

1. Room Arrangement

Presidential Suite & Executive Suite	W 350,000++
Corner Suite	280,000++(Upgrade from RD)
Studio Suite	200,000++
Deluxe Double & Twin	165,000++

2. Food & Beverage Arrangement
   1) Pre Dinner Cocktail
      - Time : 6:00pm on May 5th, 2000
      - Venue : Regency Ballroom A
   2) Dinner
      - Time : 7:00pm on May 5th, 2000
      - Venue : Regency Ballroom A+B
      - Pax : 58 pax
      - Menu : Western Set Menu A type
      - Price : Kw90,000++
      - Wine : Chablis '94 Jacobs creek
        Frascati '94 Pccini
      - A full bar set up at the entrance serving deluxe liquors and spirit charged on the consumption basis.
        Complimentary dry snacks and cold canapes to be offered.
3. Transportation Arrangement
   We are to provide complimentary transportation service to and from the airport and at the request of group organizers.
4. sightseeing
   - Date : February 5th, 2000 from 10:00 am till 5:00pm
   - Destination : Pomosa Temple
   - No. of Guests : 45 pax
   - Complimentary lunch box and transportation to and from the temple.
5. Payment
   All bill to be forwarded to a master folio and to be settled upon check out.

Your attention on this matter is highly appreciated.

〈표 7-4〉 컨벤션 행사참여자 명단

Lundqvist Pre Naming Group Guest List					
Name	Title	Rm Type	Period	Rm Rate	Set-up
Britt Lundqvist	God Mother	P/Suite	May 4-7	350,000++	Full
Stig Lundqvist	President	C/Suite	May 4-7	280,000++	Bar
Ben Lundqvist	V/President	C/Suite	May 4-7	280,000++	Bar
Bengt Hellsten	Technical Director	C/Suite	May 4-7	280,000++	C
Anders Wallenius	Inspector	Deluxe	May 4-8	165,000++	C
Pauli Ojanen	Site Manager	Deluxe	May 5-6	165,000++	
Pekka Aarnaho	Site Manager	Deluxe	May 5-6	165,000++	
Mats Bjorkendahl	Supervisor	Deluxe	May 5-6	165,000++	
Josko Radocevic	Supervisor	Deluxe	May 5-6	165,000++	
Michael Birley	Supervisor	Deluxe	May 5-7	165,000++	
Yongchul Lee	Chief Engineer	Deluxe	May 5-6	165,000++	
Joohyun Woo	District Manager	Deluxe	May 5-6	165,000++	
Karl Rygh	Surveyor	Deluxe	May 5-6	165,000++	
Ove Garen	surveyor	Deluxe	May 5-6	165,000++	

3. 자문판매

자문판매(consultative selling)는 행사를 계획하고 있는 고객에게 행사의 효과를 정해진 상황하에서 극대화하기 위한 방법으로 연회에 관한 내용을 자문하여 판매하는 판매촉진활동(sales promotional activity)이다.

연회행사를 수행하기 위해서는 여러 가지의 절차가 있기 때문에 경험이 없는 진행자는 행사의 진행과정에서 많은 어려움을 겪게 된다. 이러한 고객을 위해 호텔 연회행사의 전문가가 행사를 위한 자문을 하면 실수 없이 진행을 할 수 있으므로 최종예약은 물론이거니와 예산이 허용되는 범위내에서 매출을 올릴 수 있기 때문에 양측이 이익을 추구할 수 있는 윈윈(win-win) 전략이 될 수 있다.

따라서 판촉담당자는 행사의 개념이 결정되면 행사를 위한 구체적인 계획을 가장 효과적으로 수립하여 진행자와 의사결정자를 설득시켜 행사 본래의 목적을 달성할 수 있도록 해야 한다.

자문판매에 관한 사항은 다음과 같은 것들이 있다.

(1) 행사 진행순서

행사의 성격에 따라 적절한 진행방법이 채택되어 참석자들의 관심을 고조시킬 수 있다. 대부분 행사진행자들은 외부용역에 의뢰하거나 자체에서 행사에 관한 내용을 정하지만 중소규모 행사의 경우나 행사의 경험이 없거나 전문적인 지식이 없는 경우에는 호텔의 전문가에게 자문을 하여 결정하는 경우도 있다.

(2) 의전절차

행사를 개최할 경우는 초청자의 의전절차가 매우 중요하므로 호텔 도착에서부터 행사가 끝날 때까지 전 과정에서 예우 방법의 자문이다.

(3) 연회장 배치 및 데커레이션

성공적인 행사가 되기 위해서는 연회장의 배치(layout)와 데커레이션(decoration)이 행사의 성격에 알맞게 준비되어야 한다. 그러나 경험이 없는 행사진행자를 위하여 판촉담당자가 자문을 한다. 일반적인 연회장 레이아웃과 데커레이션에 관련된 내용들은 다음과 같다.

① 의자 및 테이블의 배치(table layout)
② 헤드 테이블(head table)의 형태
③ 음향시설(sound facility)
④ 연회장 조명(lighting system)
⑤ 무대 백드롭(stage back drop)
⑥ 무대설치(stage layout)
⑦ 복도 데커레이션(foyer decoration)

(4) 식사 메뉴

행사는 보통 식사가 포함되는 경우가 많고 특히 숙박을 하면서 개최하는 행사일 경우 식사에 대한 메뉴가 적절히 구성되어야 한다. 이러한 식사 메뉴의 구성을 자문하여 행사내용의 효과를 극대화할 수 있다.

4. 고객관리

고객관리는 객실고객과 마찬가지로 컴퓨터 시스템을 이용하여 과거의 실적을 바탕으로 주기적으로 개최하는 행사를 위해 지속적인 접촉을 해야 한다. 그리고 주기적인 방문으로 새로운 행사나 관련된 행사를 유치할 수 있도록 방문계획을 수립해야 한다. 대규모 행사를 개최하는 단체나 기업의 경우 행사를 전담하는 부서가 별도로 운영되고 있기 때문에 지속적인 접촉으로 행사에 대한 정보를 획득하는 데 노력을 해야 한다.

행사가 끝나면 지속적인 관계를 유지하기 위해 반드시 행사에 대한 감사의 표시를 서면(thanks letter)으로 전달을 하고 서비스 개선을 위한 고객의 반응(feedback)을 수렴해야 한다. 이때 약간의 선물을 준비하여 방문하면 더 효과적이다. 〈표 7-5〉는 연회행사를 성공적으로 마치고 고객에게 보내는 감사서신의 예이다.

〈표 7-5〉 Thanks Letter

February 20, 2000

Mr. Robert Holly
President
Kukje Oil Company
P.O. Box 956
Seoul, Korea

Dear Rob,

On behalf of the management and all staff at xxx Hotel Seoul, I would like to thank you for giving us the opportunity to cater for your dinner party.

We were delighted and honored that you have chosen us for this important event and we hope that you have been satisfied with services.

We would greatly appreciate any comments or suggestions which may help to further upgrade our services. We would also be very greatful to you for recommending our services whenever an opportunity arises.

In the meantime, I thank you once again for your support.

Best personal regards,

Hee Chun Lee
Director of Sales & Marketing

• **예비과제**

1. 연회예약의 특수성(유연성과 전문성)에 대해서 설명하여라.
2. 연회예약에 있어서 각종 서식에 대해서 설명하여라.

• 실습순서

• 평 가

영 역	평 가 사 항	평				가
		A	B	C	D	E
이 해 (10)	1. 연회예약의 유연성과 전문성을 이해하고 있다. 2. 연회예약관리에 필요한 각종 서식을 이해, 작성, 관리할 수 있다.					
태 도 (10)	1. 연회예약에 관한 기본절차, 유연성에 대해서 이해하고 있다. 2. 연회행사에 관련된 각종 서식을 이해·작성할 수 있다.					
실무능력 (20)	1. 연회예약 업무의 특수성에 대해서 이해하고 있는가? 2. 연회예약 절차 및 부서간의 긴밀한 정보교환의 필요성을 이해하고 있는가? 3. 연회예약 양식에 대한 이해가 충분하며 실제 작성할 수 있는가?					

••• 모듈과제 7-3 ••••••••••••••••••••• 연회 서비스

• 목 표

1. 보다 효율적인 연회 서비스를 위해 각 직급별 업무분장을 이해한다.
2. 연회 서비스의 각종 서식류 종류와 사용용도를 이해한다.
3. 연회장 운영의 체계적인 운영절차를 이해한다.

• 사용재료

직업분장서, 연회부서의 각종 서식류, 연회실

• 사용기자재

연회장 견학

• 관련이론

1. 직무분장

연회 서비스의 업무는 매우 다양하고 복잡하기 때문에 사소한 실수도 허용해서는 안 된다. 또한 업무의 특성상 즉석에서 발생하는 경우가 많고 경우에 따라 행사의 내용이 변경될 수 있으므로 상황에 따라 민첩하고 합리적인 의사결정으로 행사를 진행할 수 있도록 지원해야 한다. 이러한 연회업무를 위해 체계적이고 합리적으로 진행하기 위한 직급별 업무담당은 대규모 호텔인 경우 다음과 같다.

(1) 연회예약

1) 연회부서 팀장(director of banquet department)

① 연회 서비스의 인원관리
② 집기 및 비품관리
③ 시설관리

④ 고객 및 서비스의 전반적인 관리

2) 예약지배인(reservation manager)

① 연회예약상담과 접수
② 팀장의 업무보좌
③ 기타 연회 업무처리

3) 코디네이터(coordinator)

① 연회예약 상담과 접수
② 행사관련 서류작성, 관리와 행사자료 입출력

(2) 연회 서비스

1) 연회 지배인(banquet service manager)

① 연회장의 관리감독
② 종업원의 업무와 영업준비의 감독
③ 이벤트 오더(event order) 내용의 철저한 숙지
④ 행사 전 관련부서의 준비사항 점검
⑤ 행사시 주최자와 면담하여 요구사항과 불편사항의 점검
⑥ 행사 후 고객만족도 파악
⑦ 종업원의 교육훈련
⑧ 종업원의 업무할당
⑨ 연회장 장비 및 집기 관리
⑩ 귀빈 영접 및 환송
⑪ 연회 서비스를 위한 각종 회의 주관
⑫ 업무일지 작성

2) 캡틴(captain)

① 담당 연회장의 청소 및 집기 관리
② 연회행사 지시사항의 준수
③ 행사 전 테이블 세팅 및 음식과 음료 준비
④ 행사시 배치된 인원의 통솔
⑤ 담당 연회행사의 설명과 서비스 교육
⑥ 고객의 영접 및 환송
⑦ 행사완료 후 행사결과 보고서 작성
⑧ 안선사고 예방을 위한 점검

3) 웨이터/웨이트리스(waiter/waitress)

① 캡틴의 지시에 따른다.
② 행사에 관련된 제반사항을 준비한다.
③ 각종 기물, 비품, 리넨류를 점검하고 정리 정돈한다.
④ 행사에 따른 문제점과 개선점을 보고한다.

4) 그레트리스(greetress)

① 고객에게 편리함과 유쾌함을 주도록 한다.
② 이벤트 오더를 점검하여 고객의 이용시설을 미리 점검한다.
③ 연회장 고객의 영접안내 및 환송을 담당한다.
④ 연회 서비스 사무실의 제반 작성 및 관리한다.

2. 서식류의 종류와 사용용도

(1) 고객용

① 분기별 연회행사 예정표(daily reservation book)
② 연회행사 통보양식(event order sheet)
③ 견적서(quotation in Korean/English)
④ 연회예약 접수 명세표(agreement for event)
⑤ 가격안내표(price list)
⑥ 금일 연회 행사 현황표(daily event order sheet)
⑦ 주간행사 현황(weekly event order sheet)
⑧ 연회장 평면도(function room floor plan)
⑨ 안내용지(signboard paper)
⑩ 메뉴(menu list)
⑪ 연회장 안내도(function room information)

(2) 서비스용

① 출장연회 물품반출증(dispatch form for outside catering)
② 출장연회 물품점검표(check list for outside catering)

3. 연회장 운영

(1) 연회장 관리

1) 연회장 바닥의 관리

① 연회에 필요한 장비나 집기를 운반할 경우에는 끌어서 바닥의 마블

(marble)이나 카펫의 손상이 없도록 한다.

② 무대의 장치나 백드롭(back drop)을 설치할 때나 혹은 페인트 작업을 할 경우에는 카펫 위에 보호천을 깐다.

③ 무대에 폭죽을 설치할 경우에는 카펫이나 가연성 물질에 불똥이 튀기지 않도록 주의한다.

④ 바닥의 카펫이 마모된 곳이 있으면 즉시 수리하도록 한다.

2) 벽의 관리

① 전시회나 행사시 장비를 설치해야 할 경우에는 벽으로부터 약 30cm 정도 간격을 둔다.

② 연회행사의 안내문이나 홍보용 포스터(promotional poster) 등을 임의로 부착하여 벽을 훼손하지 않도록 한다.

③ 카트(cart)로 물건을 이동할 경우에는 벽이나 문을 손상시키지 않도록 조심한다.

④ 방화문은 항상 닫혀 있어야 한다.

3) 천장의 관리

① 천장의 각종 조명장비나 프로젝터(projector) 등의 작동상태를 주기적으로 점검한다.

② 실내용 배너(inside banner) 설치를 위한 장치의 정상작동 여부를 점검한다.

③ 천장에 오물(샴페인, 맥주 등)이나 먼지를 제거한다.

(2) 연회장 운영

1) 행사준비

① 장비의 이동시 문(door)의 파손을 막기 위해 행사가 없을 때는 문을 완전히 개방한 후 장비를 이동한다.

② 다른 행사에 지장을 주지 않도록 정숙한 상태에서 행사준비를 한다.

③ 행사를 위한 모든 세팅이 이벤트 오더와 일치하는지를 확인한다.

2) 행사중

① 벽과 카펫에 커피나 음식물 등의 오물이 묻지 않도록 주의한다.

② 행사를 진행하면서 필요한 장비나 장치 등의 작동을 도와준다.

3) 행사종료

① 모든 장비나 집기 및 장치 등을 바닥이나 벽을 손상시키지 않도록 주

의하면서 제거한다.

② 행사장의 테이블을 제거한다.

③ 카펫에 이물질이 묻지 않도록 주의한다.

• 예비과제

1. 연회부서 직원의 직급별 업무분장에 대해서 설명하여라.

2. 연회부의 각종 서식류와 사용용도에 대해서 설명하여라.

3. 연회장 운영에 있어서 관리해야 할 사항에 대해 설명하여라.

• 평 가

영 역	평 가 사 항	평				가
		A	B	C	D	E
이 해 (10)	1. 직급별 직무분장에 대해 이해하고 있다. 2. 연회부서에서 사용되는 각종 서식에 대해 이해하고 있다. 3. 연회장 운영에 있어서 관리해야 할 점들을 파악하고 있다.					
태 도 (10)	1. 연회부서의 직급별 업무분장서를 이해하였는가? 2. 연회부서에서 사용하는 각종 서식에 대해서 명칭과 사용용도를 습득하였다.					
실무능력 (20)						

• • • 모듈과제 7-4 • • • • • • • • • • • • • • 연회 테이블 세팅

• 목 표

1. 연회 영업준비를 위한 테이블 세팅 절차를 이해한다.
2. Theme별 기본 세팅별 차이점을 이해한다.

• 사용재료

테이블, 식탁보, 냅킨, 식기류

• 사용기자재

Table, 의자, 식기류, 센터 피스

• 관련이론

1. 세팅의 준비

연회장 행사를 위한 테이블의 세팅 준비는 일반 식당의 경우와 유사하나 행사의 성격에 따라 다양한 형태의 테이블 세팅으로 행사의 분위기를 고조시킬 수 있도록 해야 한다. 국제 수준의 대규모 호텔에서는 행사에 어울리는 주제(theme)를 바탕으로 각종 형태의 세팅으로 고객들의 많은 호응을 얻고 있다.

(1) 청소와 환경정리

행사의 참석자들이 편안하고 즐거운 식사를 하기 위해서는 청결하게 정돈된 연회장 주변의 환경이 무엇보다 중요하다. 따라서, 테이블 세팅을 하기 전에는 식탁과 의자를 비롯하여 연회장내의 구석구석 조그만 부분까지 철저한 청소가 이루어져야 한다.

(2) 식탁 위치의 고정

식탁은 식당의 테이블과 같이 고객이 불편을 느끼지 않도록 배치되어야 하며, 흔들리지 않게 배치해야 한다. 식탁의 높이는 70~75cm, 의자의 높이는 40~45cm가 적당하며, 한 사람이 점유하는 좌석의 폭은 70cm 기준으로 한다.

(3) 테이블 클로스

테이블 클로스는 흰색을 사용하는 것이 원칙이나 최근에는 연회행사의 성격에 따라 다양한 색과 무늬가 들어 있는 클로스가 사용되고 있다. 그밖의 테이블 클로스에 대한 내용은 양식당의 테이블 클로스와 동일하다.

(4) 냅 킨

냅킨의 크기는 55×55cm가 적당하나 호텔에 따라 다양한 형태의 냅킨을 사용한다. 색상과 모양은 행사의 분위기와 조화를 이룰 수 있는 것으로 사용한다.

2. 기본세팅

(1) 양식 세팅(기본)

[그림 7-2] 양식 세팅(1)

(2) 양식 세팅(고급)

[그림 7-3] 양식 세팅(2)

(3) 중국식

[그림 7-4] 중국식

(4) 한 식

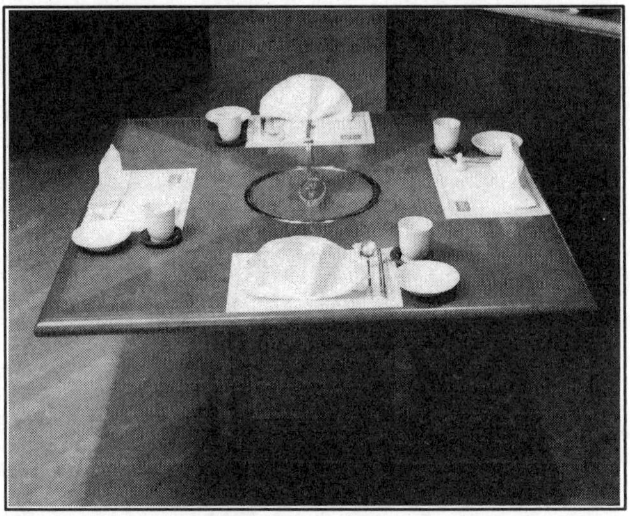

[그림 7-5] 한 식

(5) 일 식

[그림 7-6] 일 식

• 예비과제

1. Theme별 테이블 세팅의 준비절차를 설명하여라.
2. Theme별 기본세팅의 종류에 대해서 설명하여라.

• 실습순서

1. 연회영업 준비를 위해 연회장을 구석구석 청소한다.
2. 적정규격의 식탁을 준비, 고정, 세팅한다.
3. 연회의 Theme에 따라 맞는 테이블과 Silver ware 세팅을 한다.

• 평 가

영 역	평 가 사 항	평				가
		A	B	C	D	E
이 해 (10)	1. 연회 영업준비를 위해 사전 연회장 청소가 철저히 준비되어야 하는지 이해하고 있다. 2. Theme에 따른 연회준비에 필요한 비품의 명칭과 용도를 이해하고 있다. 3. Theme에 따른 각종의 다른 Table Setting을 익혀 알고 있다.					
태 도 (10)	1. 연회준비를 위해 연회장이 말끔히 구석구석 청소되어 있다. 2. Theme에 따른 Table과 Silver ware가 준비되어 있다. 3. Theme별 Table Setting에 대한 올바른 이해가 되어 있다.					
실무능력 (20)	1. 연회준비에 필요한 청소가 잘되었다. 2. 연회의 성격에 따른 Table Setting과 Silver ware의 명칭과 용도를 습득하였다.					

••• 모듈과제 7-5 •••••••••••••••••••• 기물 및 장비

• 목 표

1. 연회에 쓰일 각종 기물의 종류 및 관리방법을 이해한다.
2. 각종 연회에 쓰일 Table 종류와 알맞는 Linen의 종류와 관리요령을 익힌다.

• 사용재료

각종 Table ware(동 · 서양식 식기류), Glass ware, Table cloth, Shirts, table, 각종 음식물을 보관 · 배달할 식기류

• 사용기자재

Table, 각종 Table ware, 각종 음식물 보관 및 배달에 필요한 Cart

• 관련이론

1. 기물의 종류 및 관리

(1) 양 식

〈표 7-6〉 기물의 종류(양식)

구 분	normal	deluxe	VIP
china ware	wedgewood blue band (England)	royal doulton titania (England)	wedgewood ascot gold rim (England)
flat ware	sambonet contour 017 (Italy)	christofle aria (France)	christofle marly gold (France)
glass ware	libbey embassy, nob hill (America)	zwisel cancan (Germany)	Zwisel cancan gold rim (Germany)

(2) 동양식

〈표 7-7〉 기물의 종류(동양식)

구 분	산 지	회 사 명	도자기 색
한 식	한 국	한국도자기, 행남자기	십장생
중 식	일 본	Noritake	red rim
일 식	일 본	Dori, Akatori	

(3) 기물의 기본인원수 산정

〈표 7-8〉 기물의 인원수 산정

구 분	형 식	인원수 산출 내용(기본)
china ware	normal deluxe VIP	좌석수의 3배수 기준 200~300명 기준 30~50명 기준
flat ware	normal deluxe VIP	좌석수의 3배수 기준 200~300명 기준 30~50명 기준
glass ware	normal deluxe VIP	좌석수의 3배수 기준 200~300명 기준 30~50명 기준
한 식		200~500명 기준
중 식		150~300명 기준
일 식		30~50명

(4) 기물의 관리

1) china ware

음식을 담는 일체의 기물은 스트워드 부서(steward department)에서 보관하여 관리하고, 연회 서비스를 위해 이동시에는 카트의 상태를 점검하고 층의 장애물을 제거한 다음 실시한다.

2) flat ware

호텔마다 관리방법이 약간씩 다르나 일반적으로 연회 서비스 부서에서 보관을 하고 나이프의 날에 의해 기물에 흠집이 발생하지 않도록 기물함에 담을 때는 반드시 나이프를 별도로 분리한다.

3) glass ware

스트워드 부서에서 보관 및 관리하고 카트로 이동시에는 글라스류의 전용 카트를 이용하여 이동한다.

2. 장비의 종류 및 관리

(1) 장비의 종류

① pastry trolley
② roast beef wagon
③ pastry wagon
④ cocktail bar trolley
⑤ table truck
⑥ service wagon
⑦ linen delivery cart
⑧ banquet bar trolley
⑨ drapes wagon
⑩ plants cart
⑪ flower delivery cart
⑫ ice carving cart
⑬ water tank cart
⑭ ice carving stand
⑮ grand piano cart
⑯ hand truck
⑰ service wagon
⑱ table trucks
⑲ round table trucks

(2) 장비의 관리

연회 서비스 부서의 행사용 장비는 담당 종업원의 관리능력에 따라 수명이 결정되기 때문에 장비를 최상의 상태로 유지하기 위해 최선의 노력을 다해야 한다.

장비를 효과적으로 사용하기 위해서는 장비의 관리를 철저히 해야 하며 사용중에도 파손되지 않도록 주의를 해야 한다.

3. 테이블의 종류 및 관리

(1) 테이블의 종류

① 원형 테이블(round table — 183cm, 153cm, 137cm, 107cm)
② 반원형 테이블(half round table — 153cm)
③ ¼원형 테이블(quarter round table — 76.5cm)
④ 직사각형 테이블(rectangular table — 65×183cm, 65×152.5cm)
⑤ 회의용 테이블(meeting table — 46.5×152.5cm, 40×183.5cm)
⑥ 사각 테이블(square table — 46×46cm)
⑦ 크로센트 테이블(crescent table — 46cm)

(2) 테이블의 관리

1) 관 리

① 장시간 보관시는 옆으로 보관한다.
② 카펫 바닥 위에 세워두어 미끄럼을 방지하도록 한다.
③ 옆으로 보관할 때에는 간격을 잘 맞춘다.
④ 타부서에 대여할 경우에는 차용증에 테이블의 고유번호를 반드시 기입한다.
⑤ 정기적으로 테이블의 상태와 수량을 점검한다.

2) 사 용

① 테이블에 기름이나 물이 묻지 않도록 한다.
② 무리한 충격을 주지 않는다.
③ 무거운 물건을 올려놓지 않도록 한다.
④ 출장연회를 위해 운반을 할 경우 주변의 장비로 인하여 파손되지 않도록 한다.

4. 리넨의 종류와 관리

(1) 리넨의 종류

1) 테이블 클로스

① 직사각형 테이블 클로스(rectangular — 140×250cm)
② 원형 테이블 클로스(round table cloth — 300cm ϕ, 340cm ϕ, 380cm ϕ)
③ 원형 테이블 레이스(round table lace — 300cm ϕ)

④ 테이블 탑 레이스(table top lace — 380cm, 340cm)
⑤ 테이블 클로스(table cloth — 230×230cm, 200×200cm, 250cm ϕ)
⑥ 테이블 탑 클로스(table top cloth — 150×150cm)
⑦ 뷔페 클로스(buffet cloth — 170×450cm)
⑧ 냅킨 클로스(napkin cloth — 55×55cm)
⑨ 롱 클로스(long cloth — 220×980cm)
⑩ 회의용 클로스(meeting cloth — 150×250cm)
⑪ 회의용 긴 클로스(long meeting cloth — 150×980cm)
⑫ 언더 클로스(under cloth — 200cm ϕ)
⑬ 벨벳 클로스(velvet cloth — 150cm ϕ ×250cm ϕ)
⑭ 칵테일 냅킨 클로스(cocktail napkin cloth — 25×25cm)
⑮ 워터 타월(water towel — 25×25cm)
⑯ 워시 타월(wash towel — 40×60cm)

2) 스커트의 종류와 용도

스커트는 같은 색상과 크기별로 사용자가 편리하도록 구분하여 리넨 딜리버리 카트(linen delivery cart)에 보관하도록 한다. 그리고 운반을 할 때는 리넨 딜리버리 운반 카트를 이용하여 운반하며 그 종류로는 다음과 같다.

- 플랫폼(platform)용 : 1,000×20cm, 1,000×40cm, 1,000×60cm, 1,000×80cm
- 바(bar)용 : 500×74cm
- 테이블(table)용 : 60×74cm, 400×80cm, 600×74cm, 1,200×74cm
- 아이스 카빙(ice carving)용 : 300×30cm, 300×75cm

(2) 리넨의 관리

① 리넨의 사용과 보관은 항상 청결을 유지한다.
② 리넨은 사용목적 이외에는 절대로 사용해서는 안 된다.
③ 리넨을 보관할 때에는 색상별, 사이즈별로 구분하여 구겨지지 않도록 깨끗하게 보관한다.
④ 리넨이 찢어졌거나 얼룩이 있을 경우에는 사용하지 않는다.
⑤ 사용한 리넨은 반드시 리넨 카트에 모아서 운반하고 바닥에 방치하지 않도록 한다.

• 예비과제

1. 동 · 서양의 다른 식기류에 대해서 설명하여라.
2. 연회시 필요한 기물의 기본인원 수 산정법에 대해서 설명하여라.
3. 연회용 장비 관리요령 및 각종 Table의 사용관리방법에 대해서 설명하여라.
4. 리넨과 스커트의 종류와 용도에 대해서 설명하여라.

• 실습순서

1. 연회의 성격에 따른 적정 규칙의 Table Setting을 위하여 Table Cloth와 스커트, 리넨을 준비한다.
2. 동 · 서양의 각기 다른 식기류의 명칭과 용도를 익힌다.
3. 모든 비품과 장비의 사용용도, 관리법을 익힌다.

• 평 가

영 역	평 가 사 항	평				가
		A	B	C	D	E
이 해 (10)	1. 각종연회에 필요한 기물 및 장비에 대해 이해하고 있다. 2. 각종 기물에 대한 근본적인 이해와 필요한 기물 숫자를 산출해 낼 수 있다. 3. 각종 기물 및 장비에 대한 관리요령에 대해 이해하고 있다.					
태 도 (10)	1. 예비학습을 위한 각종 기물 및 장비가 준비되었다. 2. 연회장이 깨끗이 청소, 정돈되어 실습분위기가 조성되었다. 3. 기물을 조심스럽게 정확하게 다루었다.					
실무능력 (20)	1. 연회장 Setting시 필요한 테이블, 식기류, 리넨의 종류와 규격을 이해하였다. 2. 각종 Glass ware, China ware, Silver ware, Flat ware의 명칭과 용도를 습득하였다. 3. 연회의 성격에 따라 식기, Table Setting 및 Shirt 장식을 하고 관리요령을 익혔다.					

모듈 8

서비스

서비스에 대한 이론적 개념의 이해, 특성, 중요성, 판매기여도, 각종 음식 서비스 요령, 고객불만 처리방법을 효과적으로 대처하는 법을 학습한다.

모듈 학습목표

1. 서비스의 중요성과 특성(무형성, 유형성)을 이해할 수 있다.
2. 서비스의 품질관리의 특성을 이해하는가?
3. 고질의 서비스가 가져다 주는 효과를 이해하는가?

모듈 과제안내

1. 서비스의 이론적 개념의 이해
2. 서비스의 무형성과 유형성에 관한 구체적 설명과 이해
3. 구체적으로 나타난 고객영접 Service
4. 음식 서비스의 절차 및 요령
5. 와인 서비스의 절차 및 요령
6. 고객관리의 중요성에 대한 이해와 불평처리 방법

산업체 현장 실무능력

모듈 8의 이론적 이해와 반복되는 서비스 실습을 통하여 기본 서비스 및 매너를 몸에 익혀 취업시 현장에서의 다른 별도 교육 없이도 업무를 수행해 낼 수 있는 능력을 기른다.

••• 모듈과제 8-1 •••••••••••••••• 서비스 개념

• 목 표

1. 호텔 서비스의 근본적, 이론적 바탕을 이해 습득한다.
2. 호텔 서비스의 특성과 무형적, 유형적 특성을 이해한다.
3. 호텔 서비스의 품질관리, 평가, 중요성, 영업효과를 설명한다.

• 관련이론

서비스(service)의 어원은 라틴어의 노예를 의미하는 "servus"로 전해지고 있다. 즉, 서비스는 제공하는 측의 입장과 제공받는 입장의 측면으로 볼 때 주종의 관계가 성립이 되어야만 한다. 일반적으로 서비스는 상품의 생산과 유통을 촉진하고 삶에 무형의 가치를 부가하는 것으로 정의된다. 가시적인 서비스 결과보다는 서비스 제공과정이 더욱 중요성을 가지는 경우가 많으며 고객의 기대수준과 주관적인 인지에 의해 품질평가가 크게 영향을 받게 된다.

서비스 산업에서 흔히들 이야기되고 있는 "고객은 왕(guest is king)"이라는 말 속에는 이와 같은 주종관계가 강하게 암시되어 있다. 따라서 환대산업(hospitality industry)에 있어서 서비스는 일시적 계약에 의한 주종관계가 성립이 되어 각각의 역할을 수행하게 되는 것이다. 그러나 이러한 주종관계는 영원한 것이 아니고 서비스 제공자도 또 다른 계약관계에서는 고객이 될 수 있으므로 종속적 역할은 일시적일 뿐이다.

1. 서비스의 중요성

환대산업의 생명은 고객이 원하는 바를 인지하여 만족할 수 있는 수준으로 제공해야 하는 서비스이다. 앞에서 살펴본 바와 같이 서비스는 순수한 서비스 자체만이 제공되는 경우가 있으나 대부분 유형의 상품과 같이 제공되는 경우가 많아 고객의 접점에서 서비스를 제공하는 종업원의 역할은 대단히 중요하다고 할 수 있다.

특히 호텔의 식음료 서비스는 인간의 제1차적인 요구를 충족시키면서 개인의 체면을 고려한 사회적인 욕구를 동시에 충족시키는 것이기 때문에 정확한 서비스의 표준이 없으며 제공되는 서비스의 유형이 매우 다양하다고 할 수 있다.

이러한 관점에 볼 때 고객이 판단하는 식음료 가치는 식음료 자체의 원가보다 식음료에 부가적으로 제공되는 서비스에 더 많은 비중을 두고 있다는 것이다. 즉, 대부분의 고객은 부가되는 서비스의 질과 수준에 따라 대가의 지불을 원하고 있다. 따라서, 호텔의 식음료 부서에서는 식자재의 원가보다 조리된 요리나 음료를 제공하는 데 있어서 철저한 고객의 분석을 토대로 부가적으로 제공되는 서비스의 질적인 향상과 끊임없는 연구개발을 통하여 독특하고 고객을 감동시킬 수 있는 서비스를 제공하도록 노력해야 한다.

2. 서비스의 특징

서비스는 유형의 상품과 대비되는 특성을 갖고 있기 때문에 고객에 따라 제공되는 형태가 다르다. 가장 대표적인 특성으로는 무형성을 들 수 있고 서비스는 가시적이거나 특정한 형태를 가지지 않는다. 또한 서비스는 생산과 소비의 동시성이라는 특징이 있는데 이것은 서비스의 소멸성을 내포하고 있다. 그리고 서비스는 이질성의 특성을 가지고 있다.

(1) 무형성

1) 상대적 무형성

가시적이 아니며 인지가 쉽지 않다는 의미를 내포하고 있는 것이나 이는 완전히 무형적인 것이 아니라 상대적으로 유형적 부분에 비해 무형적인 특성이 강하다는 것을 의미한다. 예를 들면, 호텔의 식당에서 제공하는 식음료는 고객이 지불하는 가치의 일부분에 불과하고 식음료 이외의 고급스런 식당분위기, 종업원의 우아한 유니폼과 친절, 식당 밖의 전경 등의 부가 서비스가 제공하는 무형의 요인이 더 크기 때문에 서비스로 분류된다.

2) 무형적 소유

상품을 구매하는 것은 소유를 전제로 하는 재화인 반면 서비스는 경험을 일시적으로 향유하게 된다. 서비스는 유형이 아닌 일련의 활동이므로 경험이나 성과로밖에 그 상품을 인지할 수 없다. 이와 같이 서비스는 소유보다는 이전효과(spill effect)를 의미하는 것으로 소유보다는 일시적 경험의 성격이 강한 서비스는 상품처럼 소유대상이 아닌 것이다. 예를 들면, 호텔식당이 회원제로 운영될 경우 회원은 식당 자체를 소유하는 것이 아니고 식당에서 제공되는 서비스를 소유하는 것이다.

3) 일시적 효용

서비스는 순간적 효용(utilities)이 제공되는 것으로 그 효용은 투입이 산출로 전환되는 부가된 부분이라고 할 수 있다. 호텔 식당에서 식음료를 판매할 경우 식음료 자체는 판매하더라도 그 자체는 바뀌지 않고 식음료에 부가된 것은 장소의 이동에 의한 편리제공이라는 장소적 효용이다. 서비스는 제공하는 효용의 종류로는 장소적 효용, 시간적 효용, 심리적 효용, 정보적 효용, 교환적 효용이 있다.

(2) 생산과 소비의 동시성

호텔 서비스는 고객이 주문을 하고 나서야 생산이 이루어지고 생산과 동시에 소비가 이루어지는 특성이 있기 때문에 호텔종업원은 항상 고객의 주문상황에 따라 적절하게 서비스를 제공할 수 있는 일종의 연기자 역할을 해야 한다. 호텔 서비스란 어떤 장소에서나 서비스를 제공받을 수 있어야 하며, 고객을 위해 24시간 동안 항상 대기해야 하고 어떤 조직에서도 항상 감독관이 있듯이 호텔기업에서도 지배인을 중심으로 해서 항상 대기상태의 서비스를 제공해야 한다.

서비스는 일반적으로 동일한 시간대에 생산되고 소비된다. 일반적으로 제조업의 제품은 생산되고, 저장되고, 판매되고, 소비되나 서비스의 경우에는 먼저 판매되고 생산과 소비가 동시에 이루어지게 된다.[44] 호텔종업원은 고객의 주문 서비스에 대한 소비와 동시에 생산하게 되므로 제품의 일부로서 역할을 하게 되며, 고객은 서비스의 구매에 있어서 그들의 요구를 전달하고 종업원과 적극적으로 커뮤니케이션(communication)하게 된다.

이와 같이 호텔 서비스는 고객이 호텔을 이용하는 행위와 동시에 제품판매가 이루어지며, 그 생산과 소비가 서비스요원, 서비스시설 그리고 고객이 동시에 참여할 수 있는 시간과 장소에서 이루어지기 때문에 생산의 결과를 저장하거나 전송할 수 없다.

(3) 이질성

대부분의 서비스 혜익은 단면적이므로 한 번 이용되지 않은 호텔 서비스는 영원히 소멸되어 버리는 특성이 있다. 곧 판매되지 않은 객실이나 식음료나 부대시설 사용 등은 그 시간이 지나면 판매가 불가능하다. 이처럼 관광상품의 수명이 제로(0)이기 때문에 재고관리를 할 수 없고 생산과 동시에

---

44) Leonard L. Berry, "Service Marketing is Different," Harvard Business Magazine, May～June, 1980, p. 30.

판매가 이루어지게 되므로 제한된 시간내에 많은 상품을 고객들에게 제공하기 위해서는 시간관리가 매우 중요하다.

호텔고객들은 프론트 데스크(front desk)에서 줄서고 엘리베이터를 기다리며 룸서비스(room service)를 기다리고 식당에서 아침식사나 와인을 곁들인 디너가 서브되기를 기다린다. 따라서 고객들의 기다리는 시간에 대한 새로운 인식과 관리가 경영전략의 주요과제라고 할 수 있는데, 생산기술적인 측면에서 고객의 기대에 부합되는 서비스의 신속한 제공과 더불어 인적 서비스 측면에서 효율적인 배달 시스템(delivery system)과 대고객 커뮤니케이션 관리를 병행 실시함으로써 고객들의 심리적 시간을 단축시켜 줄 수 있을 것이다.

이와 같이 호텔 서비스는 일반적인 서비스 개념이 무형적인 것과는 달리 유형과 무형의 복합적 기능을 가진 것으로 호텔의 입지조건, 제반시설과 식음료, 도구, 소모품 등의 물리적 서비스와 체계화된 업무조정과 조직적인 협동 등의 운영적 서비스, 그리고 종업원과 고객간의 접촉관계에서 나타나는 인적서비스의 종합적 서비스이다.

3. 서비스 품질관리

호텔이 제공하는 서비스의 품질은 고객의 만족 및 불만족과 직접적인 관련성이 있기 때문에 호텔의 경쟁력 대응이나 시장점유율 및 경영전략 등의 변수에 많은 영향을 미쳐 중요한 전략적 요소로 인식되고 있다. 또한, 서비스 상품의 중요한 요소인 인적, 물적, 운영적 시스템 중 인적 서비스는 고객의 만족과 불만족에 결정적인 역할을 하기 때문에 서비스의 품질관리가 체계적으로 이루어져야 하겠다.

(1) 서비스품질의 특성

1) 평가의 어려움

고객들이 유형상품을 구입할 때는 품질을 평가할 수 있는 많은 유형적 단서(cue)인 스타일, 견고성, 색상, 포장 등을 인지하게 되나, 서비스를 구입하는 경우에는 서비스의 품질을 평가할 수 있는 유형적 단서가 거의 없으므로 구매하는 소비자들은 유형적 단서가 아닌 다른 것들에 의존해야만 하기 때문에 유형상품의 품질보다 평가가 어렵고, 평가 자체가 주관적일 경우가 많다.

서비스는 대부분 무형적이고, 수행(performance)에 의해서 이루어지므로 품질을 표준화할 수 있는 구체적인 명세서 작성이 거의 불가능하며, 시험하거나 저장 및 측정할 수가 없다. 따라서 서비스의 이러한 특성 때문에 서비스

관리자는 서비스 품질에 대해서 고객이 인식하고 평가하고 있는 정도를 이해하기 곤란하다.

2) 서비스 제공과정의 중요성

서비스 품질은 서비스 자체의 결과와 관련된 품질과 서비스가 전달되는 과정으로 구분할 수 있는데 서비스의 직접적인 수행자에 대해 대상자가 느끼는 차이의 발생 이전에 관리적 측면에서 발생하는 전달체계의 인식차이 등이 서비스 품질에 대한 고객의 지각에 영향을 미친다. 따라서 서비스 품질의 평가는 단지 서비스의 산출결과만으로 이루어진 것이 아니라 서비스의 전달과정(process of service delivery)에 대한 평가와도 연관되어 있다.

3) 서비스 품질의 수준

서비스 품질은 제공과정에서 전달되는 서비스 수준이 고객의 기대와 얼마나 잘 일치하는지에 대한 평가·측정치가 된다. 즉, 지각된 서비스 품질 수준은 고객의 기대와 실제 서비스 수행과의 비교를 통해서 얻어질 수 있다.

4) 부가서비스의 중요성

서비스의 수행결과 대상고객에게 전달되는 핵심 서비스(core service)가 경쟁업체와 비슷한 수준일 경우, 전달되는 서비스 기능인 부가 서비스가 고객이 느끼는 서비스 품질의 만족 또는 불만족에 더욱 중요하게 영향을 미치게 된다.

(2) 서비스 품질평가

1) 서비스 품질평가 과정

고객들이 서비스 품질을 평가할 때, 그들이 기대한 서비스와 그들이 받고 있는 서비스를 나름대로의 서비스 속성을 통해 비교한다. 즉, 서비스 품질은 고객이 기대한 서비스와 실제 수행된 서비스간의 불일치 정도의 크기에 달려 있는 것이다. 따라서 고객들이 대상 서비스 기업에서 실제로 제공받는 서비스에 대해 주관적으로 느끼는 정도가 서비스를 제공받기 전에 기대했던 정도에 미치지 못한다면 고객에게 서비스의 품질은 낮게 인식되어 품질이 좋지 않은 것으로 평가될 것이다.

2) 서비스 품질평가의 구성요소[45)]

서비스 품질이 가지고 있는 특성으로 인하여 품질관리가 쉽지 않으며, 서

---

45) 최동열, 관광서비스론, 기문사, 1998, p. 96.

비스 품질의 평가 또한 쉽지 않다. 평가의 구성요소를 정의하는 것은 물론 더욱 어렵다. 파라슈라만(Parasuraman, 1988) 연구팀은 서비스 상품에 대한 서비스 품질은 우선 기대된 서비스의 지각된 서비스의 차이와 비교를 통해 결정된다는 개념 아래, 서비스 품질을 구성하는 최종 5가지 요소를 다음과 같다고 하였다.

① 실체성(tangibles) : 물적 시설, 장비, 서비스 요원의 외모, 커뮤니케이션 매체 등
② 신뢰성(reliability) : 믿을 수 있고 정확하게 약속된 서비스를 수행할 수 있는 능력
③ 반응성(responsiveness) : 기꺼이 고객을 돕고 신속한 서비스를 제공하는 것
④ 확신성(assurance) : 서비스 요원들 지식과 예절, 신뢰와 믿음을 줄 수 있는 능력
⑤ 공감대(empathy) : 고객에게 개인적으로 신경을 써주며 고객의 문제에 관심을 갖는 것

호텔 식음료 서비스의 기본적인 개념은 호텔 경영방침에 부응할 수 있는 고객의 만족(customer satisfaction)과 목표이익(target profit)의 실현이라고 할 수 있다. 고객의 만족과 목표이익의 실현을 위한 수단으로는 식사와 음료 등 양질의 물적 상품 제공을 비롯한 양질의 서비스 상품을 고객에게 전달하는 과정에서 훌륭한 서비스를 그 매체로 삼아야 한다.

따라서, 진정한 의미에서의 식음료 서비스란 단순히 고객에게 식음료 상품을 전달하는 과정보다는 친절한 미소와 조용한 실내음악, 다양한 실내장식 등이 잘 조화된 전체적인 환경과 분위기를 포함하는 서비스를 의미한다.

또한, 시비스의 개념은 식당업무의 생명으로서 환대산업의 주전략상품이며 고객에게 제공되는 물적 서비스와 진심 어린 마음으로 고객에게 부담을 주지 않는 인간미가 수반된 인적 서비스를 말한다. 이와 같은 의미는 식음료 서비스가 식음료 경영에 얼마만큼의 중요성을 갖는지 잘 나타내 주고 있다.

일반적으로 식음료 서비스는 고객에 대한 식음료의 판매와 그에 수반되는 물적, 인적, 운영적 서비스를 제공하는 환대행위라고 할 수 있으며, 오늘날 산업의 발달로 인하여 모든 산업은 기계화, 자동화되어 그로 인해 만들어진 상품들은 가치기준에 따라 기호와 취향, 필요욕구가 달라지므로 산업혁명에 부응할 수 없는 특수성을 내포하고 있다고 볼 수 있다.

따라서 식당 서비스는 가치판단에 한정을 둘 수 없는 무한한 것이므로 고객에게 항상 새롭게 부각될 수 있는 요인을 찾아 지속적인 개발 및 개선이 이루어져야 하며, 또한 수요창출의 극대화에 주력하며 고객의 욕구충족을 위한 최상의 상품을 제공해야 한다.

결론적으로 적극적인 서비스는 고객은 물론 호텔기업과 종업원 모두에게 각자의 목표인 욕구충족, 영리추구, 수입증대에 도달할 수 있는 수단이 되는 것이다. 따라서 호텔산업에서 인적 서비스는 단순한 존재로서가 아니라 반드시 목표의식이 있는 적극적인 개념으로서 관리되어야 한다.

• 예비과제

1. 서비스의 무형적, 유형적 특성에 대해 설명하여라.

2. 서비스의 품질관리의 어려움, 관리, 평가, 중요성, 영업효과에 대해 설명하여라.

• 평 가

영 역	평 가 사 항	평				가
		A	B	C	D	E
이 해 (10)	1. 호텔영업의 핵심요소인 서비스의 개념에 대해서 잘 이해하고 있나? 2. 호텔 서비스의 무형적, 유형적 특성을 이해하고 있나? 3. 호텔 서비스의 품질관리 및 중요성, 영업효과를 파악하고 있나?					
태 도 (10)	1. 서비스 개념을 확실하게 파악하고 받아들일 수용태세가 되어 있나? 2. 서비스 품질향상 Mind가 되어 있는가?					
실무능력 (20)	1. 호텔영업의 필수조건인 고객 서비스를 이해하고 있나?					

••• 모듈과제 8-2 ••••••••••••••• 서비스의 기본자세

• 목 표

1. 서비스의 기본정신 — "SCEECH"에 대해 완벽히 이해하고 있나?
2. 단정한 용모 및 복장, 인사요령에 대해 파악하고 있나?
3. 고객접객시의 요령이 습관화되어 있나?

• 관련이론

서비스의 특성에서 언급한 바와 같이 서비스를 구매하는 대부분의 고객은 유형적 서비스 자체를 기준으로 가치를 판단하기보다는 유형적 서비스가 제공되는 과정에서 부가적으로 제공되는 무형의 서비스 질을 기준으로 전체적인 서비스 가치를 판단하려는 속성이 있기 때문에 주변 서비스라고 할 수 있는 무형적 서비스가 대단히 중요한 역할을 한다는 것을 인식해야 한다. 즉, 고객이 비싸거나 싸다고 느낄 수 있는 결정요인은 바로 서비스의 질에 달려 있는 것이다.

현대의 환대산업에서 서비스는 단순히 제조업이나 타산업에서 취급하고 있는 부수적인 활동이 아니라 고객만족 차원에서 절대적으로 필요한 영역으로 발전하였으며, 또한 서비스 부문은 1차 산업과 2차 산업에서의 생산활동을 원활히 하는 역할뿐만 아니라 생산활동을 가능케 하며, 오히려 서비스가 고객에게 제공하는 가치가 유형상품의 가치보다 훨씬 소중히 취급받는 사회가 되고 있다.

따라서 고객을 대상으로 서비스를 제공하는 종업원들은 고객이 구매하는 상품은 서비스가 중심이 되는 시대가 도래하고 있다는 것을 깨달아야 한다.

1. 서비스의 기본정신

고객 서비스는 고객이 요구하는 서비스에 대응하는 서비스요원을 반드시 필요로 하고 있기 때문에 서비스요원이란 참여자 믹스의 하위 믹스라 할 수 있으며 일반적으로 참여자 믹스란 고객의 지각에 영향을 미치는 모든 인간적인 관계자를 의미한다.

즉, 서비스요원이란 식당의 서비스를 고객들에게 직접 제공하는 종업원을 말하며, 이들은 서비스기업의 생산역할을 담당할 뿐만 아니라 고객 접촉역할도 담당한다. 고객감동을 위한 친절 서비스의 최일선 종업원이 바로 서비스요원인 것이다.

서비스요원들은 식당의 식음료에 대하여 고객이 갖게 되는 이미지를 형성하는 데 필수적인 요인이 되었고 기업의 성패를 결정하는 중심적인 역할을 하고 있다.

따라서 대고객 서비스를 담당하는 종업원은 고객과 관계설정에 있어서 주종의 관계보다는 서비스 상품으로 고객을 만족시키면서 완전한 상품으로 만들기 위한 하나의 과정으로 보아야 할 것이다. 그러므로 식당의 종업원은 항상 상품을 완성시키는 매개체로서의 역할을 담당하기 때문에 특별히 서비스에 대한 자기철학이 명확하지 않으면 원만한 서비스 제공에 많은 문제점이 발생될 수 있다.

특히, 식당의 서비스 제공자인 종업원은 서비스의 중요성을 인식하여 깨끗하고 예의바르며, 신속하고 경제적인 측면이 고려된 행동을 보여야 하고, 이러한 자발적이고 긍정적인 대고객 서비스를 통하여 자신의 보람과 긍지로서 맡은 바 임무를 수행함으로써 기업의 목적달성에도 이바지하는 것이 바로 종업원의 기본정신이라 할 수 있다.

일반적으로 서비스를 담당하는 종업원이 갖추어야 할 정신적인 요건을 스키츠(SCEECH) 정신이라고 하는데, 이는 종업원이 갖추어야 할 기본정신의 영문 첫 글자에서 인용되었으며, 구체적인 내용은 다음과 같다.

(1) 서비스(service)

호텔의 식당에서 서비스는 가장 핵심이 되는 것으로서 고객에게 제공되는 물적 서비스와 진정어린 마음으로 고객에게 부드러운 분위기를 전달하는 인간미가 가미된 인적 서비스를 말한다. 서비스 정신은 현실성에 입각하여 고객의 심리상태와 욕구파악을 위한 연구를 지속적으로 수행하여 고객이 만족할 수 있는 진정한 마음에서 우러나오는 진실된 마음으로 고객 서비스에 임해야 한다.

(2) 청결성(cleanliness)

식당은 고객이 대가를 지불하고 원하는 음식을 먹는 장소이기 때문에 식당은 위생적으로 안전하고 청결할 것이라는 기대감이 잠재하고 있다. 따라서 식당은 고객의 기대감을 고려하여 언제나 청결한 상태를 유지해야만 한다. 식당의 위생은 크게 공공위생(public sanitation)과 개인위생(personal sanitation)으로 구분할 수 있다.

공공위생은 고객이 이용하는 공공장소의 제반시설과 집기, 비품, 가구 등의 청결상태를 말하는 것으로 고객이 쾌적한 분위기 속에서 식사를 즐길 수 있도록 항상 깨끗하게 유지되어야 한다.

개인위생은 서비스를 제공하는 종업원 자신의 청결상태를 의미하는 것으로 신체적으로 건강해야 하며, 철저한 위생관리로 몸과 마음의 청결성을 유지해야 한다. 또한 용모, 복장 등의 외형상을 나타나는 부분도 청결을 완벽하게 유지하여 고객으로 하여금 신선감과 쾌적감을 느끼도록 해야 한다.

(3) 능률성(efficiency)

식당의 종업원이 주어진 시간내에 맡은 바 업무를 정확히 파악한 다음 최대의 능력을 발휘하여 효과적으로 업무를 수행함으로써 얻어지는 결과를 의미한다.

모든 업무의 능률을 올리기 위해 종업원들은 자발적이며 적극적이고 건설적인 자세로 일을 수행해야 하고, 업무의 내용을 정확히 숙지하여 효과적으로 처리할 수 있도록 전반적인 기능을 향상시켜야 한다.

(4) 경제성(economy)

서비스 지향적인 경영구조에서는 경제성의 측정이 애매하지만 일반적인 경영의 원칙을 고려하면 식당의 최대목표는 최소의 경비지출로 최대의 영업이익을 얻는 데 있을 것이다. 따라서 종업원은 대고객 서비스에 있어서 언제나 경제성을 고려한 상태에서 서비스를 제공해야 한다.

(5) 정직성(honesty)

서비스는 사람과 사람의 관계에서 이루어지는 행위이므로 언제나 신뢰와 믿음이 바탕이 되어야 한다. 즉, 가장 참된 마음으로 고객을 비롯한 타인에게 책임감 있는 행동을 취하여 신뢰받을 수 있도록 정직성을 생활의 신조로 삼아야 한다.

종업원의 믿음과 협조를 통하여 원만한 관계를 형성해야 하고, 이를 기초로 경영주는 종업원을 믿고 종업원은 경영주를 신뢰한다면 종업원과 고객간의 믿음은 자연적으로 이어질 것이며 서로 존중하는 인간미가 구축될 것이다.

(6) 환대성(hospitality)

고객을 환대한다는 것은 생각만큼 쉬운 것을 아니다. 물론 서비스 산업에서는 필수요건이지만 개인의 성격이나 고객의 욕구상황에 따라 만족도는 다르기 때문이다. 그러나 고객이 제공받는 가치는 분명히 종업원의 서비스를 포함하고 있기 때문에 예의바른 접객태도와 충만된 서비스로 고객을 따뜻하게 환대해야 한다. 고객이 식당에서 식사를 할 경우 접객원의 태도에 대해 느끼는 감정은 민감하며, 식당종업원의 태도는 서비스 수준을 평가할 때 많은 영향을 미치기도 한다.

2. 용 모

서비스를 제공하는 사람의 가장 기본이 되는 것은 올바른 몸가짐으로서 모든 행동의 기본이 되고 단정한 용모는 고객에게 첫인상을 좋게 하여 호감을 받을 수 있다. 따라서 고객에게 부드러운 분위기를 자아내면서 좋은 서비스를 제공하기 위해서는 깨끗하고 단정한 용모 및 복장이 필수적이라고 할 수 있다.

(1) 머리(hair)

1) 여 성

앞머리가 너무 내려오지 않도록 항상 단정히 빗고 얼굴에 어울리는 형태로 요란스럽지 않도록 한다. 여성의 머리 스타일은 항상 단정하고 깔끔한 인상을 주어야 하며, 다음과 같은 사항에 주의하도록 한다.

- 단발머리 : 앞이마가 넓은 경우 앞머리를 짧고 가지런히 깎아서 내리면 아주 귀엽다. 이와 같은 머리의 형태는 머리길이가 너무 짧지 않도록 주의하고 앞머리의 길이는 눈썹 정도 내려오는 것이 적당하다.
- 포니테일 : 머리를 뒤로 묶어 행동하는 데 편리한 머리형태이다.
- 리본(ribbon) : 여성은 머리에 리본으로 장식하여 예뻐지고 싶어 하나 요란스러운 리본의 사용은 피해야 한다.

2) 남 성

호텔식당에서 근무하는 사람은 언제나 두발이 단정해야 하므로 전문적인 서비스 제공자다운 모습을 풍기도록 해야 한다. 이와 같이 프로다운 모습이 되기 위해서 지켜야 할 사항은 다음과 같다.

① 옆머리가 귀를 덮어서는 안 된다.
② 뒷머리가 셔츠의 깃을 덮지 않도록 한다.
③ 앞머리는 이마를 덮지 않도록 짧게 깎고 반듯하게 빗는다.
④ 머리가 날리는 것을 방지하고 산뜻하게 보이도록 머릿기름(포마드, 무스, 스프레이, 젤리 등)을 바른다.
⑤ 수시로 거울을 보아 흩뜨려진 머리를 빗어 청결한 상태를 유지한다.

(2) 얼굴(face)

식당의 분위기를 생동감 넘치도록 만들기 위해서 여성종업원은 항상 밝은 표정을 유지할 수 있도록 얼굴을 관리해야 한다.

얼굴피부는 결이 곱고 매끄러우면서 탄력성 있는 중성피부로 가꾸는 것이 바람직하며 고객에게 호감을 줄 수 있어야 한다.

1) 여 성

① 귀걸이나 목걸이 등의 액세서리는 소형이면서 간단한 것을 선택하고 가능하면 서비스를 제공하는 시간에는 착용하지 않는 편이 좋다.
② 얼굴의 화장은 진하게 하지 않도록 하고 향이 강한 화장품은 사용하지 않는다.
③ 얼굴에 상처를 입었거나 기타 질병으로 인하여 연고나 반창고를 붙였을 경우에는 영업장에 나타나지 않도록 한다.
④ 얼굴을 지나치게 그을린 상태로 나타나지 않도록 한다.
⑤ 식사 후에는 반드시 양치질을 해야 한다.

2) 남 성

고객이 접객원을 볼 때 가장 먼저 보는 곳이 얼굴이기 때문에 좋은 인상을 줄 수 있도록 항상 밝은 표정을 지어야 하고, 고객에게 부드러운 이미지를 자아낼 수 있도록 노력해야 한다.

① 얼굴에 상처가 난 경우에는 완전히 치료가 될 때까지는 영업장에 나타나서는 안 된다.
② 매일 면도를 하여 수염이 보이지 않도록 한다.
③ 세면이나 면도 후에는 반드시 기초 화장품을 사용하여 피부를 보호한다.
④ 얼굴을 지나치게 햇볕에 그을리지 않도록 한다.
⑤ 식사 후에는 반드시 양치질을 하여 입안의 냄새와 오물을 제거한다.
⑥ 고객 앞에서 재채기, 기침, 딸꾹질 등을 하지 않도록 한다.

(3) 손(hand)

식당에서는 서비스를 제공할 때 손은 고객의 눈앞에 가장 가깝고 자주 보이게 되는데 청결하지 못하면 접객원의 품위를 상실하게 된다. 또한, 종업원의 손은 식품을 취급하는 경우가 많기 때문에 위생적인 측면에서 손톱이 2mm 이상 길어서는 안 되고 청결하게 해야 한다.

1) 여 성

① 손톱은 적당히 깎아 불순물이 손톱 사이로 들어가지 않도록 한다.
② 매니큐어(manicure)는 색상이 있는 것보다 무색이나 엷은 색을 선택하여 바르도록 한다.
③ 시계는 스포츠나 장식용이 아닌 일반적인 것으로 착용하고 손등까지 흘러내리지 않도록 한다.
④ 팔찌와 반지 등의 액세서리나 보석류는 가능한 한 착용하지 않는다.
⑤ 손은 항상 깨끗하게 관리하여 청결을 유지한다.

2) 남 성

① 손등에 문신이 있는 경우 반드시 제거하도록 해야 한다.
② 손톱은 주기적으로 깎아 불순물이 없도록 관리해야 한다.
③ 스포츠용 시계를 착용해서는 안 된다.
④ 손등이나 바닥에 각질이 발생하지 않도록 기초 화장품을 바른다.

(4) 구두 및 양말(shoes & socks)

식당 접객원은 항상 이동하면서 서비스를 제공하는 경우가 많기 때문에 자기의 발에 알맞은 편안하게 걸을 수 있는 구두를 선택한다. 또한 구두는 야하거나 장식이 요란스럽게 달린 것을 신어서는 안 되며, 절대로 뒷굽을 구겨서 신어서도 안 된다. 양말은 무거운 색상을 착용하고 헤어진 양말이나 무늬가 들어 있는 것을 착용해서는 안 된다.

1) 여 성

① 구두는 활동하는 데 편리하도록 뒷굽이 너무 높지 않아야 하고 검정색 계통을 착용한다.
② 구두의 뒷굽이 닳아서는 안 되며 항상 윤이 나도록 해야 한다.
③ 스타킹의 경우 색상이 있는 것은 피하고 피부색깔과 비슷한 살색을 착용한다.

2) 남 성

① 구두의 색상은 검정색 계통을 착용한다.
② 구두의 뒷굽이 닳아서는 안되며 항상 광택이 나도록 손질해야 한다.
③ 양말은 검정색 계통의 색상을 착용하고 너무 두꺼운 것은 피한다.

(5) 유니폼(uniform)

식당을 찾는 대부분의 고객은 식당종업원이 입고 있는 유니폼을 연상시키는데, 청결하고 말쑥한 유니폼은 식당의 분위기를 고조시킬 수 있고 고객과의 친근감을 가질 수 있게 해준다. 고급스러운 식당일수록 종업원이 착용하고 있는 유니폼이 식당의 분위기와 잘 어울리고 깔끔해야 한다.

필자가 호텔에 근무할 당시의 경험에 의하면 동일한 유니폼일지라도 개인의 성격에 따라 차이가 난다는 것을 느끼곤 했다. 즉, 깔끔한 성격의 종업원은 언제나 유니폼 상태를 점검하여 갈아입거나 단정하게 관리를 하나 그렇지 못한 종업원은 입고 있는 유니폼의 상태가 불결하거나 손상되어 있는 것을 볼 수 있었다.

식당의 관리자는 종업원들의 유니폼을 식당의 종류와 계절감각에 어울리는 색상과 재질을 선택하여 착용하도록 관리를 철저히 해야 한다. 종업원이 유니폼을 착용할 때 주의해야 할 사항은 다음과 같다.

① 유니폼이 자주 세탁을 하여 헤어진 곳이 있어서는 안 된다.
② 남자의 유니폼 바지는 항상 주름이 칼날처럼 세워져 있어야 한다.
③ 유니폼은 너무 크거나 작지 않고 몸에 맞아야 한다.
④ 상의나 하의의 주머니에는 불필요한 물건을 넣지 않도록 한다.
⑤ 유니폼에 국물이나 오물이 묻었을 경우에는 즉시 갈아입도록 한다.
⑦ 볼펜이나 만년필 등의 필기구는 항상 안쪽 주머니에 넣도록 한다.

(6) 셔츠(white shirt)

① 와이셔츠는 특별한 경우가 없는 한 호텔에서 지급된 것을 다림질하여 착용한다.
② 소매 끝, 깃 등이 더러운 와이셔츠를 입어서는 안 된다.
③ 소맷자락을 접어 올린 상태로 착용해서는 안 된다.
④ 옷자락이 바지 바깥으로 보여선 안 되며, 소매길이는 3~5cm 정도 유니폼 소매보다 조금 긴 것이 알맞다.

(7) 블라우스(blouse)

① 호텔에서 지급된 것을 입어야 하고 다림질이 잘된 상태의 것을 착용한다.
② 소맷자락 끝, 깃 등이 더러운 블라우스를 입어서는 안 된다.
③ 옷자락이 스커트 바깥쪽으로 보여서는 안 되며, 소매길이는 유니폼 소매를 기준으로 3~5m 정도 더 긴 것이 좋다.

(8) 타이(necktie)

① 호텔에서 지급된 것을 착용한다.
② 타이의 매듭 부분이 더러워진 것을 착용하지 않도록 한다.

③ 항상 제위치에 반듯하게 매어져 있는지 확인하는 습관을 가진다.
④ 타이는 벨트의 버클(buckle)을 덮을 정도의 길이로 맨다.

3. 태 도

서비스를 제공하는 사람의 가장 중요하고 기본이 되는 것은 태도라고 할 수 있는데, 종업원의 긍정적이고 적극적인 태도는 고객에게 신뢰를 심어 줄 수 있으나 반대로 태도가 나쁘면 고객을 짜증스럽게 할 수 있으며 업무의 능률도 오르지 않는다. 즉, 세련된 몸가짐과 부지런하고 민첩한 행동은 식당의 이미지를 향상시킬 수 있고 업무를 효율적으로 운영할 수 있다. 종업원이 취해야 할 올바른 태도는 다음과 같은 것들이 있다.

(1) 미 소

미소(smile)는 언제 어디에서도 고객을 접객하는 종업원에게는 필수적인 요소로서 항상 밝은 얼굴로 서비스를 제공하도록 노력해야 한다. 미소는 언어와 인종이 다를지라도 아름답게 보일 수 있는 최상의 요소이기 때문에 접객서비스 최고의 가니시(garnish)로 서비스의 질적 향상에 큰 몫을 차지한다.

미소는 천성적인 경우도 있으나 적당한 교육과 훈련을 통하여 교정될 수도 있다. 고객과의 대화시 미소가 없는 경우는 서비스 상품의 가치를 증진시킬 수 없으며 건조한 분위기로 고객의 마음을 상하게 할 수 있다.

미소는 좋은 인상으로 서비스의 효과를 극대화시킬 수 있고 자신의 품위를 높일 수 있으며 상대방의 마음을 수용할 수 있도록 한다. 또한, 미소는 걱정을 멈추게 하고 상대방을 즐겁게 한다. 예를 들면, 고객을 반갑게 맞이할 때나 주문을 받을 때에도 밝은 미소를 곁들이면 고객이 호감을 가질 수 있다.

(2) 몸가짐

단정한 용모와 복장은 선천적인 자질이 아니고 후천적으로 길들여지는 것이기 때문에 세련됨과 내면에 쌓여진 교양과 지성을 창조하기 위해 부단한 노력이 요구된다. 따라서 고객 앞에서 항상 겸손한 마음과 진정으로 서비스를 제공할 수 있는 마음의 자세가 갖추어져 있음을 고객에게 보여줄 수 있도록 예의를 지켜야 한다.

① 손을 바지의 주머니에 넣지 않도록 한다.
② 양손을 뒤로 하지 않는다.
③ 앉아서 휴식을 할 경우에는 양다리를 꼬지 않고 한쪽 다리에 중심을 두고 다른 한쪽 다리는 가볍게 앞으로 내민다.

④ 의자, 탁자, 벽, 기둥 등에 절대로 기대지 않는다.
⑤ 다른 사람과 잡담을 하지 않아야 한다.
⑥ 머리를 빗거나 옷매무새 등을 고칠 경우에는 고객이 보이지 않는 곳에서 한다.
⑦ 항상 고객의 요구에 적극적으로 응할 수 있는 자세를 취하고 가볍게 긴장한 모습으로 대기한다.

(3) 보 행

① 식당내에서는 어떠한 경우에도 뛰어서는 안 된다.
② 고객과 서로 스쳐 지나갈 경우에는 가벼운 목례와 함께 조심스럽게 지나친다.
③ 보행을 할 경우에는 씩씩하게 가슴을 펴고 걷는다.
④ 보행시 바닥에서 소리가 나지 않도록 뒤꿈치를 약간 들고 걷는다.

4. 인 사

인사는 인간관계를 형성하는 데 있어서 가장 기본이 되는 예절로서 특히 고객을 대상으로 하는 서비스관련 업종에서 근무하는 사람에게는 더욱 더 중요한 요소라고 할 수 있다. 즉, 인사는 자신의 교양과 인격을 표현하여 상대를 존경한다는 상징적인 것이기 때문에 마음에서 우러나오는 인사가 되도록 해야 하며 정성과 감사하는 마음으로 정중하고 상냥하게 해야 한다.

밝은 미소와 정중한 인사가 때로는 고객을 감동시키는 경우도 있다. 가벼운 불평사항이 있을지라도 종업원의 정성어린 사과와 애교스러운 인사는 고객으로 하여금 그냥 지나치게 한다.

(1) 인사의 방법

접객에 있어서 가장 기본이 되는 것은 인사로서 예의바른 인사는 고객에게 호감을 주고 고객과의 관계를 유지하는 데 최상의 방법이다. 인사는 정성어린 마음가짐으로 밝고 상냥하게, 정중하고 공손한 자세로 해야 한다.

또한, 종업원은 항상 절도 있고 예의바른 인사태도를 갖춰야 하는데 계절과 시간에 맞는 말, 시선 등이 요구되며, 얼굴표정에는 미소가 있어야 한다.

① 인사를 할 때에는 상대방의 눈을 쳐다본다.
② 등을 편 상태에서 허리에서 직선으로 숙이고 정중하게 머리를 숙인다.
③ 손은 양옆에 가볍게 붙이고 몸을 자연스럽게 따라 숙인다.
④ 허리를 굽혀 잠깐 멈추고 펼 때에는 조금 느린 속도로 몸을 일으킨다.

⑤ 인사를 할 때 너무 경직된 상태보다 자연스러운 자세를 취한다.

(2) 인사의 종류와 대상

인사의 종류에 따라 인사방법도 달라지는데 정중한 인사일수록 숙이는 각도는 커지고 인사의 속도는 늦어지고, 인사를 할 때 양손의 위치는 남자의 경우 가볍게 주먹을 쥔 상태로 바지의 재봉선에 대고 여자의 경우는 왼손으로 오른손을 감싸서 아랫배에 가볍게 대도록 한다.

1) 정중한 인사

인사의 각도는 약 45도 정도로 귀빈이나 행사의 의식 등에서의 인사나 사과를 할 경우에 한다.

2) 보통 인사

인사의 각도는 약 30도로서 고객을 일상적으로 맞이할 때의 인사이다.

3) 가벼운 인사

인사의 각도는 약 15도로서 공공장소나 통로 등에서 고객과 마주칠 경우 또는 동료나 상사 등에게 하는 인사이다.

4) 악수로 하는 인사

악수는 인류가 석기시대부터 지구상에 출현하여 살면서 발생한 자연스런 인사이다. 악수는 상대방과의 눈을 마주보며 부드럽게 하는 것이다. 또한, 악수는 인사이므로 고개를 숙이지 않아도 무방하다. 악수의 일반적인 내용은 다음과 같다.

① 오른손을 가볍게 잡고 시선을 상대방의 눈을 향해 상체를 가볍게 숙인다.
② 악수를 할 때에는 장갑을 벗는 것이 예의이다. 단, 여성의 경우는 다르다.
③ 악수를 할 때 너무 손을 꽉 잡거나 너무 세게 흔들어서는 안 된다.
④ 이성간의 악수는 여성이 손을 먼저 내밀었을 때 악수를 한다.
⑤ 연장자나 지위가 높은 사람이 손을 내밀었을 때 악수한다.
⑥ 악수는 진심과 호의로 해야 한다.

5. 고객과의 대화

서비스를 담당하는 접객원은 고객이 원하는 서비스를 제공하는 과정에서 고객과 대화를 할 기회가 많아지게 된다. 이러한 경우에 언어의 종류나 말씨는 접객원의 품위를 결정짓는 중요한 요소가 되기도 한다.

접객원의 말을 통하여 그 사람의 교양, 인격, 정신자세가 상세히 드러나며, 식당 서비스는 대화로서 고객의 욕구나 불만을 파악할 수 있다. 따라서, 이러한 욕구나 불만이 파악되면 접객원의 지혜로운 대화솜씨나 행동으로 욕구를 충족시킬 수 있고, 불만을 해소시킬 수도 있다.

중요한 것은 접객원은 분위기에 알맞은 대화를 유도하여 고객이 즐거운 마음으로 식사를 할 수 있도록 유도할 수 있는 능력이 있어야 하겠다.

(1) 대화의 요령

서비스를 제공할 때 고객의 수준에 알맞은 적절한 대화는 서비스의 가치를 높여 주기 때문에 격에 맞는 대화의 유도는 고객의 마음을 부드럽게 할 수 있다. 대화를 통한 서비스는 언어매체를 이용하는데, 언어는 음성언어와 비음성언어로 분류되며 어떠한 경우라도 항상 표준어를 구사하고 은어나 전문용어, 약어는 사용해서는 안 된다.

호텔 종업원들은 고객에게 편안함을 줄 수 있는 품위 있는 화술로 고객을 모시고 접객시 사용되는 모든 언어는 잘 다듬어 정확히 표현할 수 있는 습관을 길러야 한다. 또한, 고객과의 대화시 항상 고객과 종업원과의 관계를 잊지 말고 분위기를 망각한 지나친 대화는 삼가야 한다.

외국인과의 대화시에는 대화의 내용을 정확히 파악하고 대답하도록 하고, 고객의 말을 잘못 이해하였을 경우에는 망설이지 말고 다시 문의하여 실수를 범하지 않도록 해야 한다.

(2) 대화의 원칙

고객을 상대로 서비스를 제공할 때의 대화는 어떤 규정이나 방법이 정해져 있는 것이 아니라 대화 이전에 따뜻한 마음가짐, 상대방의 입장을 이해하려는 진심으로 때와 장소 및 경우(TPO : time, place, opportunities)에 알맞은 내용이라면 상대방에게 호감을 줄 수 있다.

그러나 아무리 논리정연하고 달변가라 할지라도 종업원의 대화 속에 진심이 담겨져 있지 않으면 상대방의 마음을 사로잡을 수 없고 경우에 따라서 상처를 줄 수 있다.

진실되고 아름다운 회화를 하려면 언제나 부드럽고 고운 마음, 여유 있고 폭넓은 마음가짐을 갖도록 해야 한다.

1) 접객원의 대화요령

① 언어는 표준어를 사용해야 하며, 존대어를 사용해야 한다.

② 대화는 고객의 수준에 알맞은 내용으로 간결하고 이해하기 쉬운 말을 사용해야 한다.

③ 접객업무와 관련이 없는 내용의 농담이나 유행어나 저속한 언어의 사용은 금한다.
④ 이야기 가운데 언제나 친근감과 미소가 섞여 있어야 한다.
⑤ 고객의 말을 끝까지 경청하여 고객의 입장에서 이해하도록 해야 한다.
⑥ 명령형보다는 의뢰형으로, 부정형보다는 긍정형으로 표현한다.
⑦ 시사성 있고 시간과 계절에 맞는 언어를 사용한다.
⑧ 고객의 반응을 주시하면서 대화를 한다.

2) 주요 접객용어

① 안녕하십니까?
② 무엇을 도와드릴까요?
③ 감사합니다.
④ 죄송합니다.
⑤ 안녕히 가십시오.

3) 접객시 주로 사용되는 표현

① 예약을 확인할 때 : 실례하지만 존함이 어떻게 되십니까?/실례하지만 존함이 ○○이십니까?
② 기다리게 할 때 : 죄송하지만 잠시만 기다려 주시겠습니까?
③ 기다리게 했을 때 : 오래 기다리게 해서 죄송합니다.
④ 승낙할 때 : 네, 그렇게 하도록 하겠습니다.
⑤ 거절할 때 : 대단히 죄송하지만 ○○하기에는 곤란합니다.
⑥ 의뢰할 때 : 죄송하지만 ○○의 부탁을 들어주실 수 있겠습니까?
⑦ 모를 때 : ○○은 잘 모르겠습니다만, 원하신다면 문의하여 알려드리겠습니다.
⑧ 사례할 때 : 대단히 감사드립니다.
⑨ 즉답이 곤란할 때 : 지금은 곤란합니다만 ○○까지 알려드리겠습니다.
⑩ 호출할 때 : 손님, 부르셨습니까? 무엇을 도와드릴까요?

(3) 접객대화의 주의사항

식당의 접객종업원들은 고객이 편안함과 따뜻함을 느낄 수 있도록 항상 마음에서 우러나오는 표정과 예의바른 자세를 갖추어 가장 품위 있는 말씨로 고객을 대해야 하며, 접객시 사용되는 모든 언어는 잘 다듬어 정확히 표현할 수 있도록 습관화해야 한다. 또한, 식당에서는 언제나 긍정적으로 표현하고 직접적인 부정적 표현은 피하고 간접적인 방법으로 표현해야 한다.

접객시에는 매직워드(magic word : 고객접객 응대용어로 계절과 시간, 상황에 알맞은 언어이다)를 적당한 시기에 사용하여 고객과 친근한 관계를 유지할 수 있기 때문에 대화를 부드럽게 하기 위한 훈련이 필요하다. 접객원은 항상 고객의 입장에서 존중하는 자세로 호감받을 수 있도록 노력해야 하며 다음과 같은 사항에 주의해야 한다.

① 대화에는 항상 밝은 표정과 미소를 곁들여야 한다.
② 고객의 관심사를 신속하게 파악하여 흥미 있는 대화와 화제의 공통점을 찾는다.
③ 실수는 솔직하게 시인하고 가능하면 변명하지 않고 양해를 구한다.
④ 고객의 이야기를 방해하지 말고 경청하는 습관을 기른다.
⑤ 적당한 시기에 매직워드를 사용하여 분위기를 돋운다.

• 예비과제

1. 서비스의 기본정신을 이루는 “SCEECH”에 대해 구체적으로 설명하여라.
2. 고객접객준비를 위해 남 · 여 서비스요원의 용모, 복장 및 마음가짐에 대해 설명하여라.

• 실습순서

1. 남 · 여 서비스요원의 용모, 목장, 마음가짐 Check
2. “SCEECH”에 대한 이해
3. 고객접객시 인사방법 습득

• 평 가

영 역	평 가 사 항	평가 A	B	C	D	E
이 해 (10)	1. 서비스의 기본정신을 이해하고 있나? 2. 용모, 복장 Check가 필요한 이유에 대한 이해가 확실한가? 3. 고객접객시 인사, 매너에 대한 이해가 올바른가?					
태 도 (10)	1. 고객을 접객할 마음의 준비, 용모, 복장이 갖추어져 있나? 2. 고객접객시 인사, 매너, 미소를 항상 염두에 두고 있나?					
실무능력 (20)	서비스 기본정신에 입각한 용모와 복장 및 마음가짐을 가짐으로써 Hotelier로서의 실무능력을 갖추었는가?					

••• 모듈과제 8-3 •••••••••••••••••••••• 고객영접

• 목 표

1. 호텔 식음료 영업장을 영접하는 기본인사, 안내, 서비스에 대해 이해하고 있나?
2. 단체고객과 개인별 고객안내의 차이점을 알고 수행하는 태도가 되어 있나?
3. 자리안내, 착석, 기본 물 서비스 또는 Paging하는 요령을 이해하고 있나?

• 사용재료

유니폼, Water jag, Glass, Message boad

• 사용기자재

전화기

• 관련이론

식당의 입구에 나타난 고객을 반갑게 맞이하여 첫인상을 좋게 하면 고객이 식음료를 구매하는 데 있어서 기쁜 마음으로 식음료를 섭취할 수 있기 때문에 매우 중요한 과정이라 할 수 있다. 즉, 고객의 영접은 고객이 구매하고자 하는 식음료에 부가된 서비스의 일부분으로서 식음료의 가치를 한층 향상시켜 주는 역할을 한다. 따라서, 호텔식당의 입구에서 예약한 고객이나 예약을 하지 않은 고객이 도착하면 친절하게 영접하고 고객의 일행을 파악하여 신속하게 고객을 안내하도록 해야 한다.

고객은 호텔의 서비스를 직접 받아보기 전에는 항상 자기가 지불하고자 하는 대가 이상의 서비스를 기대하며 호텔 서비스에 대해서 망설이고 의심을 한다는 소비자 행동에 대한 연구가 있듯이 호텔에 도착하는 고객에게 편안하고 안정된 서비스를 제공하기 위하여 마음에서 우러나오는 친절한 서비스를 제공해야 호텔에 대한 첫인상을 좋게 할 수가 있다.

1. 환영인사

호텔의 식당을 방문하는 고객에게 정중하고 예의바른 인사로 호감을 줄 수 있도록 해야 하며 다른 식당의 분위기와 다르게 차별화된 형태의 영접으로 처음부터 고객의 마음을 잡을 수 있는 독특한 환영은 고객과의 관계를 친밀하게 해준다. 더욱이 밝은 표정으로 인사를 함으로써 분위기를 부드럽게 할 수 있는 것이다.

호텔식당에 익숙해 있지 않을 경우 고객은 어색한 분위기를 느낄 수 있으므로 보다 친근감 있게 환영을 한다. 식당의 입구에서 환영은 보통 그레츄레이스와 지배인이 담당하는데 예약고객과 예약을 하지 않은 고객을 구분하여 만약 예약고객은 이름을 확인하면서 영접을 한다.

2. 대 기

(1) 단체 예약고객의 경우

여러 명의 고객이 예약되어 있는 경우 교통상황이나 개인적인 사정으로 인하여 모든 고객이 예약된 시간에 정확하게 나타날 수가 없기 때문에 가능하면 메인 홀(main hall)의 식탁으로 안내하기 전에 입구의 리셉션 홀(reception hall)에서 잠시 기다리는 것을 말한다.

이때 고객이 잠시 기다리는 동안에 음료나 칵테일을 들 수 있도록 조치하며 혼자인 경우에는 지루하지 않도록 잡지나 신문 등을 내 놓는다. 특히, 여성고객인 경우에는 식사하는 데 불편하지 않도록 고객이 소지한 소지품이나 핸드백 또는 외투 등을 받아서 보관한다. 대기중에 주의해야 할 사항은 다음과 같다.

① 가능하면 음료는 양이 적은 식전주로 추천하도록 한다.

② 식당의 분위기를 고려하여 고객이 소지하고 있는 휴대전화(cellular phone)나 페이저(beeper) 등은 고객을 대신해서 받아 주도록 하여 식사 중 전화벨 소리로 분위기를 흩뜨리는 경우를 미리 방지한다.

③ 교통의 문제나 특별한 문제로 늦어진다는 내용의 전갈(message)을 접수하며 즉시 기다리는 고객이나 초청한 고객에게 정확하게 메시지를 전달한다.

④ 여성고객인 경우 식사분위기를 우아하게 하기 위해 꽃을 한 송이씩 선물한다.

(2) 좌석이 없을 경우(예약을 하지 않은 고객)

고급의 식당일수록 예약을 하고 방문하는 것이 예의이나 특별한 사정으로 인하여 예약을 하지 않은 고객이 식당을 방문하였을 때 좌석이 없어 잠시 기다려야 할 경우에는 고객에게 기다려야 하는 시간을 설명해 주어야 한다.

① 빈 좌석이 없을 경우 고객에게 최선을 다하고 있다는 느낌을 주도록 해야 한다.

② 기다려야 하는 예상시간을 미리 알려주고 편안하게 기다릴 수 있는 장소로 안내를 한다. 이때 고객이 사정으로 인하여 기다릴 수가 없으면 타영업장으로 안내해 주도록 한다.

③ 기다리는 동안 고객이 지루함을 느끼지 않도록 음료를 제공하고 신문이나 잡지 등을 제공한다.

④ 빈 좌석이 나면 기다리는 고객의 순으로 안내를 한다.

3. 안 내

고객을 식당 내부의 테이블로 안내할 때에는 고객보다 2~3보 앞에 서서 안내한다. 이때 예약한 고객은 이미 지정해 놓은 테이블로 안내를 하지만 예약을 하지 않고 식당을 방문한 고객의 테이블 선택은 식당의 상황을 고려하여 사정이 허락하면 고객이 선호하는 테이블로 안내하고, 고객이 여성을 동반하였을 경우에는 여성고객이 편안하게 착석을 할 수 있도록 의자를 당겨 착석을 도와준 뒤 남자고객에게 좌석을 권한다.

또한, 고객이 좌석의 배정을 망설이고 있을 경우 신속하게 주빈과 여성고객을 파악하고 일반적인 의례에 따라 좌석배정을 도와준다. 안내시의 주의사항은 다음과 같다.

① 금연석을 확인하여 안내한다.

② 좌석을 안내할 경우에는 안내 전에 좌석의 위치를 정확하게 파악한다.

③ 다른 고객에게 방해가 되지 않도록 복잡하지 않은 동선을 이용한다.

④ 고객을 살피고 2보 정도 앞에서 유도한다.

⑤ 어린이, 여성, 노인 등을 동반한 경우에는 특별히 신경을 쓴다.

4. 착 석

착석은 대개 이미 준비해 놓은 좌석으로 안내하여 지정된 테이블의 의자를 조금 뒤로 이동했다가 고객이 정확한 위치에 서면 의자를 고객 쪽으로 밀어 넣어 안착을 할 수 있도록 도와준다. 지정된 좌석이 없을 경우에는 식사를 초청한 사람이 좌석을 배치하도록 하고 배치가 끝나면 여성고객을 우선적으로 착석하도록 도와준다.

이때 고객이 외투를 벗을 경우에는 뒤에서 벗는 것을 도와주고 개인의 소지품을 일정한 장소에 보관할 수 있도록 하여 식사를 최대한 편안한 상태가 될 수 있도록 한다. 그리고 착석할 때 고객이 기분 나빠하지 않도록 휴대전화를 매너기능(전화기 호출시 소리 대신 전화기 자체가 진동하는 기능)으로 전환하도록 요구한다. 착석이 완료되면 안내한 종업원이나 지배인이 서비스를 담당할 종업원들을 간단하게 소개한다.

착석시 주의해야 할 사항은 다음과 같다.

① 좌석배정에 있어서 주빈의 의사를 존중한다.
② 어린이, 여성, 노약자를 동반한 경우에는 착석을 우선적으로 도와준다.
③ 편안히 착석을 했는지 확인한다.
④ 착석 후에는 정중하게 인사를 한다.

5. 물 서비스

고객이 착석을 하면 물주전자로 대부분 냉수를 제공하나 고객의 특별한 요청에 따라 더운 물, 차 등을 제공하기도 한다. 호텔식당에 따라 다르지만 예약고객이 대기하고 있거나 정확한 시간을 통보해 온 경우에는 미리 차가운 물을 얼음과 함께 준비하여 착석과 동시에 물을 마실 수 있도록 하는 경우도 있다.

(1) 기본순서

1) 물주전자의 준비

① 물주전자는 얼룩이 지거나 이물질이 묻지 않도록 한다.
② 물주전자 안에 얼음과 물을 가득 채운다.

2) 물을 따를 때

① 고객에게 물을 따라도 좋은지 여쭤 본다.
② 고객의 오른쪽에서 따른다.
③ 물을 따를 때는 물주전자를 잔에서 약 5cm 정도 위로 하여 따른다. 이때 잔에 닿지 않도록 하며, 너무 높아서 물이 튀기지 않도록 한다.

(2) 주의사항

① 물을 따를 때에는 여성고객을 먼저 따른다.

② 물잔의 위치는 테이블에서 바꾸지 않도록 한다.
③ 물은 고객이 원하는 양으로 따르고 특별한 요청이 없는 경우 원칙적으로 잔의 80%를 채운다.
④ 고객 앞을 가로막거나 테이블 반대편에서 서비스하지 않도록 한다.

6. 페이징 서비스

외부에서 식당고객을 찾는 전화나 전갈을 접수하였을 경우에는 식사를 하고 있는 고객들에게 방해가 되지 않도록 조용히 메시지 보드(message board)에 찾는 사람의 이름을 기록하여 식당의 식탁 주위를 맴돈다.

최근에는 식당의 입구나 고객이 많이 볼 수 있는 곳에 전광판을 설치하여 찾는 사람이나 메시지를 전달하고, 특별한 메시지를 전달할 경우에는 차임벨이나 특별한 소리를 이용하여 고객들의 주의를 환기시키도록 한다. 이때 주의해야 할 사항은 내방한 고객이 식탁에 있는 고객을 마음대로 찾아가지 않도록 해야 한다.

(1) 내방객이 찾는 경우

1) 고객을 알고 있을 경우

① 별실인 경우 : 서비스 담당자가 주빈의 오른쪽에서 인사말과 함께 메모지에 내용을 간략하게 적어서 전달한다.
② 홀인 경우 : 고객에게 방해가 되지 않도록 이야기 중간에 고객의 오른쪽에서 인사말과 함께 적당히 메모지를 건넨다.

2) 고객을 모르는 경우

모임명, 예약자명, 성명, 인상착의 등을 확인 후 대기장소로 안내하고 식탁의 고객을 찾아 준다.

(2) 전화로 찾을 경우

식당의 리셉션에 고객을 찾는 전화가 걸려온 경우에는 모임명, 성명, 인상착의 등을 자세히 문의한 다음 기다려 달라는 인사말과 함께 신속하게 찾아 연결해 주도록 한다.

① 찾는 고객이 주빈으로서 의식행사를 하고 있는 경우에는 내용을 설명한 다음 메시지를 받든지 잠시 후에 전화를 다시 걸도록 한다.
② 찾는 고객이 없을 경우 메시지를 접수하든지 또는 정중한 인사말과 함께 전화를 끊는다.

• 예비과제

1. 고객을 환영하는 기본인사법, 단체 및 개별손님 자리 안내법에 대해 설명하여라.
2. 물 서비스시 기본순서와 매너에 대해서 설명하여라.

• 실습순서

1. 환영인사법, 자리안내 방법
2. 손님자리 배치법 및 착석의 이해와 습득
3. 물 서비스 요령 습득

• 평 가

영 역	평 가 사 항	평				가
		A	B	C	D	E
이 해 (10)	1. 식음료 영업장에서의 손님영접 인사, 자리안내에 대한 서비스를 이해, 습득하고 있다. 2. 손님 좌석배치 및 착석에서 물 서비스 매너를 이해, 습득하고 있다.					
태 도 (10)	1. 고객접객시 상냥한 미소와 겸손한 마음가짐을 가지고 있나? 2. 항상 손님의 편의를 먼저 생각하고 있나? 3. 손님을 너무 앞질러 가지는 않는가?					
실무능력 (20)	1. 고객을 항상 친절하게 영접하고 안내하여 불편을 최대한으로 줄여 고색만족을 실행함으로써 참 서비스의 능력을 갖춘 Hotelier 배양할 수 있는가?					

••• 모듈과제 8-4 •••••••••••••••••••• 음식 서비스

• 목 표

1. 음료 및 음식주문의 기본절차, 메뉴, recipe를 이해하고 있는가?
2. 음식주문을 받은 후 준비된 음식을 서비스하는 절차와 요령을 파악하고 있는가?
3. 손님이 식사를 하시는 동안 제공되어야 하는 서비스와 후식, 계산, 그리고 떠날 때까지의 해야 할 서비스에 대해 파악하고 있는가?

• 사용재료

각종 음료 및 음식, 음식주문서, Table 세팅, 리넨, 메뉴, Tray

• 사용기자재

Table, 의자

• 관련이론

1. 주 문

고객이 식탁에 착석을 하면 음식의 주문을 받는데, 대부분 주요리는 미리 염두에 두고 오지만 음료나 기타 서비스는 종업원의 추천에 의존하는 경우가 많으므로 매출증진에 있어서 종업원의 역할이 대단히 크다고 할 수 있다. 따라서, 식음료에 대한 전반적인 내용을 파악하여 고객으로부터의 주문을 합리적으로 받을 수 있도록 해야 하며, 또한 식당의 이익관리 측면에서 주문이 이루어지도록 조언을 할 수 있어야 한다.

(1) 음료주문 및 서비스

고객의 취향을 파악하여 적당한 종류의 음료를 추천한다. 이때 고객이 식전에 식욕촉진제용으로 음료를 들 수 있도록 서비스 담당자가 정중하게 추천해야 한다. 이와 같이 고객에게 음료를 추천하기 위해서는 먼저 음료에 대한 제조방법, 맛, 사용방법 및 가격 등의 전문적인 내용을 숙지하고 있어야 하며 고객의 문의에 적절히 응해야 한다.

1) 음료주문

고객의 요구에 신속하게 응대할 수 있도록 예상되는 상품을 확보하고 주문된 상품을 고객에게 정확히 제공하도록 한다. 주문을 받을 경우 적은 인원이라도 반드시 메모를 해야 하며 상황에 따라 적절한 음료를 추천하도록 한다. 주문을 받는 절차는 다음과 같이 한다.

① 주문을 받는 순서는 주빈 또는 연장자부터 시작하여 시계방향으로 한다.
② 주문된 품목은 다시 한번 반복하여 고객에게 확인한다.
③ 특별요구사항이 있는지 확인한다.
④ 주문에 대한 감사의 인사와 함께 신속하게 주문된 음료를 제공한다.

2) 음료 서비스

고객이 주문한 음료는 일정한 절차에 따라 어떠한 경우라도 정확하게 정해진 방법대로 신속하게 제공되어져야 한다. 따라서, 음료를 주문받는 종업원은 음료에 대한 지식이 풍부해야 하며 현재 식당에서 제공 가능한 음료도 구체적으로 파악하고 있어야 한다. 음료를 제공할 때에는 글라스의 아랫부분이나 스템을 잡고서 제공하고 반드시 트레이를 이용하여 운반하도록 한다. 음료 서비스의 절차를 살펴보면 다음과 같다.

① 주문된 품목을 고객이 요구한 내용을 확인한 후 칵테일 쟁반으로 운반을 한다.
② 음료는 반드시 품목을 설명하면서 제공한다.
③ 고객의 오른쪽에서 시계방향으로 돌면서 제공한다.
④ 즐거운 음료시간을 갖도록 정중하게 인사한다.

(2) 음식주문

고객이 요구하는 음식을 정확하게 주문받고 음식주문의 결정을 망설이는 고객에게 적절히 추천하여 식당의 매출을 증진시키는 데 최선을 다해야 한다. 음료와 마찬가지로 고객으로부터 요구하는 음식을 구체적으로 설명하거나 음식을 추천하기 위해서는 식당에서 제공되는 모든 메뉴의 종류와 레시피(recipe)를 정확하게 파악하고 있어야 한다.

만약, 고객이 주문한 음식을 정확히 이해하지 못하거나 상황에 알맞은 음식을 자신 있게 추천하지 못하면 고객은 식당의 음식에 대해 의문을 갖게 되어 즐거운 식사가 되지 못할 것이다. 음식의 추천은 품목을 간결하면서도 고객이 쉽게 이해할 수 있도록 설명하고 주문한 내용은 반드시 반복하여 확인한다. 또한, 주문시에는 유연한 제스처와 자신 있는 목소리로 자연스러운 상태에서 주문을 받도록 한다.

1) 음식의 주문절차

① 식당의 메뉴를 나누어 준다.

② 고객이 메뉴를 살피면서 주문할 품목을 선택할 수 있도록 한다.

③ 고객이 망설이면 지체없이 다가가 음식을 추천하도록 한다.

④ 주문을 받을 때에는 주요리를 먼저 결정하도록 유도하고 주요리에 따라 애피타이저, 수프, 샐러드, 와인 등을 자연스럽게 주문받는다.

⑤ 주문의 내용을 반복하여 실수하지 않도록 한다.

⑥ 주문된 요리의 요리시간과 곁들이는 소스를 설명한다.

⑦ 디저트의 주문은 보통 주요리를 끝내고 다시 디저트 메뉴를 제공하고 주문을 받는다.

⑧ 주문은 호스트부터 시작하여 시계방향으로 하고 호스트가 분명하지 않으면 여성부터 받는다.

2) 음식의 추천요령

고객에게 음식을 추천하기 전에 고객을 신속하게 파악하여 고객에게 음식의 구매의욕을 자극할 수 있도록 해야 한다. 이때 주의해야 할 사항은 음식을 추천하는 과정에서 고객에게 강매하고 있다는 느낌을 주지 않도록 해야 한다. 따라서, 고객의 입장과 식당의 합리적인 주문이 이루어지도록 노력해야 한다.

① 고객이 주요리를 선택하지 못하고 망설일 경우 분위기에 따라 적극적으로 추천한다.

② 추천상품은 주로 오늘의 특별요리 또는 수익성이 높고 재고가 많은 품목을 우선적으로 추천한다.

③ 고정고객인 경우 고객의 취향을 고려하여 고객에게 가장 적합한 품목을 추천한다.

④ 추천하고자 하는 품목의 특징을 구체적으로 설명하여 고객이 선택하였을 때 후회하지 않도록 노력한다.

⑤ 고가의 품목을 추천하고자 할 경우 고객의 지불능력을 고려하여 신중하게 추천한다.

2. 음식제공

고객이 주문한 음식을 서비스할 때에는 식당에서 정한 기준에 적합하게 합리적인 절차에 따라 제공하고, 특히 식당의 품위에 알맞게 일정한 수준의 서비스를 제공하여 항상 최상의 수준을 유지해야 한다.

호텔식당을 자주 이용하는 고객은 식당의 서비스에 익숙해 있기 때문에 고객이 요구하는 기대 이상의 서비스를 제공하도록 노력해야 한다.

(1) 음식의 제공순서

① 빵과 버터(bread and butter)
② 애피타이저(appetizer)
③ 수프(soup)
④ 샐러드(salad)
⑤ 주요리(main dish)
⑥ 후식(dessert)
⑦ 커피/차(coffee/tea)

(2) 서비스 절차

① 뜨거운 음식과 찬 음식은 각각 뜨거운 접시와 찬 접시에 제공한다.
② 빵이나 샐러드 등은 고객의 왼쪽에서 제공한다.
③ 음식은 오른손으로 고객의 오른쪽에서 제공하고 치울 때에도 동일한 방법으로 한다.
④ 요리를 식탁에 서브할 때에는 반드시 요리의 이름을 알린다.
⑤ 제공된 빵과 버터가 떨어지면 식사가 종료될 때까지 추가로 제공한다.
⑥ 음식은 모든 고객에게 동시에 제공될 수 있도록 준비한다.
⑦ 식사중에는 식탁 주위에 대기하면서 고객이 필요한 사항을 신속하게 처리한다.
⑧ 식당관리자는 식사중 추가사항이 없는지 점검하고 인사를 한다. 이때 주방장이 음식맛을 물어 보면서 고객에게 인사를 드리는 것도 좋은 방법이다.
⑨ 주요리가 끝나면 신속하게 테이블을 깨끗이 치우고 후식을 준비한다.

3. 후식 및 음료

주요리가 끝나고 테이블이 정리되면 후식을 위한 메뉴를 나누어 주고 후식을 선택할 시간을 주는데 주요리 메뉴보다는 비교적 짧은 시간에 선택을 할 수 있기 때문에 메뉴를 나누어 주는 동시에 주문을 받아도 무방하다.

후식을 제공한 다음에는 마지막으로 커피나 차를 제공하는데 커피나 차는 항상 뜨겁게 서브되어야 하며 고객의 요청이 있을 경우에 제공하고, 내용물이 떨어진 상태에서 고객이 원하면 즉시 추가 공급(refill)한다.

이때 주의해야 할 사항은 반드시 컵(cup)과 소서(saucer)를 함께 들고 가야 하며 여성고객부터 서브하도록 한다. 커피/차를 서브할 때의 절차는 대개 다음과 같다.

① 고객이 커피나 차를 원하는지 문의한다.
② 컵과 소서는 오른쪽에 놓고 손잡이는 고객이 오른손으로 잡기 쉬운 위치로 한다.
③ 고객의 오른쪽에 서서 오른손으로 커피/차를 따른다.
④ 커피/차 주전자의 주둥이를 컵보다 약 5cm 정도 위에서 따른다.
⑤ 커피/차의 양은 컵의 약 80%를 따른다.

4. 계 산

식사를 끝마치고 고객의 요청이 있을 때까지 계산서를 발급하지 않고 고객의 요청이 있을 경우에는 빌 홀더(bill holder)에 계산서를 끼워 정중하게 제시한다.

대부분의 경우 고객이 계산서를 간단히 확인하고 신용카드로 계산하는데 고객의 신용카드를 소중하게 취급하는 습관을 길러야 한다. 즉, 캐셔 데스크(cashier desk)에서 계산을 할 경우에는 신용카드는 반드시 쟁반에 올려 반환하고 식탁에서 계산을 할 경우에는 고객이 신용카드 용지에 사인을 할 수 있도록 받침대를 준비하고 신용카드는 이름이 고객을 향하도록 하여 반환한다.

• 예비과제

1. 음료 주문받는 순서를 설명하여라.
2. 음식 주문절차와 음료 및 Serving 순서를 설명하여라.
3. 후식 Serving 절차와 매너에 대해 설명하여라.

• 실습순서

1. 음료 주문받는 방법
2. 요리 추천방법과 주문받는 요령
3. 계산서 청구 및 계산방법 및 매너 요령

• 평 가

영 역	평 가 사 항	평				가
		A	B	C	D	E
이 해 (10)	1. 음료와 음식 주문받는 방법을 습득하고 있나? 2. 음료와 음식 Serving의 차이점을 이해하고 실행하고 있나?					
태 도 (10)	1. 손님의 이해를 돕기 위해 오늘의 특별요리나 영업장 메뉴를 완벽히 이해하고 있나? 2. 항상 손님이 불편해 하시는 점이 없는지 살피고 있나? 3. 손님을 너무 기다리게 하거나 서두르지는 않는가?					
실무능력 (20)	1. 영업장의 모든 음료와 음식을 이해하고 추천하는가? 2. 따뜻한 음식과 찬 음식을 구분해서 알맞게 서비스하고 있나?					

••• 모듈과제 8-5 •••••••••••••••••••• 와인 서비스

• 목 표

1. Wine의 올바른 보관방법을 이해하고 있는가?
2. Wine의 주문요령을 파악하고 올바른 병 따는 법을 아는가?
3. Wine 종류에 따른 Serving 방법과 절차에 대해 확실한 Serving법을 익혔는가?

• 사용재료

Wine(Red, White), Opener, Knife, Glass

• 사용기자재

Table, Wine basket, 의자

• 관련이론

정식을 먹을 때 음식의 맛을 한결 부드럽게 해줄 수 있는 것이 바로 와인이기 때문에 그 종류도 많고 다양하다. 즉, 전세계인이 일반적으로 즐겨 마실 수 있는 술이다.

그러나 와인을 마실 때에는 분위기와 상황에 따라서 와인의 종류를 달리하고 마시는 요령도 다양하다. 따라서, 포도주의 TPO(time, place, occasion : 시간, 장소, 경우)는 감미가 있는 와인은 요리가 없어도 와인만으로 충분히 그 맛을 즐길 수 있지만, 드라이한 와인은 음식을 먹으면서 마실 때 맛이 더욱 더 두드러진다.

1. 와인의 보관

와인을 오랫동안 보관하기 위해서는 보관상의 단순한 규정이나 상태를 준수해야 한다. 업장이나 가정에 지하 저장고가 있다면 훨씬 매력적이고 실용적일 것이다. 호텔 등 고급 프랑스 식당에서는 와인 저장실을 이용, 보관하고 있으나 일반가정에서는 천장이나 벽장 등을 이용하여 만들어 사용하면 실용적이다. 와인 보관시 주요사항은 다음과 같다.

1) 온도(temperature)

약 14°C(55°F) 정도의 일정한 온도가 이상적이다. 7~8°C(45~65°F) 정도의 일정치 않는 온도도 그 변화가 느리고 고정된 것이라면 무방하다.

2) 진동(vibration)

와인 속의 찌꺼기가 떠오르는 것을 막고 코르크가 풀어지는 것을 방지하기 위해 흔들림을 최소화해야 한다. 특히 적포도주나 샴페인 등을 손으로 운반하거나 테이블 서비스시에 흔들리지 않도록 조심스럽게 다루어야 한다.

3) 음지(darkness)

포도주를 햇볕에 장시간 노출시키면 포도주의 색깔이 변색되며 병의 온도가 올라갈 것이다. 이와 같은 이유 때문에 포도주를 지하나 어두운 장소에 보관한다. 그러나 전등의 불빛은 와인에 영향을 주지 않는다.

4) 습도(humidity)

대기의 찬바람은 보통 습기찬 바람이기 때문에 저장소의 온도가 낮으면 습도는 적당하다고 할 수 있다. 일반적으로 습도의 상태가 기분이 좋을 정도면 와인에도 적당하다고 할 수 있다. 습도는 건조하지도 습하지도 않는 정도로 일년 내내 변치 않아야 한다.

매일 마시는 적포도주는 실내온도로 선반에 보관하고 백포도주는 냉장고에 보관한다. 와인을 보관할 때에는 코르크가 와인과 접촉되게 옆으로 눕혀 놓는다. 이렇게 함으로써 코르크가 마르고 수축하는 것을 막을 수 있다.

2. 와인의 주문요령

식사와 함께 마시는 와인은 고객에게 즐거움을 안겨주고 식당의 매출을 증진시킬 수 있으며 고객의 식사내용이나 분위기를 잘 파악하여 추천할 수 있도록 와인에 대한 충분한 지식을 갖추고 있어야 한다. 따라서, 와인의 용어 및 이름을 정확히 숙지하여 부드러운 발음이 되도록 해야 한다. 고객에게 와인을 주문할 경우에는 다음과 같은 순서로 한다.

① 고객에게 와인목록(wine list)을 제시한다.
② 고객이 와인에 대한 지식이 불충분하다고 느끼면 주문한 음식과 어울리는 와인을 추천한다.
③ 와인을 서브할 시기를 확인한다(레드 와인은 최소한 1시간 전에 병을

따놓아 공기와 접촉하도록 해야 향을 낼 수 있다).

④ 와인의 서브 방법은 고객이 원하는 방향으로 한다.

⑤ 고객이 추가로 와인을 주문할 경우를 대비하여 재고를 파악하고 있어야 한다.

3. 와인병 따는 방법

와인병의 코르크 마개를 따는 데 익숙해 있지 않은 사람은 마개를 딸 때 당황할 수 있으므로 평소에 와인병 마개 따는 방법을 숙지해야 한다. 와인병의 코르크 마개를 딸 때에는 다양한 종류의 오프너(opener)가 있으나 가장 사용하기 편리한 것을 사용해야 한다.

일반적으로 더블액션형은 스크루가 중심으로 똑바로 들어가고 연속적으로 움직이므로 코르크가 부드럽게 제거된다. 또한, 지렛대형의 오프너는 휴대가 간편하기 때문에 경력이 많은 사람이 사용을 하는데, 이것은 똑바로 비틀어 놓는 것과 지렛대의 힘을 이용하는 것이 있다. 코르크를 끌어올릴 때 코르크가 굽지 않도록 손잡이를 자기 앞쪽으로 끌어올려야 하고 코르크를 뽑기 전에 병 입구를 깨끗이 닦도록 한다.

(1) 지렛대형 오프너

사용하기가 간편하기 때문에 주로 초보자들이 사용한다.

① 나이프로 병마개 상부에 칼집을 낸다.

② 마른 천으로 병 입구를 닦아낸다.

③ 스크루를 마개 상부의 중심에 위치시킨다.

④ 수직으로 천천히 오프너의 손잡이를 돌려 마개를 제거한다.

⑤ 깨끗한 천으로 병 입구를 닦아낸다.

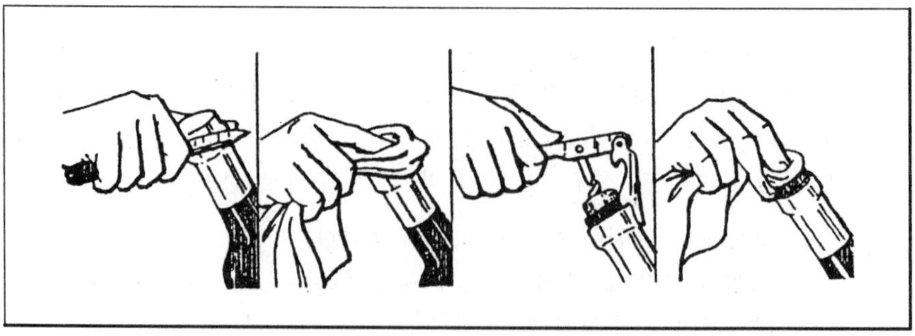

[그림 8-1] 지렛대형 오프너

(2) 나이프식 오프너

① 나이프로 캡슐에 나타나 있는 일정한 위치에 칼집을 낸다.
② 캡슐을 나이프의 날과 엄지손가락의 바닥을 가능하면 가까이 하면서 나이프로 잘라낸다.
③ 천으로 병 입구를 닦아낸다(잘 닦이지 않을 경우 천을 물에 적셔서 닦아낸다).
④ 코르크 스크루를 마개의 상부 중심에 대고 스크루가 코르크에 수직으로 들어가도록 돌린다.
⑤ 왼손으로 병목을 누르면서 오른손으로 지렛대의 손잡이를 끌어올린다.
⑥ 코르크 마개가 1cm 정도 남았을 때 멈추고 지렛대를 뺀 다음 손가락으로 코르크를 잡고 천천히 돌려서 뽑는다.
⑦ 깨끗한 천으로 병 입구를 닦아낸다.

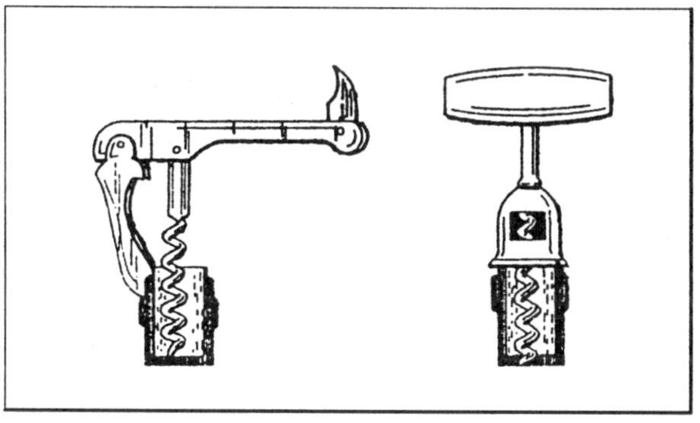

[그림 8-2] 나이프식 오프너

4. 와인 서비스 방법

고객으로부터 식사 전후 또는 식사중에 와인이 주문되면 적절한 시기에 병을 따서 서브할 수 있도록 해야 한다. 만약 호스트가 와인에 관해서 알려주지 않으면 다음과 같은 요령으로 한다.

(1) 고객이 특별히 요청하지 않았을 경우

대개 화이트나 로제 와인(rose wine)은 병을 따서 식사 첫 코스와 함께 제공하고 레드 와인은 고객을 초대한 주빈에게 보여준 다음 병을 따서 식탁 위에 놓고 주요리와 함께 서브한다.

(2) 고객이 잔으로 주문했을 경우

잔을 반드시 쟁반에 받쳐들고 주빈 오른쪽에서 오른손으로 빈 잔 왼쪽에 새 잔을 놓고 빈 잔을 빼낸다. 만약 잔에 와인이 남아 있으면 와인이 떨어질 때까지 식탁 위에 놓아두고 잔이 비는 즉시 빼낸다. 식사가 끝난 후 다른 와인을 주문하게 되면 잔에 와인이 조금 남아 있더라도 이 와인 잔은 식탁에서 빼낸다.

와인 맛은 온도에 따라 민감하다. 와인을 제공할 때는 반드시 적절한 온도를 유지하도록 노력해야 한다. 레드 와인은 온도가 약간 높게 제공하는는 것이 좋다. 화이트 와인 중 농도가 짙은 스위트 와인은 농도가 옅은 와인보다 차게 제공해야 한다.

3) 와인 서빙의 기본단계46)

① 와인병을 테이블 쪽으로 향하게 하고, 병의 라벨을 모임의 주인에게 보인다.
② 병의 가장 윗부분 볼록한 곳의 캡슐을 베어서 제거한다.
③ 코르크를 따기 전 코르크 윗부분과 병 입구를 깨끗이 닦는다.
④ 스크루의 뾰족한 끝을 코르크의 중앙에 박아 넣고 시계방향으로 한번 돌린 다음 스크루가 코르크 안에 직각으로 완전히 들어갈 때까지 계속 돌린다.
⑤ 지렛대를 병의 동그란 입구에 건다.
⑥ 병목을 잡고 흔들리지 않게, 코르크가 나올 때까지 천천히 잡아 올린다.
⑦ 코르크를 스크루에서 빼내어 모임의 주인에게 보인다.
⑧ 병목 부분을 닦아 남아 있는 곰팡이나 코르크 찌꺼기를 제거한다.
⑨ 와인을 선택한 사람에게 라벨을 보이면서 1온스(30cc) 가량 잔에 따른다.
⑩ 와인 방울이 떨어지는 것을 닦을 수 있도록 냅킨을 준비하고, 살짝 병을 돌리면서 들어올린다.
⑪ 따르고 난 와인병은 라벨이 보이도록 하여 주인의 오른쪽에 두거나 얼음통에 넣어 둔다.

포도주의 서비스 방법은 포도주의 종류에 따라 약간의 차이가 있다. 다음은 적포도주와 백포도주 서비스방법은 다음과 같다.

1) 적포도주의 서비스(와인 바스켓을 이용)

① 와인 바스켓에 냅킨을 깔고 적포도주를 눕힌다.

46) 원융희, 와인 이야기, 학문사, 1999, p. 97.

② 고객에게 주문한 상표를 확인시킨다.
③ 와인 바스켓 목 밑에 브레드 플레이트(bread plate)를 엎어 깔고 왼손으로 바스켓을 잡고 오른손으로 코르크 스크루 나이프를 이용하여 캡슐을 제거한다.
④ 냅킨으로 병목 주위를 닦은 다음 코르크 스크루를 코르크에 돌려 넣는다. 이때 병이 움직이지 않도록 조심스럽게 다루어야 한다.
⑤ 다시 병목 주위를 깨끗이 닦은 다음 서브한다.
⑥ 서비스 방법은 바스켓을 오른손으로 엄지와 중지 사이에 끼워 잡고 인지로 병을 살짝 누르면서 잡는다.
⑦ 주문한 고객에게 먼저 맛을 보게 한 뒤 서비스해도 좋다는 승낙이 있으면 사회적인 지위나 성별, 연령을 침착하게 서브하는 것이 일반적이다.
⑧ 글라스와 술병의 높이는 약간 떨어지게 하여 글라스의 ½~⅓정도 서브하고 병을 약간 돌려 커팅(cutting)한다. 이때 서비스 클로스를 쥐고 있는 왼손은 가볍게 뒤쪽 허리등에 붙이고 서브한다.
⑨ 서브가 끝날 때마다 술병을 조심스럽게 서비스 클로스로 닦아 술방울이 테이블이나 고객에게 떨어지지 않도록 주의한다.

2) 백포도주의 서비스

① 적절한 온도를 유지하기 위하여 백포도주는 얼음과 물이 채워진 와인 쿨러(wine cooler)나 냉장고에 넣어 두어야 한다.
② 병마개는 고객 앞에 준비된 쿨러 속에서 따야 한다.
③ 고객에게 프레젠테이션(presentation)하는 것과 오픈(opening)하는 것은 앞에서 설명한 와인병 오픈하는 방법에 따라 실시하며 와인 서브시 글라스와 와인병과의 높이는 보통 와인의 종류에 따라 2~3cm가 적당하다.

••• 모듈과제 8-6 ••••••••••••••••••••••••고객관리

• 목 표

1. 재구매고객의 개념을 이해하고 있는가?
2. 고객분석에 대한 기본지식을 파악하였는가?
3. 고객의 불평처리의 중요성과 처리방법을 익혔는가?

• 사용재료

고객정보처리를 위한 프로그램

• 사용기자재

개인용 컴퓨터

• 관련이론

1. 재구매고객의 확보

고객확보를 위한 경쟁이 치열하고 전반적인 경기둔화 현상을 보이고 있는 시장(market)에 위치한 호텔들은 나름대로의 경쟁전략을 수립하여 보다 많은 고객확보를 위해 최선을 다하게 된다. 하지만 이러한 신규 고객확보에 대부분의 마케팅 예산을 소비하기보다는 기존에 고객층을 대상으로 한 유지 마케팅(retention marketing)에 초점을 맞추어 마케팅 전략을 수립하는 것이 훨씬 바람직하다.

식사를 위해 호텔을 재방문하는 기존 고객들이나 투숙객들은 호텔에 대해 개별적으로 긍정적인 이미지를 가지고 있기 때문에, 그들이 경쟁관계에 있는 호텔로 이동하는 것을 방지하고 해당 호텔 또는 식당에 더욱 충성하는 고객(loyal customers)으로 만들기 위한 노력은 호텔에 대해 특별히 호감을 가지고 있지 않는 잠재고객(potential customer)을 재방문할 수 있도록 유도하는 노력보다 경제적이며 효과적이라 할 수 있다.

따라서, 대부분의 국제적 수준의 호텔에서는 고객의 재방문을 유도하기 위해 여러 가지 혜택 프로그램(benefit program)을 마련하여 운영중이며 특히 재구매고객에게 방문의 빈도수에 비례하여 특별한 선물용 쿠폰이나 무료 서비스를 제공하는 호텔이 증가하고 있다.

특히, 식음료 부서에서는 영업에 대한 목표설정과 고객관리를 단위업장별로 실시하여 평가하고 있는 호텔에서는 신규고객은 물론이고 재구매고객을 확보하기 위해 다양한 프로그램과 식음료 서비스를 개발하고 있다.

이러한 목표를 달성하기 위해 단위업장별 마케팅 전략을 수립하고 고객서비스를 실시하고 있다. 즉, 식음료 업장을 방문하는 고객은 모두가 동일한 수준의 고객으로 대우를 하는 것이 아니라 고객이 업장에 공헌한 정도에 따라 그에 상응하는 혜익을 되돌려 줌으로써 충성고객으로 차별적인 서비스를 제공하여 재구매 고객을 확보하는 방법이 이용되고 있다.

2. 고객분석

과거에는 수기록에 의해 고객을 관리해 왔으나 최근에는 컴퓨터 시스템을 이용하여 고객을 관리하고 있기 때문에 보다 합리적으로 관리를 할 수 있다. 고객이 업장을 방문하여 서비스를 제공받으면 제공받은 서비스의 내용이 모두 입력이 되어 정기적으로 고객의 성향이나 서비스의 선호도 등을 분석하여 그에 상응하는 마케팅 전략을 수립하고 체계적인 고객관리가 가능해진다.

일부의 호텔에서는 통합 마케팅 커뮤니케이션(integration marketing communication) 시스템을 도입하여 고객이 이용한 서비스의 내용을 정기적으로 분석하여 호텔이나 업장에 기여한 기여도를 개별적으로 파악하는 경우도 있다. 이와 같은 제도는 분석결과 개별적인 기여도에 따라 합리적인 혜익을 되돌리는 제도이다.

3. 고객의 불평 및 처리

(1) 고객불평의 종류 및 원인

1) 시설물에 대한 불평

식당의 동선이나 바닥의 미끄럼, 에어컨디셔너, 식탁 및 의자 등과 같이 식사를 위한 설비에 대한 불평으로 이러한 종류의 불평은 즉시 해결하기가 어렵기 때문에 고객으로부터 불평을 접수하면 심사숙고하여 처리하도록 해야 한다.

2) 종업원 태도에 대한 불평

가장 빈번하게 발생할 수 있는 불평으로서, 고객에게 서비스를 제공하기 위해 객관적인 서비스 내용을 교육받았지만 제공되는 서비스 환경에 따라 주관적인 서비스가 부가되기 마련이며, 이러한 과정에서 불평이 발생될 수 있다.

고객은 항상 식당을 방문할 때에는 종업원으로부터 제공받아야 하는 서비스의 수준을 기대하고 있기 때문에 서비스가 기대 이하인 경우에는 불만으로 이어져 불평의 가능성이 높아진다. 따라서, 접객원은 고객의 기대가 무엇인가를 신속하게 파악하여 그에 상응하는 서비스를 제공하도록 최선의 노력을 해야 한다.

3) 시스템에 대한 불평

호텔에서는 관리의 측면에서 서비스 제공에 대한 절차를 수립하고 그 절차를 바탕으로 서비스를 제공하도록 하고 있다. 그러나 고객지향적인 시스템(customer oriented system)이 아니고 관리지향적인 시스템(management oriented system)인 경우에는 고객으로부터 불평을 발생시킬 수 있다.

(2) 불평 알아내기

업장을 방문하는 모든 고객은 그들의 소속과 중요성의 차이와 상관없이 세심한 주의를 받을 자격이 주어진다. 가장 빈번한 고객의 불평을 찾아내어 체계적인 방법으로 개선된 서비스를 제공함으로써 고객과의 관계가 더 좋아질 수 있다.

불평을 경험하고 문제의 제기를 하지 않는 고객은 더 이상 방문하지 않는 고객이다. 반대로 불평을 하는 고객은 업장의 서비스에 애착을 갖고 있기 때문에 재구매의 확률이 매우 높다고 할 수 있다. 따라서 즉석에서 발생하는 불평과 서면으로 접수하는 불평의 내용을 파악하는 것은 물론이고, 일부의 호텔에서는 호텔이 제공하고 있는 서비스를 정기적으로 분석하여 보다 나은 서비스를 제공하고 고객의 의견을 접수하기 위해 설문지를 이용하고 있다.

(3) 고객불평의 처리방법

고객을 상대로 접객 서비스를 아무리 완벽하게 하려고 해도 서비스를 제공하는 사람과 고객은 모두 완벽할 수가 없으며 주관적인 사고를 내재하고 있고, 모든 고객의 욕구가 동일할 수 없기 때문에 고객으로부터 불평은 발생되기 마련이다.

서비스를 제공하는 형태나 제공받는 분위기에 따라 고객의 불평은 매우 다양한 형태로 발생될 수 있다. 따라서, 고객으로부터 지적이나 불평이 발생했을 경우, 항상 긍정적인 자세로 고객의 입장에서 정확한 원인을 파악하고, 불평에 대한 해결방안을 강구하여 고객에게 호감을 줄 수 있는 만족한 조치가 이루어지도록 신속하게 처리해야 한다.

만약 고객의 불평이 합리적이면서 원만하고 신속하게 처리되었다면 기업의 이미지를 향상시키고 신뢰감을 높일 수 있으며, 고객으로 하여금 재방문하게 하거나 고정고객으로 유치할 수 있는 절호의 기회가 될 수 있다.

일반적으로 고객으로부터 불평이 발생할 경우에는 다음과 같이 처리하도록 한다.

1) 신속한 응대

고객의 불평에 대해 불쾌한 감정이 확대되지 않도록 신속하게 응대하고, 성실한 태도로 고객의 이야기를 경청하는 인상을 주도록 한다.

2) 관심과 공감

고객이 불평을 이야기할 경우에는 자신이 경험한 불만족한 서비스에 대해 화가 난 상태에서 감정을 표현하고 있기 때문에 고객이 제기하고 있는 문제에 대해 깊은 관심을 시각적으로 보여주면서 공감대를 형성해야 한다.

3) 변명의 금지

불평내용 중 일부가 오해 또는 고객의 착각에서 오는 부당한 것이라고 생각될지라도 고객이 이야기하는 도중에 변명하거나 고객의 잘못을 지적하지 않는다.

4) 문제의 파악

고객의 불평에 대해 무조건 잘못을 시인하거나 잘못이 없다는 것을 주장해서는 안 되며, 고객이 요구하는 바를 신속하게 파악하여 가능하면 고객이 요구하는 바를 존중하여 처리하도록 한다.

5) 정중한 사과

고객의 불평을 경청하고, 문제를 정확하게 파악한 후에 종업원의 실수나 호텔측의 실수로 인정되면 지체없이 가장 정중한 자세로 고객이 납득이 갈 수 있는 수준으로 사과를 한다.

6) 장소의 변경

고객이 언성을 높여 불평을 할 경우에는 주변의 고객에게 업장의 이미지를 실추시키고 식시 분위기를 방해할 수 있기 때문에 가능한 한 고객을 설득하여 조용한 장소로 이동하여 불평의 내용을 경청하도록 한다.

7) 문제해결

문제를 구체적으로 파악하고 난 후에 경미한 내용이면 즉시 처리하고 심각한 내용이면 즉시 상사에게 보고하여 해결하도록 한다. 이때 고객의 문제를 해결하는 과정에서 자신의 권한 밖의 내용은 절대로 확약을 해서는 안 된다. 왜냐하면 확약된 내용이 지켜지지 못할 경우에는 또 다른 불평을 초래할 수 있기 때문이다.

8) 재발방지 대책수립

동일한 실수 및 불평이 재발하지 않도록 서비스나 시스템에 대해 개선되어야 할 문제점을 기록하여 대책을 수립하고 종업원의 접객 서비스의 수준을 향상시키기 위해 교육을 실시한다.

• 예비과제

1. Wine 보관방법을 설명하여라.
2. Wine의 주문받는 방법을 설명하여라.
3. Wine의 Serving 방법에 대해 구체적으로 설명하여라.

• 실습순서

1. Wine 보관방법
2. Wine추천 및 주문 받는 요령
3. Wine Serving 순서와 매너 — 적합한 Glass Serving

• 평 가

영 역	평 가 사 항	평 가				
		A	B	C	D	E
이 해 (10)	1. Wine의 종류와 그에 따른 보관방법을 이해하고 있나? 2. Wine을 추천하고 주문받는 요령을 파악하고 있나? 3. Wine의 Serving 순서와 매너에 대해 이해하고 있나?					
태 도 (10)	1. 손님의 음식에 맞춰 적당한 Wine을 파악하여 추천, 주문받고 있나? 2. 손님이 Wine을 즐기시도록 도와드리고 있나? 3. Wine Serving의 순서와 매너가 몸에 배여 있는가?					
실무능력 (20)						

참고문헌

1. 국내자료

김재민 · 신현주, 현대호텔경영론, 대왕사
김원일, 정통초밥요리, 형설출판사
김원수, 경영학사전, 법문사
김종금, 현대일본요리, 홍익제
김충호, 현대조리학, 진명출판사
김충호, 호텔인사관리, 형설출판사
나정기, 메뉴관리론, 백산출판사
박병학, 기초일본요리, 형설출판사
손일락, 호텔기업 식음료 상품의 포지셔닝 전략에 관한 연구, 경기대학교 대학원 박사 학위논문
송용섭, 현대마아케팅론
송청락, 일식메뉴구성에 관한 연구, 한국조리학회 논문집 창간호
신현주, 호텔경영입문, 경제경영문고
정청송, 뷔페 및 리셉션, 기전연구사
정종순 · 정인태, 호텔 식음료 경영론, 형설출판사
정인내, 현대호텔식음료실무론, 성인문화사
정헌배, 세계주류시장의 국제마케팅 전략과 전망
조리직무교재, 롯데호텔
진양호, 새조리기능사, 지구문화사
오정환, 호텔케이터링원론, 기문사
오정환, 호텔경영론, 경영문화원
오승일 · 이호근, 식음관리론, 명보출판사
윤영로 · 황성연, 커피(The Book of Coffee), 도서출판 윤문
원융희, 현대호텔식당경영론, 대왕사
원융희, 와인 이야기, 학문사
원융희 · 고재윤, 백산출판사
원융희, 음료/주장관리, 형설출판사

이정자, 호텔식음료관리에 관한 연구, 강원대학교
이정자, 메뉴관리, 기문사
이희승, 국어대사전, 민중서림
임경인, 식당경영원론, 대왕사
임진섭 · 송성진 공저, 호텔회계원리, 일신사
유철성, 호텔식음료경영과 실무, 백산출판사
최경주 · 강신주 공저, 일본요리, 수학사
최대웅, 외식업경영관리, 기문사
최동열, 관광서비스론, 기문사
한국관광공사, 향토음식관광상품화방안
한국외식사업연구소, 외식사업경영론, 백산출판사
호텔롯데 식음료부, 호텔 롯데 서비스 매뉴얼
Hotel & Restaurant 5월호

2. 외국자료

山口祐司, ホテル管理會計, 柴田書店, 1971.
お料理の基本大百科, 集英社, 1992.
原勉 外3人, ホテル産業界, 教育社, 1993.
C. D. Coffman, Marketing for Full House, Cornell University, 1979.
Donald E. Lundberg, Hotel and Restaurant Business, Boston, Caimmer International, Inc. 1971.
Eugen Pauli, Classical Cooking the Modern Way, CBI Publishing Company, Inc. 1979.
Estate Appraiser of National Association of Retailers, 1980.
George W. Lattin, Modern hotel and management, 3rd ed. W.H. Freeman and Company, 1980.
Hrayr Berberoglu, The Complete Food and Berverage Cost Control Book, Ryerson Polytechnical Institute School of Hospitality and Tourism Management, 1991.
John, W. Stokes, How to Manage a Restaurant, Wm.C. Brown company, 1982.
James Keiser and Elmer Kallio, Vontrolling and Analyzing Costs in Food Service Operation, John Wiley & Sons Inc., 1974.
John W. Stokes, How to manage a Restaurant, Wm C, Brown Co, 1982.
Lother A. Kreck, Menus-analysis and planning, CBI, 1980.
Leonard L. Berry, "Service Marketing is Different," *Harvard Business Magazine*, May～June, 1980.
Ronald F. Cichy, Sanitation Management, Strategies for Success, Educational Institute of the AHMA, 1984.
Jack D. Ninemeier, Planning and Control for Food and Beverage Operations, AHMA, 1987.

찾아보기

[ㅁ]

[ㅂ]

[ㅅ]

[ㅇ]

호텔 식음료 실습

2판 1쇄 발행　2010년 9월 10일

저　자　신정화 · 이희천 · 조규태
발행인　남　승　우

발행처　**남두도서**

서울특별시 동작구 사당3동 220-43
TEL : (02) 595-1692~4
FAX : (02) 595-1394
E-mail : namdoo6@unitel.co.kr
신고 : 5-76호 (1998. 11. 4)

정가 22,000 원

ISBN 978-89-5780-091-1　93980